徐州教育年鉴

（2016）

徐州市教育局编

方志出版社
Publishing House of Local Records

图书在版编目（CIP）数据

徐州教育年鉴. 2016 / 徐州市教育局编. --北京：方志出版社，2016.8
ISBN 978-7-5144-2046-3

Ⅰ. ①徐… Ⅱ. ①徐… Ⅲ. ①教育事业-徐州-2016-年鉴 Ⅳ. ①G527.533-54

中国版本图书馆CIP数据核字（2016）第189276号

徐州教育年鉴（2016）

编　　者：徐州市教育局
责任编辑：李　静
出 版 人：冀祥德
出 版 者：方志出版社
地址　北京市朝阳区潘家园东里9号（国家方志馆4层）
邮编　100021
网址　http://www.fzph.org
发　　行：方志出版社发行中心
电话（010）67110500
经　　销：各地新华书店
印　　刷：合肥远东印务有限责任公司
开　　本：787×1092　1/16
印　　张：30.5
字　　数：739千字
版　　次：2016年8月第1版　2016年8月第1次印刷
印　　数：0001~3000册
ISBN 978-7-5144-2046-3　定价：180.00元

《徐州教育年鉴(2016)》编审人员名单

主　　编	张德超			
副 主 编	李运生	王志升	曹昭海	
审　　稿	张德超	葛宝堂	李运生	
	杜耀东	李　清	张宝民	
	刘桂云			
编　　辑	曹昭海	钱立群	付　国	严国年
县(市)区组稿	宋红军	赵鸿雁	朱玉洁	高福新
	张　玲	张春恩	李　龙	乔　雷
	曹　健	李世明	李智梅	王兴博

编 辑 说 明

一、《徐州教育年鉴》是一部专业的资料性工具书。在中共徐州市委教育工作委员会、中共徐州市教育局委员会、徐州市教育局的领导下，以邓小平理论、“三个代表”重要思想、科学发展观和习近平系列讲话精神为指导，由徐州教育志办公室主持编纂。创刊于1987年，原刊名为《徐州教育概览》，每2～3年1卷，1996年改版为《徐州教育年鉴》，每年1卷。

二、《徐州教育年鉴(2016)》记述了2015年徐州市教育改革、发展情况。

三、《徐州教育年鉴(2016)》类目设置为：特载、大事记、教育总述、教育管理、各类教育、高等教育、县市区教育、荣誉录、年度教育人物及重要文件目录。

四、《徐州教育年鉴(2016)》收录的资料，由徐州市各级教育行政部门及各级各类学校撰写并经单位领导审核。

五、在《徐州教育年鉴(2016)》编纂出版过程中，得到中国地方志指导小组办公室、中国地方志学会、中国版协年鉴工作委员会、江苏省教育厅、江苏省地方志办公室、江苏省年鉴学会、方志出版社、《北京教育年鉴》编辑部、《江苏教育年鉴》编辑部、徐州市史志办公室等单位的关心指导，得到全市教育工作者和有关部门的支持，在此一并表示感谢。由于编辑水平有限，恳请各级领导、各位同仁和广大读者提出宝贵意见，以便进一步提高《徐州教育年鉴》的编纂质量。

教育部副部长刘利民(前排左)到解放路小学督察开学工作

省教育厅副厅长朱卫国(左二)视察学校

摄影:张　珵

2015徐州教育巡礼

2月16日,徐州市召开2015年全市教育工作会议

10月30-31日,《中国教师报》主办市教育局承办第十一届中国名校长高峰会议在徐州举行

市教育局局长张德超做客"强富美高"新江苏·教育在行动访谈节目

9月9日,市政府举行庆祝第31个教师节表彰大会,"徐州市农村优秀园丁"代表上台领奖

市教育局召开高中教学质量分析会

在第十二届中国中小学校园影视奖颁奖会上，徐州市微电影《绽放》获“金犊”奖

5月28日，市教育局在江苏模特艺术学校举办书记专题党课暨校长（书记）论坛

11月4日，市教育局、体育局召开“市长杯”校园足球暨阳光体育运动表彰会

3月26日，市教育局组织高校与省课程游戏化项目幼儿园“手拉手”结对帮扶签约仪式

徐州市第五届中小学生艺术展演活动圆满落下帷幕

摄影：张　琦

“学讲计划”重建徐州教育文化

10月30日，市教育局局长张德超在第十一届中国名校长高峰会议上作主题报告

10月30日晚，市教育局副局长李运生在第十一届中国名校长高峰会议学讲论坛上发言

4月2日，市教育局在撷秀初级中学成功举办“学讲计划”阶段成果展示活动

“五学三讲”“学讲行动”创新运用
（开发区大庙中学）

“学讲”“县县行”美术课展示
（泉山区矿山路小学）

“学讲”课堂 精彩纷呈
（青山泉中学）

摄影：张 琦 墨晨晨 时信任 曹 琦

信息化创新应用助推“学讲计划”

4月22日，2015华东地区数字化学习研讨交流会
在徐师一附小召开

9月14日，中央电化教育馆馆长王珠珠
等到徐州专题调研
“信息技术支持下的学讲计划”

5月12日，徐州市数字化学习
教学研讨活动在徐州三中举行

12月9日，教育局局长张德超在全国基础教育
信息化应用现场会上作专题发言

云兴小学承办中央电教馆信息化调研现场会

“国际教育信息化大会暨全国教育信息化应用展览”，
徐州市展示的“智能巡课系统”受到高度评价

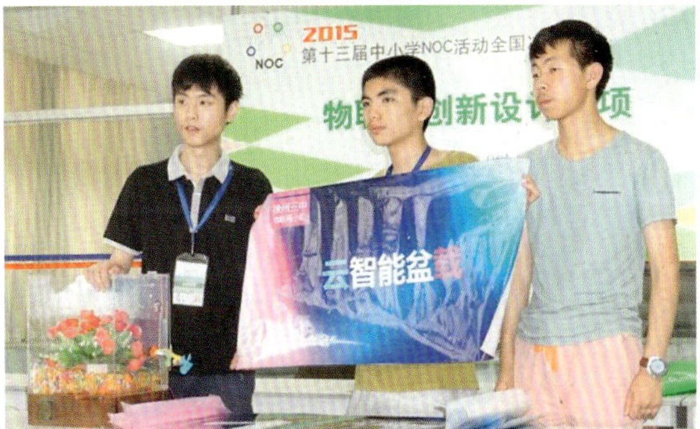

7月15日，徐州三中代表队在第十三届全国中小学
信息技术创新与实践活动上夺得一等奖第一名

摄影：张　琦　张　旋

特色课程激活学生创造思维

9月18日,徐州市中学生代表队
获全国机器人马球赛冠军

沛县湖西中学武术表演彰显特色

沛县栖山中学学生
自制航模发射现场

铜山区大彭镇中心校书法特色教学

开发区高级中学吉他社团

徐州七中首届纸桥承重比赛

铜山大许小学科学馆一角

丰县欢口中学
美术班学生户外写生

贾汪大吴中心园
指导幼儿制作麦秆画

鼓楼九里山实验学校
特色拓片制作课程

摄影:张　琦　李智梅　卢道伟　孙秀华　孔凡秀　赵建云
季红光　陈　磊　刘　争　吴言昊　范　辉

职业教育创新创业能力赛事掠影

5月11日，首届徐州“职业教育活动周”启动仪式在徐州经贸高等职业学校举行

9月17日，首届徐州市职业学校创业能力大赛在江苏模特艺术学校落下帷幕

张集中专学生陈晨夺得全国职业院校技能大赛农业类“蔬菜嫁接”金奖第一名

9月，技师学院教师在第六届全国中餐技能创新大赛中取得优异成绩

徐州市第二届“学生职业体验日”在技师学院举行

10月中下旬-11月上旬，市职业学校技能大赛在17个赛点举行，1600余名师生同台竞技

摄影：张　琦　陈佳彤

均衡教育看徐州

丰县接受“全国义务教育发展基本均衡县”省级督导

丰县初中获创建“全国义务教育发展基本均衡县”特别贡献奖

省农村小学校长助力工程培训班现场会在铜山棠张实小召开

徐州教育学会送教下乡

落实“千校万师支援农村教育工程”（徐师一附小）

徐州市“走乡村—真教研，真学习”活动在睢宁苏塘中学举行

摄影：张　琦　惠明志　池云珠　吴晓楠　王　建　满　倩

乡村学校新貌——苍穹下的邳州新城中学

目 录

职业教育与社会教育

高等教育

徐州生物工程职业技术学院

九州职业技术学院

县（市）区教育

丰县

沛县

睢宁

邳州

铜山

贾汪

云龙

鼓楼

泉山区

开发区

荣誉录

年度教育人物

特　载

在2016年全市教育工作会议上的讲话

徐州市人民政府副市长　李　燕

（2016年2月18日）

同志们：

这次全市教育工作会议，是在全面开启“十三五”教育发展新征程的关键阶段召开的一次重要会议，对于贯彻落实全国、全省教育工作会议精神，进一步振奋精神、开拓创新，加快推进教育现代化建设，具有十分重要的意义。刚才，会议宣读了张国华书记、周铁根市长对教育工作的重要批示，各地各部门和全市教育系统要认真学习领会、深入贯彻落实。张德超局长作了一个全面的工作报告，对当前和今后一个时期的教育工作进行了具体部署，讲得很好，我完全同意。下面，我再强调四点意见。

一、充分肯定教育改革发展取得的显著成绩

“十二五”时期，是徐州各项发展取得重大成就的五年，也是教育事业取得显著成绩的五年，各项改革发展任务全面落实，教育强市建设步伐进一步加快，在全市发展大局中发挥了不可替代的重要作用。

“十二五”时期，教育发展环境实现了大提升。市委、市政府高度重视教育工作，提出了包括区域教育中心在内的“八大中心”建设，以“三重一大”和民生幸福工程为依托，全力加大统筹推进和保障力度。严格执行义务教育免费政策，全面落实学前教育、普通高中、职业教育生均财政拨款制度，完善以政府为主的覆盖学前教育到高等教育的资助体系。努力克服经济下行压力，加大财政投入力度，五年来公共财政预算安排的教育经费预计达到633亿元，是“十一五”期间2.87倍，列全省前列。社会各界越来越关心教育，广大群众越来越关注教育，教育发展面临着良好的氛围和难得的机遇。

“十二五”时期，教育综合实力实现了大提升。教育基本公共服务体系不断健全，基本普及15年基础教育，学前三年幼儿教育入园率达到97.1%，义务教育入学率、巩固率接近100%，高中阶段毛入学率达到97.4%。大力实施“三区同创”，以县区为单位在苏北率先通过“全国义务教育基本均衡县市区”国家级验收，三星级以上高中、省优质幼儿园、国

家级省级示范性职业学校总量居全省前列。在考生人数逐年下降的情况下，高考本专科录取人数、增幅稳步增加，尖子生人数实现较大突破。职业教育迈入全省第一方阵，在全省技能大赛中，我市总分连续7年蝉联苏北第一，打造了一批在全省乃至全国具有影响力的品牌专业。

“十二五”时期，教育内涵建设实现了大提升。全市围绕“质量”核心，深化教育综合改革，实施“学讲计划”等教学改革，推动托管办学、教师交流等机制体制创新。各地不断解放思想、敢闯敢试，沛县、新沂市积极引进先进地区教育理念，大力开展教育综合改革，有效激发了教育工作活力，逐步构建起行之有效、各具特色的教育改革体系。教育资源加速优化，徐州生物工程职业技术学院、徐州幼儿师范高等专科学校、江苏安全技术职业学院成功升格，创新创业能力进一步增强。

“十二五”时期，教育办学条件实现了大提升。坚持把教育重点工程纳入“三重一大”、为民办实事项目，统筹资源，加快推进。农村中小学布调工程深入实施，全面消除了家校距离5公里以上的教育学区。中小学标准化建设五年工程顺利结束，全市中小学全面实现市级办学条件标准化，教育均衡水平稳步提升。重点项目有序推进，新建改建幼儿园511所，建成省优质园410所，居全省第二；新建改建中小学258所、增加学位20万个。信息化建设取得阶段性成效，县（市）区全部实现“宽带网络校校通”，主城区基本完成“三通两平台”硬件建设，云龙被列为“全国教育信息化试点区”。校安工程超额完成，加固重建校舍489万平方米，涵盖全市近三分之二的校舍。

回顾“十二五”，可以说教育领域的大事多、要事多、难事多，我们克服了种种困难，取得这样的成绩着实不易。在此，我谨代表市政府向全市10万名教职工、向支持教育事业发展的各地各有关部门，表示衷心的感谢和崇高的敬意！

二、在新的起点上统筹谋划“十三五”教育工作

“十三五”时期，教育工作面临着新形势新要求，我们要科学谋划，统筹推进，围绕“创新、协调、绿色、开放、共享”五大发展理念，突出“公平、优质、活力”三大原则，不断加快新时期教育事业改革发展步伐。总体上讲，要客观把握“两个阶段”、统筹处理“三个矛盾”、切实做好“四项任务”。

（一）客观把握“两个阶段”：第一，从经济社会发展全局看，“十三五”是全面建成小康社会的决胜阶段。党的十八届五中全会明确了全面建成小康社会新的目标要求，我市也提出了在苏北率先全面建成小康社会的奋斗目标。这既需要教育指标的完成，更需要教育在培养人才、提高居民素质等方面的重要作用。从一定意义上讲，全面小康的基础和希望在教育，教育改革发展直接关系全面小康目标的实现。第二，从教育发展的核心目标看，“十三五”是实现教育现代化的决胜阶段。根据省政府要求，到2020年苏北地区单项指标实现程度要达到80%、综合得分达到90分，整体实现教育现代化。从监测数据上看，我市综合得分处于全省末位，补短补缺的任务十分艰巨。我们要进一步增强责任意识、紧迫意识，认清使命担当，善谋善为，不拖全省后腿。

（二）统筹处理“三个矛盾”：一是教育规模与教育投入之间的矛盾。我市用了全省1/12的财政，举办了1/7的教育。当前经济进入新常态，虽然总体平稳，但是下行压力较大，正处于速度变化、机构优化、动力转换的重要时期。要在持续加大财政投入的基础上，积极创新思维，破解资金难题，同时鼓励社会力量办学，促进办学主体多元化。二是生源高峰与教育资源供给不足之间的矛盾。全市小

学入学人数已经连续八年呈现增长态势，特别是全面二孩政策实施后，给教育带来新的压力。要在加快建设教育重点工程的同时，提前谋划新一轮中小学布局，积极应对生源高峰，让每一个学龄儿童都有学上，切实保障教育公平。三是办学质量与群众企盼之间的矛盾。实事求是讲，徐州是教育资源大市，但还不是强市，教育在全省的地位与我市经济社会发展地位不相适应。要坚持教育质量这一核心，以办好人民满意的教育为目标，凝聚合力，全面推进，努力使教育工作不断取得新进展，实现新突破，努力打造苏北领先的教育工作。

（三）切实做好"四项任务"：一是推进教育现代化建设。总体上看，市区好于县，县域之间的发展也不平衡。目前主城区基本达到监测指标体系要求，下一步要一手抓巩固、一手抓提升，全力推进更高水平的教育现代化建设。沛县、铜山、贾汪等基础较好的地区，要加快冲刺步伐，力争2018年教育现代化综合得分达到90分以上；其他地区要对标找差，完善方案，倒排进度，确保2020年全部实现教育现代化。市政府将加大考核力度，定期通报。二是打造区域性教育中心。根据"十三五"规划，我市将科学谋划淮海经济区中心城市、淮海城市群等，扩大开放空间。区域教育中心建设有基础、有条件，要先行推进，力争领先。市教育局要加强宏观研究，做好顶层设计，科学制定五年计划，加大保障力度，强化监测工作，促进各级各类教育协调发展，确保"十三五"末真正建成教育强市，打造成区域性教育中心。三是深化教育改革。根据国家全面深化改革的路线图，"十三五"将是改革取得决定性成果的五年。要顺应改革新形势，在学校管理、教学、人事制度、办学机制等方面加大改革创新力度，让一切有利于教育发展的思想活跃起来、资源释放出来、积极性调动起来，激发教育活力。对改革成效显著的地区和学校在资源配置、权力下放等方面给予更多的支持。四是提升教育发展内涵。南通教育的基础好、传统好、队伍好、环境好，是全国基础教育的一面旗帜。"十三五"期间，要开展"教育学南通、水平双提升"活动，深化教育内涵建设，提高基础教育发展水平。要制定五年工作计划，采取县县帮扶、校校结对的办法，全面开展对口交流和帮扶工作。重在学理念、学精神，确保每年都有新进步，五年实现大提升，走出徐州教育的发展之路。

三、突出抓好当前教育工作重点任务

2016年是"十三五"开局之年，要按照全市总体工作部署，突出重点，加快推进，创新发展，努力实现"十三五"教育工作"开门红"。这里，简要强调以下几个方面：

一是以"教育学南通"为抓手，提升教育内涵质量。市委、市政府主要领导十分关心、并积极推动这项工作，要加快工作节奏，尽快实施"教育学南通"活动。一要完善机构。市政府将成立由我任组长的活动领导小组，办公室设在市教育局，安排专门人员负责，切实加强对工作的组织领导。各地也要成立领导小组，由政府分管负责同志任组长，抓好各项工作的衔接和推进。同时优化教育行政部门的内部机构，确保有专门处室和专人负责对接联系工作。二要制定方案。市教育局要在前期调研的基础上，对照南通先进的教育理念、严谨的管理措施和一流的教育质量，在教学管理、队伍建设、质量标准等方面深入研究，尽快制定工作方案。力争6月底前，以大市为单位，与南通签订战略合作协议。三要全面对接。沛县、新沂一中等已经和南通市有关学校进行合作的，要继续稳定关系、拓展提升；其他地区要加快对接，结合工作实际，寻找战略合作单位。各地的梳理和对接情况，要在本月底前报市教育局汇总，市教育局要加强指导，做好牵头抓总工作，确保无缝

衔接。

二是深化人事制度改革，切实加强教师队伍建设。教育大计，教师为本。市教育局要在前期研究的基础上，尽快拿出人事制度改革、教师队伍激励等各项政策文件，报市政府研究后实施，充分激发教师工作激情和活力。一要增强教书育人之能。要深入实施“名师工程”和“学科带头人工程”，进一步完善名师工作室、跟岗学习、交流培训等制度，加强与南通市的交流培训，不断提高教师专业化水平，培育更多的特级教师、名优教师。要完善分配激励机制，要加强绩效工资制度改革，研究设立专项资金，使分配向关键岗位和优秀教师倾斜。要建立健全教师转岗和退出机制，加快教师人事制度改革，推进教师由“学校人”向“系统人”转变。二要提升岗位管理之效。继续实施“名校长”培养计划，打破级别、资历等条条框框，不拘一格用人才，让校长有政治家的定力、教育家的情结、企业家的实干，形成以名校长为中心的管理团队。各级教育部门要不断加强自身建设，勇于担当，加强管理，在办学体制机制上大胆创新。教育督导部门要注重发挥督导职能，督学为本、督政为重，进一步提高落实力、执行力，确保各项工作落到实处。三要大兴爱岗敬业之风。强化师德师风建设，引导教师践行职业道德规范，爱岗敬业，乐于奉献。当前有偿家教的风气有所抬头，群众反映十分强烈，要迅速开展专项治理，明察暗访，狠抓一批反面典型，严肃查处，决不姑息。

三是以抓高考质量为引导，提升基础教育发展水平。没有高考成绩就谈不上质量，必须旗帜鲜明、理直气壮地抓质量、抓高考。现在距离2016年高考还有3个多月的时间，已经到了最后的冲刺阶段。一要把握自身位置。去年全市二本以上上线人数1.17万人，居全省前列，但上线率为27.58%，在全省排后。市区总体上好于县区，县区之间差距也比较大，新沂上线率较去年提高10.36%，增幅居各县区之首。全市76所高中的高考情况要有一本大账，排一排、看一看、比一比，要全方位的梳理分析，补短、补缺、补软，确保今年录取人数和增幅继续实现双增长。今年要对全市高考情况进行排名，落实奖惩措施。二要提升高考质态。普通高中是优质特色发展，就是要求分类施教、分类要求、优化结构，提升高考质态。我市四星级高中几乎集中了100%的优质生源，但二本以上上线人数仅占全市的79%。重点高中的核心任务是“主攻高分段、培养尖子生”，使尖子生取得高端成绩，提升一本上线人数，考上更多的名校。三要提升研究水平。各级教育部门、各校要把教科研工作摆上突出的位置，集中优势资源，组织协作攻关，全面提升学科基地建设水平。要高度重视高考研究，设立专门研究机构，认真组织分析解读，加强宏观引导和科学指导。四要提升统筹发展水平。以抓高考质量引导义务教育优质均衡发展，促进学前教育普及提高，注重培养小学生的学习思维，加快初中发展，打造高考“中腰”工程，提高学生核心素养和可持续发展能力。

四是以职教和高教为突破，奠定区域性教育中心地位。在教育体系中，职业教育、高等教育最能体现区域集聚效应。一要打造一流的职教高地。结合我市“十三五”产业新体系，改革人才培养模式，进一步强化职业教育基础能力和现代职教体系建设，构建普职融通、校企合作、中职、高职、本科有机衔接的人才培养“立交桥”。优化专业设置，加强实训基地建设，促进学训融合，提高学生人文素质、动手能力、就业和创业能力。二要提升高等教育研究和应用水平。支持在徐高校以高峰学科为引领，加快建设全国一流的大学和学科。特别是加强校地协同创新，加快建立高校现代创新体系，提高大学科技园建设水平，加快高校科技成果研发转化，提升高校服务地方发展水平。三要打造高水平的教育培训中心。整合全市师资培训资源，打造教师培训中心，开展农村教师定向培训，努力打造成全省教师培训基地；整合社会资源，进一步做强区域艺术考级基地，发展高考艺体专业辅导机构，形成淮海经济区吸引力最大的教育培训市场。

五是抓好教育重点项目，深入开展专项工程。今年的政府工作报告、为民办实事工程都安排了教育重点项目和专项工程，必须认真组织实施、按时有序推进。一要推进学校布局优化工程。市规划局、建设局、国土资源局等部门，要主动参与工程建设，帮助解决规划建设中的各种手续问题。要进一步完善初高中布局调整方案，完善新城区教育管理体制，加快推进一中、二中等重点迁建项目。新改扩建110所幼儿园，创建省市优质园55所。新建续建35所中小学校，重建和加固36.6万平方米校舍，创建100所义务教育现代化学校。二要提高教育信息化水平。市经信委、财政局要积极支持，利用教育信息化PPP项目，研究制定学校信息化建设规划和标准，统筹推进“三通两平台”建设。县域70%的学校实现“优质资源班班通”，市直学校实现宽带接入“千兆到校、百兆进班”，提升教育信息化促进公平、提高质量的能力。三要加大高中阶段债务化解工作。全市普通高中负债多达24亿，平均每个学校3千多万债务。各地要不等不靠，全面清理审核债务，量化分解债务，多方筹集资金，分类分期、积极稳妥地化解合法债务，切实为学校和校长“减负”。

四、努力营造全社会关心支持教育发展的良好环境

教育事业是一项系统的社会工程，要广泛凝聚各方力量，提高推进和保障水平。一要确保优先发展。各级政府要牢固树立“教育是最大的民生”的意识，结合“十三五”规划的制定，加快研究实施促进教育内涵发展的政策措施，确保规划优先、投入优先、资源配置优先。二要加大投入保障。对人的投入是最重要的投入，对教育的投资是最有效的投资。各地要加大教育预算执行力度，确保当年征收教育费附加、地方教育费附加和教育资金足额使用，实现“三增长一提高”的法定要求。在盘活存量、用好增量上做足文章，注重提高财政性教育经费的使用效益。三要强化部门联动。今天的会议邀请了市相关部门负责同志，请你们关心支持教育发展，做好教育项目用地审批办理，支持推进中小学教师人事制度改革、绩效工资改革，加快教育信息化建设。市教育局要加强与职能部门之间的沟通协调，主动配合、积极联系，赢得支持和帮助。四要抓好教育安全稳定工作。安全工作必须警钟长鸣、常抓不懈。要加大宣传力度，做好安全教育，深入创建平安校园，加快构建立体化的安全防范体系，确保校舍安全、校园安全、校车安全。凡是发生重大安全事故的，坚决实行“一票否决”制。五要优化教育环境。各级政府和教育部门要关心教师队伍建设，千方百计帮助他们排忧解难，为广大教师提供一个舒心的工作和生活环境。要促进家校共建，充分发挥家长在教育中的重要作用，让他们理解、参与和支持教育。要加强社会宣传，努力营造更加良好的氛围，让尊师重教在徐州蔚然成风，让教师成为社会上最受尊敬的职业。

同志们，发展教育事业，功在千秋万代，深化教育改革，任务光荣艰巨。希望大家增强工作责任感和紧迫感，群策群力，协同配合，共同推进我市教育改革与发展，为建设我市全面实现“十三五”战略目标做出新的更大贡献！

2016年全市教育工作报告

徐州市教育局局长　张德超

（2016年2月18日）

一、"十二五"教育事业发展回顾

"十二五"是全市教育系统干部职工攻坚克难、拼搏奋进的五年，是各级各类教育锐意改革、成效显著的五年。在市委、市政府的正确领导下，各地、各学校以办人民满意教育为宗旨，以教育现代化为目标，解放思想，创新举措，敢闯敢试，扎实工作，教育发展呈现良好势头，圆满完成"十二五"既定目标任务。

过去五年，优质资源迅速扩张，基础教育办学条件得到根本改善。学前教育实现全面普及。新建改建幼儿园511所，增加学位12.5万个。建成省优质园410所，居全省第二，省游戏化课程项目13个，居全省第一。学前教育毛入园率达到97.1%，比"十二五"初提高2.1个百分点。云龙、泉山、鼓楼、开发区、贾汪建成"省学前教育改革发展示范区"。丰县投入1.1亿元，无偿划拨公办园用地400亩，新建幼儿园72所，创建省优质园48所，成功申报"国家学前教育改革发展实验区"。义务教育实现基本均衡。加固重建校舍489万平方米，涵盖全市近三分之二的校舍；新建改建中小学258所，增加学位20万个；中小学全部实现市级办学条件标准化，348所学校达到省义务教育现代化标准。邳州投入9.1亿元，新建校舍282栋；睢宁实施新建学校交钥匙工程；铜山、云龙完成校安工程消险任务。深化办学体制改革，依托市一中、三中、侯集中学优质资源托管薄弱初中，组建5所实验学校；在九里中学实行混合所有制办学，与京师未来实验学校实行"一体化"管理，探索公办、民办学校融合发展的新体制；贾汪投入5亿元打造"教育集聚区"，建立江苏师大附属实验学校；主城区小学实现集团化办学全覆盖。县市区在苏北率先全部创建为"全国义务教育发展基本均衡县市区"。普通高中综合实力不断增强。建设三星级以上高中55所、省级课程基地24个，居全省首位，高中毛入学率从"十二五"初的94%提高到97.3%。沛县对接如皋，建立高中联系制度，引进先进教育理念和优质教育资源，带动区域高中整体发展。现代化创建实现区域突破。启动更高水平教育现代化建设，泉山、云龙、鼓楼监测成绩分别位居苏北第一、第二和第五位。

过去五年，职业教育创新发展实验区建设顺利推进，现代职教体系初步建立。职教布局调整全面完成。幼专、生物工程学院、安全职业技术学院成功升专，市艺校和江苏模特学校、市中专和市开放大学分别合并办学。丰县、铜山、邳州中专新校投入使用，形成“市区重点做强高职，县区重点做优中职”的格局。基础能力建设不断增强。创建国家改革发展示范校5所、省高水平示范校13所，居全省第三。创建省品牌特色专业51个、国家级省级示范性实训基地37个，居苏北第一。人才培养水平明显提高。创建现代职教体系培养项目77个，组建现代农林、先进制造、商贸三大职教集团，形成产教结合、中高职衔接的集聚发展模式。丰县中专杏鲍菇工业化生产基地、安全职业技术学院三菱电梯维修实训中心等“教学工厂”实现了教学生产的有效对接。在全省职业院校技能大赛中，我市总分连续七年蝉联苏北第一，省教学信息化大赛、创新大赛成绩稳步提高。继续教育体系持续完善。24万人次参加自学考试，14万人次参加成人高考，规模居全省前列，社区教育、老年教育、农民培训、证书考试广泛开展，我市被评为“全国自学考试先进单位”。

过去五年，教学改革持续深化，抓质量、抓内涵的氛围更加浓厚。德育工作特色鲜明。深入开展“责任教育”，新沂录制《快乐礼仪》专题片，通过礼仪规范提升学生社会责任；铜山以“仪式教育”为载体，促进学生成长、成人、成才；睢宁沙集镇建设小学按照“一笔一画学写字、一生一世学做人”的理念，把“责任教育”融入书法教学；鼓楼区大马路小学设立红领巾监督岗，通过体验学校管理培养学生责任意识；丰县“感恩教育”、云龙区“十好习惯养成教育”、市一中社会实践教育、科技中学自管自育、西苑中学“美丽校园、我的责任”主题教育等，培养了学生良好的道德品质和文明行为。推进心理健康教育课程化，大屯矿区第一小学被评为“全国心理健康教育特色示范校”。“学讲计划”全面推进。在总结以往课改经验基础上，实施“学讲计划”，提高课堂教学效率。各地各学校积极融入教学改革，新沂对接海门开展“新教育实验”、邳州实施“大校本教研”、沛县打造“三课范式”，铜山开展“学讲”项目攻关，以及撷秀中学的“自分教学”、市十三中的“复盘教研”、徐高中的“升格课堂”等，丰富了“学讲”内涵。市教育局开展“县县行”“走乡村——真教研、真学习”等活动，出台《关于新形势下进一步加强教学管理工作的意见》，编写《学进去讲出来——徐州市域课堂教学改革行动研究》，引领和规范课改实践。“学讲计划”实施两年以来，课堂生态明显改善，师生关系更加和谐，教研机制不断创新，教学管理进一步加强，教学质量稳步提高。第十一届中国名校长高峰会议在我市举办，与会专家对“学讲计划”给予了充分肯定。教育信息化建设取得阶段成效。形成“政府支持、企业投资、学校使用”的模式，县市区全部实现“宽带网络校校通”，主城区基本完成“三通两平台”硬件建设，云龙被列为“全国教育信息化试点区”。促进信息技术与教育教学深度融合，研发彭城课堂、云教研、智能巡课等应用体系，录制各类示范课3000多节、微课资源2万多个；开展“一师一优课、一课一名师”活动，组织网络集体备课、优秀课直播等教研活动130场，参与教师7万人次。市三中获第十三届全国中小学信息技术创新与实践大赛一等奖第一名。在2015年全国基础教育信息化应用现场会上，我市作典型发言，教育部刘利民副部长对开发区与上海开展网络教研的做法给予充分肯定。艺体教育广泛开展。举办中小学阳光体育运动会、中小学生艺术展演活动，培育武术进校园、“市长杯”校园足球联赛等品牌，校园足球实现广覆盖。建立学生体质健康测试和评价制度，发布《中小学生体质监测报告书》，将学生体质健康作为学校素质教育质量监控的重要指标。在全省高校大一新生身体素质测试中，徐州生源综合成绩实现“八连冠”。

过去五年，教师综合素质不断提高，队伍活力进一步激发。师德“五项工程”深入实施。出台《关于进一步加强师德师风建设的意见》，激发道德自觉，强化纪律约束，涌现出“江苏十大杰出青年”郁雪群、“江苏最美乡村教师”徐翠梅、“江苏最美特校教师”宋雪梅等师德典型。全系统有21人获全国表彰、45人获省级表彰、1600余人次获市级表彰。骨干队伍进一步壮大。加强师资培训，全市在职教师轮训一遍。补充在编教师4900人，学历达标率较快提升。全市现有省人民教育家培养对象6人、教授级高级教师19人、特级教师116人，市名校长、名优教师800余人。“于永正‘言语交际’式小学语文教学探索与实践”获基础教育国家级教学成果一等奖。管理机制不断创新。出台《关于推进义务教育学校教师校长交流工作的意见》，市直159名校干教师跨校交流，向师资均衡迈出了重要一步。新沂吸引社会资本建立名优教师、卓越教师奖励基金。铜山大力奖励名优教师和中、高考先进学校。开发区深化绩效工资制度改革，拉大奖励性绩效分配差距；实行代课教师转聘制度，形成稳定的教师梯级补充机制。沛县推行校长末位淘汰制、干部教师选聘制、机关干部竞聘制。这些措施给教师队伍带来了动力、注入了活力。

过去五年，教育惠民力度持续加大，教育公平得到有力保障。完善扶困助学体系。会同各级关工委，为148万人次发放资助金11.17亿元，为16万名大学生办理生源地助学贷款9.8亿元，做到应补尽补、应贷尽贷。保障群众教育权益。开展热点公办学校空余学额电脑派位试点，落实外来子女义务教育入学政策，2.84万名外来人员子女享受同城同等待遇，公办学校吸纳比例达92%，义务教育普及率达100%。在全省率先出台《关于进一步加强特殊教育发展的意见》，残疾儿童义务教育入学率达到98%。市特教学校建成省首批医教结合实验学校和全省唯一一家国家三级康复机构。开展教育惠民工程。实施中小学生在校集体就餐、农村偏远学校教师公租房建设、学校体育设施对外开放等实事项目，群众获得感切实提升。

过去五年，教育行风建设不断强化，充分体现办人民满意教育的责任担当。党建工作切实加强。深入推进群众路线教育实践活动，全面开展“三严三实”专题教育，举办“践行‘三严三实’，打造徐州教育新品质”书记专题党课暨校长论坛，在省委巡视组座谈会上作典型发言。“两个责任”有效落实。制定《关于落实党风廉政建设主体责任和监督责任的实施意见》《惩治和预防腐败2013-2017年工作规划》，开展落实八项规定专项督查、信访投诉“大起底、大排查”、治理教育乱收费专项检查，坚决查处和纠正损害群众利益的行为。工会、共青团工作卓有成效。教育督导扎实开展。推进责任督学挂牌工作，云龙、鼓楼、泉山、贾汪、铜山通过“全国责任督学挂牌督导创新县市区”省级评估。鼓楼在全国深化教育督导改革工作会上作典型发言，邳州被评为“全国质量检测工作先进单位”。校园安全水平不断提高。落实“护校安园”行动，推进“平安校园”建设和校园周边环境综合整治，连续五年被评为市综治工作先进单位。西藏班、新疆班秩序井然，为促进民族团结作出积极贡献。教育宣传成效明显。《中国教育报》头版头条介绍了我市托管办学、教育均衡发展、学前教育发展等工作，《人民教育》杂志对我市教育现代化建设进行专题报道。与江苏教育报刊总社结为战略合作伙伴，开辟专版展示徐州教育亮点，提升了教育形象。

二、“十三五”期间教育改革发展形势和任务

（一）准确把握我市教育改革发展主要形势。徐州教育进入到更加注重内涵建设和质量提升的新阶段。市委、市政府高度重视教育，张国华书记、周铁根市长对教育改革发展提出了新的更高要求。李燕副市长对从政策、制度层面解决教育发展瓶颈问题给予了大力支持和指导。我们一定要深刻认识新的形势和任务，抓住机遇，应对挑战，又好又快地推进教育改革发展。

第一，“十三五”是实现教育现代化的决胜阶段。教育现代化建设是教育领域全局性、统领性工作。省政府对教育现代化建设提出了明确的序时进度要求：2017年部分县级示范区要总体达成指标体系，2018年苏南示范区及其他示范区要全部达成指标体系，2019年苏中地区和苏北部分县市区要达成指标体系，2020年苏北地区要整体达成指标体系。从2014年监测数据看，我市主城区建设水平较高，但其他县市区形势严峻，全市综合得分70.08分，排在全省第12位。因此，实现市域教育总体现代化是未来五年教育改革发展的中心任务。

第二，“十三五”面临着应对生源高峰、保障教育公平的严峻挑战。2007年以来，全市小学一年级入学人数连续八年呈现增长态势。2014到2015年，小学在校生每年激增八九万人，生源进入高速增长阶段。到2020年，预计小学在校生将增加34万人，较2015年增长40%；初中净增24万人，增长109%；高中阶段净增8万人，增长36%；中小学在校生总数将达到194万人，比2015年增长63%。未来五年，教育承担着规模建设与内涵发展的双重任务，既要满足群众“上好学”的企盼，又要解决好“有学上”的现实问题。

第三，“十三五”是深化教育综合改革的攻坚时期。改革是教育突破发展瓶颈的根本出路。要进一步解放思想，以逢山开路、遇河架桥的精神勇往直前地推进改革。积极应对新常态下经济增速变缓和财政收入增量缩减的现实，引进社会资本推进教育现代化建设。深化办学体制改革，大力发展民办教育，办出一批高水平的民办幼儿园、中小学，缓解公办资源不足的压力。深化学校管理体制改革，推广托管、混合所有制、集团化发展等模式，促进优质均衡发展。深化教师管理改革，着力破解结构性矛盾。把改革成果制度化，在法治框架内凝聚改革共识、优化改革举措、扩大改革成果、防范改革风险。

第四，“十三五”要把解决群众反映集中的热点难点问题作为最紧迫的任务。当前，全市教育工作存在一些突出问题：优质资源占比偏低，择校现象仍然存在；教师有偿补课行为屡禁不止，群众反映强烈；教育乱收费问题尚未杜绝，教育投诉较多；学生课业负担过重，引起群众的关注；高考整体水平不高，尤其是考取北大、清华等重点高校的人数不多，与社会期望还有较大距离。要牢记群众企盼，树立底线思维，坚守政策红线，出实招解决这些热点难点问题，保障教育健康发展。

（二）进一步明确“十三五”教育改革发展的目标任务。党的十八届五中全会提出创新、协调、绿色、开放、共享发展理念，为全面深化教育综合改革，加快推进教育现代化指明了前进方向。要强化创新理念，增强教育发展动力。创新教育理念、人才培养模式和教育机制体制，走出一条适应徐州实际、符合教育规律、实现跨越发展的道路。要强化协调理念，提高教育整体发展水平。实现学前教育到老年教育、学校教育到社会教育、学历教育和非学历教育、职业教育和普通教育协调发展，推动教育与地方经济社会发展有效对接，促进教育资源向发展资源转化。要强化绿色理念，促进教育内涵发展。尊重教育规律和学生身心发展规律，全面实施素质教

育，营造良好的教育生态。要强化开放理念，激发教育发展活力。加强与社会的联系，善于利用社会资源发展教育。加强国际交流合作，提升教育对外开放水平。要强化共享理念，切实维护教育公平。更加关注家庭经济困难学生、外来务工人员随迁子女、留守儿童、残疾儿童等特殊群体教育权益，让每个人都有人生出彩的机会，让教育改革发展成果惠及全民。

按照五大理念的指引，各地、各学校要坚持以立德树人为根本，以教育现代化为统领，以提高质量、促进公平为主题，以学习南通为抓手，改革创新，开拓进取，加快转变教育发展方式，实现升学水平、素质水平双提升，办好人民满意的教育。

一是大力推进教育现代化建设。继续高举教育现代化大旗，严格按照时间表和路线图，主城区要率先通过教育现代化监测评估，2018年沛县、铜山、贾汪教育现代化综合得分要达到90分以上，2020年县市区要全部实现教育现代化。实施信息化拉动现代化战略，推进信息化基础环境改善、教育资源共建共享、信息化应用能力提升和融合创新“四大工程”，加快“三通两平台”建设，2020年建成与教育现代化要求相适应、涵盖各类教育、覆盖城乡的教育信息化体系，实现信息技术与教育融合发展。

二是全面促进内涵发展。落实立德树人根本任务。认真贯彻党的教育方针，大力培育和践行社会主义核心价值观。以落实《中小学生守则》为切入点，创新“责任教育”形式，进一步加强习惯养成教育和文明礼仪教育。实施学生体质健康促进工程，启动中小学生艺术素质测评试点工作和“实践大课堂行动计划”，全面加强学校体育、心理健康、艺术、科学和劳动实践教育，促进学生健康成长。2016年，创建省级健康促进学校60所、校园足球示范学校10所、特色学校30所、活动学校200所。进一步深化教学改革。深入实施“学讲计划”，引领教师一心一意研究教学，千方百计提高质量。规范学校办学行为，研究制定《关于加强中小学作业统筹管理的意见》，规范课程开设和作息时间安排，减轻学生过重的课业负担。

三是高水平发展十五年基础教育。实施第二期学前教育五年行动计划。到“十三五”末，全市省优质幼儿园比例达到90%，学前三年教育毛入园率高于98%，90%以上幼儿在公办园或普惠性民办园就学。2016年，全市新建改建幼儿园110所，创建省市优质园55所、省市课程游戏化项目6个；开展公办园和普惠性民办园服务区制度试点。加快义务教育学校标准化建设。对照《江苏省义务教育学校办学标准》和教育部《义务教育学校管理标准（试行）》，研究制定关于新型城镇化背景下统筹城乡义务教育一体化发展的意见，到“十三五”末全市小学、初中全部达到省现代化学校办学标准，县市区全部达到省优质均衡发展要求。2016年，全市创建省义务教育现代化学校100所以上，续建新建中小学35所，加固重建校舍36.6万平方米。加快普通高中多样化特色化发展。实现三星级以上高中全覆盖，高中办学绩效处于苏北领先。2016年，要贯彻落实国家普通高中新课程方案，修订完善综合素质评价制度，研究制定《关于促进普通高中优质特色发展实施意见》。创建三星级以上普通高中2所、省级普通高中课程基地4个，开展星级高中复审迎检。

四是健全现代职教体系。建设更高水平的职业教育。2020年建成省现代化职业学校10所、省现代化实训基地20个、现代化专业群28个，支持骨干职业学校提升办学层次。建设更加融通的职业教育。完善中职、高职、本科分段培养模式，探索建立普职互通机制，拓宽职校生升学空间。建设有更好就业前景的职业教育。创新“校企一体化”协同育人模式,2020年职校毕业生“双证”率达到80%,专业对口就业率达到70%。提升竞赛水平,营造“普教有高考、职教有大赛”的浓厚氛围。建设更加便捷的终身教育。“十三五”末新增劳动力人均受教育年限达到15年以上,建成学习型社会。2016年,开展现代学徒制试点,校企共建产教融合实训基地,创建省现代化职业学校2所、省级现代化实训基地3个、省级现代化专业群4个、分段培养项目26个。创建省级社区教育中心10个、省级高水平农科教结合示范基地1个、省级居民学校10所。会同民政部门,健全老年教育体系,老年入学率达到30%。

五是加强高素质专业化教师队伍建设。落实《乡村教师支持计划(2015-2020年)》,创新思路和举措,实施师德师风建设五项工程、教师专业发展工程、名优教师培养工程、农村教师素质提升工程,加强薄弱学科和乡村教师队伍建设。到“十三五”末,全市幼儿园教师专科及以上学历、小学教师专科及以上学历、初中教师本科及以上学历均达到100%,高中教师研究生学历达到20%,职业学校“双师型”教师比例达到75%,培养市级名校长、名优骨干教师800人,建设名师工作室100个。2016年,筹备组建市教师发展学院,争取云龙、鼓楼、泉山、开发区、铜山、贾汪、沛县、新沂通过省级示范性县级教师发展中心创建评审。组织8大类17项教师培训项目,开展市第十批“名师工程”、第十二批“青蓝工程”、省第十四批特级教师评选推荐工作,在青蓝工程、名师工程中单列农村名优骨干教师梯队培养数额,培养农村名师15人、骨干教师100人,培训农村音体美等紧缺学科骨干教师1000人,提高教师队伍整体素质。

六是切实提高教育管理水平。积极争取各级党委、政府的支持,营造教育优先发展的浓厚氛围。广泛开展交流活动,学习借鉴南通教育经验,促进徐州教育内涵发展,切实提高升学水平和素质水平。加强党建工作。认真组织学习习近平总书记关于从严治党新论述和视察江苏重要讲话精神,进一步巩固“三严三实”专题教育成果,组织开展党员专题教育活动。贯彻《全省中小学加强党的建设的意见》,制定《关于进一步加强中小学党建工作的意见》和《民办学校党建工作意见》。推进学习型、服务型、创新型党组织建设,高度重视群团工作。建立干部挂职制度,通过校际、学校与机关之间挂职等方式,促进干部交流。落实“两个责任”。彰显把纪律和规矩挺在前面、党纪严于国法的工作理念,对不认真履行主体责任和监督责任,出现违规违纪情况的学校实行年度考核、评先评优“一票否决”。强化依法治教。建设普法基地、普法网站,组织普法宣讲,开展年度依法治校示范校创建活动。加强教育督导。做好义务教育均衡检测,选聘新一届政府督学,制定《进一步加强教育督导工作的意见》,推进“全国中小学校责任督学挂牌督导创新区”建设。加强安全维稳工作。开展“平安校园”建设示范县市区创建活动。加强突发事件应急管理,做好信访工作。充分利用舆论阵地,扩大教育宣传,为教育发展营造良好的环境。推进困难学生精准资助。研究制定家庭经济困难学生认定办法,确保每一个符合条件的家庭经济困难学生都能够享受教育资助。

三、2016年教育工作重点措施要求

2016年,各地、各学校要突出“内涵”和“创新”两大主题,进一步强化质量中心地位,真正树立以提升教育质量为核心的教育发展观;进一步强化改革思维,认真落实《市委全面深化改革领导小组2016年工作要点》对教育工作提出的“一项活动、四项改革、一个意见”的部署,以创新的举措实现教育跨越式发展,起好步、紧在前,确保“十三五”良好开局。

(一)开展“教育学南通,水平双提升”活

动。南通教育坚持走内涵发展之路，教育质量和效益不断提高，高考成绩遥遥领先，学科竞赛独树一帜，教科研和素质教育都形成了鲜明的特色，成为江苏乃至全国基础教育的“领跑者”，创造了中国教育的“南通经验”：党委政府高度重视教育。真正把教育摆在全局性、先导性和基础性地位，对教育建设项目优先立项、教育经费优先安排、教育用地优先保障；坚持师范生免费定向培养，大力奖励教育人才，对吸引优秀教育工作者潜心从教、长期从教、终身从教发挥了重要作用。全社会尊重教育、支持教育。南通有深厚的教育土壤，教育是城市最重要的品牌。各地、各部门和社会各界主动为教育发展出点子、办实事，慷慨解囊、献计献策。南通人尊师重教，教育生态环境良好，南通学子崇师好学，形成了浓厚风气。教育教学形成“管理出效益，常规出质量”的特色。坚守精细的教学管理和精致的常规管理，教学过程“六认真”、作业过程“四精四必”、阶段质量分析制度等已经成为南通抓质量的法宝。开展“教育学南通，水平双提升”活动，要抓好三个方面：一是把学南通作为提高教育质量的重要抓手。活动不能“热闹一阵子”，必须贯穿“十三五”教育工作的始终。不能搞形式，要真学真干。要以学南通为契机，动员社会各方面关心支持教育。二是学深学透南通教育的精髓。不能急功近利、生搬硬套，要结合本地、本学校实际，深入学习南通教育经验，提升精细化管理水平。要发动广大教师，学习南通教师队伍“道德优美，学术纯粹”的精神和特别能吃苦、特别能奉献、特别善合作、特别肯钻研的职业态度，提振精神状态。三是有序搞好县（区）、学校对接。要有实实在在的措施，与南通签订教育战略合作协议，采取县县帮扶、校校结对的办法，两地县区教育部门、三星级以上高中、现代化初中广泛开展对口合作。加强校干教师交流，两地互派管理干部、骨干教师挂职锻炼；聘请南通专家型名校长来徐任职。在南通建立培训基地，对教育行政干部、校干、教研人员、学科骨干教师、农村教师开展多层次研修轮训。在徐州建立李吉林、李庾南教学法实验基地，遴选一批实验地区、实验学校和实验教师，推进教法研究。

（二）进一步深化教育综合改革。一是采取PPP模式破除投入瓶颈。充分认识引进社会资本办教育对迅速放大优质教育资源、促进教育优质均衡发展的重要意义，建立健全政府和社会资本合作机制，引进社会资本推进教育现代化建设，支持行业、企业参与举办公办学校、扶持薄弱学校，加强优质教育资源供给。二是深化人事制度改革破除编制制约。研究制定《关于加强教师队伍建设的意见》和《贯彻乡村教师支持计划实施办法》，推出一揽子改革计划，多管齐下，综合施策，破解教师结构性矛盾。完善乡村教师补充机制，采取订单式培养方式，实行师范生“定向招生、定向培养、定向就业”，提高生源质量。开展“县管校聘”教师编制体制改革试点，完善教职工编制管理、岗位设置和聘用管理制度，落实教育部门和学校用人自主权，变“单位人”为“系统人”，推动区域内城乡、校际校长教师常态交流。三是推进职称制度改革彰显评审导向。修订职称评价标准，更加注重师德和教学实绩在职评中的权重，切实向一线教师倾斜、向农村教师倾斜，促进乡村教师结构更加合理。四是深化分配制度改革激发队伍活力。设立名特优教师（校长）专项津贴、班主任项目基金、高中教师延时工作基金、校长管理基金以及高考专项奖励基金，充分发挥奖励的杠杆和激励作用，加快形成优秀人才脱颖而出的制度环境。

（三）推动“学讲计划”在增强针对性、聚焦有效性上取得新成效。要坚定不移地实施“学讲计划”。深刻认识实施“学讲计划”的必要性、迫切性、长期性和艰巨性，认真落实《关于新形势下进一步加强教学管理工作的意见》等文件要求，增强课改自信，不断创新形式，坚持推进课改。要进一步落实工作举措。强化常规管理，建设服务于课改的有效管理制度。创新教研机制，积极探索区域教研和校本教研的新模式。加强学科建设，优化教学资源与教学过程。加强农村薄弱学校教学管理，以问题为导向，开展高质量的教研活动，促进城乡教研共同体建设，全面推进“学讲计划”。要注重先进典型的培养。坚持“发现典型、培育典型、以点带面”的工作思路，培育典型学校、优秀教师。鼓励基层学校和一线教师的探索与实践，形成可供借鉴和推广的课改经验，促进课改可持续发展。

（四）实现县域教育信息化突破性发展。加快提升教育信息化基础支撑能力。利用教育信息化PPP项目，研究制定学校信息化建设规划和标准，统筹推进“三通两平台”建设，重点推进县区信息化基础环境建设。县域70%的学校实现“优质资源班班通”，市直学校实现宽带接入“千兆到校、百兆进班”。有效提升教学资源开发和服务共享能力。开展智能巡课，建立基于大数据的教育管理平台。完善网络课程资源，微课实现各学科核心知识全覆盖，“一师一课”参与教师比例达到70%。开发在线“名师大讲堂”“名师课堂”，在“彭城课堂”同步直播市级公开课。优先提升教育信息化促进公平、提高质量的能力。推广“云教研”平台，市区所有中小学、县城以上学校全面实施网络备课。以县为单位成立名优教师共同体，以优质学校辐射薄弱学校和办学点。推广创客教育，中小学逐步开设创客课程，为师生提供创客空间，适时举办中小学创客大赛，培养学生的创新精神和实践能力。

（五）突出抓好高考工作。继续旗帜鲜明抓质量，理直气壮抓升学。在最后冲刺阶段，要坚持周密计划、问题导向、以生为本，组织好备考各项工作。一要强化管理。学校一把手靠前指挥，校干蹲点重点学科、重点班级，参与学科组备课，及时发现问题、解决问题，提振师生信心，进一步挖掘潜力。关注学生的非智力因素，做好学生思想教育和心理疏导工作，调整学生状态，张弛有度，使学生以最好的精神状态参加高考。二要突出重点。采取扎实措施，做好边缘生转化、优生拔尖和艺体生文化成绩提升。教研部门发挥好研究、指导、服务、管理的职能，有针对性地对学科备考进行指导。加强教学视导，从教学常规管理、课堂教学、学生辅导、考试评价等方面对一线教学进行诊断，及时发现并与老师一起解决教学中的问题。三要落实考核。加大对质量考核的权重和分值，考核与校长的工作绩效挂钩，引导校长强化教学工作的中心地位、教学改革的核心地位、教学质量的首要地位，集中精力抓质量；与教师评优评先挂钩，引导教师全心全意抓教学。四要统筹兼顾。以抓高考质量引导高中招生合理分流、合理选科，引导初中、小学注重培养学生思维，提高学生核心素养和可持续发展能力，从根本上提升教育质量。

（六）大力治理在职教师有偿补课。制定实施《进一步加强师德师风建设，严禁在职教师有偿补课的意见》，加强师德教育，在广大教师中开展拒绝有偿补课倡议和公开承诺活动，向社会公布在职教师有偿补课行为投诉方式，开展在职教师组织参与校外有偿补课的明察暗访和专项整治，与公安、工商、城管等部门联合执法，对有偿补课行为实行“零容忍”，引导教师树立正确的职业观和价值观。同时，切实规范招生工作，进一步压降义务教育学校择校生比例，严禁借读行为，保障招生公平公正，维护群众教育权益和教育的良好形象

（七）强化作风建设和目标考核。新开局要有新作为，新常态要有新状态。优良的作

风是干事创业的重要保证。各地、各学校要切实提振“敢为”的锐气、锤炼“能为”的本领、激发“想为”的动力,使敢担当、勇作为在教育系统蔚然成风。要进一步强化改革创新精神,把工作创新作为重中之重,认真学习借鉴先进地区的做法经验,加快推出一批具有重大牵引作用的改革举措,为教育发展提供支撑。要强化责任体系,各级教育部门和学校的干部要打头阵、冲在前,在抓落实上拉满弓、卯足劲,早出发、快行动,以钉钉子精神抓好各项决策部署落实。要抓好督查问责,科学开展教育现代化建设情况监测评估,实时监控教育现代化、“改薄”工程等重点指标,准确评判各地教育现代化达成情况;建立教育现代化建设情况通报制度,在媒体上定期发布各地教育现代化指标达成度,促进各地采取有效措施提高创建成效。

“十三五”教育改革发展机遇难得,任务艰巨。让我们在市委、市政府的正确领导下,以对事业高度负责的精神和一往无前的激情,勇于探索新路,奋力突破瓶颈,加快推进教育现代化、建设教育强市,为经济社会发展作出新的更大的贡献!

(转自2016年全市教育工作会议)

(责任编辑 曹昭海)

中国名校长高峰会议
第十一届
新时代关于课堂 ·课程·技术的校长命题
第十一届中国名校长高峰会议
学讲论坛
中国·徐州
2015.10.29~31
承办单位：徐州市教育局

大事记

徐州市2015年教育大事记

1月

7日　徐州市教育局与江苏教育报刊总社举行“战略合作伙伴”签约仪式，合力展示徐州教育改革发展新成果，共同打造徐州教育宣传新高地。

9日　徐州市陶行知研究会“学讲计划”高级论坛暨理事扩大会议在徐州市解放路小学召开。市陶研会会长张广焕、副会长傅岩，部分理事、常务理事，学术工作委员会委员，各县（市、区）陶研会负责人，受表彰的行知式优秀校长、行知式优秀教师代表等60余人参加会议。理事扩大会由副会长兼秘书长周洪芝主持。周洪芝代表市陶研会对2014年学会工作进行全面总结，并就2015年工作打算向与会代表作汇报。

13日　四星级普通高中教学工作研讨会在徐州市第一中学九里校区召开。市教育局副局长李运生、各县（市、区）教育（文教体）局分管教学工作的副局长、教研室主任及四星级学校校长、副校长60余人参加会议。研讨会由市教研室副主任李秋颖主持。

2月

6日　市教育局召开徐州市高中教学质量分析会，局长张德超、副局长李运生到会讲话，各县（市、区）教育（文教体）局局长、教研室主任、四星级高中校长、副校长及教研员等300余人参加会议。

15日　市教育系统关工委召开2015年度工作会议，总结2014年工作，部署2015年工作任务，各县（市、区）教育（文教体）局分管关工委工作的领导、关工委负责人和部分省优秀家长学校代表参加会议。会议为获得“省关工委常态化巩固提高奖”“省家庭教育先进市县区”“省优秀家长学校”及省优秀论文的单位颁奖，铜山区、新沂市、泉山区、贾汪区教育局作经验交流，局组织处处长杜涛主持会议，局关工委主任张建勋作工作报告。市教工委副书记杜耀东出席会议并讲话。

16日　市政府召开2015年全市教育工作会议，总结2014年教育工作，部署2015年教育改革发展任务。市政府副市长李燕、副秘书长周广春，市教育局局长张德超和各县（市、区）政府分管领导、教育（文教体）局局长，市区相关高校、高职校、中专校校长，市教育局领导班子成员、局机关处室负责人和直属学校校长、书记出席会议。会议由周广春主持。李燕、张德超先后讲话。

3月

2日　市教育局召开全市学校安全稳定工作会议。局长张德超到会并讲话。会上，副局长李清传达学习省教育厅、省公安厅有关学校安全教育、安全管理相关会议和文件精神，总结2014年工作，部署2015年的安全稳定工作任务。市综治办、市公安局和市安监局领导参加会议并提出相关要求。市教育局与直属学校签订安全责任书 。各县（市、区）教育行政部门分管领导、局各直属学校分管领导参加会议。

6日 市教育局召开直属学校及市区部分职业学校学生资助工作会议。局直属学校分管副校长、学生资助工作负责人，部分职业学校资助工作负责人参加会议。市委教育工委副书记杜耀东参加会议并讲话。

11日 省评估院院长陆岳新一行4人，到徐州市调研教育现代化建设工作。陆岳新作《以指标体系与监测评估为引领，大力推进江苏教育现代化建设》的专题报告，市教育局局长张德超参加调研并对进一步做好2015年监测工作提出具体要求，市教育局机关相关处室负责人、各县（市、区）教育部门主要负责人、监测工作分管负责人，局基教、职教、督导、师资、人事、统计、财务等部门负责人参加会议。

18日 市教育局邀请江苏省教育科学规划领导小组办公室主任彭钢、副主任蔡守龙，江苏省教科院幼教特教研究所何锋博士到徐州市，参加市教育局申报"'学进去 讲出来'市域课堂教学改革的行动研究"课题论证会。市教育局局长张德超主持论证会并向到会专家介绍徐州市开展"学讲计划"一年多的收获、感受和反思，市教研室主任何振国向专家介绍课题方案的主体内容，市"学讲办"副主任万众汇报全市2014年"学讲计划"推进情况。专家们认为，"学讲计划"极富本土特色，原创性强，秉持的理念、方向和新课改完全一致。同时从课题关键概念的准确阐释、研究理论、现实背景的整合综述及研究内容的细化分解，直至成果的形式都作了细致的指导。

26日 四星级高中督导总结汇报会在市教育局会议室举行，局长张德超、副局长李运生、督导室主任姚杰出席会议，督导室、基教处、教研室负责人和各督导组组长以及"学讲办"人员参加会议。

26日 市教育局在徐州幼儿师范高等专科学校组织高校与省课程游戏化项目幼儿园"手拉手"结对帮扶签约仪式暨徐州市"幼儿园课程游戏化"专题培训。省教科院幼特教所副研究员、中国学前教育研究会副秘书长张晖，徐州幼儿师范高等专科学校原校长张祥华，江苏师范大学教育科学学院副书记董海宁，市教育局基础教育处负责人和各区、县300余名幼教干部、园长和骨干教师参加活动。

26日 2015年度徐州市云龙区"区长杯"校园足球联赛启动仪式在解放路小学足球场举行。市教育局局长张德超，市体育局局长李跃华，云龙区区长方正华，云龙区委副书记王晓松，云龙区副区长康宁，上海市特级校长、特级教师、向阳小学校长洪雨露，徐州市体育局副局长佟京扬，云龙区文教体局局长王艳，以及市教育局、市体育局、云龙区教育体育局的相关领导出席。全区各中小学校校长、分管副校长、体育教研组长，各参赛代表队领队、教练员、运动员400余人参加启动仪式。

4月

2日 徐州市教育局在撷秀初级中学举办"学讲计划"阶段成果展示活动。该校所有班级均对外开课。市教育局副局长李运生、教研室主任何振国及各学科教研员参加活动，全市中小学校的1000余名教师观摩学习。大会特别邀请华师大博士生导师熊川武教授作题为《理论自信，实践不懈，谈深化课堂教学改革》的报告，撷秀中学校长姜竹梅向来宾作题为《在“学讲计划”的指引下精心培育课改之花》的报告，李运生作大会总结发言。

7日　市教育局召开四星级普通高中教学工作会议。各县(市、区)分管副局长、四星级普通高中校长、分管教学副校长，县(市、区)教研室主任、市区高中学校校长、业务副校长，部分县(市、区)三星级学校校长、业务副校长参加会议。会议由市教研室主任何振国主持，市教研室副主任李秋颖分析高三“二检”情况，对各县(市、区)、四星级学校落实高三“一检”会议精神的情况进行总结反馈，对下一阶段的教学提出具体的要求和建议。市教育局副局长李运生作大会总结讲话。

11日　徐州市“一师一优课、一课一名师”活动启动仪式在局会议室举行。市教育局局长张德超、副局长李运生、教工委副书记杜耀东、副局长李清出席大会，各县(市、区)分管副局长、教研室主任、电教馆长，局直属学校校长、业务副校长、教务处主任、电教(信息化)中心主任，局机关各处室负责人共200余人参加会议。会议由李运生主持，张德超作重要讲话。

22—23日　“2015华东地区数字化学习研讨交流会”在云龙区徐师一附小召开，“华东地区小学数字化学习(电子书包)试点学校联盟”正式成立。

5月

4月29日—5月3日　市教育局、市体育局举办的“市长杯”校园足球联赛第一赛季(小学低年级组)在湖北路体育场和徐州高级中学足球场拉开帷幕。

8日　市教育局召开2015年全市教育系统党风廉政建设工作会议，市教育局领导张德超、杜耀东、葛宝堂、李清和各县(市、区)教育(文教体)局书记、局长、纪委书记、监察室主任，局直属学校校长、书记、纪检委员，局机关各处室负责人出席会议。

8日　徐州市教育局党的群众路线教育实践活动后续工作推进会召开，市教工委书记、市教育局党委书记、局长张德超，副局长葛宝堂，市教工委副书记杜耀东，副局长李清出席大会，局机关各处室主要负责人，直属学校校长、书记参加会议。

11日上午　首届徐州“职业教育活动周”启动仪式暨市商贸职教集团成立大会在江苏省徐州经贸高等职业学校举行。徐州市人民政府副市长李燕宣布活动周开幕，并与市政府副秘书长周广春、市教育局局长张德超共同启动活动周开幕彩球。市供销合作总社主任吴宝剑宣读商贸职业教育集团成员单位和集团主要负责人名单，与市商务局局长臧晓鹏一起为集团揭牌。徐州市商贸职业教育集团理事长、江苏省徐州经贸高等职业学校校长黄学勇致辞，市教育局副局长李清主持启动仪式暨成立大会。

11日　2015年徐州市职业学校省级网络培训一期学员开班典礼，在江苏模特艺术学校举行。省师资处负责人许李军，省中职教师培训中心负责人方健华、曹鸿骅，徐州市教育局副局长李清出席会议。

12—13日　徐州市数字化学习教学研讨活动在徐州三中举行。市教育局副局长李运生结合“学讲计划”作了《学讲计划与信息化技术的深度融合》的报告，并对徐州三中大力推行“学讲计划”，实施“自主、共享、成长”的育人模式，积极促进学习方式和教育模式的转变给予充分肯定。江苏e学习专家工作组组长陆志平作了《e学习课堂形态》的学术报告，江苏省e学习专家工作组、凤凰传媒集团、青海海南州教育代表团、上海华东师大张江实验中学、浙江上虞实验中学、徐州市教研室、徐州市电教馆、徐州市区及五县（市）的领导、专家、教师200余人参加活动。

13日　徐州职业院校结对帮扶签约暨现代职业教育体系建设共享实训基地授牌仪式，在徐州工业职业技术学院图书馆多功能厅举行。参加会议的有各县（市、区）教育（文教体）局分管局长、职社科长，各职业院校校长、副校长、教务处负责人、专业负责人和骨干教师代表。邀请部分驻徐高等院校负责人参加会议。市教育局副局长李清主持活动。

28日　市教育局在江苏模特艺术学校举办“践行‘三严三实’，打造徐州教育新品质”书记专题党课暨校长（书记）论坛。市教育局局长、局党委书记、市委教育工委书记张德超开设“三严三实”专题党课，市委组织部部长张金虎对践行“三严三实”及干部队伍建设提出要求。9名学校干部在论坛上作交流发言，江苏师范大学段作章教授和徐州市第一中学校长王志勇作点评。局机关各处室主要负责人、直属学校校级干部、部分中层干部200余人参加活动。

29日　徐州市学陶师陶“立德树人”现场会在睢宁县姚集中学举行，徐州市陶行知研究会各县（市、区）中小学单位会员230余人参加会议。徐州市陶研会会长张广焕、副会长兼秘书长周洪芝，睢宁县教育局副局长张绍宇等领导出席会议。

6月

2日　市教育局在江苏模特艺术学校召开2015江苏省职业学校技能大赛分析总结会，市教育局副局长李清出席会议并讲话。

6—9日　2015年徐州市“市长杯”中小学校园足球联赛第二赛季（U11组）举行比赛。女子组比赛设在徐州市科技中学和奎园小学，男子组比赛设在湖北路体育中心。共有徐州市区和各县（市、区）所辖小学男、女38支足球队参赛。

24日　徐州团市委联合徐州市教育局召开全市中学中职共青团工作推进会，团省委党组成员、省少先队总辅导员姜东，团省委学少部副部长张精华，徐州市教育局局长张德超，徐州团市委书记陈婕出席会议并讲话。团市委副书记徐子宇主持会议，市教育局团委、职业教育与社会教育处、基础教育处负责人和局直属中学、中职学校团委书记代表参加会议。

26日　中央电教馆馆长王珠珠、研究部主任黄天元一行到徐州市调研教育信息化工作，同时考察徐州智慧教育建设和数字化学习情况。省电教馆馆长尤学贵，徐州市教育局局长张德超、副局长李运生陪同调研。

7月

2—3日　省教育厅基教处主任殷雅竹、南京师范大学教育科学学院博士生导师虞永平到徐州市视察“学前教育五年行动计划”落实情况和幼儿园课程游戏化工作。市教育局副局长李运生及基教处负责人陪同视察。

3日　由市教育局、徐州工程学院承办的省教育厅送培项目——“徐州校长领导力提升”培训班开班。开班仪式由徐州工程学院教科院院长马衍主持，徐州市教育局局长张德超、徐州工程学院副院长宋农村、江苏省教育行政干部培训中心副主任严华银、江苏省教育行政干部培训中心副主任季春梅等出席活动，五县(市)六区及局直属学校的中小学校长299人参加培训。

8—19日　市职成研究室在江苏模特艺术学校举办2015年全市职业学校基础学科教师及新教师、班主任培训活动。培训历时12天，培训教师近600人，覆盖语文、数学、英语、德育、计算机五大基础学科和新教师、班主任2个专项。

17—19日　徐州市举办省教育厅名师送培项目“中小学信息技术与学科教学整合”培训。该培训项目由徐州市教育局主办，徐州工程学院教科院承办，南京师范大学教科院负责培训课程设计与专家团队架构。南京师范大学教科院副院长邵泽斌、南京师范大学副教授柏宏权、徐州工程学院副院长刘梓红、徐州市教育局师资处处长崔瑛等出席开班仪式并讲话。

19日　著名教育专家朱永新在新沂市影剧院作“新教育实验”专题报告。徐州市教育局局长张德超、师资处处长崔瑛、新沂市教育局领导班子成员出席活动，徐州市各县(市、区)学校领导及骨干教师、县局各科室人员计1000余人参加报告会。

25—26日　市教育局委托徐州幼儿师范高等专科学校承办的2015年徐州市第二期“幼儿园课程游戏化”专题培训举行。活动邀请浙江省安吉县教育局基础教育科副科长程学琴、南京师范大学教育科学学院副教授张永英、浙江安吉实验幼儿园园长章洁三位专家开设专题讲座。连云港、宿迁和徐州各区县近800名幼教干部、幼儿园园长和一线骨干教师参加培训。

8月

6日　由市电化教育馆举办的基于平板的微课制作专题培训圆满结束。各县(市、区)电教馆长、所属学校电教工作负责人和学科教师，部分市直属学校校长、电教负责人和优秀学科骨干教师参加培训。

16—17日　市教育局举办2015年暑期教育干部集训班，全市教育系统领导干部和教育教学骨干600余人参加集训。培训班邀请全国多位教育管理和教学领域的著名专家学者授课，内容涵盖教育改革、学校管理、教育法制和教育信息化等方面。张德超等市教育局主要领导全程参与集训。

20日　市教育局基教处与市电化教育馆在徐州市第三十七中学举办全市“网络校本课程建设”专项培训活动。各县(市、区)校本课程开发与管理人员、电教馆技术人员，市直属学校分管校长、电教老师参加培训。

31日　市电化教育馆组织基于微信的教育教学应用培训研讨活动，全市电教工作一线的各县(市、区)电教馆长及所属学校部分校长和技术骨干、局直属学校部分分管副校长和电教负责人参加活动。

9月

1日　市教育局副局长李清带领安稳处工作人员检查直属学校安全工作。重点检查学校危化品存放管理、安全隐患排查整治、消防和食品安全、校舍强固和施工安全等情况。

6—7日　庆祝第31个教师节暨2015中国教师发展论坛在江苏师范大学举行。该论坛由中国民主促进会中央委员会主办，徐州市人民政府和江苏师范大学共同承办，主题为“助推乡村好教师建设”。全国人大常委会副委员长、民进中央主席严隽琪出席论坛开幕式并讲话。全国政协副主席、民进中央常务副主席罗富和，全国政协副秘书长、民进中央副主席朱永新，全国政协委员、民进中央秘书长高友东，教育部部长助理、党组成员陈舜，省政协副主席、民进江苏省委主委朱晓进，省委统战部副部长瞿超，省教育厅副厅长朱卫国，市领导曹新平、李燕、孙红旗，江苏师范大学党委书记徐放鸣、校长华桂宏出席开幕式。市委书记曹新平致辞。

9日　市政府举行庆祝第三十一个教师节表彰大会，表彰为教育事业做出突出贡献的先进典型，共同谋划徐州市教育未来发展。市政府副秘书长周广春、市教育局局长张德超、市人社局副局长李冬梅和市教育局其他领导出席会议。大会由市教育局副局长葛宝堂主持。

14—16日　中央电化教育馆馆长王珠珠带领中央电教馆13个部门的16名负责人到徐州市就“信息技术支持下的学讲计划”进行专题调研，省电化教育馆馆长尤学贵、副馆长金玉等省电教馆6人陪同调研。调研组一行召开徐州市教育信息化工作汇报会，深入鼓楼、泉山、云龙区观摩12节“学讲”课堂，组织召开多场教师和学生座谈会。市教育局局长张德超向调研组汇报徐州市教育信息化工作。

17日　徐州市首届职业学校创业能力大赛在江苏模特艺术学校艺术演播中心落下帷幕。大赛共设创业计划竞赛、创业实践挑战赛、创业教育教学能力竞赛和毕业生优秀创业成果评选4个竞赛项目。经过初赛、复赛两轮角逐，仝赛等26名选手分别获得一、二、三等奖，孙齐等14名教师获得优秀指导教师奖，江苏省徐州财经高等职业技术学校等6家单位分别获得团体一、二、三等奖。

22日　市委常委、市纪委书记徐大勇，市纪委副书记、监察局局长刘章华一行在市教育局领导张德超、李运生、杜耀东、李清等陪同下，对徐州市教育情况进行调研。徐大勇一行先后调研撷秀中学、徐州高级中学、第二实验幼儿园、徐州开放大学等学校，参观天勤集团学生营养餐配餐基地，听取市教育局局长张德超对徐州市教育情况的汇报，对徐州市教育改革发展和教育系统党风廉政建设取得的成绩给予充分肯定，并就社会关心关

注的教育问题与市教育局领导进行沟通交流。

25日　市教育局在新城区行政中心举办全市学生资助工作专题培训班。省学生资助中心主任陈虎、陈忠斌博士、国家开发银行江苏省分行经理杨振宇、市委教工委副书记杜耀东、市财政局科教文处负责人等领导和专家为培训班作报告。各县(市、区)教育(文教体)局分管领导、学生资助中心主任,市教育局直属学校分管副校长,市区部分中专校分管副校长及各单位具体业务人员共120余人参加培训。

是月　徐州市第五届中小学生艺术展演活动经过学校选拔、县(市、区)联赛、全市展演等多个环节,历时9个月,圆满落下帷幕。该艺术展演活动从年初开始,全市600多所学校、30余万师生参与活动,共有180个文艺节目、2250幅美术作品、562幅摄影作品、399幅书法作品、180篇艺术教育论文、160篇学生征文参加市级展评。

10月

8日　徐州市教育局与华中师范大学签署教育信息化战略合作协议。根据战略合作协议约定,双方将在推进区域教育信息化实验区、示范校与创新实验基地建设、课题研究与项目研究、信息技术与教育教学的深度融合、教师队伍建设与人才培养等多个领域建立并发展全面、长期、稳定的合作伙伴关系。

13日　市教育局召开2016届高考备考工作研讨会,县(市、区)教育局分管副局长和教研室主任参加会议。会议由市教研室主任何振国主持,7个县(市、区)教研室主任分析本地区2015年高考情况,探讨问题,总结经验,并交流2016届高考备考工作措施。市教研室副主任李秋颖对徐州市2015年高考情况做翔实分析。市教育局副局长李运生出席会议并作总结讲话。

14日　市教育局召开县(市、区)初中教学工作研讨会。各县(市、区)教育局分管副局长和教研室主任参加会议,市教研室主任何振国主持会议,市教育局副局长李运生出席会议并讲话。

15日　2015年度云龙区校园啦啦操比赛暨"区长杯"校园足球联赛颁奖仪式在青年路小学绿地商务城分校篮球馆举行。本届校园足球联赛共有16所学校、36支学生代表队、400余名运动员参加该竞赛,分别获一、二、三等奖。

15日　徐州市"2015城乡大课堂"教学交流活动分别在解放路小学、徐州市第二实验幼儿园、王杰中学和徐州市第八中学举办。

22日　2015年省"名师送培"徐州市"基于课堂观察、诊断基础上的教学策略完善"培训班开班,全市五县(市)六区及市教育局直属学校的300名教师参加培训。培训为期3天。

30日晚　第十一届中国名校长高峰会议"学讲论坛"在云龙湖畔举办,中国教育报刊社副社长雷振海、中国教育报刊社副总编辑李功毅、黑龙江省教育厅原副厅长孟凡杰、山东省教育厅原副厅长杜希福等领导和全国各地的教育局长、校长和优秀教师代表齐聚一堂,共同讨论教育改革和徐州市推进"学讲计划"的探索与经验。论坛由江苏省教研室副主任董洪亮主持。徐州市教育局副局长李运生致辞,雷振海作主旨发言。黑龙江省教育厅原副厅长孟凡杰、江苏师范大学教师教育学院副院长魏本亚、南通市教育局副局长金海清分别作主旨报告，董洪亮作会议总结。

30—31日　由《中国教师报》主办，徐州市教育局承办的第十一届中国名校长高峰会议在徐州举行。会议主题为“推进课堂‘融’变革 提升校长领导力”。徐州市人民政府副市长李燕、中国教育报刊社副社长雷振海、省教育厅副厅长朱卫国和全国课改专家、全国20多个课改区域的教育局长及优秀校长代表900余人参会。李燕在大会上致辞，雷振海和朱卫国分别讲话，充分肯定徐州推进“学讲”方式，锐意进行课堂教学改革的勇气和成绩。徐州市教育局局长张德超在大会上作主旨报告。根据大会议程，30日下午分别在徐州高级中学、第十三中学、民主路小学、解放路小学等分会场开展课堂教学研讨活动。31日　在徐州音乐厅举行专家报告及论坛交流。

11月

4日　市教育局、体育局在市奥体中心召开“市长杯”校园足球暨阳光体育运动表彰会，总结表彰徐州市2015年校园足球和阳光体育运动取得的成果。省教育厅副厅长朱卫国、市政府副秘书长周广春、市教育局局长张德超、市体育局局长李跃华等领导和全市获奖学校教练员、运动员代表1000余人参加会议。

11日上午　市教育局局长张德超走进中国江苏网直播室，接受中江网主持人、江苏教育报刊总社记者的访问，畅谈徐州教育改革发展成果。

10—14日　市教育局举行江苏省校长助力工程“提升农村初中校长课程与教学领导力”培训班，175名农村初中校长参加培训。培训班上，市教育局局长张德超作《徐州地区农村基础教育现状》的报告。南京市教研室书记、特级教师刘永和，徐州工程学院院长张新科、滨海第二中学校长陈红光、江苏师大教授段作章分别开设专题讲座。扬州市竹西中学校长刘岚、《中国教育学刊》编辑部副主任赵国成、徐州高级中学校长秦晓华、铜山区教育局基教科科长姚凯分别作专题讲座和经验介绍。

20—22日　江苏省教育厅“名师送培”项目——“徐州市初中语文骨干教师”培训班举行。培训班由苏州大学、徐州市教育局、徐州工程学院联合举办，历时3天。参训学员为徐州市初中语文骨干教师，共计300人。

26—27日　2015年徐州市职业学校班主任基本功大赛在经贸高职校举行。大赛由徐州市教育局主办，经贸高职校承办，全市19所职业学校的54名优秀班主任同台竞技。市教育局副局长李清等领导到比赛现场检查指导。

12月

1—2日　江苏省教育科学研究院副院长王国强、省教科院基教所所长倪娟、南通市政府教育督导室主任秦建荣、扬州大学教科院院长陈秋苹、扬州教科院院长朱志平5名专家应邀到徐州进行“学讲计划”的调研。市教育局副局长李运生、市教研室主任何振国陪同调研。

4日　市教育局“学讲行动”“走乡村——真教研、真学习”调研观摩首场活动在徐州经济开发区刘湾小学举行。市教育局局长张德超参加活动并讲话。市教研室、学讲办、电教馆人员和各县(市、区)教育(文教体)局业务副局长、电教馆馆长、中小学校长代表等100余人现场观摩。市教育局副局长李运生主持。

8日　市教育局召开全市民办教育工作座谈会。职社处处长徐志主持会议并通报徐州市民办教育有关情况,副局长李清参加会议并讲话。市民政局、人保局、工商局、物价局、公安局、地税局、文广新局、徐州报业传媒集团、徐州广播电视台、徐州启星中学和徐州环球雅思培训学校等单位负责人参加会议并对徐州市民办教育改革与发展提出建议和意见,就建立徐州市民办教育联席会议制度和各单位对民办教育工作职责等问题进行讨论。

9日　市教育局、团市委在撷秀中学举办徐州市纪念“一二·九”运动80周年暨“我们是共产主义接班人”离队入团宣誓仪式。市政协副主席冯正刚、市教工委副书记杜耀东、团市委副书记徐子宇等领导出席活动。

18日　学校及周边治安综合治理工作领导小组会议在市教育局召开。市委宣传部、市经信委、市人社局、市公安局、市司法局、市工商局、市规划局、市电信局、市建设局、市城管局、市食药监局、团市委等14家领导小组成员单位联络员参加会议。会上,作为领导小组的牵头单位,市教育局副局长李清总结2015年学校及周边治安综合治理情况,部署明年的主要工作任务。

18日　市教育局局长张德超召开会议,调研徐州市“学讲计划”推进工作。

25日　市教育局召开全市中小学安全稳定工作视频会议。会上,市教育局安稳处处长刘峻通报2015年全市学校发生的校园安全事故情况,分析发生事故的原因,布置节日期间学校安全稳定工作任务。公安局内保支队队长王玉刚就近期发生的校园安全事故进行综合分析,布置教育、公安联合检查工作。市教育局副局长李清全面总结2015年安全维稳工作,并就节前和2016年的工作提出具体要求。

22日　市教育局召开第四届市职业教育教科研中心组成立大会。会议由职成研究室副主任徐永峰主持,市教育局副局长李清和职成研究室主任丁蕾参加会议并讲话。

(责任编辑　曹昭海)

总 述

2015年徐州市教育事业发展概况

2015年，全市有各级各类学校2139所，在校生185.8万人。其中，幼儿园841所，在园幼儿39.9万人；小学924所，在校生84.1万人；初中242所，在校生22万人；普通高中86所，在校生12.8万人；特殊教育学校12所，在校生2149人；中等职业技术学校25所(含2所师范学校)，在校生8.9万人；在徐高校9所(不含军事院校)，在校生17.9万人。全市教育系统教职工12.6万人，其中，学前教育26824人、小学39288人、中学42089人、职业技术学校5487人、高等院校11589人、特殊教育550人。全市学前教育毛入园率97.1%，义务教育覆盖率100%，高中阶段毛入学率97.4%。

2015年，全市教育系统紧紧围绕教育现代化目标，积极探索教育综合改革，稳步提高教育教学质量，取得显著成绩，圆满完成“十二五”各项任务。在绩效考核中连续三年被市委、市政府确定为优秀等次。一是基础教育发展水平明显提升。学前教育实现基本普及。启动新建改建幼儿园项目114个，创建省优质园30所、市优质园49所、省级幼儿园课程项目6个。2011—2015年，全市建成省优质园410所，居全省第二位；省游戏化课程项目13个，居全省第一位。义务教育均衡水平进一步提升。启动“改薄”工程，编制“改薄”规划，创建省义务教育现代化学校150所，添置图书218万册、课桌凳25.5万套、教学设备5.9万台，新建改建中小学35所，加固重建校舍53.7万平方米。自中小学布局优化工程和校安工程实施起，全市累计新建改建中小学258所，增加学位20万个；加固重建校舍489万平方米，包含全市近三分之二的校舍。教育部督导组认定徐州市义务教育均衡发展得到较好的巩固提高。普通高中综合实力不断增强。制定《关于促进我市普通高中优质特色发展的实施意见》，创建省级课程基地6个，全市三星级以上普通高中和省级课程基地数量居全省首位。二是服务社会发展能力不断增强。新创国家职业教育示范校1所、省现代化职业学校5所、省品牌特色专业8个、省高水平示范性实训基地4个。至2015年，全市已累计创建国家改革发展示范校5所、省高水平示范校13所、省品牌特色专业51个、国家级省级示范性实训基地37个，现代职教体系培养项目77个，居全省前列，职业教育发展主要指标基本达到省职业教育创新发展实验区要求。在全省职业院校技能大赛中，总分连续七年蝉联江北第一。三是教育教学质量进一步提高。深入推进“学讲计划”，开展“县县行”和“走乡村——真教研、真学习”等活动，出台《关于新形势下进一步加强教学管理工作的意见》，编写《“学进去讲出来”——徐州市域课堂教学改革行动研究》。全国名校长高峰会议在徐举办，与会专家对“学讲计划”给予充分肯定。大力推进教育信息化建设，县(市、区)全部实现“宽带网络校校通”，在市直学校开展千兆到校、百兆到班建设试点。完善有徐州特色的“彭城课堂”网络资源建设，汇聚微课2万余个、名师课堂、彭城公开课3000多节。中央电教馆到徐州市开展专题调研，徐州市在2015年度全国基础教育信息化应用现场会上作典型发言。坚持立德树人，广泛开展“责任教育”，创建“全国心理健康教育特色示范校”1所、“省心理健康教育特色示范校”5所。举办“市长杯”校园足球联赛、首届阳光体育运动会等活动，创建市校园足球示范学校14所、特色学校41所、活动学校203所。四是教育机制体制改革不断深化。推广托管办学模式，市三中托管泉山区汇文学校,成立三中汇文实验学校;市侯集中学托管鼓楼区二十四中,成立侯集中学鼓楼实验学校,逐步消除市区薄弱初中。探索混合所有制办学,与中教未名教育科技公司、北师大合作,组建徐州京师未来实验学校。启动义务教育校长教师交流工作,会同市委组织部等五部门下发《关于推进义务教育学校教师校长交流工作的意见》,制定《直属义务教育学校教师校长交流方案》,市直属学校158名校干教师实现跨校交流。五是教育人才队伍建设进一步强化。召开教师节表彰大会,表彰市农村优秀园丁、优秀教育工作者、师德模范等700余人。承办"国培计划"项目4个、名师送培项目10个、省市合作项目10个,全市2.1万名教师参加各级各类培训。开展第九批"名师工程"、第十一批"青蓝工程"评选。评选名校长10人、名教师28人、骨干教师等230人、名师工作室46个,培养特级教师后备人才90人。至2015年,全市有省人民教育家培养对象8人、教授级高级教师19人、特级教师116人,市名校长、名优教师800余人,初步形成业务精良、层次合理的骨干教师梯队。六是教育保障能力明显提升。深入开展"三严三实"专题教育,举办"践行'三严三实',打造徐州教育新品质"书记专题党课暨校长(书记)论坛,开展"守纪律、讲规矩,践行'两个习惯'"主题教育。在"三严三实"省委巡视组座谈会上,徐州市教育局作典型发言。推进责任督学挂牌工作,云龙、鼓楼、泉山、贾汪、铜山通过"全国责任督学挂牌督导创新县市区"省级评估。大力开展教育宣传,《人民教育》杂志对徐州市教育现代化建设进行专题报道,与江苏教育报刊总社结为战略合作伙伴,《江苏教育报》开辟专版展示徐州教育亮点,提升了教育整体形象。

2016年是推进"十三五"教育改革发展的开局之年。全市教育系统将认真贯彻党的十八大、十八届三中、四中、五中全会精神和"创新、协调、绿色、开放、共享"发展理念,坚持以立德树人为根本,以教育现代化为统领,以提高质量、促进公平为主题,以学习南通为抓手,改革创新,开拓进取,加快转变教育发展方式,实现升学水平、素质水平双提升,努力办好让人民满意的教育。

(张　涛)

2015年各级各类教育事业一览表

表1

类别	学校数（所）	教学点数（个）	班级数（个）	毕业生数（人）	招生数（人）	在校生数（人）	毕业班学生数（人）	教职工数（人）	
								总数	其中：专任教师数
基础教育合计	2105	112	40766	353289	410542	1589893	362327	108751	89900
学前教育	841		12419	147712	125092	399072	150052	26824	15352
小学	924	112	20034	79670	168772	841255	95671	39288	40445
普通中学	328		8142	125681	116299	347417	116604	42089	33673
其中：初中	242		5214	74735	77342	219815	70783	24297	21090
高中	86		2928	50946	38957	127602	45821	17792	12583
特殊教育	12		171	646	833	4500		550	430
其中：特殊教育学校	12		171	226	379	2149		550	430
小学随班就读				273	306	1904			
初中随班就读				147	148	447			

续表1-1

类别	学校数（所）	教学点数（个）	班级数（个）	毕业生数（人）	招生数（人）	在校生数（人）	毕业班学生数（人）	教职工数(人)	
								总数	其中：专任教师数
中等职业教育	25			30144	29959	89361	33404	5487	4393
（1）调整后中职学校	4			6517	6587	17374	6035	1251	961
（2）普通中专学校	6			7686	6924	22424	7855	1432	1142
（3）成人中专学校	3			1489	803	3829	3371	306	192
（4）职业高中学校	12			14452	15645	45734	16143	2142	1856
中等技工学校（市劳动局提供）	8			4282	6786	19540		1436	1074
地方高等教育学校（省教育厅提供）	9			53513	54844	179265		11589	7879
职业技术培训机构	186		2086	104252	107074			1319	1058

（钱　彬）

徐州市教育局党政领导成员及处室负责人名单

中共徐州市委教工委领导成员一览表

表 2

职　务	姓　名	任职时间
书　记	张德超	2013.11—
副书记	杜耀东	2013.04—

中共徐州市教育局委员会成员一览表

表 3

职　务	姓　名	任职时间
书　记	张德超	2012.08—
委　员	李运生	2008.12—
委　员	杜耀东	2013.04—
委　员	李　清	2012.07—
委　员	张宝民	2015.12—
委　员	刘桂云	2015.12—

徐州市教育局领导成员一览表

表 4

职　务	姓　名	任职时间
局　长	张德超	2012.08—
副局长	葛宝堂	2007.01—
副局长	李运生	2008.12—
副局长	李　清	2012.08—
副局长	张宝民	2015.12—
工会主席	刘桂云	2015.12—

徐州市人民政府教育督导团领导成员一览表

表 5

职　务	姓　名	任职时间
市政府教育督导团主任督学	曹孟军（女）	2003.03—2015.3
市政府教育督导团办公室主任	姚　杰	2007.04—2015.2
市政府教育督导团办公室副调研员	苏建刚	2012.12—

徐州市教育局其他处级干部一览表

表6

职　务	姓　名	任职时间
调研员	强　国	2012.09—2015.4
	张同礼	2014.8—

徐州市教育局其他副处级干部一览表

表 7

职　务	姓　名	任职时间
市教育局副调研员	张宝民	2012.08—2015.12
市教育局副调研员	刘桂云（女）	2013.12—2015.12
市教育局副调研员	史先进	2012.11—
市教育局副调研员	蔡陵军	2014.04—
	王　亚	2014.12—
	徐保卫	2014.12—

徐州市委教工委、市教育局处室负责人一览表

表8

部　门	职　务	姓　名	任职时间
纪工委	副书记	潘　杰	2014.01—2015.12
	副书记	王培彦	2015.12—
监察室	主　任	潘　杰	2014.01—2015.12
	主　任	王培彦	2015.12—
	副主任	王思军	2014.01—

续表 8-1

机关党委	副书记	王培彦(女)	2005.09—2015.11
	副书记	徐目新	2015.11—
办公室	主　任	王志升	2013.12—
	副主任	王　静	2015.12—
	副主任	张　涛	2015.12—
组织处	处　长	杜　涛(女)	2013.12—
	副处长	高　昊	2011.12—
宣传处	处　长	李保军	2013.12—
工会	副主席	葛友杰	2011.12—
督导团办公室	副主任	李　乐(正科)	2008.09—
人事处	处　长	刘桂云(女)	2008.09—2015.11
	处　长	张甫彬	2015.11—
	副处长	张甫彬	2008.09—2015.11
	副处长	付桂忠	2013.12—
师资教育处	处　长	崔　瑛(女)	2011.12—
	副处长	张　焰	2015.12—
政策法规处（行政许可服务处）	处　长	朱　云(女)	2013.12—
	副处长	朱德庆	2013.12—
基础教育处	处　长	李进强	2013.12—
高等教育处	处　长	姚新文	2013.12—
职业教育与社会教育处	处　长	徐　志	2015.11—
	副处长	徐新文(女)	2008.09—
体育卫生与艺术教育处	处　长	王胜勇	2011.12—
财务与审计处	处　长	徐目新	2011.05—2015.11
	处　长	魏建春	2015.11—
	副处长	魏建春	2011.05—2015.11
	副处长	李庚申	2011.05—
发展规划处	处　长	钱　彬	2013.12—
	副处长	孟　玮	2011.12—
信息化建设处	处　长	徐　志	2013.12—
安全保卫与维护稳定处	处　长	刘　峻	2013.12—
	副处长	张　波	2013.12—
职业教育与成人教育研究室	主　任	丁　蕾(女)	2011.02—
	副主任	徐永峰	2011.02—

续表 8-2

德育研究室	主　任	王　芳(女)	2009.10-
	副主任	徐新颖(女)	2009.10-
高等学校招生委员会办公室	主　任	宋广良	2004.08 -
	副主任	顾　君	2011.02 -
	副主任	张　涛	2013.12 -2015.12
自学考试指导委员会办公室	主　任	郭凤清	2004.08-
	书　记	张　焰	2014.05-2015.12
	副主任	申瑞杰	2011.02 -
中小学卫生保健所	所　长	张兆成	2009.10 -
教育教学研究室	主　任	何振国	2006.03 -
	副主任	李秋颖(女)	2011.02 -
教育技术装备中心	主　任	陈　戈	2004.08 -
	副主任	宋浩宇	2013.12-
电化教育馆	馆　长	周　岩	2004.08 -
教师教育中心	主　任	王　静(女)	2009.10 -

（杜　涛）

（责任编辑　曹昭海）

教育管理

政策法规(行政许可)

【完成教育现代化监测】 2015年,经各县(市、区)和机关相关处室精心组织实施,徐州市教育现代化监测工作顺利完成。全市监测综合得分70.08分,在全省排名第12位,较2014年增长近10分,增幅全省第二。78个监测点中,达成度在80%以上的有37个,优质指标进一步提升。主城区3个区分别位列全省106个县(市、区)中第9、11、16名,位列苏北61个县(市、区)中第1、2、5名。开发区、铜山区、贾汪区在70分以上,其他县(市)都在60分以上。

【领导干部普法培训】 8月16—17日,市教育局邀请教育部政策法规司领导、南京大学法学院教授、市中级人民法院法官,从实践和理论层面解读中共十八届四中全会精神,学习校园伤害案件涉及的法律法规,各县(市、区)教育行政部门及法治工作负责人、局直属学校领导班子成员、局机关各处室负责人及全体行政人员1000余人参加培训。年内,市教育局邀请市中级人民法院法官对11个县(市、区)县、校两级法治干部、学校校长1000余人进行普法培训。先后4次组织行政执法人员参加教育部、省教育厅和市政府、市教育局安排的业务知识和专业法律知识学习培训和法律知识考试。

【对学生进行法治宣传】 年内,市教育局采取多种形式对学生进行法治宣传教育活动。先后组织全市中小学深入开展宪法学习宣传教育活动、“关爱成长法治护航”主题读书系列活动和校园法治宣传月活动,邀请市中级人民法院法官在全市中小学开展校园巡回宣讲活动,培养学生法治意识,养成遵纪守法的习惯。

【加强普法队伍建设】 2015年,局政策法规处对全市中小学校法治副校长配备情况进行调研,多措并举,加强普法队伍建设。争取市公安局、检察院、中级人民法院、司法局、市未成年人保护委员会等部门支持,新聘法治副校长5人,组建普法讲师团83人。法治副校长和讲师团成员积极帮助学校建设法治体系,了解学校及周边地区法治现状,传授自护知识,开展法治教育,为学校提供法律援助。编写制作法治课件,承担全市教育系统法治教育培训任务。

【开展“法治启航，未成年人保护村小行”活动】 12月，市教育局邀请市“女童保护”基金会讲师，联合市公安局、检察院、中院、司法局、市未成年人保护委员会等部门，在县（市）开展“法治启航——未成年人保护村小行”活动。对学生、教师、家长进行法治宣传教育，促进和保护未成年人健康成长，预防伤害和犯罪。学生2500人次、教师100余人、家长300余人参与活动。

【征集法治宣传资料】 2015年，市教育局印发《关于开展普法宣传资料征集评选活动的通知》，向全市征集法治宣传资料。围绕“崇德尚法、德法同行”主题，面向学校师生开展道德法治格言警句、法治漫画、法治书法征集活动，对优秀作品予以表彰，并收录于市法治文化作品资源库和市教育局法治宣传资源库。

【开展依法治校示范校评选活动】 年内，市教育局在全市教育系统开展第五批次、第六批次和2015年度依法治校示范校评选活动。组织专家组进行现场督察评估，共251所学校通过验收，为全面推进依法治校、依法治教和全面实现教育现代化打下坚实基础。

（朱　云）

教育督导

【开展四星级普通高中督导和教学视导】 3月11—17日，市政府教育督导团办公室会同局教研室，对县（市、区）四星级高中实施素质教育情况进行专项督导。督导组通过听汇报、看资料、问卷、访谈、听课、查看教师业务等形式，重点对徐州市学科分析建议的落实情况、高考前教学安排、教师工作态度、教研活动情况进行督导，对学校教育教学管理、课堂教学改革、师生关系优化等方面进行综合分析，发现并指出学校普遍存在的把握二轮复习的能力仍有欠缺、抓落实工作不够到位、选修学科不匹配情况比较突出等问题。该举对提高学校教育教学管理水平，提高高考备考的针对性和有效性，推动学校深入实施素质教育起到积极促进作用。

【开展职业教育专项督导】 4月下旬，市政府教育督导团办公室会同局职社处，组织开展全市职业教育专项督导。督导发现，徐州市职业教育稳步推进，现代职教体系建设有新进展，职业学校克服困难，积极筹措资金，不断加大基础能力建设投入，基础能力跃上新台阶。由于生源锐减、县区普通高中死档线低等因素制约，职业教育招生遇到前所未有的困难。各地主动开拓宣传渠道、丰富宣传形式，职教招生规模保持相对稳定。督导中也发现全市职业教育存在校际间教学环境、实训设备、师资队伍等方面发展不平衡，招生难、成本高、学校办学经费紧张及师资结构性矛盾突出等问题。发现的问题已反馈给各地教育行政部门和学校，并要求积极整改。5月5—8日，省政府教育督导委员会办公室派员对徐州市职业教育发展情况进行督导，督导组对徐州市职业教育发展情况给予好评。

【迎接国家、省义务教育均衡发展回访督导】 年内，为进一步巩固提高义务教育均衡发展水平，迎接国家、省义务教育均衡发展回访督导，市教育督导团办公室深入开展义务教育均衡专项督导。5月24—25日，省政府督察室主任邹宁华、省教育厅基教处副处长徐泰来一行7人，对徐州市义务教育均衡发展情况进行督导，重点抽查云龙区和沛县。督察组肯定徐州市在促进义务教育均衡发展方面所做的工作，同时对迎接国家教育督导检查提出要求。6月1—5日，国家教育督导检查组由国家督学、省教育厅原厅长卢连大带队，对泉山区和睢宁县进行回访抽查。结果显示，两地义务教育学校办学基本条件达到评估标准，小学、初中差异系数达到国家标准，政府推进义务教育均衡发展工作得分在90—95分之间，各县（市）公众满意度调查结果均在85%以上。

【对部分县、区政府教育工作督导考核】 6月29日—7月4日，省政府教育督导委员会办公室根据省委组织部、省教育厅、省人民政府教育督导团《关于印发〈江苏省县级人民政府教育工作督导考核标准〉的通知》要求，组织人员对沛县、贾汪区政府2014年度教育工作进行为期3天的督导评估和考核。督导组听取县、区政府汇报，查阅资料，召开部分人大代表、政协委员、校长、教师座谈会，分组抽查乡镇和学校。督导结束后，对政府工作进行反馈。

【开展义务教育学校均衡发展情况检测】 9月初，市政府教育督导办为了解县域义务教育均衡发展情况，组织人员根据各地填报的教育事业统计数据进行检测。检测发现，个别县（市、区）存在综合差异系数较上年提高现象，单项差异系数超过预警线问题。差异系数出现超标问题的原因是，生源激增导致部分热点学校生均资源占有量锐减，主城区区属学校与市教育局直属学校生均资源差异较大。部分新建学校由于只招收一两个年级，学生数量少，生均场地等资源与其他学校差异过大。而图书仪器等装备没有配置，生均资源又明显少于其他学校。督导办向市教育局提出建议，并向有关县（市、区）发出预警，有效保障徐州市2015年度各项均衡发展指标达到国家规定要求。

【教育部领导对市秋季开学工作督导检查】 9月14—15日，按照国务院教育督导委员会的统一部署，以教育部副部长、国家总督学刘利民为组长的第六督导组对徐州市秋季开学工作暨“护校安园”情况进行督导检查。教育部教师工作司司长许涛、基础一司副司长杜柯伟等督导组成员参加专项督导。省教育厅副厅长苏春海陪同检查。督导组随机抽查江苏师范大学和部分中小学校，深入实验室、食堂、宿舍，重点查看学校门卫、配电室、危险化学品库等安防重点部位，访谈部分校长、家长和师生。刘利民对徐州市各级各类学校秋季开学工作和“护校安园”行动的落实给予充分肯定。

【责任督学挂牌督导取得新进展】 至2015年，市政府教育督导办公室共选聘401名责任督学实行挂牌督导，实现全市中小学全覆盖。市各级教育督导部门建立责任督学信息化工作平台，督学利用手机实现签到签退，听课训课，表单报送。徐州市的经验在全省推广，在2015年全省督学工作会议上，市政府教育督导办公室主任姚杰受邀就该项工作做专题发言。省推荐26个县（市、区）为全国责任督学挂牌督导创新区，徐州市有5家，占全省1/5，鼓楼区代表江苏省在全国责任督学工作会议上作典型发言。

（李　乐）

思想宣传

【加强政治学习】 2015年，市教育局党委以学校党委（总支、支部）中心组学习为抓手，全面加强教育系统干部职工政治学习。认真贯彻落实市委组织部、市委宣传部《2015年全市县处级党委（党组）中心组专题学习计划》，制定具体的政治理论学习实施方案。在直属学校着重抓好“关于国家和省、市教育工作会议精神专题”和“关于守纪律讲规矩主题教育专题”的学习教育活动。在党员领导干部中开展“守纪律讲规矩”主题教育活动，制定《关于开展“守纪律讲规矩”主题教育活动的意见》，进一步加强和改进党员干部作风建设，加强党性修养，增强围绕中心、服务大局和廉洁自律的意识。

【积极开展教育宣传】 2015年，市教育局紧紧围绕教育工作大局，全面开展教育宣传，扩大徐州教育的影响力，为教育发展营造良好的舆论氛围。局宣传处加强徐州教育网建设，全年在教育网发布全局性教育新闻170余条，基层动态新闻2600余条，准确、及时发布全局性教育新闻以及基层单位的教育信息。加强与教育主流媒体的联系与沟通，年初，市教育局与江苏教育报刊总社结为战略合作伙伴，在《江苏教育报》开辟专版进行专题宣传，全年在《中国教育报》和《江苏教育报》发表文章160余篇。徐州教育的改革发展引起国家、省级媒体关注，中国教育报和省教育报刊总社记者对徐州市“改造薄弱学校”工作进行深入采访；《人民教育》杂志和《中国教育报》记者专题采访徐州市教育现代化工作；省广播电台记者采访徐州市足球进校园活动的创新做法。年内，《徐州日报》《都市晨报》《彭城晚报》等地方新闻媒体对徐州教育的正面宣传报道超过100篇。2015年召开徐州教育新闻发布会4次，对教育重大事件、重要政策通过市内外媒体及时发布。

【妥善处理舆情函件　维护网络宣传阵地】 年内，局宣传处认真答复广大网民提出的意见建议、咨询投诉，加强对平面媒体、重点网站论坛等信息载体的监控，妥善处理教育舆情事件，有力维护教育网络宣传阵地的安全。全年共处理市委书记信箱转办单39件，市长信箱转办单73件，回复“一把手”网络服务厅146件。向省教育厅门户网站报送信息223条，向市政府门户网站报送信息32条，信息公开41条。政务微博发布530条。办结省教育厅政风热线综合转办单40件，市政府“12345”服务热线综合转办单366件。在“西祠胡同”等主要网络论坛以网评员身份主动发帖引导舆论160余次，跟帖回复27次。

【开展文明创建工作】 年内，局宣传处积极做好文明创建工作，为教育改革发展提供精神动力。组织推荐徐州三中等5家直属学校申报2012—2014年度徐州市文明单位，指导学校完成“文明单位在线”上线材料的整理和上报工作，配合市文明办对申报单位调研考察，5所学校全部顺利通过。按照市创建办统一要求，根据《全国文明城市测评体系》要求，完成市教育局全国文明城市测评26项档案材料的整理上报，参与3个专项督导组，完成7项实地考察任务。根据市创优办统一要求，局宣传处组织市直属学校积极开展创优宣传，落实创建江苏省优秀管理城市社会宣传方案。

（李保军）

纪检监察

【召开全市教育系统党风廉政建设工作会议】 5月8日，市教育纪工委召开全市教育系统党风廉政建设工作会议，全面部署2015年党风廉政建设工作。局党委书记作为党风廉政建设第一责任人，带头履行主体责任，班子其他成员认真落实“一岗双责”，严格执行党风廉政建设和反腐败工作联系点制度和约谈制度，分别与54名机关处长和直属学校主要负责人进行工作约谈，逐一签订《履行党风廉政建设主体责任承诺书》。

【查处群众身边的“四风”和腐败问题】 年内，市教育纪工委抓住元旦、春节、中秋等重要时间节点，开展廉洁过节专项督察，查处发生在群众身边的“四风”和腐败问题。转发上级纪委《2015年查处发生在群众身边的“四风”和腐败问题专项工作要点》及《关于开展查处发生在群众身边的“四风”和腐败问题专项行动实施意见》，以教育乱收费及在职教师有偿补课为抓手，查处损害群众利益的行为。2015年春、秋季学期开学，市教育局会同财政、物价、审计及文广新局五部门开展教育收费专项检查，对全市11个县(市、区)及30所局直属学校全覆盖式检查，全年共清退违规收费253.5万元，党纪政纪处分16人，处理15名违反师德师风的教师。

【开展中小学廉政征文活动】 6—9月，市教育纪工委以“遵法、崇廉、明德”为主题，组织全市中小学生及教师开展廉政征文活动。征文活动共收到参赛作品近百篇，经初评，推选50篇作品报省厅参赛，共有26件作品获奖，其中一等奖4篇。

【开展警示教育系列活动】 2015年，市教育纪工委根据市纪委、市委组织部《关于组织开展“守纪律讲规矩、践行三严三实”警示教育月活动方案》要求，制定《徐州市教育局警示教育活动方案》，开展警示教育系列活动。11月24日，召开警示教育大会，组织局机关处室负责人及直属学校领导班子成员观看警示教育片《越线之殇》。12月22日，组织领导干部赴淮海战役烈士纪念塔，参观《伟大光辉的一生——陈云生平业绩展》。12月，组织全系统2280名在职党员学习《中国共产党纪律处分条例》和《中国共产党廉洁自律准则》，参加网络勤政廉政知识测试，并撰写心得体会。

【加大举报线索核查力度】 2015年，市教育局加大各项违纪违法举报线索核查力度。教育纪工委成立2个督察组，明察暗访20多家单位，对自收的80余件信访投诉“大起底、大排查”，逐件落实整改。收到市级以上转办件74件，其中教育部转办9件，省级转办64件，市级转办1件，全部按照流程认真核查，及时办理，及时回复。

（王培彦）

组织建设

【深入开展“三严三实”专题教育】 5月，市教育局党委认真贯彻中央、省委、市委部署，全面启动“三严三实”专题教育，精心组织实施，推动专题教育扎实深入展开。学习习近平总书记系列讲话精神，通过中心组学习、集中研学、个人自学，深入理解、深刻领会，在把握“三严三实”内涵和要求上有新的提高。以“校长论坛”专题党课开局，以先进典型为标杆，以反面典型为镜鉴，精心组织6次集中学习研讨，在剖析反思、交流碰撞中受到教育。坚持问题导向，经过边学习边查找、专题调研和民主生活会对照检查，梳理出班子集体和个人突出问题并制定整改措施。局党委书记和班子成员带头讲专题党课4次，带头参加专题学习研讨，带头查找和解决突出问题，形成一级促一级的良好局面。局党委紧紧抓住发展这个“第一要务”，大力改善中小学办学条件，全面促进城乡教育均衡发展，积极实施“学讲计划”，深入推进教育信息化建设，进一步加强师德师风建设，多措并举提高教育教学质量。在“三严三实”省委巡视组座谈会上，局长张德超作题为《深入践行“三严三实”，在教育改革发展中勇于担当》的发言。市教育局专题教育得到省委巡视组的充分肯定。

【扎实做好党建工作】 年初，局党委制订下发党建工作要点，全面部署2015年党建工作任务。建立党组织书记述党建制度，开展书记抓党建工作述职评议考核，强化党组织书记是党建第一责任人意识。暑期，聘请市委组织部领导，对局机关及直属学校党组织书记、党务干部进行党务知识专题培训。10月中下旬，分两批组织59名局机关和直属学校党务干部赴江西干部学院开展党务干部培训。2015年全局共发展党员58名。

【认真开展党员组织关系排查】 2015年，市教育局按照中央和省市委统一部署，在全局开展党员党组织关系排查工作。局党委下属各级党组织共排查党员3171人，摸清教育系统党员底数，理顺党员组织隶属关系，确保每位党员能正常参加党组织生活，接受党组织的教育、管理、服务和监督。

【探索干部管理新举措】 2015年，市教育局积极探索干部管理新举措。局党委根据学校布局调整总体规划，考虑学校发展目标和班子特点，调整提拔28名学校和机关干部。寒暑假期间，对局直属学校和机关干部进行调整交流，交流任职14人。至年底，机关中层干部和义务教育学校主要负责人全部实现交流。按照市人社局统一安排和市教育局实际工作需要，面向机关事业处室和直属学校公开调任3名副处长。通过推荐、考察等多种方式，选拔一批学校后备干部，建立后备干部人才库。起草下发《关于规范校长助理管理的意见》，加强学校后备干部队伍建设。与市委组织部联合下发《关于市管中学校长任职资格准入的意见》，突出校长专业化要求和市教育局任用校长的把关作用，规范校长任职资格准入制度，为实现教育家办学提供制度保障。

【做好干部档案审核工作】 年内，局组织处根据市委组织部关于干部人事档案专项审核整理工作的安排部署，认真做好干部档案审核工作。成立干部档案审核专项领导小组，制定工作方案和工作流程，加强培训指导和督察检查，对全局4605卷干部人事档案进行认真整理和专项审核。市教育局干部档案审核工作经验在全市干部人事档案专项审核推进会上作交流发言。

【引进基础教育高层次人才】 2015年，市教育局根据教育事业发展需要，按照《徐州市高层次创新创业人才引进计划实施办法》有关规定，经市委组织部、市人社局、市编办同意，制定发布《2015年徐州市教育局引进高层次人才公告》，为徐州市第一中学引进1名博士，并成功申报2015年徐州市“高层次创新创业人才引进资助计划”。

【开展“三解三促”活动】 年内，市教育局根据市委、市政府工作部署，从局机关和直属学校选派13名处级、科级干部分赴8个县（市、区）参加市机关干部下基层“三解三促”活动，为基层群众解决实际困难。

【开展教育人才援疆、援藏工作】 2015年，市教育局选派第二批援藏教师10人、援疆教师3人。接待安排3批新疆到徐州参加培训教师100余人，组织徐州市4批30余名教育专家赴新疆送教。

【扎实做好扶贫及统战工作】 2015年，围绕省市扶贫工作目标，市教育局全年投入帮扶资金15万元，用于帮扶村新建道路、流转土地及新型温室大棚等项目建设，取得良好成效，被评为全市扶贫开发工作先进集体。认真贯彻全市统战工作会议精神，围绕教育中心工作，充分调动党外人士的积极性、主动性和创造性，统战工作取得显著成绩，被评为全市统战系统先进集体。

（撰稿：周兵兵　审稿：杜　涛）

发展规划

【继续实施校安工程】 年内，市教育局继续推进校安工程新三年规划的实施。全市2015年校安工程计划重建、加固改造校舍53万平方米，至年底，已开工重建校舍53.7万平方米。市区为民办实事校安工程计划重建、加固改造校舍25.8万平方米，至年底，已开工校舍29.5万平方米。从2010年至2015年，全市共开工建设校舍489万平方米。

【学校重点工程建设项目有序推进】 2015年，各学校重点工程建设项目正有序推进。列入市区教育重点工程计划的学校建设项目共18个，包括徐州一中、二中、矿大附中3所中学迁建和12所小学、3所九年制学校建设，其中，政府投资建设项目9个（含由配建改为政府投建的云苑路小学），社会投资和市企融资项目9个。云龙区华润小学、新城区小韩小学已竣工；泉山区少华街雨润新城分校、徐州二中新校区已主体封顶；一中新校区已拆迁完毕，桩基施工基本完成；矿大附中迁建全面开工，运动场基础已完成，校舍主体施工正在进行；潇湘路九年制学校正在进行桩基施工；其余11个项目正在办理前期手续。

【积极开展农村学校布局调研】 2015年，市教育局综合考虑城镇化推进和流动人口增加等因素，积极开展农村学校布局调研，进一步完善中小学布局规划。年初，全市计划新建、改建、扩建学校35所，至年底，已开工建设35所。

【进一步改善局属学校办学条件】 年内，市教育局采取多项措施，进一步改善局属学校办学条件。徐州高级中学艺体中心已竣工，运河高师综合楼拆除新建工程已进行外幕墙施工阶段，模特艺术学校教学实训楼主体已封顶，科技中学教学综合楼已竣工。另外，徐州第十三中学永安校区、和平校区塑胶运动场面层更新、东苑中学塑胶运动场面层更新、徐州二十二中学教学楼加固、徐州第三中学西校区1、2号楼加固、徐州第十中学综合教学楼加固、徐州科技中学教学楼加固、徐州第三十一中学3号楼加固、职教中心学生宿舍楼加固、模特艺术学校学生宿舍楼加固、侯集中学办公楼和10号女生宿舍楼加固等一批项目的实施，大大改善了局直属学校的办学条件。

【开展生态园林城市创建等工作】 年内，市教育局积极参与国家生态园林城市和“江苏省人居环境奖”创建工作，配合市有关部门做好局属学校的节能减排、防震减灾工作。市第二实验幼儿园被评为市节能减排先进单位。

（钱　彬）

教育人事

【开展干部人事档案专项审核】 2015年，市教育局按市委组织部关于开展干部人事档案专项审核工作的要求，对按权限所管理在职干部人事档案进行专项审核。经过审核登记、汇总分析、调查核实、组织认定等程序，对85份干部人事档案进行审核、认定和改版整理，按期完成专项审核工作。

【做好教育系统先进评选表彰工作】 教师节前夕，市教育局开展"2015年徐州市优秀教育工作者"和"2015年徐州市农村优秀园丁"评选工作。经过学校推荐、县（市、区）教育行政部门初审，市评审委员会审核，丰县首羡镇中心小学在月芹等299人获得"徐州市优秀教育工作者"称号，丰县欢口中学于宁宁等200人获得"徐州市农村优秀园丁"称号。通过评选表彰，落实《国务院办公厅关于印发〈乡村教师支持计划（2015—2020年）〉的通知》精神，建立乡村教师荣誉制度，推进教育事业改革发展。

【组织局公务员参加培训】 2015年，市教育局公务员认真学习《徐州市市级机关公务员在线学习管理办法（试行）》，并在徐州市公务员在线学习交流中心网参加培训。全局32名公务员全部通过必修、选修课程的学习，顺利完成学习任务。在徐州市公务员局组织的徐州市公务员基本能力竞赛活动中，市教育局派员参加依法行政知识竞赛并取得好成绩。

【稳步推进教师交流工作】 3月，市教育局、市委组织部、市人社局、市编办、市财政局五部门联合发布《关于推进义务教育学校教师校长交流工作的意见》，稳步推进教师交流工作。局直属学校教师经过个人自愿报名、学校学科组推荐、数学建模学科匹配等方式，杜芬等159人参与教师交流。为进一步推进义务教育均衡发展，盘活教育资源，促进教育公平，办好老百姓家门口的每一所学校起到重要促进作用。

【开展教师资格认定工作】 年内，局人事处根据《江苏省实施〈教师资格条例〉细则》和省教育厅办公室《关于做好2015年面向社会认定教师资格工作的通知》精神，按照公开、公正、透明的原则组织教师资格认定工作。2015年，全市认定各级各类教师资格6275人，其中，幼儿园1751人，小学2015人，初中629人，高中1646人，中职233人，中职实习指导1人。

【严格程序，完成招聘、选调人员工作】 年内，市教育局顺利完成徐州市教育局直属学校教师招聘工作。根据徐州市人力资源和社会保障局、徐州市教育局共同发布的《2015年徐州市教育局直属学校教师招聘公告》，经过报名、资格审查、笔试、面试、体检和考察等环节，局直属学校共招聘54名新教师，1名会计，3名校医。完成6名徐州籍国家免费师范生就业安排工作。积极推进25名免费男幼儿师范生就业安置工作。2015年，经过发布公告、笔试、面试、考察和体检等环节，徐州市教育局机关直属事业单位公开选调8名工作人员。

【做好国有企业退休教师资格审核认定】 2015年，根据市国资委《关于做好国有企业职教幼教退休教师资格审核认定工作的通知》精神，第二批审核徐州市国有企业职教幼教退休教师兑现工资待遇计79人。经市国资委、财政局、人保局、教育局4家单位3次联合审核，通过公示、复审等环节，有59人通过，未通过20人。

【做好九里中学人员移交工作】 2015年，按照市政府办公室《九里高中移交市管工作方案》要求，市教育局成立市九里中学移交工作组，组织人员进行实地调研、资料审核和人员核对，完成九里中学教职工入编和岗位设置工作。

【完善绩效考核及奖励性绩效工资制度】 2015年，市教育局根据学校实际，改革和完善学校绩效考核，加大考核奖励力度，保证局直属事业单位绩效工资的平稳兑现及奖励性绩效考核工资的发放。徐州一中、徐州三中、侯集中学、徐州高等师范学校、运河高等师范学校分别提高调控比例。

【认真办理各项人事劳资业务】 年内，严格把握政策，认真办理各项人事劳资业务。全年审核办理40名新教师转正定级手续，审批调整全市707名教师教龄津贴变动，审批市直事业单位4712人薪级工资滚动升级、机关部分公务员级别工资调整。审批机关和事业单位在职和离退休人员近万人2014年10月工资改革手续。完成4700人次年度考核审批上报及166人次职务职称工资晋级兑现，完成局机关和事业单位离退休教职工亡故丧葬费抚恤金审批51人次，办理相关遗属补助审批工作。审核审批78人次退休手续，办理辞职、随军退掉、调出人员相关手续。完成局直属单位工勤岗位人员技能培训和考核晋升，完成2015年度局机关事业单位工资年报、会计年报等各类年度报表汇总统计上报工作。完成34名2011级江苏省免费幼儿师范男生实习工作安排。

（付桂忠）

教师教育

【做好新招聘教师岗初培训工作】 年内，教师教育中心认真组织实施对2014年暑期全市部分新招聘教师的专项培训。参加培训的新招聘教师计244人，其中，市教育局直属学校37人，鼓楼区29人，开发区31人，贾汪区42人，铜山区105人。培训工作由徐州工程学院教育科学学院具体承担，教师教育中心参与方案制订、过程管理、考试考核等环节，加强培训工作的引导、管理和监督，保证培训工作的质量。

【实施“名师行”送教下县活动】 2015年，教师教育中心本着“送有所需、惑有所解、追求实效”的原则，按照市教育局的部属，2次组织名师送教下县活动。赴邳州、贾汪2个地区，共开设名师公开课近40节，同课异构课20节，专家讲座20场，现场互动沙龙20场，惠及学校近百所、教师3000余人。送教活动强调科学性，注重实效性，向农村学校倾斜，为一线教师答疑解惑，发挥名师团队的示范引领作用。

（王 静）

师资队伍建设

【实施“两个工程”，促进名优教师成长】 2015年，市教育局以“名师工程”“青蓝工程”为引导，提高教师专业素质，促进名优教师成长。推选5人参加江苏省人民教育家培训对象培训，选拔3名校长参加“长三角中小学名校长联合培训”，推选36位名教师参加国培项目研修，推选90位名教师参加特级教师后备培养。完成第九批“名师工程”、第十一批“青蓝工程”评选工作，评选出徐州市名校长10人、名教师28人、徐州市学科带头人100人、青年名教师30人、青年优秀骨干教师100人。评选46个名师工作室。通过两项工程持续实施，促使徐州市涌现出更多教育专家和优秀教师

【实施师德师风"五项工程"】 2015年,市教育局深入推进"师德规范、师能提升、师爱传播、师心温暖、师风弘扬"五项工程。全市逐步建立融教师行为规范、师德教育途径、激励培养措施、考核奖惩手段为一体的师德师风建设工作体系。在江苏省教师队伍建设研讨会上,徐州市作"实施师德师风建设五项工程,办好人民满意教育"的专题经验介绍,获得省教育厅领导及与会代表好评。9月,全市中小学开展师德师风大讨论系列活动,开通"师德大讲堂"网络直播平台。评选和表彰徐州市十佳师德模范、100名师德先进个人和50个先进集体。在全市庆祝第31个教师节之际,"十佳师德模范"联合向全市广大教职工发出倡议,呼吁广大教师"怀师爱,争做良师益友;修师德,致力为人师表;遵师规,注重依法执教;惜师名,坚守廉洁从教;展师才,勇于开拓创新;讲奉献,促进和谐发展"。

【加强管理提高师资培训质量】 2015年,师资处加强培训工作管理,建立培训责任机制,不断提高师资培训质量。对培训方案制定、上报方案审核、培训名额分配、培训学员选派标准等方面严格管理,每个县(市、区)、每个环节责任主体清晰。师资处以市县培训基地建设改革为切入点,积极依托省师培中心、省干训中心,省、市级培训基地,扎实做好全市新一轮全员培训,年内,全市21765名教师参加各级各类培训,圆满完成各类省市级培训项目。在省教育厅师资处校干和教师培训考核中,获参训率100%、优秀率96.7%、校本培训覆盖面100%的好成绩。获得江苏省校长培训和教师培训先进集体表彰。

【完成各项师资培训任务】 2015年,徐州市做好国培、省培高端培养项目,开发市级培训资源,利用网络技术,建立网上专题学习共同体,顺利完成各项师资培训任务。通过省厅审核的名师送培项目10个、省市合作培训项目10个,选派300名校长参加教育质量提升培训,选派120名教师参加"国培计划"项目培训,增选相关学科骨干教师310人参加"国培计划"4个项目全程培训。选派50名特级教师参加省特级教师高研班,选派300人参加省普通高中校本研修指导教师培训。组织7000名教师参加教育部网络培训。组织800名各学科教师参加"英特尔未来教育"培训。培训涉及教育理念创新的"新教育实验""学讲计划",教师队伍梯队建设的"特级教师后备和名优教师培养",课堂教学改革的"课堂诊断教学",助力工程的"农村小学校长和初中校长能力提升"。

【落实"乡村教师支持计划"】 2015年,市教育局积极参与《江苏省乡村教师支持计划实施办法(2015—2020年)》研讨活动,深入农村调研,及时将农村教师队伍存在的困难和亟待解决问题反馈到省教育厅,为制定《江苏省乡村教师支持计划实施办法》提供支撑材料。为贯彻落实国家"乡村教师支持计划",11月2—6日,江苏省校长助力工程"农村小学校长教育改革与教学模式构建"培训班开班,新沂、睢宁、邳州、贾汪、丰县的农村小学校长共计248人参加培训。市教育局局长张德超作题为《徐州地区农村基础教育现状》的报告,江南大学郑有训教授作《农村学校教学工作的困境和出路》的报告。师资处、教师教育中心组织50名名特优教师分三批赴睢宁、贾汪等地开展送教活动,在当地通过开办讲座、上示范课、同课异构等方式，就“学讲计划”、高效课堂、教师专业化发展、校园文化建设等问题与校长和老师们广泛、深入交流探讨。

【与无锡携手促进教育结对交流】 2015年，徐州市教育局和无锡市教育局积极开展“百校百师”对口工作，探索建立徐锡一体的教师培训交流新机制。市教育局继续开展与无锡牵手活动，选派名优教师培养班的160名学员到无锡考察学习，选派20名青年名教师到无锡学校跟岗学习。邀请无锡市3名特级教师到徐州市送教，1000名教师聆听专家讲座，观摩优质课，与送教专家互动交流。两市还就课题研究和课程改革等方面在教育网上研讨，达到共同提高的效应，加强了城市之间、区域之间、校际之间合作与交流。

（崔　瑛）

教师职称评审

【制定教师职称评审标准和推荐评审要求】 年内，市教育局制定全市教师职称评审标准和推荐评审要求，在职评工作中严格按照教师职务结构比例与岗位职数，按岗择优推荐申报。2015年教师职称评审加大了对教师师德、业务及教学实绩的考核，充分发挥职称工作的杠杆及导向作用。

【完善各系列评委库工作】 2015年，市教育局严格按照对教师职称评委库成员的资历等要求，完善各系列评委库工作。坚持择优原则，补充、完善中学中级、高级，中职校中级，高校中级四个系列的评委库，共产生评委1600余人，为徐州市2015—2018的教师职称评审工作做好储备。

【圆满完成全市各系列职称评审】 2015年，市教育局做好全市四个系列、十二个级别的职称初定、评审及推荐评审工作。共组织全市各系列中级教学能力测试1次，中小学、幼儿园高级教学能力测试1次，共2157名教师参加教学能力测试。对全市2000余名教师的4653篇论文进行鉴定，接收、审查1000余份个人申报材料，组织5次不同系列和级别的评审委员会的评审及委托评审工作。全市共通过各类职称评审、初定人数985人。其中，高校教授13人，教育管理研究研究员3人，副教授86人，学生思想政治教育副教授3人，副研究员2人，讲师47人，助理研究员2人，助教11人；中小学高级教师584人，一级教师66人，二级教师37人；中职校高级讲师65人，讲师59人，助理讲师3人；幼儿园高级教师4人。

【结束中小学教师职称制度改革人员过渡】 2015年，市教育局依据市人社局、市教育局联合下发的《关于做好我市中小学教师职称制度改革工作人员过渡工作的通知》文件精神，全面完成全市中小学、幼儿园教师职称制度改革人员过渡工作。至年底，全市共78927人参加过渡，其中正高级教师14人，高级教师10788人，一级教师46150人，二级教师15508人，三级教师6467人。

（崔　瑛　王　静）

教育国际交流与合作

【赴海外培训和学术交流】 2015年，徐州市选派多批教师、校长参加海外培训交流。选派112名教师、校长赴海外培训，开展学术交流活动。23名英语教师考取省“雏燕项目”青年英语教师出国培训。组织8所学校校长参加美国、加拿大和澳大利亚的校长国际论坛。教育国际交流协会先后为24个团组计

149人办理出国及回国后的各种手续。

【引智培训】 2015年，市教育局在六个区域举办引智培训。聘请36名外籍教师，组织1680名英语教师参加引智培训，英语教师与外教直接互动交流。教育国际交流协会利用暑假时间，聘请4名外教，在徐州三中为市区40名初、高中英语教师举办为期3周的业务培训，由外方颁发结业证书。

【学生赴海外修学旅行、留学】 年内，市教育局组织460名学生分期分批赴美国、澳大利亚、英国等国家进行短期文化交流学习及短期修学旅行。2名学生通过省教育厅“学生使者”项目选拔，6名学生取得学联盟奖学金赴新加坡留学。

【组团赴澳大利亚教育交流】 年内，徐州市教育局组团赴澳大利亚与西南威尔士州教育部建立友好关系，并为徐州一中友好学校莫斯曼中学加挂孔子课堂牌匾，成为国家汉办汉语言推广的实验学校。徐州市教育局获选江苏省澳大利亚国际教育交流常务理事单位。

【聘请外籍教师举办学生夏令营】 暑期，教育国际交流协会聘请10名外籍教师在树人中学成功举办首期学生夏令营。

（崔 瑛 李世强）

财务与审计工作

【全市教育经费及财政投入情况】 2015年，全市地方教育经费总投入为180.47亿元：国家财政性教育经费163.41亿元，占总投入的90.55%；社会团体和公民个人办学经费0.35亿元，占总投入的0.19%；社会捐集资办学经费0.35亿元，占总投入的0.19%；事业收入15.21亿元，占总投入的8.43%；其他收入1.15亿元，占总投入的0.64%。

2015年，全市地方教育经费为1804676.2万元，比上年1674785.2万元增加129891万元，增长7.76%。

全市财政性教育经费为1634110.6万元，比上年1509908.3万元增加124202.3万元，增长8.23%。

国家财政性教育经费所占教育经费来源比重逐年增加，在财政收入趋缓的背景下，徐州市委、市政府不断加大对民生（尤其是教育）的投入力度，有力推进了教育资源均衡化、现代化发展的目标。

【加强预算管理，推进预决算公开】 2015年，市教育局进一步加强预算管理，推进依法理财、依法行政。坚持科学编制部门预算，严格预算编制“二上二下”的程序，强化系统预算文件培训、学习，认真核定、科学测算单位收入，细化编制基本支出和项目支出，重视项目库申报，严格监督审核，确保系统预算及时报送。在保证各单位正常业务支出的前提下，加强项目经费管理和预算支出进度，充分发挥资金使用效益。年度中会同财政部门对系统各单位预算、决算进行了审核，在审核通过的基础上进行公开，接受社会监督。

【提高各类学校生均公用经费标准】 2015年，徐州市提高各类学校生均公用经费标准。学前教育生均预算内公用经费拨款标准市区不低于300元、县区不低于200元，义务教育阶段学校生均预算内公用经费小学不低于700元、初中不低于1000元，高中阶段学校预算内公用经费每生每年从500元提高到800元。

【开展审计项目质量评审】 年内，按照省教育厅《关于开展内部审计项目质量评审工作的通知》、市教育局《关于做好内部审计项目质量评审参评申报工作的通知》文件精神，认真开展内部审计项目质量评审工作。共收到各县（市、区）报送内部审计项目17个，经市审计专家评审，铜山区教育局等3个单位报送的项目被评为优秀项目，新沂市教育局等5个单位报送的项目被评为表扬项目。

（撰稿：李庚申　程慧娟　审稿：魏建春）

教育信息化建设

【加快推进宽带网络“校校通”提升工程】 2015年，市教育局加快校园网络建设，积极推进宽带网络“校校通”提升工程。全市中小学教育城域网从百兆接入基础上迈向千兆时代，10所直属学校建成1000兆到校、100兆到班工程项目，实现校园内网络通过有线或无线方式覆盖所有教室、办公室等教学场所，满足实施以自主学习、个性化学习、协作学习、泛在学习为主要特征的智慧教学和基于互联网、大数据、云计算的智慧管理。

【推进教育信息化PPP项目建设】 2015年，徐州市教育信息化建设项目被列入省政府PPP示范建设项目库，已经完成前期项目论证、方案制定、咨询机构签约等工作。调动社会资本参与教育信息化建设的积极性，把市场配置资源的优势和专业化服务的优势充分发挥出来，形成“政府支持、企业投资、学校使用”的建设机制。

【与华中师范大学签订教育信息化合作协议】 10月8日，徐州市教育局与华中师范大学签署教育信息化战略合作协议。按照协议，双方将在推进区域教育信息化实验区、示范校与创新实验基地建设、课题研究与项目研究、信息技术与教育教学的深度融合、教师队伍建设与人才培养等多个领域建立并发展全面、长期、稳定的合作伙伴关系。

【开展“一师一优课、一课一名师”活动】 3月16日，市教育局下发《关于开展“一师一优课、一课一名师”活动的通知》，全面启动全市“一师一优课、一课一名师”活动。徐州市“一师一优课、一课一名师”活动与以教育信息化支撑的“学讲计划”教学方式改革相结合，彰显“学讲”特色，围绕课程改革和“学讲计划”，加大教研指导和技术保障力度，认真组织“晒课”，开展研讨、磨课等活动，调动各学科教师在课堂教学中应用信息技术的积极性和创造性。全市共有50585名教师在网上晒课51011节，各县（市、区）评出优课2116节，全市评选优课1194节，初步实现优质教育资源的汇聚和共建共享。

【开展教育门户网站绩效考核】 年内，市教育局开展2015年度全市教育门户网站绩效考核活动。组织专家对徐州教育网及各县（市、区）教育门户网站进行绩效考核，通过对网站的信息公开、公共服务、公众参与、网站建设等内容进行在线测评，根据分值，推荐铜山教育网、新沂教育网、云龙教育网参加全省优秀教育门户网站的评选，取得良好的成绩。

【开展机关事业单位网站标识挂标工作】 2015年，按照中央编办的要求，市教育局机关及36家局属事业单位完成网站标识挂标工作。凡经过机构编制部门审核的党政机关和事业单位，将获得由该域名注册管理中心颁发的经加密处理的电子认证标识证书，其中，党政机关使用印有华表图案的红色标识，事业单位使用印有长城图案的蓝色标识，标识证书必须放在所有页面底部中间显著位置。网民点击标识，就可查看到该网站的主办单位名称、机构类型、地址、职能、网站名称、域名、标识发放单位和发放时间等信息，相当于机构组织在互联网上有了“电子身份证”，全国的党政机关和事业单位网站挂上统一的“防伪标识”，公众在互联网上寻求政务和公共服务时将更加安心放心。

【开展中小学校园网站测评】 年内，市教育局组织开展2015年校园网站测评活动。经过县（市、区）教育部门推荐，有105所学校参加测评，测评内容包括网站建设与网络覆盖、教育管理信息库与教育资源库建设、网站信息化应用能力建设、网站信息化管理和运行机制4个方面，56所学校获得表彰。测评活动对于加强全市中小学校园网站建设与管理，提高中小学校信息化管理与应用能力，提升校园网站在教学、科研、管理等方面的服务能力和水平起到积极推动作用。

（徐　志）

德育研究

【开展教师“责任教育”活动】 年内，局德育研究室开展教师“责任教育”活动。3月，市教育局德育研究室印发《关于在全市中小学开展教师“责任教育”的意见》，深入推进教师“责任教育”。《意见》以“对自己负责，对学生负责，对家长负责，对事业负责”为主题，引导广大教师增强职业荣誉感、历史使命感和社会责任感，用强烈的工作责任心和师爱的力量向学生传递责任感和正能量，以自身的行为树立榜样，在潜移默化中培养学生践行和巩固责任的能力。6月，下发《关于开展“责任教育”工作先进个人评选的通知》，在全市中小学开展“责任教育”工作先进个人评选，授予160名中小学教育工作者为徐州市中小学“责任教育”工作先进个人。

【推进心理健康教育课程化】 年内，局德育研究室推进心理健康教育课程化，并举行心理健康教育月活动。1月，局德育研究室印发《关于在全市中小学开设心理健康教育课程的通知》，要求从2015年春季学期开始，各中小学将心理健康教育纳入课程计划、列入课表，组织实施教学，进一步推进心理健康教育课程化。4月，印发《关于开展徐州市第三届“中小学心理健康教育月”活动的通知》，以“关爱生命，健康成长”为主题启动第三届心理健康月活动，举行2015年“徐州市中小学德育特色工作校园行”，组织德育干部和心理健康教育教师200余人到侯集中学观摩心理健康教育课程化建设。在全市中小学开展心理健康教育特色学校创建申报，组织专家评审，现场考察，确定徐州大屯矿区第一小学、徐州市铜山区清华中学、徐州市第一中学、徐州市侯集高级中学和邳州市明德实验学校上报省教育厅参加评选，并获国家、省心理健康教育特色示范校称号。

【加强学生文明礼仪养成教育】 2015年，局德育研究室采取多种形式在全市中小学、幼儿园开展学生文明礼仪养成教育。5月，开展“文明，未来的生活”主题教育，强化学生行为习惯养成。6—7月，在全市各学校组织开展“成长仪式”“青春仪式”和十八岁“成人仪式”现场活动。8月13—22日，举办园长和优秀教师“儿童良好行为习惯养成教育”师资培训,开展幼儿养成教育课题研究,并形成阶段成果。8月14日,组织学生代表参加“两代英模话徐海”活动,并到档案馆参观徐州市文明办、徐州市档案局联合举办的纪念抗战胜利70周年“抗战在徐州”展。年内,市教育局联合市文明办开展第四届“美德少年”评选,开展向“美德少年”学习活动。

【参加全国“学科德育精品课程”评选】 11月,局德育研究室根据教育部《关于开展全国中小学“学科德育精品课程”征集展示活动的通知》,组织开展“学科德育精品课程”评选活动。通过层层选拔,确定睢宁县睢城镇睢城小学郑可可等36名教师为授课教师,参加全国“学科德育精品课程”比赛。

【召开第九届德育论坛】 12月2日,市教育局以“网络环境下学校新德育”为主题,召开全市中小学第九届德育论坛。市教育局党委委员、市委教工委副书记杜耀东出席论坛并讲话,各县(市、区)教育(文教体)局分管副局长、德育办主任,各直属学校分管副校长、德育主任计200余人参加论坛。论坛对进一步加强社会主义核心价值教育进校园,研讨网络环境下德育工作有效途径和方法创新起到推动作用。

【加强德育干部培训】 6月13—14日,市教育局举办“网络环境下中小学德育工作有效途径和方法创新”现场报告会。邀请国内专家到徐州开设“网络环境德育工作途径及创新”讲座,全市800余名中小学德育干部参加培训。

【举行第三届班主任基本功大赛】 9月24—25日,市教育局在第三十七中学举行第三届班主任基本功大赛。经专家评委会审议,59名教师分获一、二等奖,并从中选拔出6名优胜者参加省级比赛,1人获省一等奖,5人获省二等奖。

【做好创建文明城市迎检工作】 年内,局德育研究室积极参与文明城市创建,做好迎检工作。12月2—3日、8—9日,组织对建成区内学校进行实地模拟测评。12月8日,召开局直属学校及机关各处室负责人会议,从创建氛围、师生背诵、环境卫生等方面提出明确要求。为提高创建知晓率,争取家长的配合,撰写《致全市中小学生家长的一封信》,于12月10日在建成区所有学校下发。完成文明城市创建的材料整理上报,及徐州市未成年人成长指导中心的现场迎检。

【加大校外活动中心管理及建设】 年内,市教育局联合市文明办对乡村学校少年宫项目进行督察,做好全市综合性社会实践基地建设。指导有关场所完成2015年未成年人校外活动能力提升项目资金申报工作,向上级争取资金486万元,不断完善全市校外活动中心建设。配合市发改委,做好省经济循环发展基地申报工作,开展第二课堂、社会实践调研。

【倡导全民阅读 建设书香江苏】 7月16—20日,以“阅读,让社会更文明”为主题的第五届江苏书展在徐州主办。市教育局6月26日向全市中小学发出“我到书展读本书”的倡议,并在家长和学生中做好书展有关活动的时间及内容发布。全市学生积极参加书展,以实际行动参与全民阅读,建设书香江苏。

(王 芳)

教育教学研究

【持续推行“学讲计划”】 2015年，市教育局教研室持续推行“学讲计划”。利用开学工作检查、重点学校视导、全市教学督导等活动，组织教研员听课2000余节，集体视导62次，确保“学讲行动”深入推进。2—5月，教研室先后完成铜山区、贾汪区、丰县、沛县、邳州市、睢宁县、泉山区的“县县行”活动，实现课堂教学“升级”。8月，印发《关于进一步开展中小学生“学讲方式”学习培训工作的通知》《关于新形势下进一步加强教学管理工作的意见》和《关于持续深入地开展“学讲计划”的通知》3个文件，从制度层面加强对“学讲”推进的过程指导。年内，教研室开展“走乡村——真教研、真学习”系列活动，于12月4日在经济技术开发区刘湾小学举行首场活动暨启动仪式。通过成功录制“学讲”专题片，发行《“学讲”阶段性成果汇编》和《“学进去，讲出来”——徐州市域课堂教学改革行动研究》等资料，汇集“学讲”智力资源，切实提高教研指导力。举行“学讲计划”教科室主任论坛、徐州市“学讲计划”高级研修班、“学讲行动”教师培训29场次，培训教师5000余人次；各学科举办“学讲行动”研讨会46次，培训教师2000余人，有效提升“学讲计划”在基层的执行力。2015年中国名校长高峰论坛、全省大型课改展示活动的成功举办，进一步扩大徐州市地域教研的影响力。

【加强课堂教学与现代化技术融合】 2015年，市教研室将“学讲计划”与信息技术深度融合，把信息技术转变为优质教育资源，在全市范围内形成以信息技术有效支撑“学讲计划”，以自主学习为主要学习方式，以合作学习为主要教学组织形式的教学新常态。依托“云教研”，实现网络教研常态化。建立“智能巡课系统”，实现教育管理数字化。5月，在青岛举行的全国教育信息化展会上，徐州市“智能巡课系统”受到广泛关注，引起省教育厅厅长沈健的重视，相关材料上报省厅。打造“彭城课堂”，实现自主学习泛在化。加强“名师课堂”“彭城公开课”“微课”为主要内容的“彭城课堂”信息资源服务平台建设，录制微课资源2万多个、“学讲”示范课3000余节，为学生自主学习提供支持。充分利用二维码等信息技术，方便学生学习与作业，组建“虚拟班级”和“微课社团”，丰富学生学习的内容。建立基于大数据的课堂教学研究、管理新平台，运用信息化平台，及时解决教学过程性问题，完善质量监控网络。

【加强教研室教学监控管理功能】 2015年，市教育局制定《关于新形势下进一步加强教学管理工作的意见》（以下简称《意见》），按照《意见》要求，教研室加强教学监控和管理功能。先后成立“学讲计划”办公室和“学讲”研究工作室，通过研究，深化课堂教学改革中的焦点问题，培养一批学习型、研究型、专家型名特优教师。教研管理项目化，有效提升教研室管理力度。全市遴选组建名师工作室75个，组建阅读训练策略、记忆训练策略、思维训练策略、“学讲”文化项目研究组4个，集全市名师开展专项研究，推广项目研究成果。推动“中小学学生课外阅读项目”，落实阅读进课堂，提高学生阅读能力。开展教师常规培训、暑期集中培训、教研员高端培训项目，实施学生小组合作学习专项培训项目。

【加强课题研究，实现课堂、课题共生共进】 1月份开始，市教研室启动江苏省教育科学2015年度课题申报，并邀请省规划办专家对徐州市课题论证辅导。经评审，徐州市2015年度省规划课题立项70项，其中，普教重点资助9项、普教重点自筹18项，普教立项20项；职教重点资助1项，职教立项2项；青年专项重点资助1项，青年专项重点自筹2项，青年专项立项4项；初中专项重点资助3项，初中专项立项6项；体卫艺专项重点资助2项，体卫艺专项重点自筹1项；人民教育家专项重点资助1项。在江苏省基础教育前瞻性教学改革实验项目和基于测试分析的跟进式改革重大研究项目申报工作中，徐州市共有4个项目获得立项。《“学进去，讲出来”课堂教学改革的区域推进研究》被立项为省“十二五”规划重点课题。《基于质量分析的“学进去讲出来”教学改革行动研究》被批准为江苏省“基于测试分析的跟进式改革重大研究项目”之一，列入江苏省教育研究课题系列进行过程化管理。2015年度徐州市教师个人课题立项996项。对各级课题特别是个人课题的管理实现网络管理与常规管理相结合。

（王　波）

职成教研

【省教学信息化大赛成绩突出】 2015年，徐州市参加省教学信息化大赛成绩优异，取得历史性突破。全市推选21个项目参加全省的信息化教学设计比赛、信息化课堂教学比赛和信息化实训教学比赛，共有12个项目获奖，其中一等奖3名，二等奖5名，三等奖4名。

【“两课”评比圆满结束】 2015年，省市两级职业教育“两课”评比活动圆满结束。上半年，举行公共基础课程市级比赛，155名选手参赛，评出33个市级示范课，92个市级研究课。聘请专家，对推选的20名省参赛选手的教案、现场说课和答辩进行反复打磨，最终获评3个省级示范课、11个省级研究课。下半年，举行专业技能课市级比赛，12个大类共151名选手参赛，评出34个市级示范课，88个市级研究课。推选出35名选手参加省赛，最终获评10个省级示范课、19个省级研究课。

【开展“教学开放日”活动】 年内，市职成教研室出台《关于进一步推进徐州职业学校课堂教学改革的意见》，组织全市职业学校开展“教学开放日”活动。

【抓好职教师资培训】 2015年，市职成教研室认真落实国培、省培计划，积极组织职教师资培训。全年安排国家级骨干教师培训41人，国家级专业带头人培训12人，国家级青年企业实践培训17人，共涉及55个项目。推荐5人参加出国培训。市职成研究室通过需求调研，暑假期间，组织360名教师参加60余个项目的省级面培，同时组织全市职业学校教师230人分两期参加省级网络培训。组织540人次参加市级新教师、班主任及五大公共基础学科的业务能力培训。评选朱贵华等45人为徐州市职业学校名特优教师后备人才培养对象，并定期进行培训。

【推动教师做好教育科研工作】 2015年，市

职成教研室通过研究课题、教育教学论文评选，推动教师做好教育科研工作。年内，组织专家对22个二期省职业教育教学改革研究课题进行结题审查；对42个一期徐州市职业教育教改课题进行中期检查。组织徐州市职业教育第九届“职教杯”教育教学论文评选活动，共收到219篇参赛论文，评出获奖论文126篇，其中一等奖39篇、二等奖74篇、三等奖13篇。

【做好中职校学业水平测试技能抽测工作】 10月，省教育厅从全省中等职业教育综合管理系统中随机抽取学生进行专业技能抽查测试。市职成研究室召开2次准备会议，出台《徐州市专业技能抽查测试工作实施方案》，先后确定9个测试基地，向省级部门择优推荐16名省级测评员，历时1个星期圆满完成任务。

【成立新一届市职业教育教科研中心组】 11月，市职成教研室召开第四届市职业教育教科研中心组成立大会。徐州市职业教育教科研中心组按照公共课和专业大类2类分设13个组别，通过个人申报、学校推荐、专家评审，确定丁向阳等197人为徐州市职业教育教科研中心组成员。大会部署工作任务，并颁发聘书。

（丁　蕾）

课程改革

【组织申报省前瞻性教学改革实验项目】 2015年，江苏省首次开展“江苏省前瞻性教学改革实验项目”申报创建工作。市教育局积极组织开展“江苏省前瞻性教学改革实验项目”申报，推荐6个项目参加省答辩评选，其中2个项目获省级项目立项，获20万元专项建设资金。

【召开校本课程建设研讨会】 4月，局基教处组织召开全市校本课程建设研讨会，推动设计网络校本课程建设标准和网络资源平台结构建设工作。年内，初步形成徐州市校本网络资源库，上传课程总数达435门。

【继续实施省级课程项目建设】 2015年，市教育局基教处继续实施省级课程项目建设。2014年确定的省级小学、初中课程项目全部接受并通过省级验收。其中，邳州英华实验小学、贾汪贾庄中学被评为优秀项目，分别获省厅10万元奖励。2015年新创建省小学特色文化项目4个、薄弱初中提升课程项目5个，争取省专项经费360万元。

【组织评选市区学校优秀校本课程】 11月，局基教处组织开展市区学校优秀校本课程评选工作。评出10门优秀校本课程，给予重点扶持推广，每门校本课程给予2万元的资金扶持。

【强力推行“学讲工程”】 年内，局基教处积极推行“学讲计划”工作，深度推进课堂教学改革。先后组织开展云龙区、鼓楼区、泉山区、贾汪区的巡课和“学讲计划”县区行活动，编写和拍摄“学讲计划”专题片。

【组织开展市直学校特色发展项目建设】 11月，局基教处组织市直属基础教育学校开展特色发展项目申报和评审工作。经评审，确定徐州市第十三中学的“双课堂E学班”等3个初中特色发展项目和徐州市第三中学的“智慧学习的中学创新实践平台建设”等2个高中特色发展项目，为2015年市教育局扶持发展项目，每个项目获得30万元的扶持资金。

（李进强）

科技教育

【省市科学教育特色学校受表彰】 2015年，市教育局认真贯彻《全民科学素质行动计划纲要》，一批省市科学教育特色学校、科技辅导员和科技创新标兵受表彰。全市评选科学教育特色学校15所，科技辅导员和科技创新标兵20名。6月，省“十二五”第四批科学教育特色学校检查组对徐州市省级科学教育特色学校考核验收，市风化街中心小学等9所学校参加汇报，检查组一行现场察看市奎园小学、丰县华山中学和鼓楼小学。经综合考核，徐州市奎园小学等7所学校被命名省科学教育特色学校。

【组队参加省青少年科技创新大赛】 4月11—12日，市教育局组织铜山中等专业学校、丰县中学等4所学校组成的代表队一行10人，参加在宜兴市举办的第26届江苏省青少年科技创新大赛决赛。徐州市参赛的作品分别获得青少年科技创新成果类二等奖14件、三等奖18件，青少年科技创意类优秀奖1件，科技辅导员创新成果一等奖1件、二等奖1件、三等奖1件，其中铜山中等专业学校的1件作品“梵塔运放智能装置”获全国第30届青少年科技创新大赛科技辅导员创新成果项目二等奖。

【首届青少年科技创新“市长奖”颁奖】 5月14日，徐州市首届青少年科技创新“市长奖”颁奖会议在新城区会议中心举行。副市长李燕代表市政府向获奖者表示祝贺，并对全市青少年科技工作提出新的要求。徐州市青少年科技创新“市长奖”设于2013年7月，两年评选一次，每次不超过10名。首届“市长奖”评选出3名获奖人员，李燕为3名获奖人员颁发证书、奖杯，并奖励人民币1万元。

【开展科技夏令营活动】 7月上旬，市教育局联合市科协开展科技夏令营活动。经过资格审核、网上申报等程序，推荐徐州市第三中学、第三十六中学、新沂一中、华山中学4所学校的40名优秀高中生分别参加哈尔滨工业大学、湖南大学、南京理工大学的高校科学营活动。

【举办科学报告会】 9月23—24日，徐州市邀请北京工业大学教授邱棣华、空军装备研究院教授王汉杰分别为邳州运河中学、明德中学的1000余名师生和睢宁县双沟小学、大余小学的1000余名师生做《地球与空间、青少年的创新成才之路》的科学报告。

【开展科学教育专题培训】 2015年，市教育局积极开展青少年科技辅导员培训，加强科技辅导员队伍建设。3月中旬，组织部分科技辅导老师参加省机器人教练员培训；3月28日，举办徐州市青少年科技竞赛系列活动科技辅导员培训；4月上旬，组织部分科技辅导员参加在南通举办的省科技竞赛系列活动培训；5月中旬，举办省第15届青少年电子技师认定活动（徐州赛区）科技辅导员培训；5月下旬，举办市首届机器人竞赛科技辅导员培训。

【举办各类科技创新大赛】 2015年，市教育局举办各类科技创新大赛，推动全市中小学科学教育蓬勃开展。6月14日，在徐州市科技实验小学举办徐州市首届青少年机器人竞赛，共有6所学校189名选手参加。11月7日，在徐州师范学校第一附属小学举办第十五届省青少年电子技师认定活动（徐州赛区），全市26所中小学600余名选手参加，活动设有物联网传感创新设计、电子百拼两个项目及新增项目——现场模拟和答辩（高中组）。12月6日，在徐州市鼓楼生态园小学举办第十一届青少年科技模型竞赛，2县5区的23支代表队600余名选手参赛，竞赛项目包含益智、航空、航天、航海、车辆模型和悠悠球6大类25分项，实现动与静、高空与地面及水上的完美组合，在寓教于乐的同时推广科学技术，进一步加快科学知识的普及。12月10日，在徐州市科技实验小学举办第十一届青少年科技创新大赛评审会，共收到小发明57件、小论文260篇、科学幻想绘画743幅。申报的作品分别经过集体培训、作品展示，评选后集中报送参加省青少年科技创新大赛评审。

【评选科技创新标兵和科技辅导员】 2015年，市教育局开展徐州市青少年科技创新标兵和优秀科技辅导员的评选。评选出市级青少年科技创新标兵12名和优秀中小学科技辅导员22名，推荐铜山中等专业学校刘强文等9名教师为省优秀中小学科技辅导员候选人，丰县中学蔡燿宇等9名学生为省青少年科技创新标兵候选人。

（赵锡安）

语言文字工作

【“中国汉字听写大会”选拔赛获江苏赛区第二】 5月16—17日，第三届“中国汉字听写大会”江苏赛区选拔赛在南京艺术学院举行。徐州市代表队5名选手：中国矿业大学附属中学的张晟嘉、李家欣、缪可言，江苏师范大学附属实验学校的夏欣雨，邳州市明德实验学校的张楚在全省13支代表队选手中表现优异。最后，由马龙浩（徐州市语委办）担任领队，张舒、杨双（中国矿业大学附属中学）、王志娟（江苏师范大学附属实验学校）担任指导教师的徐州市代表队以220分的总分成绩获得全省第二名。市语委办于3月启动第三届“中国汉字听写大会”徐州赛区的选拔工作，徐州市各县（市、区）及直管学校的十几支代表队参加选拔。中国矿业大学附属中学、江苏师范大学附属实验学校、邳州市明德实验学校获大赛一等奖。徐州队的5名选手由以上3所学校派出。

【举办市规范汉字书写大赛】 3—6月，市语委办与徐州市文化广电新闻出版局、“彭城视窗”共同举办彭城书法大赛暨第七届规范汉字书写大赛，徐州市5县（市）6区近200所中小学及职业学校的20万名师生参加。大赛经过初赛、复赛，于6月13日在徐州高级中学举行全市现场书写决赛。赛后举行颁奖仪式暨“书法家进校园”活动。经组委会反复评定，进入决赛的800余名学生和100余名教师中，沛县敬安小学的韩大方（教师组）、丰县人民路小学的吴珣琪（学生组）等129名师生获得大赛一等奖，徐州市鼓楼小学的李璐（教师组）、邳州运师附小的魏源哲（学生组）等198名师生获得大赛二等奖，睢宁城西小学的卢思宇等151名学生获得大赛三等奖。沛县语委办获优秀组织奖，朱卫红等59人获得大赛先进个人，许遵永等68人获优秀指导教师奖。所有的参赛信息及作品图片同步在“彭城视窗”教育频道向社会公开展示交流。

【组织首次省年度语言文字工作视频会议】 9月14日，市语委办在市教育局设立主会场，市语委全体成员及各成员单位联络员到会，参加江苏省年度语言文字工作暨深入推广国家通用语言文字视频会议。同时，各县（市、区）教育（文教体）局同步设立分会场，各地语委及成员单位共150人参加会议，听取江苏省副省长曹卫星的工作报告。

【开展全国推广普通话宣传周系列活动】 9月18日，市语委办在睢宁县实验小学举行第十八届全国推广普通话宣传周徐州市系列活动启动仪式。会上，对第七届规范汉字书写大赛获奖单位和个人进行授牌，睢宁县进行语言文字工作展示，各县(市、区)语委办主任在会后进行座谈交流。

【举办中华经典诗文诵读观摩活动】 10月15日，市语委办在徐州二中举办"我们的节日·重阳"大型经典诵读观摩活动。活动首先参观二中校园文化和经典诵读校本活动，然后由二中教师开设经典诵读示范研究课(苏轼《念奴娇·赤壁怀古》)，进行课堂观摩，最后由高文兰、鲁言等省内诵读专家带领徐州二中和鼓楼区生态园小学学生在大成殿前作"我们的节日·重阳"大型实景经典诵读展示。各县(市、区)语委办负责人、学校经典诵读骨干40余人以及来自全国30多个省、市、自治区的中小学经典诵读教育班的120余名教师参加观摩活动。

【组织诵读书写骨干教师培训】 年内，徐州市多次组织诵读书写骨干教师培训，储备专业人才。7月，市语委办举办"2015年江苏省中小学经典诵读书写骨干教师(徐州市)培训班"，邀请省内诵读书写专家学者，对徐州市5县(市)6区的100名骨干教师进行业务培训。9月23—25日，市语委办组织徐州市12名业务骨干到南京参加江苏省第三期乡镇语言文字规范化视导员培训班，为县域国家通用语言文字普及情况监测培养干部队伍。10月中旬，组织教育部"国培计划(2015)"——中小学经典诵读教育(骨干教师)班培训现场观摩会，为教育部国培班介绍经验，宣传徐州市诵读工作成绩，推荐专家在教育部"国培计划(2015)"——优秀传统文化教育骨干教师培训项目江苏师范大学中小学经典诵读教育班上，为全国的骨干教师作题为《市级以下规模经典诵读活动的组织和设计》讲座和培训。11月至寒假前，市语委办组织多批次专家送教下乡，对普通话未达标中小学及幼儿园3500名教师进行提升培训并安排专场测试。

【开展普通话水平测试工作】 2015年，市语委办组织37批次共8907人次的普通话测试。下县区测试5次，下部队测试1次，下学校测试14次，共办理2批次1.3万本普通话等级证书。

(马龙浩)

高校招生与中考招生

【概况】 2015年，市招办圆满完成31万人次的普通高考(含学测等)、成人高考、中考、对口单招、高职单招文化测试等教育招生考试各项工作。实现"平安招考、和谐招考"的工作目标。获省普通高考考务工作考核优秀单位、省成人高考考务工作考核优秀单位称号。

【普通高校招生】 2015年，徐州市报名参加普通高考考生5.4万人，4.4万人参加普通高考。全市录取45285人，其中，本科录取15464人，专科录取29821人(含高职单招提前录取12153人)。

【空军招飞】 年内，徐州市向空军航空大学输送2名飞行学员。青少年航空实验学校录取徐州市3名考生。

【成人高校招生】 2015年，徐州市报名参加成人高考考生26746人，其中，专升本14477人，高起本609人，高起专11660人。全市参加全国统一考试18203人，符合免试政策860人（其中退役士兵55人、成绩互认113人），校企合作4253人，艰苦行业推荐考核3430人。全市录取22049人，其中，专升本录取11745人，高中起点本科录取341人，高中起点专科录取9963人。

【中考招生】 2015年，全市（包括5县2区）中考考生为6.8万人，普通高中招生3.5万，职业类学校招生3.3万人，高中阶段入学率98%。中考的考试和管理全部采用网上操作等先进手段，中考考务组织和管理全部“零差错”。初二地理、生物考查继续实行机考方式，并在每一个考场安装视频监控，对考务实行全程、全方位监控，全市7.1万考生的地理、生物考查实现“零差错”。

【面向职业学校对口单招】 2015年，徐州市职业学校对口单招报名3014人，实际录取2718人，其中，本科89人，专科1944人，注册入学685人。

（宋广良　顾　君）

高等教育自学考试

【25万人参加考试】 2015年，徐州市参加高等教育自学考试人数为47253人，非学历证书考试（不包含大学英语四、六级考试）人数为20.3万人，合计25.025万人。

【4.73万人参加自学考试】 2015年，市自考办组织4次高等教育自学考试，2次增考，两次助学专业考试，2次专接本考试。上半年考生29780人，下半年考生17473人，合计47253人。其中新生约占41.3%。年内共有2069名考生获得专科或本科毕业证书。

【20.3万人参加非学历证书考试】 2015年，参加全国计算机等级考试（NCRE）6.78万人，书法水平等级考试11.8万人，全国中小学教师资格证书考试1.7万人，及其他各类证书考试，合计20.3万人。

【12万高校学生参加大学英语四、六级考试】 2015年，市自考办组织2次高校大学英语四级、六级考试。全市共有12万名高校大学生，分别在中国矿业大学、江苏师范大学、徐州医学院、徐州工程学院、徐州空军学院、徐州高等师范学校等考点进行考试。

【1.78万人参加教师资格证书考试】 2015年，徐州市1.1万人参加江苏省全国中小学教师资格证书笔试和面试的考试，其中笔试人数11086人，面试人数5138人，参考人数占全省七分之一。江苏省教师资格证书教育学、心理学考试补考1693人。考试期间，省教育考试院、市教育局领导分别对各考点的考试组织工作进行巡视、监督、指导。

【11.8万人次参加省书法水平等级证书考试】 2015年，徐州市11.8万人次参加江苏省书法水平等级证书考试。上半年考生54381人，下半年考生63841人，合格率达87.1%。徐州市自学考试指导委员会办公室获江苏省书法水平等级考试先进集体称号，并获一等奖。

【教研课题结题】 年内，徐州市自学考试指导委员会办公室副主任申瑞杰主持的江苏省教育科学“十二五”规划课题《中职教育与自学考试沟通衔接研究》结题。

【培训工作】 4月25日，江苏省教育考试院和南京艺术学院在徐州高等师范学校联合举办徐州市书法水平等级证书考试指导教师培训班，全市11个县(市、区)的260余名书法教师参加培训。12月26日，自考办在徐州高级中学对全市拟聘任的480名教师资格面试考官进行全面培训。市教育局副局长葛宝堂在江苏省教育厅召开的全省中小学教师资格考试动员会暨省级骨干考官培训会上代表徐州市作交流发言。

（撰稿：濮阳莉　审稿：郭凤清　申瑞杰）

安全保卫与维护稳定

【学校及周边治安综合治理】　1月15日，徐州市学校及周边治安综合治理领导小组召开全市综治联席会议，研究全市学校及周边治安综合治理工作。市教育局作为领导小组牵头单位，在会上指出2014年以来开展学校及周边治安综合治理工作存在的问题，各成员单位领导作交流发言。市教育局副局长李清代表领导小组总结2014年工作，部署2015年工作思路和任务。市委宣传部、市经信委、公安局、司法局、建设局、城管局、食品药品监督管理局、文广新局、工商局、人社局、团市委、电信局12个成员单位分管领导及联络员参会。

【召开全市学校安全稳定工作会议】　3月2日，市教育局召开全市学校安全稳定工作会议。会上，市教育局副局长李清传达省教育厅、省公安厅有关学校安全教育、安全管理相关会议和文件精神，总结2014年工作，部署2015年工作任务。市综治办、市公安局和市安监局领导参加会议并提出相关要求。市教育局与直属学校签订安全责任书，部署春季开学安全检查，通报安全教育实验区平台使用及学生寒假安全专项作业完成情况。市教育局局长张德超到会并讲话，他要求各地各学校，要提高对教育安全工作重要性的认识，落实各项安全责任和“党政同责、一岗双责”的责任主体，建立全覆盖的安全责任网络。要有针对性地完善工作措施，进一步健全并细化安全管理应急预案，落实各项防范保障措施。各县(市、区)教育行政部门分管领导、局各直属学校分管领导参加会议。

【组织夏季校园安全互查】　7月5日，市教育局联合市公安局对全市中、小学(幼儿园)进行夏季校园安全工作互查。检查采取听汇报、查阅台账、实地察看、访谈师生的方法进行。各县(市、区)互查不少于4所学校(幼儿园)，重点检查城乡结合部和农村学校，主要检查校园安保投入资金情况，校园保卫力量建设、校园保安及保安装备配备情况，校园技防、物防设施建设情况，学校制定应对突发事件预案及组织演练情况，对无证幼儿园的清理整顿情况，涉校重点人员排查管控情况。

【推行学生人身意外伤害保险和监护人责任保险】　2015年，市教育局决定稳步推行学生人身意外伤害保险和监护人责任保险。推行“两险”是贯彻落实《国务院关于加强发展现代保险服务业的若干意见》及《徐州市人民政府关于加快发展现代保险服务业的实施意见》文件精神，建立和完善学校及学生安全保险体系，促进学校和谐发展和学生健康成长。

【开展夏季消防安全大检查】　7—8月，市教育局在全市学校集中开展夏季消防安全大检查。检查要求各单位认真贯彻国家及省市领导关于安全工作的重要指示，进一步强化校园安全管理措施，切实加强夏季火灾防控工作，提升防火和灭火救援能力，把握消防工作主动权，确保消防安全形势持续稳定。

【参加首届全国“安全公开课”征集比赛活动】 2015年，市教育局在全市中小学组织参加首届全国“安全公开课”征集比赛活动。活动进一步发挥课堂教学的主渠道作用，丰富公共安全教育内容，推进全市平安校园创建工作。

【信访工作】 2015年信访工作基本情况：共接待群众上访58批次、216人次，其中集体上访49批次、203人次，主要是原农村临时代课人员上访。信访电话的办理情况：直接答复93件，全部办结。人民来信办理情况：受理国家信访局及教育部转办单1件，省长信箱1件，省委书记信箱1件，厅长信箱转办单54件，市政府信访复查复核9件，其他来信33件，全部办理完毕。局领导接访情况：局长、分管副局长共接待上访68批次，1158人次，各处室处长协同接访，共化解矛盾22件，化解率96%。信访工作基本情况分析：信访的热点问题，一是原农村临时代课人员等群体要求按苏教人〔2013〕11号文件政策要求提高生活补贴待遇，二是国有企业职教幼教退休教师待遇落实问题，三是有偿家教和学校乱收费情况上升明显，四是学生在校意外伤害产生的纠纷时有发生，五是学校建设负债引发的劳资纠纷多发，六是热点小学施教区调整带来部分居民不满。

（刘　峻）

教育技术装备

【制定装备标准化建设方案】 年内，市教育技术装备中心根据徐州市教育技术装备建设管理的经验和存在问题，组织专家反复研讨、论证，制定发布《录播教室装备参考标准》《2015年图书配备目录》，对音乐、历史、地理等专用教室的配备进行调研，逐步制定相关的配备标准，进一步规范装备的管理和使用。

【完成新产品试用】 2015年，市教育技术装备中心承担并完成省教育厅软式体育器材及数码显微镜互动教学系统的试用项目。确定徐州市第三十四中学、第三十六中学作为试用学校，与学校签订协议，组织对相关教师培训，召开新产品新技术使用情况调研会。11月5日，在第三十四中学举办江苏省软式体育器材应用观摩研讨会。徐州市“新技术、新产品”试用工作走在全省前列，受到省教育装备与勤工俭学管理中心高度评价。

【开展“图书进班级”活动】 年内，市教育技术装备中心打破传统图书借阅模式，在全市中小学开展“图书进班级”活动。学校将图书送进班级，方便学生阅读，解决多数学生没有时间到图书馆借书的问题。据统计，全年学生生均阅读量达到28册，超过往年生均阅读量的1倍。

【教育装备专项督导取得优秀等次】 4月，市教育技术装备中心接受省教育装备专项督导，取得优秀等次。全省13个县（市、区）接受督导，4个县（区）获得优秀等次，徐州市铜山区是苏北地区唯一获得优秀等次的地区。

【组织实验室管理观摩交流】 5月，市教育技术装备中心组织成立直属学校实验室管理员中心组，在徐州高级中学举办徐州市直属中小学实验室管理员业务交流活动。全市直属22所中小学的物理、化学、生物、小学科学实验室管理员60余人参加业务交流活动。活动安排实验室管理专题报告，组织实验室管理员参观各校实验室现场，学习省装备督导细则，针对如何做好实验、组织业务交流、加强实验室管理、采购质优价廉的实验仪器等问题进行讨论、交流。

【举办优秀自制教具市级评选活动】 9月，市教育技术装备中心举办2015年优秀自制教具市级评选活动。比赛分级进行，全市近千件自制教具作品参加学校和县(市、区)级评选。各县(市、区)选拔的108件作品参加市级评选，参评作品涉及物理、化学、生物、语文、数学、英语、小学科学、地理等学科。参评作品设计制作水平比往届有较大的提高。

【全国中小学实验教学比赛获奖】 9月初，腾飞以初中物理学科第一名的成绩获得全国中小学实验教学比赛资格，最终获全国二等奖。市教育技术装备中心选送教师滕飞参加在省教育厅举办的全国中小学实验教学比赛选拔，获得全国比赛资格。全省13个大市的40名选手参加选拔，争夺6个省代表队员名额。

【举办生物教师实验教学技能大赛】 9月，市教育技术装备中心在徐州市第八中学举行全市初中生物教师实验教学技能大赛。各县(市、区)选拔推荐的56名教师参加市级比赛。比赛在各县(市、区)初赛的基础上进行，全市所有初中以及完全中学、九年一贯制和十二年一贯制学校初中部的生物教师300余人参加初赛。

(陈　戈)

电化教育

【加大教育信息化基础设施建设】 2015年，徐州市教育信息化基础设施建设力度不断加大，有力推进全市教育现代化工程。先后完成教育城域网的万兆扩容及移动出口的网站信息发布工作；完成政府网站的普查验收和整改工作，实施教育网站定级备案和等级保护。配合10所局直属学校实施“智慧校园”建设(校园网出口千兆扩容、百兆进班等)。完成基础教育云计算资源、存储资源的扩充，以及网络中心服务器、数据存储及备份的正常运维。完善彭城课堂、微课社团移动端h5页面的研发和教育城域网直播系统升级测试工作。强化校园网站建设，徐州市第三中学、徐州市第三十六中学、铜山中等专业学校、运河高等师范学校、徐州市特殊教育学校5所学校网站获省校园网站测评一等奖，市电教馆获优秀组织奖。

【教育信息化发展成果影响扩大】 2015年，徐州市教育信息化发展成果先后被中央、省级媒体报道，在全国产生较大影响。7月14日，《中国教育报》第8版刊登文章《让所有学生都能享受优质教育——徐州市教育信息化发展纪实》，报道徐州教育信息化推进工作。3月6日，《江苏教育报》第三版综合新闻刊发《信息化让教育搭上快班车》《用信息技术勾勒教育的多彩未来》等多篇文章及徐州三中e学习的图片新闻，介绍徐州市城乡教育信息化发展为全市教育带来的可喜变化。5月22—25日，组织全国中小学教学信息化应用展(青岛)参展材料并参与展览布置和参观组织工作，徐州市“智能巡课”参展项目受到领导和参观人员的好评。

【教育信息化研究取得进展】 12月，徐州市教育信息化研究工作有2项案例被收入教育部组织编写的案例集，“学讲行动计划实施与信息化应用”案例入选由教育部基础教育二司指导、中央电化教育馆组编的《公平质量创新发展——中小学信息技术教学应用优秀案例集》。由教育部教育信息管理中心主办、中国教育信息化杂志社组织编辑出版的《全国教育信息化建设与应用典型案例》收录徐州市教育信息化案例——“徐州市‘智能巡课’促进教与学方式转变探析”，江苏仅有3个地区的基础教育信息化案例入选。在课题研究方面，徐州市的中央电教馆“十二五”规划课题结题9项，省教育学会“十二五”课题结题5项。年内，全市聘任第一批教育技术兼职研究员33人。

【“一师一优课、一课一名师”组织培训】 3—4月，按照教育部和省教育厅的要求，市电教馆认真做好“一师一优课、一课一名师”的组织、发动和培训工作。制定徐州市“一师一优课、一课一名师”视音频制作标准，从演播室优课拍摄、教师课件制作、技术人员操作规范等方面，培训全市中小学教师800人次，确保该项工作顺利完成。向全市1000余所学校分发管理员账号，负责上下级相关信息的传达。

【校园影视教育工作蓬勃开展】 2015年，全市校园影视教育工作蓬勃开展，结出丰硕成果。4月22日，在徐州市清华中学举办2015徐州市校园电视研讨暨校园电视培训活动，各县（市、区）教育（文教体）局及部分学校德育主任、电教主任等240多人参加培训和研讨。举办2015幼儿园摄影培训活动，培训学员45名，推荐25人参加全国校园电视高级培训班。积极组织“学讲课堂”摄影比赛活动和“学讲计划”专题片摄制专题培训工作，培训近100名电教技术人员。举办第十一届徐州市校园电视评比活动，65件校园电视作品参评，18件作品获一等奖，30件作品获二等奖，17件作品获得三等奖，学生作品数量和质量均有大幅提升，评选产生7名优秀指导教师和8个优秀组织奖。推荐14件作品参加全国评比，7件作品获得一等奖。校园电视微电影《绽放》在第十二届中国中小学校园电视颁奖活动中获得微电影最高奖——金犊奖，曹鹏老师被评为校园电视优秀工作者。

【组织物联网创新设计培训参赛获奖】 5月，市电教馆举办第十三届全国中小学信息技术创新与实践活动物联网创新设计赛项徐州分赛区培训，并组织参加全国比赛获奖。在第十三届全国中小学信息技术创新与实践活动（NOC大赛）中，徐州三中史经煜、梁宸赫、洪盛阳组建的代表队夺得决赛全国一等奖第一名，获得NOC的最高奖项即第十三届中小学NOC活动全国决赛恩欧希教育信息化发明创新奖。由董路宇、王一辰、赵汗青3名学生组成的徐州十三中代表队在比赛中获初中组一等奖、全国一等奖，刘星晨获得个人组比赛二等奖。徐州二中获团体三等奖，高湛崴获个人二等奖。

【推进机器人运动基地建设】 2015年，市电教馆组织有关学校加入中国机器人运动协会，推进建设徐州市机器人运动基地——徐州高级中学机器人运动基地。基地为徐州市中小学生提供机器人马球、舞蹈、障碍赛以及机器人组装、无人机操控等项目的实践活动。9月18日，在“武进神州通信杯”第一届全国机器人运动大赛上，由徐州市电化教育馆推荐的徐州高级中学代表队以6战全胜的成绩夺得陆地机器人马球青年组冠军。

【中国名校长高峰会议专题片播放】 11月29—31日，市电教馆制作完成的《学讲行动，让生命绽放》《学讲课堂，让学生笑着生长》《学讲行动，教师在探索》3个专题片，在第十一届中国名校长高峰会议上播放，引起与会校长的激烈反响。12月9日，市教育局局长张德超在全国基础教育信息化工作现场会作专题发言《信息化让教学改革之路走得更远——教育信息技术与“学讲计划”深度融合的徐州实践》，教育部副部长刘利民《为徐州教育信息化点赞》一文被中央电化教育馆网站转载。

（曹　鹏）

体育卫生艺术

【发布第二次学生体质健康监测报告】 4月，市教育局发布《2014年徐州市中小学生体质监测报告书》。2014年，徐州市第二次对全市95所中小学、职业学校的2万余名学生体质健康状况进行监测。监测内容为身高、体重、肺活量、握力、50米跑、50米×8往返跑、800米跑、1000米跑、坐位体前屈、仰卧起坐、立定跳远、跳绳、视力等项目。监测数据表明，徐州市中小学生体质健康状况总体良好，在身体高度、柔韧性、速度爆发力、腿部爆发力、跳跃灵巧性方面较好，在体重控制、上肢力量、肺活量、视力方面较薄弱。上肢力量合格率只有27.10%，视力正常率总体不到一半。各地各校已将学生体质健康监测状况作为素质教育质量监控的重要指标。3月，省教育厅公布全省大学一年级新生身体素质测试，徐州市总分连续八年排名全省第一。

【中小学校园足球活动迅猛发展】 2015年，徐州市建立校、县、市三级足球联赛体系，以竞赛带动普及，中小学校园足球活动迅猛发展。1—12月，全市开展“市长杯”小学U9组、小学U11组、初中组、高中组4个级别、历时全年4个赛季的校园足球联赛，共有109支代表队、1398名学生参赛，参赛队和参赛学生比2014年增加3.2倍。11月，徐州市启动校园足球等级学校评选，全市评出校园足球示范学校14所、特色学校42所、活动学校208所，活动学校是2014年的3.65倍。在2015年江苏省“省长杯”校园足球联赛中，徐州高级中学、徐州市东苑中学分别获得初中男子组、女子组联赛第五名，云龙区津浦西路小学、民富园小学分别获得男子组、女子组联赛二等奖。11月4日，市教育局联合市体育局举行徐州市“市长杯”校园足球暨阳光体育运动表彰会。

【举办首届中小学阳光体育运动会】 10月27日—11月3日，市教育局举办全市中小学阳光运动会。运动会包括跳长绳、特色操、校园武术、身体素质及跑操5个项目，参与比赛学生达到7800人。运动会为全市各区、局属各学校召开阳光体育运动会提供参照模式，促进学校群众性阳光体育运动的开展。

【开展学校体育场地、艺体教师状况调研】 1月，市教育局首次集中力量对全市中小学校体育场地、艺体师资现状进行调研。进一步摸清全市中小学校体育场地、艺体教师状况，制订下一阶段学校艺体工程建设和师资培训计划，编撰《徐州市中小学体育场地、艺体师资调研报告》，供领导决策使用。

【举办第五届中小学生艺术展演】 5—6月，市教育局举办全市第五届中小学生艺术展演活动。活动在各地各校举办展演活动的基础上进行，市教育局举办的全市性展演活动，分为直属学校专场和舞蹈、声乐、器乐、戏剧4场专项演出及艺术作品专项评奖。全市共有180个文艺节目、2250幅美术作品、562幅摄影作品、399幅书法作品、180篇艺术教育论文、160篇学生征文参加市级展评。其中选拔参加全省艺术展演节目14个、美术作品56幅、摄影作品36幅、书法作品40幅、学生征文20篇、教师论文20篇。艺术节目中青年路小学的《小辫子和小妞妞》、江苏模特艺术学校的《活着1937》获得舞蹈类省艺术展演一等奖；徐州市第一中学的《德沃夏克<第九交响曲第四乐章>》、徐州市第三中学的《丰年祭》、徐州市第三十六中学的《春天奏鸣曲》、江苏模特艺术学校的《喜庆的节日》获得器乐类省艺术展演一等奖。

（王胜勇）

机关党建

【不断完善机制建设】 2015年，市教育局继续推进党的群众路线教育实践活动，不断完善机制建设，进一步提升机关作风和效能。建立健全《徐州市教育局机关学习制度》《徐州市教育局走基层调研工作制度》。严格党员管理，积极选树典型，14人次获市级机关先进称号。

【开展党员组织关系排查工作】 2015年，市教育局机关党委开展党员组织关系排查工作。成立工作机构，现场培训，专人负责，共排查党员286人，在各支部自查、确保党员信息准确无误的情况下按时完成任务。在排查的基础上，进一步规范党员发展工作，印发党员发展工作流程。

【开展书香机关活动】 年内，市教育局机关开展书香机关活动，涌现一批爱学、真学、勤学、乐学的机关干部。“网上学习共同体”累计“晒书单”278篇，96名党员干部获得局机关“月月谈”读书活动先进个人称号，丁蕾家庭被评为徐州市“书香家庭”。

【开展纪念抗战胜利70周年活动】 2015年，市教育局机关开展纪念中国人民抗日战争暨世界反法西斯战争胜利70周年活动。组织机关部分党员干部赴江西干部学院学习培训，组织机关党员干部观看影片《百团大战》，激发大家学习中国近现代史、革命史、中共党史的热情，做好正面宣传和教育工作。

【关心职工，活跃工会组织生活】 年内，局机关党委依托机关工会组织为职工排忧解难，开展机关工会会员生老病死慰问、全民健身运动、健康体检等活动。在市级及局机关的各项文体活动比赛中，149人次分别获得一、二、三等奖。

【创新推进百姓办事“零障碍”工程】 2015年，市教育局采取积极措施，创新推进百姓办事“零障碍”工程。细化全程协办工作流程，印发《2015年局“零障碍”服务全程协办值班的通知》，根据“徐州零障碍网”改版升级的要求，制定《关于更改值班协办员受理投诉单接收渠道的通知》，确保网络接收工作无障碍。严格落实“三点一线”短信平台运行及全程服务协办员值班制度，截至年底，新、老城区协办岗受理投诉单4件，接受短信投诉、咨询电话107件次，“零障碍”一把手服务大厅咨询154件次，“12345”热线平台260件，回复及满意率均达100%。在完成“零障碍”工程服务“一网通”平台系统培训，十二项服务项目办事指南和工作流程试点录入工作后，做好平台运行，认真迎接市级机关督察组工作督察，精心组织台账资料，对照“三严三实”查找工作中的不足和缺漏，受到督察组的好评。继续发挥社会各界监督职能，年底前，以部分处室为单位自行设计问卷调查，开展“两参一改”座谈活动，问计于民，收到有效问卷500余份，并根据反馈情况制定相应整改措施。

【完成年度考核工作】 年初，机关党委严格按照规定程序，认真做好2014年年度考核工作。共168名机关工作人员参加年度考核，其中25人获得优秀等次。

（王培彦）

工会工作

【实施“师心温暖”工程】 2015年，局工会开展送温暖活动，实施“师心温暖”工程。春节期间，对直属学校43名患重大疾病教职工进行慰问，为4名教职工办理“特困职工证”年检手续。依据《徐州市城镇职工基本医疗保险实施办法》，为缓解职工患病住院后个人自付部分医疗费的经济负担，在自愿基础上，为16所学校2600名教职工办理住院医疗互助保障。

【开展教代会制度“三互”活动】 5月27日，市教育工会在全市范围内开展教代会制度“互查、互学、互帮”活动。教育工会对该项工作进行周密布置，以“三互”活动细则及考核评分标准为依据，首先以片区为单位开展活动，然后，推荐迎检单位，接受市教育工会的检查。该项活动对于健全以教代会为基本形式的民主管理制度，更好地发挥教代会在民主决策、民主管理、民主监督中的作用，加强各单位之间教代会工作的相互学习借鉴起到重要作用。

【开展学校工会财务大检查】 5月11—21日，局工会邀请资深工会财务工作人员组成检查小组，对12所学校工会的财务进行全面检查。重点检查各单位财务支出是否符合中央和省、市相关规定，是否符合全总关于经费使用“八不准”要求，是否有贪污挪用、白条抵现、公款违规转私人账户，是否存在小金库、涂改银行对账单等方面的问题。经检查，没有发现违反中央八项规定和省委、市委十项规定现象。抽查面达到42.8%。

【组织彭城女职工读书节征文活动】 “三八”国际妇女节前夕，为庆祝“三八”国际妇女节

105周年，市总工会举行“书香茉莉——彭城女职工读书节”征文活动。组织全市女职工参与全国第三届“书香三八”读书征文。局工会以该活动为契机，开展相应活动，每校选送征文稿件1—2篇，分别投稿至全国“书香三八”组委会和市教育局工会。局工会共收到经学校初评后选送的作品32篇，评选出优秀作品24篇，其中，一等奖5篇，二等奖9篇，三等奖10篇。

【组织“博爱在彭城·人道万人捐”活动】 上半年，局工会根据《市委办公室市政府办公室关于转发〈2015年度“博爱在彭城·人道万人捐”活动实施方案〉的通知》要求，组织直属各学校开展捐赠活动，共计捐赠人民币4.2万元，于6月下旬上交徐州市红十字会。

【组织扶贫济困“一日捐”活动】 下半年，局工会根据《市委办公室市政府办公室关于开展扶贫济困“一日捐”活动的通知》要求，组织直属各学校贯彻通知精神，捐赠的钱物于12月中旬上交市社会捐助服务中心。

【参加纪念抗战70周年歌会】 年内，为纪念中国人民抗日战争胜利70周年，市委宣传部、市总工会在市音乐厅举办“飞扬的国魂—徐州军民纪念抗战胜利70周年歌会”，局工会组织徐高师近百名师生组队参加歌会。

（葛友杰）

共青团工作

【开展十佳学生会和十佳社团表彰活动】 1月，局团委与团市委、市学联联合开展2015年度徐州市优秀（十佳）学生会、优秀（十佳）学生社团评选活动，6家学生会组织获市级“优秀（十佳）学生会”称号，4所学校学生社团获市级“优秀（十佳）学生社团”称号。

【组织共青团工作评审】 3月，市教育局团委推荐徐州一中和徐州三中参加首届“江苏省中学共青团工作评优答辩”活动，两校分获“全省优秀中学共青团组织”和“全省十佳中学共青团组织”称号，史颖、崔雷2人获“全省中学共青团工作先进个人”称号。

【开展社会主义核心价值观主题宣传月活动】 3月，局团委组织各校集中开展“社会主义核心价值观主题宣传月”系列活动。徐州中专校结合学雷锋月举办“践行社会主义核心价值观先进事迹分享会”，徐州二中团委组织“雷锋天天见”主题团日活动，徐州一中团委开展“为雷锋精神点赞”主题活动月活动。

【开展五四表彰活动】 五四青年节前夕，各级共青团组织开展五四表彰活动。市教育局团委被评为省五四红旗团委。3家单位申报为省五四红旗团委创建单位。徐州市第一中学学生黄子阳被评选为江苏省优秀共青团员，3家单位被评为市级五四红旗团委和五四红旗团支部，7人获市级优秀团干和优秀团员称号。5家单位被局团委命名为五四红旗团委，并评选出局五四红旗团支部94家。表彰局级优秀团干135人，优秀团员312人。

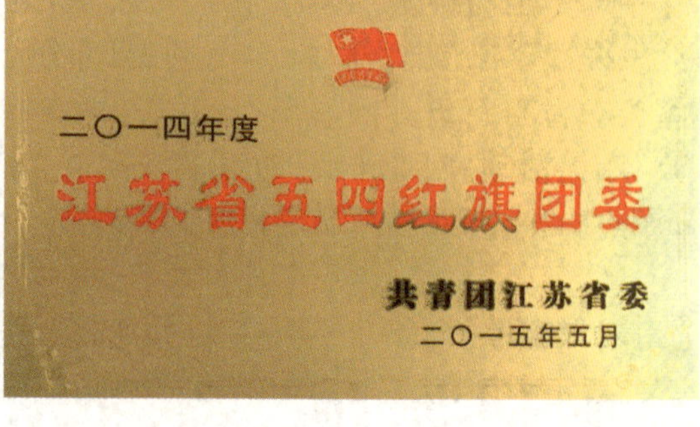

【开展少先队表彰活动】 年内，局团委开展中学少先队表彰活动。40名同学被推荐为

"江苏好少年"候选人,100名学生获徐州市"三爱"红孩子称号,1人获市级十佳少先队员称号,1人获市级十佳少先队辅导员称号,2个学校中队获市级优秀大、中队集体称号,14名教师和学生获市级表彰。

【组织学生社团现场观摩与研讨活动】 4—6月,局团委组织各直属学校团队干部在徐州三中等校进行学生社团现场观摩与研讨,进一步促进学生社团工作的开展。

【实施年度团队工作能力系统提升工程】 2015年,局团委多措并举实施年度团队工作能力系统提升工程。5月,开展"创意青春"主题教育实践暨优秀主题团日活动案例征集活动,并进行优秀案例评选。暑期,组织推荐优秀团干部参加省、市级中学中职团委书记培训班。11月,联合团市委举行全市优秀少先队辅导员培训班,加大基层团队工作业务培训力度,提升团队和团队干部工作能力。

【召开全市中学中职共青团工作推进会】 6月24日,局团委联合团市委召开全市中学中职共青团工作推进会。省少先队总辅导员姜东、市教育局局长张德超、团市委书记陈婕出席会议并讲话。市教育局团委、职业教育与社会教育处、基础教育处负责人和局直属中学、中职学校团委书记代表参加会议。徐州三中团组织作大会交流发言,与会领导参观了徐州一中、徐州三十一中团组织活动阵地及入团仪式教育情况,对徐州中学中职共青团工作给予充分肯定。

【开展暑期社会实践活动】 暑期,局团委组织开展丰富多样的暑期社会实践活动。各校认真组织,取得丰硕成果。2家社会实践组织被评为省暑期"三下乡"社会实践活动优秀团队,2人获得省级社会实践先进个人称号。

【开展"铭记历史、共筑未来"主题团日活动】 9月,局团委值中国人民抗日战争暨世界反法西斯战争胜利70周年之际,开展"铭记历史、共筑未来"主题团日活动。选派徐州科技中学100名少先队员作为全市少先队员代表参加全市第二个烈士纪念日淮塔公祭活动。

【组织青年教工开展读书活动】 10月,局团委在基层团队干部和优秀青年教师中组织开展以"信仰点亮人生,读书让教育更美丽"为主题的读书学习活动,进行读书笔记征文评选。

【创建首批省"六个一"团建工作示范校】 12月,经市教育局和团市委联合审定,报团省委批准通过,徐州一中等5家单位被确定为首批江苏省"六个一"团建工作创建示范校。徐州一中团委在共青团徐州市第十八届五中全会上作题为《激发学生主体意识,打造"六个一"团建项目一中品牌》的典型发言。

(李 颖)

关心下一代工作

【开展"三热爱"主题教育】 2015年,局关工委继续在全市深入开展"三热爱"主题教育。在深入开展"爱学习、爱劳动、爱祖国——老少共筑中国梦"系列教育实践活动中,以纪念抗日战争胜利70周年爱国主义教育和法治教育为主题,开展"七个一"系列活动,即"聆听一次抗战报告,观看一场抗战影视,阅读一本抗战书籍,会唱一首抗战歌曲,能讲一位抗战英雄的故事,知晓一个抗战大事件或纪念地,抒写一篇学习抗战精神感想的作文"。组织全市广大青少年开展主题读书活动、主题征文活动和主题演讲活动。组织订阅省《法在我身边》和《抗战英雄——纪念抗日战争胜利70周年》丛书，主题读书活动基本上做到全员参与。在主题征文活动中，全市共收到征文34.5万篇，通过层层推荐，报省216篇，在省获奖16篇，选出180篇作为市级优秀奖。在主题演讲活动中，全市有11580名学生参加校级演讲初赛、县区演讲决赛和全市演讲总决赛，听众达16万人次。在全省总决赛中，徐州市获得1个一等奖、1个二等奖，2个三等奖，并分别获得省2015年主题教育读书与征文活动优秀组织奖和2015年主题教育演讲活动优秀组织奖。

【推进关工委工作常态化建设】 2015年，局关工委把推进基层学校关工委工作常态化建设作为重点。年初，召开全市基层学校关工委常态化建设再动员大会。3月，在三十七中召开直属学校关工委常态化建设现场会。5月，在泉山区召开主城区学校关工委常态化建设调度会。10月，在邳州市召开全市基层学校关工委常态化建设推进会，对全市的学校常态化建设工作形成一波又一波持续推进态势。各县（市、区）教育（文教体）局关工委力度空前，责任明确，排出时序，强化督察，逐校验收。至年底，大部分县（市、区）已完成或基本完成常态化建设合格学校创建任务。

【抓好家长学校总校试点】 2015年，局关工委在贾汪区开展家长学校试点工作。在管理体制上设立家长学校总校指导委员会和校务委员会，局主要领导任主任，分管领导和关工委常务副主任任副主任，制订工作职责，建立相关制度。通过近一年的实践已初见成效，形成“五个三”工作格局，即形成关工委、教育科、教育科研室三个科室协同主抓的工作机制，组成老同志为主体、中青年教师参加的三结合的讲师团，形成以省编教材《家长必读》为主、总校编写的《家长实践手册》、分校自编校本材料为补充的三位一体教材体系，构建总校、分校和班级三级覆盖的家校课堂，对家长学校实行三级考核激励。

【启动“关爱超市”创建工作】 年内，局关工委启动“关爱超市”创建工作，把建设“关爱超市”作为扶困助学的新平台、新抓手。先搞试点，稳步推进，再抓典型，积极创建“明星关爱超市”。徐州市特殊教育学校经省教育关工委考核组现场考察，被评为全省唯一的中学阶段的省“明星超市”。

【扶困助学工作新进展】 至年底，全市各级关工委向社会各界筹资1140万元，用于资助家庭生活困难的学生。其中，邳州市教育局关工委争取市农商行筹集资金40万元资助贫困孤儿，争取中国劲酒集团在候集中学举办“阳光班”，每年资助60万元。

【精心打造“薪火学堂”】 2015年，徐州市各级关工委对“薪火学堂”进行深入的挖掘，开展大量特色鲜明的活动。全年共举办各类传统文化教育活动180余场次，受众3.6万余人次，受到学生和家长的普遍欢迎及社会广泛关注，影响日益扩大。丰县、沛县、邳州市、新沂市、睢宁县、铜山区、云龙区、泉山区、鼓楼区等县（市、区）教育系统关工委分别建立1—2个“薪火学堂”式 的中华传统文化教育平台。

（赵平贵）

学生资助工作

【全面落实各项资助政策】 2015年，市教育局认真落实各项资助政策，全面完成各项资助任务。全市学前教育阶段资助5.76万人次，资助金额2878.7万元；义务教育阶段资助17.25万人次，资助金额9377.4万元；普通高中阶段发放国家助学金3942.5万元，资助3.97万人次；发放中职国家助学金974.7万元，资助中职学生0.95万人次；为4.63万名中职学生免除学费；为2135名赴苏北就业大学毕业生办理学费补偿1350.4万元；为2.87万名大学生办理生源地信用助学贷款2.05亿元。

【开展绩效评价工作】 年内，徐州市完成江苏省学生资助管理中心绩效评价工作。全市各地资助绩效评价取得好成绩，徐州市、丰县、沛县、新沂市和铜山区获得“优秀”等次，贾汪区、鼓楼区获得“良好”等次。

【加强学生资助工作督导】 2015年，市教育局加强学生资助工作督导，进行学生资助工作专项检查。加大对局直属学校的督导考核力度，对学生资助档案管理、资助学生认定、资助宣传、资金发放等各项工作量化计分，逐项考核，促进直属各学校资助工作规范开展。加强对县区资助工作的监督检查，围绕大学生助学贷款工作，组织人员对11个县（市、区）的生源地助学贷款工作进行专项检查，并就做好服务工作、提升工作效率、改善工作环境等问题向各地提出明确要求。11月，会同有关部门逐一对市财政拨款的12所中职校开展专项督察，对邳州、睢宁等部分县（市、区）进行抽查。

【开展励志典型评选活动】 2015年，市教育局在全市组织开展励志成长成才优秀学生典型评选活动。经过县（市、区）推荐上报、市教育局初选、《徐州日报》集中展示、社会网络投票等程序，最终评选出10名励志成长成才优秀学生典型和10名励志成长成才优秀学生典型提名人物。向省资助中心推荐各类励志典型6人，其中，沛县二中的武怀燕获普通高中组优秀学生典型，睢宁县中等专业学校的赵凯旋获中职组优秀学生典型。

【组织开展资助征文活动】 9月，市教育局在全市开展“感恩资助伴我成长”学生资助工作主题征文活动。挖掘家庭经济困难学生通过资助政策成长成才的先进事迹，组织有关专家对主题征文进行认真评选，共评选各类获奖征文90篇，15名教师获优秀指导奖，14家单位获优秀组织奖。

【开展多层次资助工作培训】 年内，市教育局开展资助工作培训，提高资助工作队伍政策水平，拓展工作视野。9月25日，邀请省资助中心领导、市财政局以及县（市、区）有关资助工作专家进行授课，开展多层次全员培训、专题培训。12月，举办全市学生资助工作培训班，开展绩效评价考核、生源地助学贷款预申请、普通高中及中职资助系统、义务教育全国资助系统等专题培训；受训近500人次。

【加强学生资助工作交流】 2015年，市教育局定期召开县（市、区）学生资助工作负责人座谈会。交流工作经验，分析和梳理资助工作存在的困难和问题，研究解决对策，提高各项资助政策的执行力。5月，组织市区高中学校和义务教育学校相关人员赴新沂、丰县考察学习，提高资助工作业务能力。6月，组织各县（市、区）学生资助中心负责人赴苏州、泰兴和淮安调研学习，提高各级学生资助中心管理水平。12月，在睢宁县召开全市学生资助工作现场会，与会人员观摩睢宁县学生资助中心和两所学校的学生资助工作档案，听取资助工作介绍，各县（市、区）就年内资助工作亮点进行经验交流。

【加强学生资助工作宣传】 年内，市学生资助中心充分把握好开学初、高考前等重要时间节点，利用新闻媒体、徐州教育网、校园网等宣传媒介，有计划、有重点、有针对性开展学生资助政策宣传，形成集中宣传态势，确保每一位学生和家长明确学生资助各项政策。注重宣传资助工作的社会成效，扩大教育民生工程影响力。《江苏教育报》《徐州日报》等省市媒体对徐州市宣传资助工作进行多次宣传报道。

（撰稿：张　静　审稿：姚新文）

志鉴编纂

【《徐州教育年鉴(2015)》出版发行】　9月，《徐州教育年鉴(2015)》由方志出版社出版发行。全卷62万字，比2014卷增加2万余字。除特载、大事记、教育综述、荣誉录及表格外，全书1637个条目，97幅彩页。《徐州教育年鉴(2015)》经过北京方志出版社专家的初审、复审、终审，给予较高评价，评审意见认为：《徐州教育年鉴》2015卷全面系统地记载了2014年徐州市教育事业发展的新变化、新成就，以及遇到的新情况、新问题，着重反映年度大事、要事、新事、特事，对于人们了解与研究徐州教育事业具有重要的史料价值。该书采用成熟的类目结构，语言流畅，条目清析，指导思想正确，内容丰富，文字表达顺畅，反映了徐州教育系统的部门特点，有部门特色、年度特色和地方特色，是一部编撰较为成功的地方教育部门年度资料文献。发行工作于9月底结束，《徐州教育年鉴(2015)》发行好于往年，再次突破3000册。

【召开2015年徐州教育年鉴工作会议】　12月23—24日，2015年徐州教育年鉴县区工作会议、市区工作会议分别在徐州开放大学报告厅召开。会议印发《徐州教育年鉴(2016)》编纂方案，总结2015年工作，表彰在2015年年鉴工作中的先进集体和先进个人，部署《徐州教育年鉴(2016)》编纂工作。以会代培，编辑钱立群、严国年分别就年鉴的编辑加工及年鉴条目的撰写要求作辅导发言，对撰稿人进行培训。

【《徐州教育年鉴》全国参评获奖】　3—4月，中国版协年鉴工作委员会组织全国优秀年鉴评选，由徐州市教育局主编的《徐州教育年鉴(2014)》上报参评，获得4个全部奖项的3个一等奖、1个二等奖，即综合一等奖、条目编写一等奖、装帧设计一等奖及框架设计二等奖。在全国500家参评单位中，获综合一等奖的占30%。4月中旬，中国版协年鉴工作委员会在杭州萧山召开表彰大会，徐州市教育局受到全国表彰。

【撰写新时期徐州党史教育专文】　9—10月，市教育局办公室按照市委办公室和市史志办要求，组织撰写新时期徐州党史教育专文《改革开放以来徐州市教育事业发展情况》。教育专文根据改革开放以来徐州市教育事业发展的整个过程进行历史分期划分，由“全面恢复教育秩序(1978年—1985年)、实施“两基”强化教育为经济建设服务(1986年—1996年)、教育发展向内涵建设转型(1997—2005年)、强力推进教育现代化(2006年—2012年)”4个部分组成，时间跨度为1978—2012年。该专文内容全面，资料详实，脉络清晰，体例准确，突出徐州特色，反映出改革开放以来徐州教育的重要成就。

（曹昭海）

教育学会工作

【助力“学讲计划”】　2015年，教育学会围绕市教育行政部门全面推进“学讲计划”这一中心工作，开展多项活动，助力“学讲计划”。学会2次组织面向全市小学教师的培训活动，聘请徐州市小学优秀教师上“学讲计划”展示课。2次组织"学讲计划"优秀课"送课下乡"活动。

【加强课题研究的指导和管理】 2015年,市教育学会加强对"十二五"课题的指导和结题辅导。对省社科联的课题《"儿童为本"的教学设计与实践》作进一步深入研究,对《民间工艺在美术教育中作用的研究—以布老虎为例》课题引申的"校本课程"课题研究作进一步的组织、实施。

【举办小学、幼教课改培训活动】 年内,市教育学会多次举办小学、幼教课改培训活动。3月、10月,市教育学会2次举办小学语文、数学课改培训班,参加培训教师约2000人次。11月举办幼教课改培训班,参加培训教师约1000人次。在培训活动中除邀请全国优秀的小学、幼儿教师上课改示范课,作课改学术报告外,教育学会还推出徐州市"学讲计划"优秀教师上展示课,为培养名师搭建平台。

【开展教育、教学论文评选活动】 2015年,市教育学会开展中小学及幼儿园教育、教学论文评选活动。共收到幼教论文939篇,评出一等奖456篇,占论文总数的48%。收到中小学论文588篇,评出一等奖290篇,占论文数总的32%。

【出版《徐州幼教》,办好学会网站】 年内,市教育学会编纂的《徐州幼教》出版,办好学会网站。出版《徐州幼教》4期,发挥了《徐州幼教》的课改导向和学术交流作用,办刊效益有较大提高。进一步办好学会网站,做好线上服务,扩大学会在学术研究方面的影响。

【组织中小学生诗歌竞赛、书法大赛】 2015年,市教育学会组织徐州市中小学生参加全国中小学生读写大赛和全省中小学生诗歌竞赛、全省中小学生"七彩语文杯"书法大赛。徐州市中小学生取得优秀成绩,提高了学生诗歌创作和软、硬笔书法的水平。

(蔡　葵)

离退休老干部工作

【给老干部送温暖】 春节前夕,离退休教师协会走访慰问部分老干部、老教师,给他们送去领导的关怀、组织的温暖。王朴、张亚新、王世田等老同志义务为离退休教师写春联,受到好评。

【慰问抗战老兵】 9月,在纪念抗日战争胜利70周年期间,离退休教师协会走访慰问教育系统的抗战老兵,给他们送去鲜花,表示敬意。

【组织短信微信比赛】 5月,为提高离退休老干部现代化通讯工具使用能力,活跃生活,离退休教师协会组织短信微信比赛。离退休老干部受益匪浅。

【参与纪念抗日战争胜利70周年活动】 8—9月,离退休教师协会积极参与纪念抗日战争胜利70周年系列教育活动。配合局关工委为"法在我心中"演讲比赛、纪念抗日战争胜利70周年征文比赛进行评审、审稿、阅文等工作。

(任淑琴)

陶行知教育思想研究

【优化壮大陶研队伍】 12月3日,徐州市陶行知研究会(以下简称陶研会)第四批实验学校命名授牌暨省陶研会实验学校复检工作会议在睢宁县庆安小学举行，徐州市陶研队伍进一步优化壮大。各县（市、区）陶研会负责人、被新命名授牌的市陶研会实验学校校长、接受复检考核的省陶研会实验学校校长（主任）和睢宁县教育局的领导参加活动。市陶研会秘书长周洪芝宣读第四批徐州市陶研会实验学校名单，徐州市第八中学等21所学校、幼儿园被命名为第四批市级陶行知实验学校。经过自检自查和重新申报，省市陶研会审核复核，解放路小学等6所学校被省陶研会重新认定为江苏省陶行知实验学校。2015年，市陶研会协同各县（市、区）陶研组织积极推荐吸收单位会员，至年底，陶研会单位会员已达549家。

【组织学陶师陶宣讲】 2015年，市陶研会组织学陶标兵、特级教师、模范教师、名校长等到基层单位开展学陶师陶宣讲活动。全年到基层学校特别是偏远乡村学校举行形式多样的报告会、座谈会、讲座30多场次，其中驻会人员亲自宣讲20多场。副秘书长姚澄儒、姚焕书，不顾年事已高，利用新教师上岗前培训、班主任培训、校本培训等时机，以“新时期如何做一名好教师”“走专业化发展之路，做人民优秀教师”等为主题，大力宣讲陶行知的光辉人生、高尚品质和爱满天下的伟大精神，鼓励教师树立远大理想，大胆创新实践，走专业化发展之路，做一名新时期的合格教师。

【举行“学讲计划”高级论坛】 1月9日，市陶研会在解放路小学举行“学讲计划”高级论坛暨理事扩大会议。部分理事、常务理事、学术委员会委员、各县（市、区）陶研会负责人、受表彰的行知式优秀校长、行知式优秀教师代表60余人参加会议。会议紧紧围绕推行“学讲计划”的意义、方法和实践中的体会、困惑及推行“学讲计划”的理论依据、再定位进行深入研讨，就如何用典型引路，推广成功经验，打破瓶颈等一系列热点、难点问题，进行深入交流、论证与探讨。大家集思广益，为领导决策提供有益的参考。

【举行“2015城乡大课堂”教学交流活动】 9月29日和10月15日，徐州市“2015城乡大课堂”教学交流活动分别在徐州市解放路小学、徐州市第二实验幼儿园、徐州市王杰中学和徐州市第八中学举办。交流活动是市陶研会为落实“学讲计划”而举办的教学研讨活动，旨在加强城乡优秀教师交流、切磋课堂教学技艺、实现城乡教师共学、共教、共成长。大课堂活动的开课老师，绝大多数是徐州市优质课一等奖获得者，包括3位省特级教师和一批省级优质课、基本功大赛获奖教师共112人。市陶研会分别在4所学校请专家集中点评，并与开课教师互动交流。“城乡大课堂”活动还对执教老师的教案、课件进行评选。评出教案一等奖30名、二等奖74名，课件一等奖29名、二等奖75名。

【举行幼儿园游戏化课程现场研讨会】 11月6日，徐州市陶研会游戏化课程现场研讨会在徐州幼师贾汪新华路幼儿园召开。徐州市陶研会秘书长周洪芝，徐州市陶研会幼教专业委员会秘书长、幼教专家张晴出席研讨会。研讨会的主题是“快乐建构，解放儿童”。现场会上，幼教专委会副秘书长徐剑媚用陶行知的“六大解放”教育思想在幼教工作中的实际运用作高层次学术报告。参会的领导、幼教专家和老师对新华路幼儿园的建构游戏给予高度评价。

【召开学陶师陶“立德树人”现场会】 5月29日，徐州市学陶师陶“立德树人”现场会在睢宁县姚集中学召开。各县（市、区）中学单位会员230余人参加会议。徐州市陶研会会长张广焕、副会长兼秘书长周洪芝，睢宁县教育局副局长张绍宇等领导出席会议。参会人员观看姚集中学校园文化、学陶师陶研陶成果展板和全校师生参加的集体跑操、宣誓仪式等。分3个会场观摩江苏师大附中蒋喜华、睢宁县高作中学朱红艳、睢宁县姚集中学姚静3位教师执教的政治、数学、语文展示课。课后，由省特级教师尹建林、甄方圆，中学高级教师、徐州市学科带头人戴文革分别对3位老师的课堂教学进行精彩点评。之后，参会人员齐聚学校报告厅参加“立德树人”教育现场经验交流活动。

【课题研究论文评选成果丰硕】 2015年，市陶研会学陶师陶教科研取得丰硕成果。截至12月10日，市陶研会四批共有97个“十二五”规划课题完成结题，有34个课题获省市优秀课题奖。4月10日，市陶研会申报的科研课题《“学进去，讲出来”课堂教学改革行动研究》被徐州市社科成果评奖办公室和徐州市哲学社会科学联合会立项为2015年度徐州市社会科学研究重点课题。12月，徐州市陶研会组织第十四届“行知杯”科研成果评选，共收到论文936篇。经过专家评审，有659篇论文获奖，其中一等奖137名，二等奖176名，三等奖346名。睢宁县陶研会、丰县陶研会等24个单位获优秀组织奖。6月下旬，市陶研会组织参加省“行知杯”科研成果征文评选，全市共收到论文677篇。按照省规定的获奖比例，经专家评审，确定424篇论文获奖，并将初评结果上报省陶研会。在江苏省陶研会第七届“行知杯”科研成果评选中，徐州市选送的424篇参评论文全部获奖，其中，一等奖24名，二等奖104名，三等奖296名。睢宁县陶研会、丰县陶研会、邳州市陶研会和铜山区陶研会获组织奖。

【创先评优工作】 10月，市陶研会及下属陶研组织、单位会员和个人受到中国陶行知研究会、陶行知教育基金会表彰。徐州市陶行知研究会入选全国优秀陶研组织，运河高等师范学校被评为全国优秀陶研学校，徐州市陶研会副秘书长姚焕书、新沂市北沟镇中心小学校长乔汉泉被评为全国优秀陶研工作者，丰县华山初中尹建林编著的《新民新村新国新世界》获全国陶研优秀成果二等奖。

（周洪芝）

（责任编辑 曹昭海）

各类教育

徐州市第十三中学

第十三中学建于1964年，春华秋实五十载，含英咀华薪火传，积淀深厚的文化底蕴，形成鲜明的办学特色。2015年学校有班级60个，一校三区，环境优美，布局合理。先后被评为全国教育信息化创新应用先锋学校、江苏省巾帼文明示范岗、江苏省教育国际合作交流先进学校、徐州市教育系统先进集体。

十三中领导班子，校长金建明（中），副校长李燕（左），副校长蔡晓梅（右）

承办“第十一届中国名校长高峰会议”

中央电教馆调研团到校调研

迎接国家义务教育均衡发展检查

“双课堂”“E学班”

与澳大利亚建立友好姊妹学校签约仪式

元旦长跑

艺术节汇演

摄影：赵　群

徐州市王杰中学

王杰中学前身是市第二初级中学，后易名为市第三初级中学、市第十四中学。1985年，为纪念王杰烈士，经市人民政府批准，更名为徐州市王杰中学，为省三星级普通高级中学。学校以“善良、尊重、勇气、责任”的核心价值观为引领，创新和丰富校园精神文化内涵，打造优质、特色、人文和创新的王杰教育品牌。先后获得省平安校园、市文明单位、市教育系统先进集体等称号。

“三严三实”专题教育活动

教师节表彰优秀教师

首届班主任基本功大赛

充满生机的“学讲”课堂

重温入团誓词接受爱国主义教育

“图书进班级，书香满校园”
活动表彰大会

以军训为契机进行国防教育

摄影：段　波

徐州市第三十一中学

第三十一中学是市首批模范中学、省级德育先进学校、省素质教育试点校。秉承“尊重与发展”的办学理念和“艰苦奋斗，不甘人后，自加压力，争创一流”的办学精神，先后获得省教育现代化示范初中、市文明单位等称号，在外语教学和传统文化教育方面成绩突出，成为全国外语教学试验学校、全国传统文化教育试验学校。2015年，获评徐州市区初高中教师业务能力测试优秀单位、全国首批体育工作示范校、全国青少年校园足球特色学校等。

校长、党总支书记　姚灿

坚强有力的领导班子

团省委领导到学校调研共青团工作

省物理常态化教学录像课活动

开展青年骨干教师培养工程，
深入推进“学讲计划”

彭瑞娜获全国中学青年数学教师
优秀课评比一等奖

丰富的社团活动——航模小组

摄影：陈　森

徐州京师未来实验学校（徐州市九里中学）

2015年3月，徐州市教育局与北京师范大学携手，创办徐州京师未来实验学校。徐州市九里中学和徐州京师未来实验学校实行公民办一体化管理，开创了徐州市PPP教育模式的先河，为徐州市教育事业的健康蓬勃发展注入全新的元素，开创全新的格局。

北京师范大学基础教育实验学校·徐州京师未来实验学校揭牌仪式

副市长李燕（左二）视察学校

市委宣传部部长冯其谱（左三）与市教育局局长张德超（左一）视察学校

校际间交流

百家讲堂

丰富多彩的教育教学活动（1）

丰富多彩的教育教学活动（1）

摄影：屠大鸣　唐　蓉

江苏省徐州技师学院

徐州技师学院是江苏省办学规模较大、办学层次较高的职业学校之一。2015年，在校学生12000人，开设近50个专业。学校积极构建以“校企合作联谊会”为依托，集教学研究、师资培养、顶岗实习、学生就业“四位一体”的校企合作办学新机制，为企业“量身打造”适用人才，实现教学与生产的“无缝对接”和毕业生“零距离”就业。学校充分利用培训资源，面向企业和社会开展高级技师、技师和高级工的培训鉴定工作，平均每年培训近万人次。

6月25日，省政协副主席罗一民（前排右三）到学校视察

10月30日，第五届技能节隆重开幕，副市长李燕（中）出席并讲话

2月9日，波兰中欧商业教育基金会主席卡利克（左二）到访并达成互培学生协议

4月29日，中国烹饪协会名厨专业委员会“烹饪研发基地”揭牌仪式

8月，技师学院二级学院成立授牌仪式

11月14日，省人社厅职业能力建设处领导到校指导工作

摄影：陈佳彤

XCMG 徐州工程机械技师学院
XUZHOU CONSTRUCTION MACHINERY TECHNICIAN COLLEGE

徐工技师学院由徐工集团投资兴建，是徐州地区唯一一家被国家人社部授予国家技能人才培育突出贡献奖的学校，是全国青工技能鉴定示范单位、国家高技能人才培训基地、江苏省高技能人才培养示范基地和高技能人才专项公共实训基地。学校坚持走"精品、精致、精深"发展之路，开展中级工、高级工、技师、高级技师等多层次培训，以及工程机械操作工、质检员、售后服务人员、海外储备人才、徐工经销商及供应商产品技能维修等专项培训，致力于培养与国际化徐工相适应的"到企业就能用，一用就能成功"的技能型、复合型、信息化、多样化高技能人才。毕业生就业率98%。

徐工集团董事长、党委书记王民视察学院新校区建设

董事长、党委书记王民为荣获"徐工集团董事长奖学金"特等奖学生颁奖

院长 党总支书记
冯跃虹

全体教师表达
"视教学质量为生命"的决心

持续开展国际化交流合作

校企合作一体化教学工作站

四季游泳课程健体益心

品牌活动展现学生青春活力

摄影：孙思瑜　蔡　璐　王重阳　刘　辉

慧朵儿幼教集团

慧朵儿幼教集团是徐州市第一个在教育主管部门备案的民办幼教集团，下属3所分园均为江苏省优质幼儿园。学校将与香港恒基兆业地产公司签约建成第4所精品园，这将是新城区一所国际化的旗舰园。建园10余年，慧朵儿始终依法办园、依法治园，遵循教育规律，以质量求生存，以内涵求发展，获得省、市级多项荣誉。

与香港恒基兆业地产公司签约

大班毕业纳凉晚会——慧朵儿之夜

传统特色活动——新年送福

欢度六一　快乐童年

充满青春活力的青年教师

第十届传统创意手工花灯节

电视台主持人参加
幼儿园亲子活动

摄影：孙　涛

基础教育

【综述】 2015年，徐州市基础教育以促进公平、提高质量为目标，全面贯彻国家、省、市发展规划纲要要求，认真落实全市教育工作会议精神，积极推进基础设施建设，扩大教育资源，优化办学条件；大力加强内涵建设，改进教育教学方式，提升办学质量，全市基础教育工作完成年度工作任务，达成“十二五”规划目标，为顺利实施教育工作“十三五”规划奠定良好基础。积极推进学前教育优质普惠发展，持续推进新(改、扩)建幼儿园建设，开展省市优质幼儿园创建活动和幼儿园课程游戏化建设。推动义务教育优质均衡发展与校安工程相结合，全力实施改善义务教育薄弱学校办学条件工程，开展义务教育现代化标准学校创建活动。积极推进普通高中优质特色发展，加强星级创建和普通高中课程基地建设，高考成绩取得新突破。进一步强化质量意识，全面推进课程改革，大力实施“学讲计划”，优化教育教学管理，教育教学质量稳步提升。

2015年，全市有幼儿园841所，在园幼儿39.9万人；小学924所，在校生84.1万人；初中学校242所，在校生21.98万人；普通高中86所，在校生12.76万人；特殊教育学校12所，在校生2149人。全年学前教育毛入园率达97.1%，义务教育覆盖率和巩固率达100%，高中阶段毛入学率97.4%。全年新(改、扩)建幼儿园114所，创建省优质幼儿园30所、省幼儿园课程游戏化项目6个。积极推进改善义务教育薄弱学校办学条件工程，全年开工面积103.3万平方米、竣工面积77.2万平方米，投入资金20.78亿元。创建义务教育现代化标准学校150所，创建省小学特色文化建设学校4所、省薄弱初中课程建设项目5个、省普通高中课程基地5个，申报立项省前瞻性教学改革实验项目2个。2015年，高考实现上线人数和上线率“双提高”，全市参考人数比2014年减少9500人，二本以上上线11705人，比2014年增长58人；二本以上上线率达27.58%，比2014年增长5.17个百分点。

（李进强）

·学前教育·

【推进学前教育资源全覆盖工程】 2015年，市教育局全面落实学前教育发展规划，加快新(改、扩)建普惠性幼儿园。全市新(改、扩)建幼儿园共计109所，新增幼儿学位32759个，新增占地面积42.31公顷，新增建筑面积20.66万平方米，总投资4.15亿元，全市学前教育资源进一步丰富，容纳能力进一步提高。

【加快学前教育提优工程】 2015年，市教育局全力加快学前教育提优工程。完成省示范幼儿园全面复评工作。创建省优质幼儿园30所，其中，主城区6所，县(市)区24所。创建市优质幼儿园47所。

【开展幼儿园课程改革】 2015年，市教育局以幼儿园课程游戏化建设为抓手，开展幼儿园课程改革。积极申报省第二批幼儿园课程游戏化项目，成功创建省级幼儿园课程游戏化建设项目6个、市级课程游戏化建设项目7个。组织2014年7组课程游戏化项目接受省教育厅专家组视导检查，全部获得通过。

【组织开展课程游戏化“园园行”活动】 9—10月，市教育局组织第一批、第二批省级课程游戏化项目单位开展“园园行”活动。共观摩9个地区27所项目幼儿园，参与活动达数百人次。活动推动幼儿园课程改革进程,提升徐州市学前教育质量。省教育厅基础教育处副处长殷雅竹、南师大教授虞永平到徐州参加“园园行”活动,并对徐州市课程游戏化工作进行指导。《中国教育报》对徐州市“园园行”活动进行报道。

【创新学前教育发展机制】 2015年,市教育局创新学前教育发展机制。启动行政、高校、幼儿园三位一体研究发展战略,组织各区教育局与徐州幼儿师范高等专科学校、幼儿园三方签署协议,深入推进学前教育内涵发展。

【强化学前教育培训】 年内,市教育局强化学前教育培训。组织专家到云龙区、鼓楼区、泉山区、经济技术开发区开展免费送培进民办幼儿园活动。围绕幼儿园管理及课程游戏化建设专题,面向主城区民办幼儿园园长及教师进行全员培训。3月26—27日,组织全市幼儿园课程游戏化专项培训。7月25—26日,组织开展苏北地区课程游戏化专题培训活动,连云港、宿迁、徐州800名园长、教师参加培训。9月25日、10月17—18日,邀请省教科院教授张辉、深圳幼教专家时萍开展2期课程游戏化专项系列互动式培训。

【开展学前教育宣传月活动】 5月20日—6月20日,市教育局组织开展全市学前教育《3—6岁儿童学习与发展指南》宣传月活动。围绕学《指南》、用《指南》,开展各种学习实践活动。通过广场宣传,走进社区宣传,家长学校开设专题讲座及百园开放日等活动,指导广大家长科学育儿。

【举办幼儿园艺术节展演活动】 6月,市教育局在徐州电视台演播厅举办全市庆六一“快乐的童年”暨第二届幼儿园艺术节展演活动。丰富多彩的艺术活动具有时代特征和幼儿园特色,展示幼儿园艺术教育教学成果,展现教师和幼儿健康、积极、奋发向上的精神风貌。

(韩　莹)

·义务教育·

【深入推进改薄工作】 2015年,市教育局按照国家统一部署,启动改善义务教育薄弱学校办学条件工程。制定《徐州市全面改善义务教育薄弱学校办学条件规划(2014—2018)》。截至12月,全市义务教育学校新建校舍开工面积103.3万平方米、竣工面积77.2万平方米,开工建设室外运动场60.4万平方米、竣工面积44万平方米,添置生活设施2.59万台/件/套、图书410.4万册、数字教育资源10.5万吉字节、课桌凳33.6万套、计算机和教学仪器设备8.2万台/件/套,投入资金总额20.78亿元。

【继续开展义务教育现代化学校创建】 2015年,市教育局继续开展义务教育现代化学校创建工作,取得显著的成效。依据省政府2015年有关文件精神,增加部分功能教室,使学校整体水平得到提高。截至年底,铜山区、新沂市、丰县、沛县、睢宁等县(市、区)共有150所义务教育学校通过验收。义务教育现代化学校验收得到当地政府的支持、学校的拥护,验收使广大教师业务水平和学生素质得到提高。

【组织首次PISA评估测试】 4月11日,市教育局根据省教育厅统一布置,组织市部分中小学学生参加首次PISA评估测试。PISA评估测试是一项由国际经济合作与发展组织统筹举办的国际学生评估项目,主要测试学生能否掌握参与社会活动所需要的知识与技能。参加PISA评估测试，对改进徐州市中小学教学、拓宽教育视野、提升学生素养具有重大意义。

【启动《义务教育学校管理标准》试点校评选工作】 10月，市教育局启动贯彻落实教育部《义务教育学校管理标准》试点校评选工作。经学校自荐、地方推荐，全市共筛选20所义务教育学校作为市首批试点学校，开展管理改革提升试点工作。

【加强义务教育控辍工作】 5月，市教育局出台《关于进一步加强徐州市义务教育学校控辍工作的意见》，加强义务教育控辍工作。完善学籍管理、辍学学生报告、动员复学、学困生转化、扶贫助学"控辍保学"制度体系，开展控辍保学宣传周、控辍保学先进单位与先进个人评选、控辍工作专项督察等系列活动。控辍保学工作成效显著，2015年，徐州市义务教育巩固率达100%。

【推进办学体制改革】 年内，市教育局推进办学体制改革，进一步扩大托管办学试点。协调徐州三中托管泉山区汇文学校，成立徐州三中汇文实验学校。协调徐州市侯集中学托管鼓楼区区属徐州市第二十四中学，成立徐州市侯集中学鼓楼实验学校。引进北师大品牌和资金，与市属九里中学合作办学，成立徐州京师未来学校并招生。

【义务教育阶段招生工作逐步完善】 年内，市教育局进一步完善义务教育阶段招生工作。完善市区热点小学电脑派位，开展电脑派位招生工作的学校增加到7所。完善民办初中招生，推进民办学校公布招生简章、规范招生行为。进一步完善公办学校施教区划分，调整东苑中学施教区，取消第三十七中学初中部施教区，扩大西苑中学和第十三中学施教区。进一步完善外来人员随迁子女入学政策，坚持以流入地为主、以公办学校为主的"两为主"政策，落实进城务工人员随迁子女在流入地就学的同城同等待遇，进城务工人员随迁子女入学率达100%、在公办学校就读率达90%以上。

【开展《中华人民共和国义务教育法》贯彻落实调研】 9月，市教育局配合市人大对全市《中华人民共和国义务教育法》贯彻落实情况专项督察，组织开展《中华人民共和国义务教育法》贯彻落实调研。通过发放问卷等方式获取调研信息，在分析调研信息的基础上形成调研报告，对徐州市义务教育基本情况进行客观分析，对推进徐州市义务教育发展提出合理化建议。

【新元中学建成启用】 9月1日，新城区第一所公办初中学校新元中学建成启用。学校招收的第一批学生正式入学上课，开启徐州新城区公办初中的历史。

（赵锡安）

·普通高中教育·

【做好星级高中复审工作】 2015年，市教育局按照分类指导、全面迎检的要求，做好星级高中复审工作。全市22所参加复审的普通高中学校，7所学校因特殊原因需要推迟复审，其他学校均做好迎接复审准备工作。

【推进普通高中课程基地建设】 2015年，市教育局推进普通高中课程基地建设。创建省普通高中课程基地项目6个，争取省专项建设经费600万元。2014年，5个省普通高中课程项目全面接受并通过省教育厅检查验收，其中徐州高级中学的建设项目被评为优秀项目，并获省厅10万元奖励。

【继续推进完全中学初高中分离】 年内，市教育局贯彻执行《江苏省人民政府关于深入推进义务教育均衡发展的意见》要求，继续推进完全中学初高中分离。徐州市第三十七中学实现初高中分离，成为独立高中学校。

【提出促进普高优质特色发展的建议】 年内，市教育局向市政府提出促进徐州市普通高中提升发展的政策建议。9月，市政府组织召开普通高中发展专题座谈会，市教育局依据座谈会意见形成《关于促进我市普通高中优质特色发展的建议》。

（李进强）

·特殊教育·

【实施特殊教育发展工程项目】 2015年，徐州市继续组织实施特殊教育发展工程项目。全市有12所特殊教育学校分别得到省支持的特殊教育发展工程项目款1100万元，9所学校实施资源教室项目补助款90万元，2所特殊教育学校实施送教上门项目10万元，1所学校医教结合项目30万元。为配合省特殊教育发展工程项目，徐州市地方财政克服资金上的困难，帮助完成发展工程项目建设。特殊教育发展工程项目促成铜山区、开发区特殊教育学校的建立，徐州市达到每县（市）、区均有1所特殊教育学校。开发区、铜山区领导重视发展特殊教育，两区多次开会，实地察看办学地点，学校建设得以成行。特殊教育发展工程项目改善了徐州市特殊教育学校的办学条件：丰县特殊教育中心原校舍狭窄，多年失修，条件非常简陋，借助发展工程项目，丰县人民政府搬迁学校，使学校的办学条件、设施设备处于苏北地区特殊教育学校领先地位；云龙区特殊教育中心实施异地搬迁，建设新学校；沛县、邳州市的康复中心建设得以实施，泉山区特殊教育中心综合楼建设完成各种手续，将正式开工建设。

【做好特殊儿童全入学工作】 2015年，徐州市从方便残疾儿童少年入学出发，合理安排特殊教育办学格局。基本形成以特殊教育学校为骨干，以大量随班就读为主体，以送教上门为补充的特殊教育办学格局。徐州市残疾儿童少年入学率为97%，普通中小学均在中心校设立随班就读点，同时开展相关的研究，使每一个特殊儿童都能接受合适的教育。为尽可能地提高特殊儿童的入学率，采取以乡镇中心校为主体，特殊教育中心相配合进行特殊儿童普查，结合残联系统提供的特殊儿童未入学普查逐一对照，发现未入学的特殊儿童，采取动员入学、家长陪读、送教上门等方法，提高入学率，对于不能到校就读的特殊儿童，要求各地做到“全覆盖、零拒绝”。丰县、沛县、云龙区、鼓楼区4所特殊教育学校开展“送教上门”项目研究，制定方案，精选送教对象，由学校中层领导上阵带班，严明送教纪律，规范送教管理制度，明确送教任务及日程安排。确保“送教上门”活动做到“四有”，即有组织、有记载、有考核、有专档。

【出台特殊教育发展意见】 8月6日，市政府办公室下发《市政府办公室转发市教育局等部门关于进一步加快特殊教育事业发展意见的通知》。通知对加快特殊教育发展，大力提升特殊教育水平，切实保障残疾人受教育的权利具有重要意义，徐州市努力贯彻执行国家、省市有关文件精神，加快推进特殊教育发展，提升特殊教育水平，为实现教育现代化做贡献。

（赵锡安）

徐州市公园巷幼儿园

园　　长　李艺然
书　　记　李艺然
副园长　金　文　张文惠

【概况】 2015年，徐州市公园巷幼儿园占地面积0.22公顷，建筑面积6700平方米。拥有游泳馆、图书馆、绘本馆、科学发现室、美术活动室、数学活动室、乐高建构室、儿童影院、幼儿游戏体验馆和200米塑胶跑道。图书馆藏书10670册。全年教育经费投入760.6万元。毕业幼儿192人，在园幼儿374人。教职工52人，其中专任教师49人。江苏省特级教师2人，高级教师1人，市青年优秀骨干教师1人，市学科带头人4人，市名教师1人，市青年名教师4人，市名校长1人。6月，幼儿园获市教育系统先进集体、市教育系统宣传工作先进集体称号。

【帮扶铜山区实验幼儿园】 11月5日，幼儿园与铜山区实验幼儿园结成“姐妹”园并开展帮扶工作。幼儿园作为课程游戏化基地的“共建园”，制定共建规划和措施，加大与铜山区实验幼儿园的沟通和交流，在游戏化建设方面提出意见和建议，并制订游戏化建设的具体方案和操作目标。

【申报省“十二五”规划课题】 4月，幼儿园以“幼儿园‘慧玩’课程的开发与实践研究”为课题申报省“十二五”规划课题。课题通过构建“慧玩”课程，思考游戏的教育功能，利用结构游戏、角色游戏以及与课程目标一致的活动区角建立、多功能活动室的开发打造，保持活动的游戏性，并能利用游戏过程，发现诊断幼儿发展倾向，设计落实相应的引导方案，让幼儿在自主的游戏活动中成长。

【申报省基教前瞻性教改实验项目方案】 11月5日，幼儿园成功申报省基础教育前瞻性教学改革实验项目方案。幼儿园以《“小人国”社会体验性游戏的实践建构》为题设定具体的研究实施目标，并在幼儿园内部进行“小人国”游戏场馆的打造，完成13个场馆的建立，每个场馆均配备相应的游戏材料，可同时容纳100名幼儿参加游戏体验。

【开展多项观摩培训活动】 4—12月，幼儿园发挥示范作用，开展多项观摩培训活动。接待“国培计划”全国各地园长、骨干教师及新建园园长共计330人，接待徐州高等师范学校实习生87人。公幼培训部共组织接待全国、省市级培训活动7次，4000人参与活动，开放示范课及讲座70次。

（撰稿：赵　锦　审稿：金　文）

徐州市第一实验幼儿园

园　长　犁　红
副园长　袁冰楠　王　莉　方红娣

【概况】 2015年，徐州市第一实验幼儿园（以下简称一实幼）在新城区建成第一个分园华城幼儿园，丽城分园在建设中。民主南路总部占地面积0.67公顷。有儿童涂鸦室、科学发现室、手工坊、淘气堡、音体室、儿童图书阅览室、直录播教室、多功能活动室。开设大、中、小15个班级，在园幼儿482人。教职工53人，其中专任教师48人。省幼教特级教师1人，市名校（园）长1人，市学科带头人4人。年内，幼儿园被评为省第十四批绿色学校（幼儿园）、省公共机构节能示范单位、市平安校园创建工作先进集体、市师德建设先进集体、徐州教育年鉴工作先进集体，校园MV获全国中小学校园影视综合类一等奖。

【推进课程游戏化建设】 年内，一实幼推进课程游戏化建设做出成绩。5月4日，成功申报为省幼儿园课程游戏化建设项目共建园，从改变理念、环境创设、课程优化等方面推进课程游戏化建设。9月28日，接待市教育局组织的“课程游戏化园园行”的市基教处、教科所领导专家，及县（市、区）幼儿园长90余人，观摩园内区域游戏的开展及环境的创设。

【教师培训工作成绩显著】 年内，一实幼教师培训工作成绩显著。与徐州幼高师专合作深化教师培训工作，接待幼高师专实习生共5批计269人次。11月9日，正式成为“国培计划”幼儿园教师培训项目实践基地，接待新疆维吾尔族自治区的学员180人次。12月8日，与云龙区文教体局、徐州幼高师专签订学前教育专业人才培养合作协议，搭建促进幼儿园教师专业发展的全新交流平台。

【2项省级课题结题】 1月28日，幼儿园2项省级课题结题。南京师范大学教育科学学院学前教育系教授唐淑、江苏省教科院学前教育与特殊教育研究所叶小红博士、何峰博士及市教研室李燕到园分别对园长犁红、副园长袁冰楠主持的2项省陈鹤琴思想研究会课题《如何有效利用绘本教学支持幼儿语言教育的实践研究》《幼儿园教师教学语言素养的培养》进行现场结题。4名专家听取课题主持人的课题结题报告、查看课题研究相关资料，并对课题主持人进行提问交流，对课题研究取得的成绩，尤其是论文成果予以肯定。

【教师专业发展态势良好】 2015年，一实幼教师专业内涵发展态势良好。郭颂、肖琨获市学科带头人称号。犁红、周红彦被评为市优秀中小学科技辅导员。犁红省级课题“以录播课堂为平台，开展幼儿园教师培训的实践研究”立项。昝梦获市青年教师基本功大赛一等奖，在省青年教师基本功大赛中获二等奖。全园教师在《好家长—幼教新天地》《徐州教育科研》《徐州幼教》等省、市级刊物上发表论文8篇，62篇论文在国家、省、市级各项论文评比中分获一、二、三等奖。

（撰稿：郭　颂　审稿：犁　红）

徐州市第二实验幼儿园

园　长　颜　艳
副园长　孔乃玉　吴文秋

【概况】 2015年，徐州市第二实验幼儿园（以下简称二实幼）占地面积0.95公顷，建筑面积1万余平方米。拥有幼儿活动室、寝室、幼儿感统训练室、厨房体验室、科学发现室、幼儿绘本室、音体室、舞蹈房、电脑室、美术创意室、彩绘室、录播室、数字影院、风雨操场、儿童游泳戏水池，以及塑胶操场、种植园、幼儿厨房、教工之家、教工餐厅、教工书吧。图书馆藏书7750册。全年教育经费投入约734万元。共有22个班级，700余名幼儿。在编教职工43人，其中专任教师36人。本科学历22人，本科在读5人，大专学历17人，高级教师2人，一级教师23人，二级教师11人，市级名校长1人，学科带头人3人，区学科带头人2人。聘用教师45人，全部具有学前教育教师资格证书，学历达标率100%。幼儿园园长、教师、保育员、保健医生、财务人员、厨房工作人员、保安、保洁工均持证上岗。年内，二实幼获得市“云兴杯”第九届青少年儿童轮滑比赛团体第一名，市幼儿园第二届艺术节活动特等奖和优秀组织奖，团支部获得共青团市教育局委员会授予的五四红旗团支部称号，在“向日葵培养行动”活动中，被授予“最美爱心妈妈集体”称号，被评为市广播影视制作发行协会会员单位、徐州爱心幼教联盟理事长单位、第五批市级节水型学校、省公共机构节能示范单位。

【开展“读书漂流”活动】 2015年，第二实验幼儿园开展“读书漂流”活动，打造“书香校园”。全园700余名家长与幼儿加入亲子阅读团队，活动内容有幼儿园绘本室的亲子阅读、班级图书漂流活动的家园互动引导，有小班孩子的诗歌朗诵、中班孩子的故事大王评比、大班孩子的童话剧表演。幼儿园邀请专家现场进行有序规范的亲子早期阅读科学指导。《童心如歌书香如蜜》获市校园电视评比三等奖。

【举办优质课评比】 年内，幼儿园举办青年教师优质课评比，创游戏化园本特色。优质课评比旨在将课程游戏融入教学中。参赛教师教学设计大胆创新，将全新的教育教学理念渗透到教学活动中，运用多媒体直观教学手段、新颖灵活的教学方法和富有童趣的教学语言，把幼儿带入轻松愉快的活动氛围，把知识点融入到游戏中，激起幼儿学习兴趣。优质课观摩后，业务副园长带领教师们针对每个教学环节，开展活动反思与评析。

【参加市、区教学竞赛获奖】 2015年，幼儿园教师参加市、区教学竞赛获奖。谭淑婷、刘雅惠参加市“领航杯”信息化教学能手比赛分别获一等奖、二等奖，焦东辉获影视制作类二等奖，何晓彤、刘雅惠参加泉山区幼儿园教师评优课比赛分别获一等奖、二等奖。

（撰稿：卢　雅　审稿：颜　艳）

73061部队幼儿园
（徐州八一中心幼儿园）

园　　长　孙惠敏
副 园 长　丁　红
行政助理　陈　丽

【概况】 2015年，73061部队幼儿园开设大、中、小12个班级，在园幼儿413人。教职工54人，其中专任教师27人。1篇论文获省级一等奖、4篇论文获省级二等奖、9篇论文获市级一等奖，2人获江苏省幼儿教师基本功大赛全能三等奖。

【课题研究结硕果】 年内，幼儿园各项立项课题进入结题或评奖阶段。省级立项课题《民间文学应用于主题游戏的指导策略的研究》结题，上半年整理结题、评奖材料，报送省教研室和省教科所参加评奖。军队立项课题《玩的教育——我园游戏化园本课程的再构建》进入结题阶段，4月初，到军区进行课题结题工作汇报，4月中旬，在全军作战部队幼儿园园长培训班进行课题发言推广。

【园本培训显成效】 年内，幼儿园借助园内外有形的培训平台和资源，开展园本培训取得显著成效。依托军地各级部门举办的专业培训，选派教师42人次参加区级以上培训。“走出去”的教师回园后开办共享讲座，优化整合园级培训。借助研究课平台，将各梯队教师有机重组，优化结构。青年教师借助“中坚期”和“老骥期”教师帮助，在原有水平上获得质的发展；“中坚期”的组长们得到指导、组织、协调、策划、统筹、善后的经验和锻炼，“老骥期”的教师得到指导、反思、评价能力的提高，全园教师良性的竞争意识和团队精神获得深化和升华。

【硬件环境得到改善】 2015年，幼儿园硬件环境得到很大改善。投入30余万元改造幼儿园厨房和大门、更新厨房设备，保教班安装5台交互式电视机、更换6台柜式空调，办公楼、辅助用房等进行用电线路改造和屋面防水维护，更新部分监控设备。

（撰稿：陈　丽　审稿：孙惠敏　丁　红）

徐州市妇联幼儿园

园　长　安　媛（—10月）
　　　　朱秀梅（10月—）
业务副园长　朱秀梅（—10月）
后勤副园长　李　君

【概况】 2015年，徐州市妇联幼儿园开设托、小、中、大20个班级，在园幼儿714人。教职工86人，其中专任教师59人，本科学历达标率100%。新开设锦绣山水、七彩童年2所分园，雨润分园开园在即。年内，幼儿园获全国三八红旗集团称号。

【实施校园改造工程】 8—9月，幼儿园实施校园改造工程。将园区旧围栏全部更新为电子围栏，进一步提升幼儿园安保指数。改、扩建幼儿园主教学楼二楼为幼儿专用活动室，新建幼儿沙池、攀爬园地。

【教科研工作成绩显著】 2015年，幼儿园教科研工作成绩显著。幼儿园设立教科研激励机制，鼓励教师积极参与教科研活动。24人在省市级论文评比中取得好成绩，12人论文在各级各类刊物上发表，8名教师被江苏师范大学评为优秀实习生指导教师，1人在市少儿春晚活动编排中获特等奖，1人在市优质课赛课活动中获一等奖。

【幼儿活动形式多样化】 2015年，幼儿园幼儿活动形式多样化。举办亲子游园，生活体验——买菜、开心包饺子，自理活动我最棒——穿衣服，幼儿冬季体育竞赛，“庆元旦·亲子乐翻天”等形式多样、内容丰富的活动。

（撰稿：孙喜喜　审稿：朱秀梅）

徐州市文化艺术幼儿园

园　长　程艳华
副园长　卢爱民

【概况】 2015年，徐州市文化艺术幼儿园占地面积0.22公顷，建筑面积3038平方米，全年教育经费投入120万元。设9个班级，在园幼儿275人，毕业85人，招生71人。教职工40人，其中专任教师19人。小教高级教师8人，本科学历13人，大专学历11人。年内，19人论文在省级刊物发表。29人次获省市级优秀论文奖，16人次获国家级辅导奖，15人次获市级奖项。徐州市教育学会规划课题《幼儿美术作品与语言表达互动的实验研究》结题，2项个人课题在市教育教学研究室立项。

【举办第二届艺术节】 5月，幼儿园举办第二届艺术节。艺术节历时1个月，开展绘画比赛、亲子玩具制作、亲子讲故事比赛、生活自理能力比赛、“艺幼好声音”比赛、诗歌朗诵、家教征文活动。289名幼儿参与，260件绘画及玩具作品、9名家长的征文作品参加比赛。评出故事大王6名、小能手4名、“艺幼好声音”6名，家教征文一等奖2个、二等奖3个、三等奖4个。5月29日，举行闭幕式及庆六一汇演，表演歌舞、戏剧、乐器、亲子服装秀等节目。

【创新课评比】 10月21日，幼儿园开展创新课评比活动。19名教师参加评比，评课从课程的新意、目标的达成、幼儿的参与程度、课程的教育价值、教师的组织和引导等方面进行评价，评出一等奖3名。2名教师代表幼儿园参加区优质课比赛均获得二等奖。

【开展社会实践活动】 年内，幼儿园开展到各行各业参观、体验的社会实践活动。组织中班幼儿参观图书馆，在馆中体验借书、读书的乐趣；参观菜市场，自己选菜、讲价、购买蔬菜。大班幼儿参观银行，了解如何取钱、存钱；参观邮局，请工作人员讲解如何寄信，幼儿尝试写信、买邮票、贴邮票、投信、收信、读信的整个过程；参观汉画像石馆，自己动手拓印汉画像；参观博物馆、民俗馆，了解徐州的风土人情。和爸爸妈妈到果园摘桃子，体验采摘果实的快乐。

（撰稿：卢爱民　审稿：程艳华）

徐州市育苗幼儿园

园　长　周晓安　鲍　丹
副园长　陈化云　任明侠

【概况】 2015年，徐州市育苗幼儿园占地面积0.22公顷，开设托、小、中、大9个班级，在园幼儿306人。教职工36人，其中，专任教师18人，保育教师9人，保健教师1人。本科学历6人，大专学历12人。年内，幼儿园被评为市级青年文明号单位、省优质幼儿园、徐州幼儿师范高等专科学校实践基地。

【改善办园条件】 2015年，幼儿园投入20余万元资金，改善环境及设施设备。3月，成立木偶剧团并购置相应设备。4月，操场铺设环保仿真草坪。8月，更换幼儿实木抽屉式午休床。9月，增添绘本1000册，充实游戏区角材料。11月，铺设天然气管道，为幼儿在园生活学习提供良好条件。

【成立“暖巢助学”创投小组】 5月28日，育苗幼儿园成立“暖巢助学”创投行动小组。园长鲍丹与市民政局签约，扶助小区3—12岁贫困、单亲、留守儿童。有18名志愿者教师参加创投小组，扶助29名儿童。每周定期组织活动，辅导学业、教授美工和舞蹈，并带扶助儿童走出校园，看电影、制作品尝披萨、到果园采摘苹果。《徐州日报》《都市晨报》《徐州广电新周刊》对扶助活动均有报道。

【成立育苗木偶剧团】 4月22日，幼儿园成立育苗木偶剧团，并举行首场演出。幼儿园挑选8名教师、10名幼儿作为木偶剧团演员，利用课余时间培训排练，定期为幼儿园师生、小区居民义演，活动得到奎园社区居委会支持与群众认可。

【开展实践活动 彰显园本特色】 年内,幼儿园开展生活实践活动,彰显园本特色。每季度定期开展"我是小报童"亲子卖报活动,组织幼儿走上大街,学习与陌生人沟通交流,锻炼胆量与表达能力。9月初,开展亲子采摘猕猴桃活动,让幼儿走进大自然,探索自然奥秘。9月底,开展亲子美食嘉年华活动,鼓励亲子齐动手制作美食,与全园师生分享品尝。11月,开展感恩小宝贝活动,教导孩子为长辈做力所能及的事,懂得感恩。

【教科研成果显著】 2015年,幼儿园教科研成果显著。市级课题"幼儿交往能力的调查"立项,1名教师论文获省级三等奖,13名教师的论文获市级奖项,其中,6名教师论文获一等奖、7名教师论文获二等奖。园长鲍丹的论文《放手让孩子飞翔》在市级刊物上发表。

(撰稿:任明侠审稿:鲍丹)

徐州市房管局幼儿园

园长、党支部书记 田慧平
副园长 孙继芳 冯秀春

【概况】2015年,徐州市房管局幼儿园开设大、中、小、托10个班级,在园幼儿337人。教职工43人,其中专任教师20人,全部具有学前教育教师资格证书,学历达标率100%。保育员10人,保健教师1人。

【实施校园改造工程】 年内,幼儿园实施校园整体改造工程。改造厨房、铺设取暖管道、更换用电线路,消除安全隐患,为后勤保障提供条件。全面整修教室、围墙外立面、安装电子显示屏和电动伸缩门,教室统一配备衣帽柜、玩具柜、茶桶柜、货架,购置11台配置先进的交互式一体机,构建幼儿园园内网,进行门前绿化。幼儿园整体面貌焕然一新,成为所在事业小区的一个亮点。

【开展"向您汇报请您检阅"主题活动】 2015年,幼儿园开展"向您汇报请您检阅"大型主题活动。活动由三部分组成:向主管局、教育主管部门展示汇报幼儿园的建设情况,接受领导的指导检阅;向社区适龄儿童家长举行开放日活动,让家长了解幼儿园建设情况及多种教学形式;在中山饭店举行大型文艺汇演,向家长汇报幼儿学习成果。

【开展"暖阳"献爱心活动】 年内,幼儿园联合徐州电视台"张慧帮你问"栏目,开展"暖阳"献爱心活动。全园师生共捐赠棉衣物1200多件,寄往甘肃省张掖市民乐县鹏程公益协会,给山区的孩子送去身的温暖、心的感动。幼儿园联合徐州公益组织"小崔公益",发起"为留守儿童的早餐加杯奶"爱心行动,全体教职工及近100名幼儿参加活动,共募集捐款2878元,购买900多份牛奶,送给铜山区何桥幼儿园留守儿童。大班组100余名幼儿举行"卖报纸献爱心"亲子社会实践活动,卖报所得1843元全部捐给市社会福利院。

【开展首届书香校园活动】 4月23日,值第20个世界读书日之际,幼儿园举行"书香润童心 快乐伴成长"首届书香校园读书节启动仪式。读书节历时半年多,师生、家长共同参与,读书近1000册,写读书笔记近100篇。

【教科研取得新成果】 2015年,幼儿园教师教科研取得新成果。国家级课题《运用"逻辑狗"思维游戏课程促进儿童整合能力发展的研究》结题,获中国教育学会"十二五"科研规划重点课题二等奖。7名教师的论文获省级奖项，16名教师的论文获市级奖项。时影编排的《环保时装秀》参加市第二届幼儿艺术节活动获一等奖，时影编排的《环保时装秀》《傻小子念书》《风铃儿》、杨涛编排的《国学童趣》、于晓红编排的《快乐精灵》、于明珠编排的《小跳蛙》《姥姥门前看大戏》7个节目参加徐州电视台"快乐成长"栏目的录制，在徐州文艺影视频道展播。

（撰稿：孙继芳　审稿：田慧平）

徐州铁路地区幼儿园

园　长　金思梅

【概况】　徐州铁路地区幼儿园为全日制现代化省级示范幼儿园。2015年，占地面积0.33公顷，绿地占有率31%。有7个教学班，在编教职工35人，其中，专任教师23人，保育员7人。教师中具有大专及以上学历的占98.7%，高级教师占43.4%。

【改善校舍环境】　2015年，幼儿园加大投资改善校舍环境。投资16万元，对教室及走廊进行粉刷，大、中、小班分别采用不同的色调，为幼儿创设温馨、舒适的学习环境。投资4万元，改造幼儿园大厅，安装70寸彩色电视机，加大幼儿园宣传力度，家长们可以随时了解幼儿园活动情况以及推出的伙食新品。

【活动器械外置】　年内，幼儿园将活动器械外置，方便幼儿使用。将各种器械分类放置在指定的标识牌前，幼儿可以按照自己的意愿，随意使用各种器械，要求幼儿使用器械后放回原处，使外置器械摆放有序，同时也培养幼儿良好的行为习惯。

【听音辨事培养习惯】　2015年，幼儿园开展听音辨事活动，培养幼儿良好的行为习惯。在幼儿一日的活动——餐前准备、洗手、入厕、活动准备、户外游戏等环节播放不同的音乐，幼儿根据音乐，自主完成各种活动，无需教师不断提醒。听音辨事活动，取得较好效果。

【幼儿活动形式多样】　2015年，幼儿园开展形式多样、丰富多彩的活动。开展以"点亮心灵"为主题的亲子手工制作活动，每两周在幼儿园大厅展示一个班的手工作品，展示的作品有纸盒机器人、纸盒小房子、漂亮的纸筒、照相机、脸谱等，激发家长与幼儿的互动兴趣。6月，组织庆六一合唱节和书画大赛颁奖典礼，幼儿合唱的曲目丰富多彩、表演形式多种多样，20余幅幼儿书画作品参加市幼儿书画大赛获金奖。11月，开展幼儿广播操观摩活动，通过准备活动、徒手操、器械操、体育游戏、放松活动环节，幼儿的体能（钻、爬、跳、跑等）得到发展。12月底，幼儿园举行迎新年亲子运动会，邀请家长和幼儿共同参加比赛，在热闹欢快的气氛中迎接新年。

（撰稿：范叶莉　审稿：金思梅）

徐州幼师幼教集团

董事长　王鹤义

【概况】　徐州幼儿师范高等专科学校幼教集团创建于2003年12月。集团总部设立在徐州市解放南路戏马台写字楼6楼，设党政办公室、人力资源部、教育科研部、市场开发部、综合管理部、财务监理部、采供中心7个部门。2015年，集团办园覆盖徐州市6区2县和苏南发达地区，下属幼儿园、亲子园、公司实体共计46所，其中，开办直营园及实体28所，签约待开办园8所，加盟园9所，有班级298个，在园幼儿7114人。教职工928人，其中专任教师482人，均持有幼儿教师资格证，均为大专及以上学历。

【1所幼儿园在苏州工业园区成功创办】 5月7日，幼师幼教集团参加苏州工业园区幼儿园全国招标，成功中标。经审验投标文件和现场答辩，集团以总分第一的成绩，在全国60余家财团、公司及办学机构中胜出，中标苏州工业园区幼师童梦幼儿园。幼儿园开设12个教学班，在园幼儿380人。

【第一所国际化高端幼儿园成功创办】 9月1日，幼师幼教集团创办的第一所国际化高端幼儿园——幼师英伦城堡幼儿园正式开园。幼儿园的全球性视野、先进性理念、个性化指导以及高端化配备，满足社会对高层次幼儿教育的需求。

【成功签约加盟拓展项目】 3月10日，幼师幼教集团成功签约加盟第一个拓展项目——北京水育“水孩子”早教中心。7月1日，北京水育“水孩子”早教中心试营业。

【5所新创办幼儿园开园】 9月1日，幼师幼教集团5所新创办幼儿园开园。5所幼儿园分别是苏州童梦园、英伦城堡园、保利鑫城园、沛县安泰园、睢宁双沟园。

【签约、加盟幼儿园】 2015年，幼师幼教集团共签约、加盟8所幼儿园。签约幼儿园5所，分别是保利鑫城幼儿园、徐州碧桂园幼儿园、睢宁开发区幼儿园、沛县安泰幼儿园、苏州童梦幼儿园。加盟幼儿园3所，分别是生态园幼儿园、沛县剑桥府邸园、响山幼儿园。

【6个合作项目形成共融】 年内，幼师幼教集团引入战略合作者，合作创办公司、创办幼儿园。与徐州万科房地产有限公司签订长期深度战略合作协议，与布莱顿教育技术软件开发公司、苏州小月亮教育集团在苏州成立并注册苏州童梦教育投资管理有限公司，与全国10余家幼教集团共同成立中国民办星创幼教联盟公司、并当选董事长单位，与社会个人合资办园5所，与香港布克听听签订合作协议，与中国高教出版社签订合作协议。

【援教云南、青海幼儿园】 2015年，幼师幼教集团援教帮扶云南、青海多所幼儿园。先后与青海海南州10所幼儿园、云南滇西景洪市2所幼儿园签订“手拉手”合同，捐款10万元，网络培训15次，青海海南州幼儿教师到园跟岗学习2周。

（徐剑媚）

徐州市慧朵儿幼教集团

园　长　张　蕾
副园长　闫虹文　周红艳　杨　莉

【概况】 徐州市慧朵儿幼教集团的前身是鼓楼区华康幼教中心。2015年，徐州市慧朵儿幼教集团拥有3个分园，均配备多功能教室、专业美术活动室、整体塑胶软地。年内，毕业幼儿350人，招收新生360人，在园幼儿共1120人。教职工154人，其中专任教师77人。2015年，幼儿园被徐州电视台、市教育局评为十佳民办幼儿园，张蕾被评为十佳园长。

【参演市广电台少儿春晚获奖】 1月24—25日，慧朵儿幼教集团参演徐州广播电视台少儿春节联欢晚会获奖。华康分园幼儿参加

2015年徐州广播电视台少儿春晚节目的录制，幼儿园和园长分别获得十佳民办幼儿园、十佳口碑幼儿园(园长)称号。

【举办第十届创意手工花灯节】 农历正月十五，慧朵儿幼教集团与香港恒基兆业地产公司在矿大科技广场音乐街区联合举办“创意手工花灯节”。1000余盏纯手工制作的创意花灯在下沉式广场展出。创意手工花灯是幼儿园孩子和家长们一起利用家里的废旧物品塑料袋、酒盒、报纸、包装袋、一次性纸杯等做出来的。在展出的2天时间里，市民欣赏创意手工花灯，并且给喜爱的花灯投票、领取奖品。

【举办首届职工趣味运动会】 4月26日，慧朵儿幼教集团举行首届职工趣味运动会。比赛共10个项目，团体项目5个，分别为跳大绳、穿越小树林、步调一致、4×50米倒跑接力和拔河；个人项目5个，分别为推铁环、翻滚吧小绳、趣味投掷、自行车慢骑和平板支撑。

【与美国佐治亚男童合唱团同台演出】 5月31日，慧朵儿幼教集团两个分园的幼儿与美国佐治亚男童合唱团同台演出。华康分园和春光分园的幼儿，在矿大科技园下沉式广场与美国佐治亚男童合唱团同台演出，给徐州市的小朋友送上六一儿童节礼物。

【新城区雍景新城旗舰园交付】 12月底，新城区雍景新城旗舰幼儿园交付。该园为慧朵儿幼教集团第4所分园，由香港恒基兆业地产公司建成。

(撰稿：孙永涛　审稿：张　蕾)

徐州市第一中学

校长、党委书记　王志勇
副校长　卞东华　叶弘媚　陈　雷　张安义

【概况】 徐州市第一中学肇始于1903年，其前身为康熙年间云龙书院改办的徐州中学堂。2004年被确定为省首批四星级普通高中。2015年，学校占地面积25.4公顷，建筑面积9.7万平方米。图书馆藏书17.2万册。全年教育经费投入6667.62万元。有教职工278人，其中专兼职教师264人。教授级高级教师4人，特级教师8人，高级教师113人，中级教师110人。具有研究生学历或硕士学位80人，占专兼职教师比例29.4%。学校有教学班48个，撷秀中学高中班19个，国际部班4个，在校学生合计3585人。

【教育教学质量稳步提升】 2015年，徐州一中公办和撷秀高中一本、二本达线率进一步提升。学校2015届参加高考人数1093人，达二本录取线988人，其中，达文化类二本录取线914人，被国外名校提前录取43人，达艺体类二本线31人。达一本录取线639人，其中，达文化类一本录取线573人，被国外一流名校提前录取40人，达艺体类一本线26人。在参加高考人数比上年减少近50人的情况下，学校文化类本科达线率保持稳中有升：其中，公办文化类达二本线710人，本科达线率95.8%；撷秀高中文化类达二本线217人，本科达线率69.1%。该校进入江苏省理科前80名、文科前30名的学生有8人，张蕊寒获徐州大市理科第一、杨韬获徐州大市文科第一。徐州大市理科前9名、文科前10名均为该校学生。

【承办高中课改展示交流研讨会】 4月22—23日，学校承办由陕西师范大学出版总社中学教学参考杂志社、基础教育研究院主办的高中课改展示交流研讨会。研讨会共开设高中9学科37节课，参加研讨会的有江苏、辽宁、浙江、安徽、广东、山东、江西、陕西、河南、贵州10个省1100余名一线教师，是历届会议规模最大的一次。大会特别邀请17名江苏、浙江、山东、安徽、贵州等地最具鲜明课堂教学特色的教坛名师，与学校的18名一线教师共同为与会教师展示35节同课异构教学活动，诠释课堂教学创新的亮点，分享课改成果。以江苏省教研员、陕西师范大学《中学教学参考》主编和江苏师范大学教授组成的专家团进行现场点评。研讨会得到省中小学教育教学研究室和市教育局支持。

【多项课题获省、市级立项】 年内，学校多项课题获省、市级立项。10月，在省"十二五"规划年度课题评选中，王志勇、潘峻峰的"学术型高中学生发展指导的实践研究"和张颖震、胡晓虹的"提升研究能力，促进个性发展——徐州一中'两院制'学生高端社团的实践研究"立项为省重点课题。在2015年度市教育科学规划个人课题评选中，尹池江、赵鹏、王民华、马芹、王健宁、杜宇、张颖震、魏洁的8项课题立项。

【校友孟建民当选中国工程院院士】 12月7日，学校1975届校友孟建民当选中国工程院土木、水利与建筑工程学部院士。孟建民30余年坚守在设计与工程实践第一线，走结合国情的原创之路，在建筑设计及有关理论研究等方面取得创造性成果。孟建民当选中国工程院院士，为母校增添荣耀。

【新老校区建设改造工程加速推进】 年内，学校新老校区建设改造工程加速推进。8月，学校新城区迁建工程再次开工打桩，截至年底，桩基工程施工全部完成，基础降水工程基本结束，基础开挖工程全面展开，部分基础底板工程正在施工。施工塔吊、安全走廊等设施设备安装到位，代建公司专业人员、施工单位管理人员、施工人员、监理人员、审计人员在工地现场履职。九里校区第二笔、第三笔置换款12500万元划拨到学校建设专用账户，九里校区不动产登记证于4月办到矿大徐海学院名下。2014年9月—2015年8月，由于江苏省新的征地、拆迁补偿政策贯彻落实等因素延缓地块征迁时间，建设进展受阻。夹河街校区改造方案正在进一步论证中。

（撰稿：梁继程　审稿：王志勇）

徐州市第三中学

校长、党委书记　赵　伟
副校长　郑友君（—9月）　袁向萍（女）
　　周　强

【概况】 2015年，徐州市第三中学由本部（徐州市民主北路47号）和西校区（徐州市民主北路61号）组成，共占地6.04公顷，建筑面积4万余平方米。在校学生2899人。教职工201人，其中专任教师187人。高级教师84人，一级教师76人，教授级教师2人，特级教师4人。2015年，学校高考文化类本科达线人数同比增长14.7%，其中一本增长26.4%，高考本科总人数创历史新高。

【加强政治理论学习】 年内，学校加强领导班子和教职工政治理论学习。1月16日，学校召开理论学习中心组专题学习会，学习传达中共十八届四中全会精神，并对全校教职工学习贯彻中共十八届四中全会精神作出全面部署。2月10日、27日、28日，学校分别面向中层以上干部和全体党员开展“守纪律讲规矩”主题教育活动。12月25日，学校召开以“三严三实”（严以修身、严以用权、严以律己，谋事要实、创业要实、做人要实）为主题的领导班子民主生活会。

【获得3项国家级大奖】 2015年，学校获得3项国家级大奖。7月18日，校创客团队获第十三届全国中小学信息技术创新与实践活动决赛全国一等奖第一名。8月23日，校射箭队获2015年全国射箭重点学校锦标赛男子组团体冠军。12月5日，校微电影《绽放》获第十二届中国中小学校园影视大赛最高奖“金犊”奖。

【托管新建中学】 年内，徐州市第三中学托管新建中学。6月10日，学校托管徐州汇文中学，成立徐州市第三中学泉山实验学校，徐州市第三中学教务处副处长祁元祥出任校长。9月，树人中学新成立树人中学云龙校区。

【赵伟出席省教改会议】 11月26—27日，校长赵伟出席在南京召开的省推进教学改革行动计划实施深化普通高中教学改革研讨会，并作交流发言。赵伟在研讨会上作题为《构建“自主·共享成长”的课堂》的交流发言。会议期间，省教育厅副厅长朱卫国作主题报告，省教育厅基教处处长马斌解读《江苏省基础教育教学改革行动计划》。

【承办省高中英语青年教师基本功大赛】 12月9—11日，学校承办省高中英语青年教师基本功大赛。大赛由省教育厅主办，省基础教育青年教师教学基本功大赛筹委会筹办。学校青年教师申翠获一等奖。

【多名教师获教学、科研奖】 2015年，学校多名教师教学科研成绩突出，多项成果获奖。段晓莹、周伟获全国优秀课例评比一等奖，申翠、唐敏获省教学基本功大赛一等奖，胡杨被授予市青年名教师称号，徐杨、张咏被授予市学科带头人称号，4人获市评优课大市一等奖，5人获市青年教师基本功大赛一等奖，10人获得市第十一届“创新杯”中小学优秀论文评比一等奖，6门学科教师获市教师业务测试学科第一名。

【主题活动上央视】 8月26日，中央电视台“朝闻天下”栏目报道学校开展公益活动的新闻。“朝闻天下”栏目以《人民不会忘记抗战老兵照护中心：给老兵温暖的家》为题，报道徐州市第三中学师生到徐州抗战老兵照护中心开展公益活动，听老兵讲抗战故事的新闻。

（撰稿：赵爱武　审稿：周　强）

徐州市第三十六中学
（江苏师范大学附属中学）

校长、党委副书记　吴启龙
党委书记、副校长　陈　强
副校长　武　梅
党委副书记　孙　莹

【概况】 2015年，徐州市第三十六中学占地面积6.9公顷，建筑面积3.1万平方米。拥有足球场、篮球场、排球场和400米塑胶跑道，图书馆藏书6.4万余册。全年教育经费投入2994.1万元。毕业学生828人，其中，小学219人、初中249人、高中360人。招生952人，其中，小学336人、初中234人、高中382人，在校生3618人。教职工191人，其中专任教师175人。高级教师67人，市级青年名教师5人,市级青年骨干教师11人。6月,学校获市先进基层党组织称号。10月,获年度市文明单位称号。11月,获省中小学校优秀校园网站评比一等奖。12月,获“树德杯”市羽毛球比赛小学组团体第一名、最佳团队奖、集体精神文明奖。校长吴启龙、教师江梅春被评为省优秀校园网站先进个人,刘兵获省学生体质健康促进工作先进个人称号,党委书记陈强被评为优秀党务工作者,成萍获徐州市师德先进个人称号,史晓文获市十佳少先队辅导员称号,王永臻获省初中化学实验教学技能大赛一等奖、学校获团体优胜奖,严乾获省物理优质课评比二等奖,史晓文获省中小学教师微课大赛一等奖,罗娅在创建国家卫生城市活动中受到市委、市政府嘉奖,陶江辅导王聪霖参加全国信息学奥林匹克分区联赛分别获省二等奖、省辅导奖,谢明凯获省中学生生物学科奥林匹克竞赛一等奖、刘聪、赵芷诺获三等奖。

【高考成绩创新高】 2015年,学校高考再创佳绩。文化类本科达线人数同比增长179%。2012年中考市区排名前1500名的学生学校仅有3人,经过3年的努力,文化类本科上线39人。艺术省考文化、专业双上线人数43人,文化、艺术类本科上线共计82人。

【举办课堂教学研讨活动】 5月19日,在江苏师范大学教育学院的支持下,学校举行以“创设学讲情境,构建智慧课堂”为主题的公开课研讨活动。经过自愿报名、试讲评课,43名教师面向市区开设“学讲”公开课,并安排高校专家、领导和教师及时进行点评,上课教师根据课前准备、上课情况、课后点评分别撰写公开课总结或教学反思。

【评比、赛课助推“学讲”实施】 10—12月,学校分别进行教研组评比和青年教师导学案评比。10月,三个学部按照教研组评比方案,经过量化打分,评出一等奖6个、二等奖8个、三等奖11个。12月,学校35岁以下的青年教师进行导学案评比,70人报名参赛,14人获一等奖、1人获二等奖、22人获三等奖。

【校级优秀骨干教师评比】 9月中旬,学校进行校级优秀骨干教师评选。经过个人申报、学部推荐、学校学术委员会评审,授予王永臻等28人校级优秀骨干教师称号。

【举办40年校庆暨元旦文艺汇演】 12月31日,学校举办建校40年校庆暨元旦文艺汇演。参加庆典活动的人员有教职工、部分学生以及曾经在学校工作过的领导老师、管道储运公司领导、共建单位领导及家长委员会成员。校党委书记陈强在汇演前致辞,演出的12个节目展现社团建设取得的成绩,彰显校园文化建设的成果。

【改造部分基础设施】 7—8月,学校进行部分基础设施的改造。投入10余万元对小学教学楼周边活动场地铺设人造草皮、塑胶进行软化处理,投入近2万元在小学教学楼楼梯转台加装厚塑胶垫,为学生创造更加舒适安全的学习、活动场所。投入10余万元修建高中茶炉房、学生浴室,解决学生饮用热水、洗澡难的问题。投入4万余元改建教师“书吧”,为教师提供交流、休息的平台。

【新校区建设稳步推进】 2015年,学校新校区建设稳步推进。学校在管道社区内迁址重建,置换迁建工作在市委、市政府和市教育局以及管道公司领导的支持下,进展顺利,确定为徐州市2016年度城建重点工程项目。

(撰稿:罗　娅　审稿:吴启龙)

徐州市侯集高级中学

校长、党委书记 支乾锋
副校长 张广义 王孝军 周广钦 彭金虎

【概况】 2015年,徐州市侯集高级中学占地面积18.6公顷,建筑面积14.1万平方米。拥有篮球场、乒乓球场、体育馆、形体健身房、400米塑胶跑道等基础教育设施,图书馆藏书纸质20.5万册,电子图书420吉字节。全年教育经费投入6391万元。毕业807人,招生760人,新疆部学生275人,在校生2518人。教职工388人,其中专任教师360人。特级教师1人,高级教师131人,市级青年骨干教师13人,市学科带头人12人,名教师11人。年内,学校获省中小学心理健康教育特色学校等18项省市荣誉称号。

【袁丁慰问新疆部师生】 2月16日,市统战部部长袁丁、市民族宗教事务局局长陈冠华一行慰问新疆部全体师生。校长支乾锋陪同袁丁一行参观新疆部教学楼、学生宿舍、民族餐厅,并汇报学校创办新疆班的工作情况和取得的成绩。袁丁希望新疆班学生珍惜在徐州上学的四年时光,把徐州当作第二故乡,认真学习科学文化知识,为建设新疆做出贡献。

【开展“叶尔羌河对您说”感恩送枣活动】 2月3—4日,学校新疆部开展“叶尔羌河对您说”感恩送枣活动。校领导和学生代表一行分别给徐州市教育局、徐州市民族宗教事务局、徐州市经济技术开发区公安分局、大庙派出所等单位送去原产新疆的大红枣。大枣体现新疆学生感恩回报之心和祝福之情。

【市“德育特色校园行”走进学校】 4月14日,徐州市“德育特色校园行”活动走进学校。局直属各学校德育处主任、徐州市未成年人指导中心心理咨询师、各校心理健康教育专兼职教师90余人参加活动。侯中学生成长指导中心副主任曹红梅、教师朱欣欣分别在高一年级开设生涯规划示范课,课堂上运用小组讨论、自我暴露、故事分享等多种心理学技术,学生在活动中体验、感悟,获得成长智慧。

【举行“劲牌慈善阳光班”开班仪式】 9月19日,学校“劲牌慈善阳光班”开班仪式在科学楼一楼会议室举行。市教育局关心下一代工作委员会主任张建勋、劲牌有限公司办公室主任巴琳、校长支乾锋及“劲牌慈善阳光班”全体师生参加仪式。支乾锋介绍学校发展情况、家庭贫困学生在校学习生活状况和资助情况,并对“阳光班”学生提出要求,好好学习、回报社会。“劲牌慈善阳光班”是由劲牌酒业发起的一项公益助学行动。2004年起,公司在全国各地开设308个“阳光班”,1万多名贫困学生受益。该校是江苏省唯一开办“劲牌慈善阳光班”的学校,每年资助学校50名学生,1个学生3年资助1.2万元。

【召开“高中生生涯规划”课程内容审定会】 12月31日,校本课程“高中生生涯规划”内容审定会在学校学生生涯规划基地举行。南京师范大学教授顾雪英、市教育局副局长李运生、校长支乾锋参加审定会。专家们对课程给予赞许与认可,提出合理化建议,肯定学校学生生涯规划工作。

(撰稿:张邦科 审稿:支乾锋)

徐州高级中学

校长、党委书记 秦晓华
副校长 姚 斌 杜宪刚 文 青
鹿晓波（8月—）

【概况】 徐州高级中学占地面积6.3公顷，建筑面积5.7326万平方米，拥有篮球场10片、标准足球场1片、400米塑胶跑道1个和乒乓球台30台。自动录播教室、数字实验室、电子阅览室、校园数字影院设备齐全。图书馆藏书近20万册。全年教育经费投入5893.24万元。毕业936人，招生686人，在校生2530人。教职工332人，其中专任教师321人。教授级中学高级教师3人，特级教师6人，高级教师145人，全国优秀教师1人，省有突出贡献的中青年专家1人，省人民教育家培养对象1人，市劳动模范4人，市名教师11人，市学科带头人4人，市青年骨干教师24人，市教学能手1人。学校获年度督导考核优秀等次，获得教育部全国青少年校园足球特色学校、全国体育工作示范学校、省青少年校园篮球特色学校、省优秀应急志愿服务组织、市首批关工委工作常态化建设合格单位、市"博爱在彭城、人道万人捐"活动先进集体、市"绿色学校"、市第五届中小学生艺术展演活动先进单位、市节水型学校、市校园足球示范学校称号。

【开展"升格课堂"活动】 3月起，学校结合"学讲计划"，开展"升格课堂"活动。活动旨在引导教师形成"在反思、研究、共同体中成长"的习惯，提高教学质量、提升专业素养。同时，提出"构建生命在场的课堂"命题，旨在强调课堂教学向重"学法"、重"活法"转变，建立课堂教学新常态。有语文、数学等11个学科32名教师参加该活动，开设"升格课堂"34节，集体研讨66次，主题研讨沙龙10次，参加人员1000多人次，3篇升格反思文章在期刊上发表，相关资料结集成书。

【参办省第五届书展】 7月16日，省第五届书展之徐州高级中学成语文化写作大赛颁奖仪式暨校本课程教材《铁笔丹青大汉气象》首发式在学校举行。会上，表彰大赛获奖的刘心妍等20名学生。大赛历时1个月，100余名参赛学生用文字展示自我个性风采，呈现出徐高中学生的传统文化素养和诚信担当精神。《铁笔丹青大汉气象》是学校省课程基地——汉画像石人文教育课程基地配套校本教材，书中详细介绍汉画像石的相关知识、历史故事及艺术价值，收录学生在校本课上制作的汉画像石拓片优秀作品。

【开展"素质机器人"运动】 年内，学校启动"素质机器人"运动项目建设。 9月，机器人马球队在全国机器人马球比赛中获青年组冠军。12月，马球队在第一届中国中关村科运会上，获亚军；机器人舞蹈队获季军。11月13日，"素质机器人运动"项目被评为市基础教育学校特色发展项目。学校成立机器人马球队社团，有80多名学生参加，并在高一年级开设机器人马球校本课程。

【承办中国名校长高峰会议高中分论坛】 10月30日，第十一届中国名校长高峰会议高中分论坛在学校举行。校长秦晓华介绍学校课改经验。包括学校教师许亚慧在内的、陕西省等5个省市的7名教师执教7节公开课。

【教育专家到校调研】 年内，国家、省级多名教育专家到学校调研课改情况。6月，《中国教育报》校长周刊主编齐林泉、中国教育科学研究院基础教育课程研究中心主任杨九诠到校调研“学讲计划”实施情况，并要求学生做相关问卷调查。9月，中央电教馆馆长王珠珠一行到校调研课改情况。12月，省教科院院长王国强一行到校调研“学讲课堂”开展情况，并同一线教师进行座谈。

（撰稿：邓 红 审稿：秦晓华）

徐州市第二中学

校长、党委副书记 李桂强
党委书记 刘巨达
副 校 长 李卫国 张德志 霍伟东

【概况】 2015年，徐州市第二中学全年教育经费投入2368万元。毕业536人，招生435人，在校学生1350人。教职工152人，其中专任教师135人。教授级中学高级教师1人，中学高级教师39人，“江苏省人民教育家培养工程”培养对象1人，省特级教师、市名教师、市级骨干教师15人。年内，学校晋升为省四星级高中，并首次参加市区第一批次高中招生，参加省高中学业水平测试过关率达97%，有38.9%的在籍学生获得高考加分奖励。高考二本文化上线人数完成目标218%。学校获市文明单位称号、获市元旦健身长跑优秀组织奖、省第十届中学生围棋赛高中组团体总分第二名，学校在教育部组织的“一师一优课，一课一名师”活动中获先进集体称号。1项国家级课题通过中期评估，4项省、市级课题开题，5项市级课题结题。新校区主体工程竣工。

【信息技术促进教育教学项目入选市典型案例】 9月，学校信息技术促进教育教学2项成果入选徐州市典型案例。中央电教馆专家组一行专程到徐州市调研，学校的“智能学习平台在自主学习中的应用”与“德育学分及综合素质智能平台”2个项目作为市信息技术促进教育教学典型案例进行展示。

【承办教育部经典诵读活动】 10月15日，学校承办“我们的节日·重阳”经典诗文诵读活动。活动是江苏师范大学和市语言文字工作委员会主办的“国培计划(2014)——中小学经典诵读教育(骨干教师)班”培训项目。其意义在于加强中华优秀文化传统教育和传承体系建设。学校师生在“我们的节日·重阳”经典诵读活动中的优秀表现，得到全国各地200余名国学专家的赞赏。

【省围棋文化课程基地接受专家组视导】 12月8日，省基础教育课程建设项目专家组到学校视导省围棋文化课程基地建设情况。专家组听取校长李桂强关于省围棋文化课程基地的建设汇报，并进行实地考察。专家组认为学校课程基地建设选点准、起点高，工作扎实到位，取得成绩。学校要抓住新校区建设的契机，在课程基地建设方面进一步深入研究、加强实践探索，建成全国一流的围棋文化课程基地。

【坚持依法治校、民主治校】 年内，学校坚持依法治校、民主治校。3月，学校面向全体师生及社会各界进行“徐州二中精神”征集活动，活动得到各界人士的响应。《都市晨报》以《徐州文脉绵绵流长 二中精神永放光芒》为题作连续报道。8月30日，学校召开第七届工代会暨教代会第十次会议，大会审议并通过《徐州市第二中学年度考核实施办法(修订)》、《徐州市第二中学绩效工作考核实施方案(修订)》。

【孟建民当选中国工程院院士】 年内，校友孟建民当选中国工程院院士。学校1973届毕业生孟建民当选中国工程院土木、水利与建筑工程学部院士。孟建民为全国建筑设计大师，中国建筑学会常务理事，第七届梁思成奖获得者，国务院政府特殊津贴专家。1970—1973年在学校初中就读。

【市领导到学校调研】 年内，常务副市长王昊、副市长李燕先后到学校进行调研。7月30日，王昊到学校新校区调研在建工程。市代建中心主任田立柱、市教育局副局长张宝民、校长李桂强、副校长霍伟东陪同调研。王昊听取关于新校区施工进展的汇报，询问工程进度情况，指示要加快进度，确保安全，保质保量按期完成新校区建设工程。10月9日，李燕在市教育局局长张德超、市教育局基教处处长李进强的陪同下到学校老校区调研。李燕对学校的教育教学工作给予高度评价，希望学校再接再厉，勇于创新，不断探索，取得更加丰硕的成果，努力办好人民满意的教育。

【承办省“大成杯”中学生棋类锦标赛】 7月15—18日，学校在大成殿第三次承办由省教育厅、省体育局主办的省第十届“大成杯”中学生棋类锦标赛。比赛分成围棋、中国象棋、国际象棋三大棋类，分初中组和高中组。省内20余所中学23支代表队137名棋手在府学宫参加比赛，比赛设团体总分奖和道德风尚奖。学校为比赛做细致的准备、组织工作，得到省学生体协领导和各代表队的好评。

【柯洁夺得“三星杯”世界围棋赛冠军】 12月9日，学校学生柯洁夺得“三星杯”世界围棋赛冠军。在第20届“三星杯”世界围棋大师赛决赛中，高一（1）班学生柯洁九段执白200手中盘击败中国对手时越，以2∶0的比分夺得“三星杯”冠军，成为中国首位90后围棋世界冠军“双冠王”。

（撰稿：李益群　审稿：李桂强）

徐州市第五中学

校　　长　孟　彦
党委书记　章　春
副 校 长　王运思　陆金寿
党委副书记　孟　彦

【概况】 2015年，徐州市第五中学占地面积3.1公顷，建筑面积1.6377万平方米。拥有300米塑胶跑道，5人制足球场，图书馆藏书9.42万册。全年教育经费投入2199.97万元。毕业生593人，其中，初中149人、高中444人，高中招生464人，在校生共1262人。教职工145人，其中专任教师137人。高级教师58人，市级青年骨干教师3人，市级青年名教师1人，市级学科带头人2人，徐州市名教师1人。学校获得徐州市文明单位称号。

【领导班子调整】 3月1日，学校领导班子调整。校长赵良厅退休，孟彦任校长兼党委副书记，章春任党委书记，副校长王运思分管教学，副校长陆金寿分管德育、后勤。

【申报省学科基地立项】 5月21日，学校申报江苏省数学学科基地经省教育厅批准，正式立项。4月28日，校长孟彦和副校长王运思参加在南京举办的江苏省普通高中数学素养课程基地申报项目答辩。

【撤销初中部】 6月15日，最后一届初三年级学生举行毕业典礼，学校撤销初中部，初高中分离是市区中小学布局调整及学校自身发展的需要，原初中教师进入高中部。

【举行110周年校庆活动】 10月28日，学校在马可广场举行110周年校庆活动。市教育局局长张德超与徐州五中近2000名校友、师生共同参加校庆活动,观看汇报演出。

【深化“学讲”打造高效课堂】 年内,学校深化“学讲”打造高效课堂。学校组织“学讲”好课标准讨论,制定《徐州五中“学讲工程”评价表》,分层推进“学讲”实践,共开设组内研讨课83节,“学讲”升级课11节。被市教育局授予2015年度“一师一优课、一课一名师”活动先进集体称号。

【校园改造建设】 2015年,学校加快校园改造建设。暑假,完成培心楼和正心楼的粉刷,改造校内厕所,新建5人制足球场。12月,完成五三楼加固改造设计和培正楼修缮招标工作,确保2016年开工建设。

【高考成绩突出】 2015年,学校高考取得好成绩。文化本科上线超百人。培正班本科上线率达83%,有14人考取国外大学。12月,在省艺术类专业统考中,学校本科上线59人、合格率达95%,学生汤一丁专业成绩全省排52名。

(撰稿:严作永 审稿:孟 彦)

徐州市第八中学

校长、党支部书记 郭洪踉
副校长 李颖华 晁 虹

【概况】 2015年,徐州市第八中学占地面积1.13公顷,建筑面积1.54万平方米。全年教育经费投入1147.7万元。毕业生221人,招生146人,有13个初中班,在校生475人。教职工72人,其中专任教师64人。特级教师1人,中学正高级教师1人,中、高级教师62人,市名教师2人,市学科带头人2人,市青年骨干教师2人。年内,学校足球队在徐州市“市长杯”中小学校园足球联赛初中组比赛中获得冠军。

【校园功能改造与文化布局调整】 年内,学校进行校园功能改造与文化布局调整。重新设计、制作校园文化展板内容,分为历代名画、历代碑帖、摄影欣赏、孝亲故事、尊师故事与名联欣赏等专题,图文并茂、寓教于乐,校园文化内涵得到提升。学校新建电动车充电室,并对原金鹰商贸楼半地下室进行整体改造,成为具备完整功能的现代化车库,有车位20余个,配备限位器和防撞条,以保证停车安全。

【举办系列读书活动】 年内,学校围绕第20个世界读书日举办系列校园读书活动。4月,举办“书香润泽校园,阅读丰富人生”主题读书活动。各班图书角流动书架展出图书,供学生借阅。教师潘畅、崔岩分别向全体学生作题为《读书人和书房》《做爱读书的中国人》讲座。5月,学校举办“悦读人生,书香校园”读书活动,挑选数百种有关历史、文学、教育类图书,免费赠予学生。学校还组织对读书颇有心得、取得一定成果的教师代表与家长、学生进行面对面交流。6月,学校举办“阅读点亮梦想,书香成就人生”经典诵读、课本剧比赛活动。

【开设学生兴趣小组课程】 11月起,学校面向全体学生开设多种兴趣小组课程。开设阅读与写作、几何画板选讲、脑洞大开、英语角、物理拓展、化学拓展、以及篮球、乒乓球、书法绘画、摄影、合唱队、行走户部山、电脑制作、经典影视欣赏、养殖种植、十字绣、衍纸画等丰富多彩的课外兴趣小组课程。每周二、四下午，全体学生到指定地点参加兴趣小组课程的活动。

【举办校园文化艺术节】 11—12月，学校举办校园文化艺术节系列活动。11月，举行校园十佳歌手比赛。12月，举办才艺大赛，比赛分为曲艺类、舞蹈类、乐器类。12月28日，举行校园艺术节创新项目——以班级为单位、全员参与、师生同乐的集体舞大赛。

（撰稿：潘　畅　审稿：郭洪踉）

徐州市第三中学实验学校（第十中学）

党支部书记　王建伟
校长、党支部副书记　倪绍刚
副校长　孙　华

【概况】 2015年，徐州市第三中学实验学校（徐州市第十中学）占地面积2.3公顷，建筑面积9347平方米。图书馆藏书34361册。有4片篮球场、1片塑胶运动场。有4间标准化理化生实验室、2间电脑网络教室、多媒体报告厅、12间多媒体教室。初中毕业生69人，初一招生292人，有18个班，在校生781人。教职工59人，其中专任教师55人。本科及以上学历47人，高级职称23人，中级职称24人，初级职称4人。年内，学校在市教育局和市政府综合督导考核中获优秀等次，学校团委被市教育局团委授予五四红旗团委称号。学校推行"自主·共享·成长"小组教学模式，经过探索、实践，逐步完善，取得成效。

【开展信息化教学公开课活动】 年内，学校借助信息化教学平台多次开展公开课活动。学校45岁以下教师全年共开设3轮公开课、40节录像课，提高教师执教能力。5月，市教研室、市电教馆、徐州市第三中学在学校共同举办"智慧校园共享成长"数字化教学研讨会，李文淑借助智动课堂教学平台执教的探索性与趣味性数学课、张敏借助101网校教学平台展示的英语课，受到与会领导教师的好评。6月，101远程教育网全国信息化教学研讨会在学校召开，甘肃、河南、山东、连云港等省市18所学校领导及骨干教师103人参加会议，孟莉、张敏分别开设语文课、英语课，活泼的教学设计、专业的教学平台、适时的师生互动，展示信息化教学手段的优势，受到各地领导专家的肯定。

【搭建推进教师全面发展平台】 2015年，学校为推进教师全面发展搭建平台。研究课题"薄弱初中全面提升学生学习力的研究和实践"通过市教育教学研究室课题立项，并被选送申报省级课题。在学校"初中'学生课题'多方位实施策略的研究"课题组教师的努力下，学校综合实践活动不断完善。4月，课题组向市教育局上交14个研究性学习小课题。7月，学校"学讲"专项课题《学生学习养成手册的研究和实践》《学讲计划下思品课前置教学的研究和实践》在市教育教学研究室和市教育局"学讲"办公室领导专家的鉴定下结题，专家们对课题研究成果给予高度评价。年内，学校为提高教师教学能力，增强爱岗敬业精神，多次邀请名优专家、教师作报告。

【教师获奖情况】 年内，学校多名教师获市级奖项。倪绍刚获市优秀教育工作者称号。李文淑、丁杰在"一师一优课、一课一名师"评选中，获市级名师称号。马民被评为市教育系统先进个人、获"领航杯"市信息化教学能手大赛二等奖。高会获市优秀共青团干部称号。陆荣获大市级初中综合实践评优课一等奖、市级初中思想品德评优课一等奖。陆荣、李文淑分别被市教研室聘为兼职研究员和特邀研究员。

（撰稿：马　民　审稿：王绍峰）

徐州市第十三中学

校长、党支部书记　金建明
副校长　蔡晓梅　李　燕

【概况】　2015年，徐州市第十三中学占地面积3.1公顷，校舍总面积2.1万平方米，其中，永安校区1.4万平方米，和平校区7742平方米。年内，教育经费投入3751.54万元，其中基础建设项目投入91.79万元。馆藏图书11万册，电子图书总量4万册（2吉字节）。毕业学生907人，招生853人，在校生2746人。教职工223人，其中专任教师211人，高级教师71人。3月，学校九年级被评为江苏省巾帼文明岗。4月，学校获全国教育信息化创新应用先锋学校称号。

【迎接国家义务教育均衡发展检查】　6月，学校迎接国家义务教育均衡发展检查。国家义务教育均衡发展检查团一行到学校检查验收义务教育均衡发展情况，校长金建明将学校的办学条件、学校管理、队伍建设、教育教学、规范办学、均衡办学等工作向检查组进行汇报。

【中央电教馆到学校调研】　9月，中央电教馆调研团到学校进行教育信息化工作调研。专家组先后观摩教师董磊、米睿的信息化课堂教学，听取学校信息处关于“信息化支持系统建构”的工作汇报。中央电教馆领导对学校信息化建设给予认可。

【承办第十一届中国名校长高峰会议】　10月29—31日，学校承办第十一届中国名校长高峰会议。学校作为第十一届中国名校长高峰会议唯一的初中部分会场，开展课堂教学研讨活动。全国近300名教育专家、知名校长走进课堂，谈体会、悟教育。校长金建明作题为《信息化助推课改再启航》的课改报告。学校展示以副校长蔡晓梅的语文课为代表的8节课堂教学示范课。教师发展中心副主任孟慧以“我的一天”为主线，介绍学生和教师享受信息化教学成果的体会感悟。

【信息化教学落地生根】　年内，学校在七年级开设“双课堂E学班”的实践研究，使信息化教学在学校落地生根。结合“学讲计划”，率先使用PAD进行课前微课导学、课上实时训练、课后练习辅导等教学手段，借助网络平台打通课前、课中、课后的学习。7月，学校获全国第十三届全国中小学信息技术创新与实践大赛团体一等奖。

（撰稿：王丽萍　审稿：金建明）

徐州市王杰中学

校长、党委副书记　郭兆峰（2月—）
党委书记、副校长　许庆华（—2月）
副校长　闫洪振　袁　剑　万　众（—8月）

【概况】　2015年，徐州市王杰中学占地面积3.9公顷，建筑面积2.25万平方米。图书馆藏书6万余册。全年教育经费投入2461万元。毕业学生642人，其中，初中245人、高中397人，招生494人，其中，初中124人、高中370

人，在校生共1588人。教职工149人，其中专任教师144人。特级教师1人，高级教师51人，市级青年骨干教师1人，市学科带头人1人，市青年优秀骨干教师1人。年内，学校获市元旦长跑优秀组织奖，获首届学生阳光体育运动会跑操一等奖、武术操二等奖、初中组身体素质类团体二等奖。杜涛连续3年在市区教师业务能力测试中获优秀。

【构建学校核心价值观】 年内，学校构建“善良、尊重、勇气、责任”核心价值观。通过对学校文化进行全面诊断，分析学校的教育传统与特色、教育对象的特殊性、主要相关人员的需求以及关键资源水平，经过领导班子策划，师生、家长共同参与和广泛认同，确立学校核心价值观。学校以核心价值观为引领，全面提升软实力，保持优质、特色、人文和创新的王杰教育品牌。

【开展阅读活动，打造书香校园】 年内，学校开展创建“书香班级，书香校园”活动。1月13日，进行经典国学诵读活动决赛。4月27日，举行“全民阅读”启动仪式暨“图书进班级，书香满校园”活动表彰会。10月27日，启动以“我读书，我阅报，我成长，我快乐”为主题的图书漂流活动。

【与省内外学校开展教研活动】 年内，学校与省内外多所学校开展交流研讨活动。3月25日，邳州市王杰中学一行10人到校听课交流。5月22日，青海省海南州18名教师到校进行教学交流。5月29日，上海市嘉定区徐行中学一行26人在校长孙悦如带领下到校开展教学交流。10月15日，承办“陶研会城乡大课堂”交流活动。10月30日，组织教师到无锡天一中学听课交流。11月27日，组织教师到南师附中参观学习。

【成立名师工作室和教师社团】 10月15—16日，学校成立名师工作室和教师社团。首批11个名师工作室举行启动仪式，实行主持人负责制。成立教师微课社团、“学讲”社团，分别由杨孟、韩秋红负责，两个社团成员共计22人，建立网络教研基地。

【开展有益于教职工身心健康的活动】 年内，学校开展多项有益于教职工身心健康的活动。3月，校工会举办“运动赛场展风采，巾帼英雄创伟业”趣味运动会。4月，举办“春满校园”摄影比赛活动。7月，学校邀请专家米丽霞、刘翔平为教职工作“做一名智慧的教师”“幸福比成功更重要——如何运用积极心理学减压”专题讲座。9月29日，举行教职工秋季运动会，设置100米短跑、跳绳、跳远、自行车慢骑、团体60米迎面接力等比赛项目。

【周营营援藏支教载誉归来】 11月25日，地理教师周营营援藏支教载誉归来。2014年8月，周营营赴拉萨江苏实验中学支教。被江苏省人民政府和拉萨市人民政府授予优秀援藏教师称号。

【举办首届班主任基本功大赛】 9月16日，学校举办首届班主任基本功大赛。经过前期选拔，共有9名班主任参赛，市教育局、兄弟单位的专家作评委，评出一、二、三等奖。学校举办班主任基本功大赛，旨在引导班主任树立先进的教育理念，提升工作艺术，也为参加市班主任基本功大赛选拔教师。

（撰稿：吴　瑾　审稿：郭兆峰）

徐州市第二十二中学（徐州市第一中学实验学校）

副校长　朱思超（主持工作—8月）
校长、党支部书记　万　众（8月—）
副校长　朱卫华　程廷伟
校长助理（一中党委任命）　李　辉　周　宁
工会副主席　张立明（—10月）

【概况】　2015年，徐州市第二十二中学占地面积2公顷，建筑面积5805平方米。图书馆藏书3.2万册。全年教育经费投入915万元。初中毕业69人，初中招生179人，在校生452人。教职工55人，包括交流教师6人、支教教师7人和外聘教师7人，其中，高级教师17人，中级教师25人。1月，学校获市元旦健身长跑优秀组织奖。4月，学校获市优秀平安校园称号。

【学校整体搬迁升级改造】　2月6日，二十二中老校区整体搬迁，升级改造。在市教育局和市第一中学支持、帮助下，学校整体搬迁到市第一中学夹河街校区。11月上旬，投资314万元的办公实验楼加固主体部分竣工。

【举办“学讲课堂”教师论坛】　9月7日—12月28日，学校先后举办5期“学讲课堂”教师论坛。在教师论坛中，校长作主讲，校长助理带头讲，教务处主任和优秀教师代表积极参与。举办“学讲课堂”教师论坛，进一步深入贯彻落实“学讲计划”。

【获市级节水型学校称号】　10月27日，学校获第五批市级节水型学校称号。10月，根据徐州市《节水型学校考评标准》，市水利局、市教育局、市财政局组织专家对学校进行现场考评、查阅资料，确定徐州市第二十二中学等13所学校为第五批市级节水型学校。

【“徐州舰”首长到学校参观】　11月16日下午，东海舰队“徐州舰”政委曾亮应邀到学校参观。东海舰队“徐州舰”政委曾亮由市“双拥”办公室主任齐飞陪同到学校参加座谈会，并由校长万众陪同参观夹河街校区。

【新一届学生社团开展活动】　12月7日，学校新一届学生社团开展活动。新一届社团是在校团委的组织下，学生们自主组建的。各社团通过张贴海报、语言宣传，展示社团文化和社团特色活动，自主招募成员、制定章程、拟定计划、准备活动内容。

【青年教师获市教学大赛奖项】　12月，学校多名青年教师获得市级教学大赛奖项。欧颖、任新新获市青年教师基本功大赛大市一等奖。在“一师一优课，一课一名师”活动中，耿玉凤、欧颖分获市级优课一、二等奖，黄刘洋获先进个人称号。

（撰稿：柏发瑞　审稿：万　众）

徐州市科技中学

校长、党支部书记　吴小凡
副书记　雷修英
副校长　姚元芝

【概况】　2015年，徐州市科技中学占地面积2.81公顷，建筑面积1.25万平方米。毕业生428人，招生390人，在校生1244人。教职工101人，其中专任教师80人。具有硕士学位的教师7人，高级教师31人，特级教师1人，市名教师1人，市青年名教师2人，市青年优秀骨干教师2人，市教学能手2人。

【市阳光体育运动会获佳绩】 9—11月，科技中学在徐州市阳光体育运动会上取得突出成绩。获得运动会特色啦啦操一等奖、跑操比赛一等奖，获“市长杯”足球比赛初中女子组一等奖第二名、初中男子组一等奖第三名。成为2015年“市长杯”校园足球联赛中学组唯一一个男女队均进入前三名的学校。

【参与“学讲”共同体】 1月起，科技中学与奎山学区5所小学组建“奎山共同体”，研讨“学讲”共同进步。年内，科技中学先后派出近10名教师参与“学讲”课的授课与研讨，开设观摩课受到评课教师好评。

【教师专业发展成绩突出】 年内，学校教师专业发展成绩突出。11月，化学教研组徐丹丹、数学教研组王琦分获江苏省中小学青年教师基本功大赛二等奖、三等奖。12月，徐瑾获得徐州市青年名教师称号。

【新建教学综合楼竣工】 年内，学校新建教学综合楼全面竣工。教学综合楼采用五层框架结构，贯通北综合楼与南教学楼，建筑面积1699.4平方米，造价300余万元。

（撰稿：王　薇　审稿：吴小凡）

徐州市第三十一中学

校长、党总支书记　姚　灿
副校长　张晋良　沈　瑜

【概况】 2015年，徐州市第三十一中学东、西两校区占地面积4.12公顷，建筑面积2.64万平方米。图书馆藏书10万余册。全年教育经费投入3512.76万元。毕业学生940人，招生868人，在校生2608人。教职工203人，其中专任教师178人。高级教师55人，市名教师1人，学科带头人1人，优秀青年骨干教师4人，教学能手1人。年内，学校获得2013—2015年度徐州市市区初高中教师业务能力测试优秀单位、市学生资助工作先进单位、全国首批体育工作示范校、全国青少年校园足球特色学校称号，获徐州市“市长杯”中小学校园足球联赛亚军。

【开展网上晒课、评优课活动】 年内，学校开展网上晒课、评优课活动。3月初，组织全体教师参与网上晒课，共晒课112节，晒课率为137%。5月，举行校级优质课评比活动，学校精心打造6名教师的优质课参加市级评比，参评教师全部获奖，其中3人获市一等奖。

【组建“学讲”研究团队】 5月，学校组建“学讲方式”团队，用科研引领课改。团队成员有语文、数学、物理、生物、地理、体育学科的20名教师。团队从学习类型、教师行为、学生行为和自主特征四个方面，对小组合作学习整个过程进行研究，围绕“学讲方式”中出现的各种问题，开展课题申报工作。

【团省委领导到校调研共青团工作】 6月24日，团省委及团市委、市教工委等领导到学校调研共青团工作。团省委少先队总辅导员姜东、团省委学校部副部长张精华、团市委副书记徐子宇、市委教育工委副书记杜耀东及各兄弟城市团市委领导一行到学校进行共青团工作调研。姜东一行参观西校区各班的团队角展示、校团队活动室、生物实验基地和航模社、滨湖文学社、语轩书法社、司晨朗诵社、围棋社等部分社团活动现场。

【启动校园文化总体设计工程】 6月，学校启动校园文化总体设计工程。学校广泛征求对学校文化品牌建设的意见和建议，梳理学校的文化脉络，聘请山东大学专业团队对学校文化进行规划，确定以"顺承天性、玉成其美"为核心的校园文化脉络，学校按照整体设计规划，分步骤实施校园文化提升工程。

【获全国青少年校园足球特色学校称号】 8月，学校获全国青少年校园足球特色学校称号。根据教育部办公厅《关于做好全国青少年校园足球特色学校及试点县（区）遴选工作的通知》的精神，教育行政部门确定授予学校全国青少年校园足球特色学校称号。

【徐慧姝、彭瑞娜省评优课取得好成绩】 年内，学校2名教师参加省级评优课取得好成绩。9月，徐慧姝在省中小学教学研究室组织的初中英语教学观摩研讨活动中获一等奖。11月，彭瑞娜在省中小学教学研究室组织的中学青年数学教师优秀课观摩与评比活动中获一等奖，并获全国一等奖。

【获全国首批学校体育工作示范学校称号】 10月，学校获全国首批学校体育工作示范学校称号。经过学校创建、市检查、省复核、教育部复核多个环节，通过上级教育主管部门评估，学校获全国首批学校体育工作示范学校称号。

【启动青年骨干教师培养工程】 11月，学校启动青年骨干教师培养工程。学校选拔一批年龄在40岁以下，具备大市级优质课三等奖以上、或教学基本功大赛个人全能三等奖以上条件的教师，作为培养对象，为每名培养对象配备1名导师，提出目标要求，签订师徒结对协议书，定期检查每名培养对象的发展情况，争取在2—4年内，培养一批市级青年骨干教师。

（撰稿：胡义广　审稿：姚　灿）

徐州市西苑中学

校　长　赵　苑
党支部书记　马　毅
副校长　杨江波　李志坚　王海燕

【概况】 2015年，徐州市西苑中学占地面积1.8公顷，建筑面积1.54万平方米，拥有250米塑胶跑道，图书馆藏书6.77万册。全年教育经费投入1971.33万元。毕业学生610人，招生649人，在校生共1953人。教职工139人，专任教师135人。特级教师2人，高级教师35人，学科带头人1人，青年骨干教师4人，教育硕士及在读教师19人。20人次获市级以上奖励，学校获2014—2015学年度目标管理综合督导考核优秀等次，获市教育局依法治校示范校、全国青少年校园足球特色学校、市优秀家长学校、市先进基层党组织、市文明单位称号，物理教研组被评为省优秀物理教研组。

【获市先进基层党组织称号】 年内，学校党支部获市先进基层党组织称号。学校党支部在党的群众路线教育实践活动中，坚持开门问情，征求各方意见，针对群众反映强烈、关系群众切身利益的问题进行整改，取得显著的办学成绩。5月8日，校长赵苑在市教育局党的群众路线教育实践活动后续工作推进会上作典型发言，从三个方面介绍学校为师生办实事的做法：围绕学生健康成长，雷厉风行抓整改；围绕教师发展，重拳出击抓整治；围绕服务群众，集中力量抓作风。

【中考再创佳绩】 10月18日，徐州市中考成绩分析会公布全市学校中考成绩，西苑中学再创佳绩。考入一中、三中137人，考入四星级高中297人，位居直属中学前列，受到市教育局表彰。

【参加市首届阳光体育运动会获奖】 2015年，学校参加市区第一届阳光体育运动会连获3个比赛项目的一等奖。11月3日，在运动会跑操比赛中获一等奖，在初中组“市长杯”足球赛中获一等奖，在初中组长绳比赛中获一等奖。

【举行联盟教研活动】 11月20日，徐州、苏州、扬州、无锡4市10校，在西苑中学举行“聚焦课堂、同课异构、共享智慧”联盟教研活动。西苑中学、市二十六中、市第一实验学校、张家港市第一中学、张家港市第二中学等10所学校聚焦课堂、提质增效。共有20名教师参加语文、数学、英语、物理、化学、历史学科同课异构的教研活动。活动促进江苏省南北课堂教学形式的交流与教学思想的碰撞，展现西苑中学良好的校风、学风。

（撰稿：陈春晓　审稿：赵　苑）

徐州市第三十二中学

校　长　练晓涛
党总支书记　练晓涛
副校长　周　毅　张　强

【概况】 2015年，徐州市第三十二中学占地面积1.8公顷，建筑面积1.26万平方米。有2个硅PU篮球场，占地面积1140平方米，有200米塑胶跑道。图书馆藏书2.4万册。全年教育经费投入2158万元。毕业生192人，招生207人，在校生共570人。教职工51人，其中专任教师49人。高级教师12人，市级青年骨干教师1人。1月，获市节水型学校称号。12月，获省优秀家长学校称号。

【落实“一师一优课”活动】 年内，学校采取多种措施落实“一师一优课”活动。3月，制订“一师一优课、一课一名师”活动实施方案，利用《教科研简报》、学校QQ群和校园网进行宣传动员。安排教师到录播教室试录课，组织各教研组听课磨课，组织教师进行“晒课”演示、实践操作，市局“一师一优课”活动“晒课”通报数据显示，学校共“晒课”48节。为推送学校青年教师参加对外赛课，学校邀请市教研室专家到校进行评课议课，参赛教师取得1个部优、1个省优、1个市优的成绩。

【重视信息化教学培训工作】 2015年，学校重视组织教师参加信息化教学相关技能培训。3月，学校组织全体教师参加微课和录播教室使用培训；9月，组织部分教师参加学易云“教育公共云服务平台”培训；10月，组织全体教师参加“教学云平台”培训。各类培训强化教师依靠现代科学技术服务于教学、提高课堂效率的意识和水平。

【开展“阳光体育月”活动】 11月30日—12月30日，学校组织开展校园冬季体育锻炼暨“阳光体育节月”活动。11月30日，学校召开阳光体育运动会，同时进行全校跑操比赛。阳光体育系列趣味活动安排在每周二、四的大课间活动时间。学校参加徐州市中学生阳光体育运动会，获得跑操中学组一等奖、身体素质类二等奖、跳长绳二等奖。

【获省优秀家长学校称号】 12月，学校获省优秀家长学校称号。“家校协作”“师生共进”是学校德育教育工作的重心，学校围绕家庭教育和学校教育教学工作，积极发挥家长委员会沟通、服务、监督、参与、管理作用。家庭教育与学校教育、社会教育紧密配合，形成合力，促进学校教育和家庭教育达到“同步”、教师和家长教育达到“同心”、学校和社区教育达到“合力”，努力营造有利于青少年健康成长的育人环境。

（陆建明）

徐州市第三十三中学

校　长　姚　灿(—2月)　于　欣(2月—)
副校长　董向伟　项冬松　高昌华(—8月)

【概况】 2015年,徐州市第三十三中学占地面积1.54公顷,建筑面积9210.10平方米。拥有200米塑胶跑道,图书馆藏书5.4万册。全年教育经费投入1357.75万元。毕业学生431人,招生312人,在校生共1095人。教职工95人,其中专任教师89人。特级教师1人,市级名教师1人,高级教师24人。9月,学校获市教育局师德建设先进集体称号,学校"悦动足球队"参加徐州市"市长杯"校园足球联赛获一等奖。11月,学校被评为市足球特色学校。

【专家驻校指导　助推悦动课堂建设】 11月25日—12月9日,学校邀请专家驻校指导,助推悦动课堂建设。语文、数学、英语、物理、化学教研员驻校听课46节,对相关学科课堂教学逐堂指导,并对学校冠名的"悦动学讲课堂"及"目标导学、自主先学、合作互学、质疑问学、检测促学、反思悟学"课堂教学六环节给予肯定。

【形成"仪式教育"体系　创设自律德育品牌】 年内,学校形成"仪式教育"体系,创设自律德育品牌。5月13日,八年级举行"青春仪式"。6月15日,九年级举行"毕业仪式"。9月25日,七年级举行"入学仪式"。形成三个年级主题递进的"仪式教育"体系。9月,学校出台《自律德育行动计划》,德育处制订《自律德育量化考评积分方案》,学生个人签定《自律德育项目书》,实行自评、组评、班评三级考评,初步形成特有的自律德育品牌。

【开设中考专题讲堂】 年内,学校开设中考专题讲堂,中考成绩见成效。5月19日,校长于欣为毕业班学生开设中考专题大讲堂。随后各学科相继开设专题讲堂。年级组拿出系统教学计划和提优转差措施,学校中考成绩再次提档升级,总成绩进1位,"看起点比进步"进步7个位次,低分率降低,优分率提高,考入第一批次重点高中112人。

【市首届阳光体育运动会获奖】 10月27日—11月3日,学校组织参加市首届学生阳光体育运动会获3个奖项。获得跳大绳第一名、身体素质类一等奖及跑操类二等奖。

【举办合唱比赛暨迎新联欢会】 12月30日下午,学校举办"唱响主旋律,舞动新希望"合唱比赛暨迎新联欢会。全校师生参加表演大合唱、舞蹈、诗歌朗诵、器乐演奏、书法展示、武术、小品等节目。

(撰稿:陈　洁　审稿:于　欣)

徐州市第三十四中学

校　长　王飞鸣
党支部书记　刘　洪
副校长　张世栋　徐成林　张黎明

【概况】 2015年,徐州市第三十四中学占地面积3.3公顷,建筑面积2.7万平方米。图书馆藏书4.9万册。全年教育经费投入3444.75万元。毕业学生348人,其中,初中198人,小学150人;招生570人,其中,初中259人,小学311人;在校生2260人。教职工113人,其中专任教师101人。中学部专任教师52人,中小学高级教师22人,中小学一级教师19人;小学部专任教师49人,中小学高级教师3

人，中小学一级教师27人。市名教师1人，市学科带头人1人，市青年骨干教师1人，市教学能手1人。

【“E笔E画”首次进课堂】 1月9日，学校引进的一套教学辅助系统“E笔E画”首次进课堂。教师张霖首次应用“E笔E画”教学辅助系统开设物理教学公开课。教师通过“E笔E画”教学系统，在课堂上和学生进行实时互动，学生拿笔在点阵纸书写的题目、文字，实时在电子白板上显示，教师可以随时掌握学生学习过程。“E笔E画”教学系统引入课堂，具有开创性意义，有效提高课堂学习效率。

【举办第十届德育研讨会】 8月29日，学校举办第十届德育研讨会。研讨会上，学校党支部书记刘洪作德育工作报告，班主任代表张晓红、房晨、姚玮、李为国及三十四中附小——经十路小学团队在研讨会上分别作经验介绍。

【完成经十路小学移交工作】 7月7日，学校完成经十路小学移交工作。根据市政府《关于新城区经十路小学移交工作会议纪要》精神，学校附属小学经十路小学分校于9月1日移交云龙区管理。

【开展校园足球工作】 年内，学校重视开展校园足球工作。9月18—19日，学校男子足球队首次参加2015徐州市“市长杯”中小学足球联赛。10月22日，学校召开“基于学生综合素质提升的‘快乐足球’教育”特色项目启动仪式暨校园足球工作会议。全体体育教师与3名校外足球教练参加项目启动仪式和会议。

【孙悦、姚玮省班主任基本功大赛获奖】 10月15日，学校2名教师参加省班主任基本功大赛获奖。孙悦、姚玮代表徐州市教育局参加江苏省班主任基本功大赛，孙悦获初中组一等奖，姚玮获小学组三等奖。

（撰稿：董　升　审稿：王飞鸣）

徐州市第三十五中学

校长、党委书记　王冀宁（女）
副校长　汪建军　尚家勇　李　明

【概况】 2015年，徐州市第三十五中学占地面积4.2公顷，建筑面积2.4万平方米。有200米塑胶跑道，图书馆藏书9万册。毕业生614人，其中，高中383人、初中231人，招生589人，其中，初中230人、高中359人，在校生共1804人。教职工173人，其中专任教师156人。高级教师60人。年内，学校获市青年教师培养先进单位、市师德先进集体、市节水学校称号。

【教师专业素养不断提高】 2015年，学校教师专业素养不断提高。学校参加市初高中教师业务能力测试连续三年成绩优异，获2013—2015年市区初高中教师业务能力测试优秀单位称号。参加青年教师基本功大赛，2人获一等奖、1人获二等奖、1人获三等奖。在省、市首届微课资源开发评比活动中，获省特等奖1个，省三等奖1个，市一等奖10个，市二、三等奖17个。在“一师一优课”评比活动中，学校获部级优课1节，省级优课2节，市级优课1节。葛志元、许继霞、王海虹辅导的学生在省奥林匹克数学和生物竞赛中获得一、二等奖，朱耿利、陈广营、闫芳、韩雪华辅导的学生在省数学竞赛中8人获一等奖、15人获二等奖，蔡春雷、张宜宽辅导的11名学生在省金钥匙科技竞赛中分获省特等奖和省市一、二等奖。王冀宁、张尊浩、闫芳、王澍、张玲娇、魏景、吴杨7名教师获得省科技优秀先进个人和省优秀辅导教师奖。

【德育品牌建设成绩突出】 2015年，学校将构建德育主题活动贯穿学生校园生活。学校举办以“精细化管理与特色德育”为主题的第二届德育论坛，组织班主任进行团队拓展培训，开展以“自信、责任、感恩、好学”为主题的班会研讨课活动，探讨德育微课在班会课中的应用，编撰“责任教育”德育校本教材。德育处组织学生开展首届规范学生仪表行为校园摄影大赛，选送20幅摄影作品参加市第五届中小学艺术展演活动，获一等奖3个、二等奖17个。学校开展“三十五中，三十五星”学生创星活动，将责任教育中“对自己负责、对他人负责、对集体负责”的要求落到实处，通过体育节、艺术节、读书节、科技节开展20多项活动。

【教育信息化建设大幅度提升】 年内，学校教育信息化建设得到大幅度提升。光纤宽带接入提速升级，由百兆提升至千兆，实现教育教学区域无线全覆盖。在教学管理和办公应用方面，引入“钉钉”办公平台，全员参与，免费电话、ding一下消息必达、文件分发，实现办公自动化、移动化，提高工作效率，节约办公成本。

【艺体活动丰富多彩】 2015年，学校开展阳光体育活动和文艺社团活动，提升学生审美情趣和身体素质。学校开展体育节、阳光体育活动，跑操、跳绳比赛、篮球比赛、拓展训练，增强学生体魄，培养团队合作精神。开展文艺社团活动、摄影比赛、课本剧、歌唱比赛、文化艺术节，丰富学生的课余时间，培养学生的艺术情操。学校获市第一届学生阳光体育运动会身体素质二等奖、跑操二等奖、健身长跑优秀组织奖。

（撰稿：李维斌　审稿：王冀宁）

徐州市第三十七中学

校　长　程友平
书　记　戴世荣
副校长　邱志宏　杨　倩

【概况】 2015年，徐州市第三十七中学占地面积2公顷，建筑面积1.9万平方米。有塑胶跑道运动场、篮球场、羽毛球场，图书馆藏书8.87万册。全年教育经费投入3102.3万元。毕业生510人，其中，初中158人，高中352人。高中招生386人，初中停止招生，在校学生共1400人。教职工174人，其中专任教师152人。教授级高级教师1人，中学高级教师70人，市学科带头人1人。学校为省三星级高中，获省平安校园、省学生军事训练先进单位、市田径传统项目学校、市艺术教育先进单位称号。

【初高中办学分离】 5月20日，学校根据市教育局文件精神，实施初、高中办学分离。根据省人民政府《关于深入推进义务教育均衡发展的意见》要求，学校结合自身实际，呈报《徐州市第三十七中学停止招收初中学生的申请》，市教育局于5月20日下发批复文件，决定三十七中自2015年秋季起停止招收初中学生，实施初、高中分离。现有初中学生分别于2015年、2016年、2017年毕业离校后，学校将成为独立普通高级中学。学校于1965年建校，一直为完全中学体制。

【迎接义务教育均衡发展检查】 6月2日，教育部义务教育均衡发展检查团到校检查验收。检查团一行听取学校教育教学管理、全面实施“学讲计划”推进课改的工作汇报，实地察看新投入使用的初中部综合教学楼、录播教室、微机室、实验室、图书室、运动场地以及新配备的多媒体投影机、电子白板、高拍仪现代化教学设备，观看开展“赏识教育”“环保教育”、建设德育品牌的探索与成果展示，对学校义务教育工作取得的成绩给予肯定。

【环境小记者团建团30周年】 6月3日，学校举行环境小记者团成立30周年庆典暨环保节。学校召开环境小记者团成立30周年庆祝大会，并同时举办“2015校园环保节”系列活动，开展团史展、环保书画展、环保谜语竞猜、环保小制作、闲置物品跳蚤超市义卖等活动，全校1000余人参与活动。学校环境小记者团于1985年6月3日成立，小记者们足迹踏遍大江南北，长城内外，先后开展草原沙漠化、西北生态多样性、西南酸雨、渤海污染、淮河污染、南水北调等20多项大型专题调查，在街头巷尾、车站码头等宣传和践行环保，培养千余名小记者，被联合国环境规划署授予“全球500佳”称号，受到环保部和省、市领导的亲切接见。

【举办“‘一独四互’学讲课堂”模式推进会】 10月14日，学校举办“‘一独四互’学讲课堂”模式推进会。“‘一独四互’学讲课堂”模式，即运用独立自读、互助学习、互换角色、互动交流、互评助推的教学策略，把课堂分为自主学习、展示交流、检测总结3个时段，组织推动学生“学进去、讲出来”。推进会总结提炼课堂设计、组织实施等方面的经验，修订课堂评价标准，对下阶段推进工作提出要求。大会征集到73篇总结、论文，其中徐静、于爱琴等29名教师作大会书面交流。

【举办古诗词朗诵比赛】 12月23日，学校举办博古颂今——中华传统经典古诗词朗诵比赛。近50名学生代表各自班级先后登台表演28个节目，他们以激情满怀的朗诵，从不同角度汇报诵读活动成果。10月，学校为促进校园文化建设，提升学生人文素养，在全校开展中华传统经典古诗词诵读活动，诵读内容选自语文课本及辅导读物，全员参加。

（撰稿：王志强　审稿：程友平）

徐州市东苑中学
（徐州三中初中部）

校长、书记　吴国方
副校长　赵　晖（女）

【概况】 2015年，徐州市东苑中学占地面积2.18公顷，建筑面积1.88万平方米。拥有设施齐备的实验室5个，硅PU篮球场4片和300米塑胶跑道，图书馆藏书2.1万册。学生1900人。教职工128人，其中专任教师122人。2015年中考位次比2014年提升2个位次，优分率超过35%，张阚以663分进入市区前百强学生行列，升入四星级高中人数提升。学校网站在江苏省优秀校园网站评比中获一等奖，人均创建数字资源在市直管初中校中排名前列。

【青年教师在省市比赛中获奖】 年内，学校青年教师在省、市各类比赛中获多个奖项。李杏杏获江苏省青年教师基本功大赛政治学科一等奖，朱萍获江苏省优质课评比历史学科一等奖，李亮获江苏省自制教具大赛物理学科一等奖，孙松松获徐州大市优质课评比生物学科一等奖。为加速青年教师成长，学校启动名师建设工程，通过开展各种教学评比活动，提高青年教师的教学水平和业务能力。

【校女足队获市校园联赛三连冠】 11月，学校女子足球队在徐州市校园女子足球联赛中获胜，创下三年夺冠纪录。学校女子足球队在省第十七届运动会中获女子丙组亚军，在省第十八届运动会中再获女子丙组亚军。学校以开展女子足球运动作为特色发展的突破口，坚持体教结合，市队校办，全员参与，长抓不懈。

【举办校园文化艺术节】 11月29日—12月31日，学校举办第七届校园文化艺术节。艺术节有冬季三项比赛、校园十佳歌手比赛、朗诵比赛、首届围棋争霸赛、校园书画比赛、篮球对抗赛等活动内容，全校师生踊跃参与，评选出一批校园体育艺术之星。12月31日，举行文艺汇演，作为对文化艺术节活动的总结，演出的节目有独唱、对唱、合唱，爵士舞、拉丁舞、中国舞，相声、武术、跆拳道。

（撰稿：张琳琳　审稿：吴国方）

徐州京师未来实验学校
（徐州市九里中学）

名誉校长　厉益森
校　　长　毛彬湖
执行校长　齐玉海
党总支书记　黄　俊
副 校 长　李海港　纪晓马
工会主席　李　波

【概况】 2015年，徐州京师未来实验学校（徐州市九里中学）占地面积7公顷，建筑面积2.7万平方米。有篮球场6片，300米塑胶跑道1片，足球场1片，乒乓球台10台。有标准物理实验室3个、化学实验室2个、生物实验室2个，有高考专业辅导音乐教室6间、美术教室6间。图书馆藏书6万册。全年教育经费投入1800万元。毕业学生321人，招生351人，在校生1207人。教职工182人，其中专任教师143人。高级职称53人，硕士及以上学历18人。

【实行混合所有制探索　一体化管理新模式】 2015年，学校实行混合所有制，探索一体化管理新模式。3月，市教育局与北京师范大学联合，创办徐州京师未来实验学校，徐州市九里中学和徐州京师未来实验学校实行公民办一体化管理，开创徐州市PPP教育模式先河。7月9日，市教育局局长张德超、副局长张宝民到九里中学召开全体教职工大会，宣布徐州京师未来实验学校和徐州市九里中学实行一体化管理，成立徐州京师未来实验学校与九里中学一体化管理委员会，全面负责学校管理工作。主要组成人员：名誉校长厉益森、校长毛彬湖、执行校长齐玉海、总支书记黄俊（原九里中学校长）、副校长李海港（原九里中学党总支书记）。其他组成人员由一体化管理委员会根据学校发展和工作需要予以聘任。

【北师大基教实验学校·徐州京师未来实验学校揭牌】 9月10日，北京师范大学基础教育实验学校、徐州京师未来实验学校举行揭牌仪式。市委宣传部部长冯其谱、市教育局局长张德超、北京师范大学教育培训中心执行主任肖卫国共同揭牌。

【校园基础设施改善工程竣工】 9月5日，学校校园基础设施改善基建工程竣工。基建工程共投入资金1600万元，对教学楼A座、艺术楼、综合楼、膳食中心和学生宿舍进行整体改造翻新，对教学楼B座进行加固和改建，对学校主体道路进行拓宽整修，设计修建全新的校门、篮球场、排球场、塑胶跑道和学生种植实践基地。

【"京师未来百家讲堂"进校园】 2015年,学校邀请北京师范大学多名从事基础教育的专家到学校讲学。课程包括"新课程背景下一线教师的专业发展方向""基于信息化的教师专业发展""沟通艺术:教师职业语言篇""沟通艺术:班会素材篇",教学内容涉及教师队伍培养、学生教育、家校沟通。

(撰稿:唐　蓉　审稿:王　旭)

中国矿业大学附属中学

党总支书记、校长　王健鹏
副校长　宣　炜　张　诚　罗永奇

【概况】 中国矿业大学附属中学位于中国矿业大学文昌校区院内,是一所全日制完全中学。2015年,学校占地面积4.16公顷,建筑面积1.7万平方米。有30个班级,在校学生1426人。教职工109人,其中专任教师85人。正高级教师1人,高级教师53人。5月,附中团委获中国矿业大学五四红旗团委称号。9月,王惠荣获市优秀教育工作者称号。

【中考高考再创佳绩】 2015年,附中中考高考再创佳绩。中考文化课总均分586分,优分率达94%,继续名列全市第一,张子晴获市中考第一名,3人考入西安交大少年班,18人被徐州一中复旦班录取,69人达到徐州一中统招线。高考本科上线21人,专科录取39人,提前录取71人。

【教科研成果显著】 年内,附中教师教科研成果显著。多名教师在省、市教师基本功大赛中获14项奖励。2人在市化学实验教学设计评比中获一等奖,2人获省初中数学实验创新设计二等奖,1人在市区优质课评选中获一等奖,2人在市信息化教学能手比赛中获市二等奖,6人在市论文评选中分获一、二等奖。

【第二课堂成果突出】 年内,学校第二课堂成果突出。200余名学生在省、市各项比赛中获奖。1人在全国语文规范化知识大赛中获一等奖,3人获省第十四届作文大赛初中组一、二等奖。12项学生课题成果获市级表彰,其中4项获一等奖。14人在省中小学生听力口语网络测试竞赛获奖。101人在省数学竞赛中获奖。5人在省金钥匙科技竞赛CESL活动中分获特等、一、二、三等奖。4人在中央电视台"希望之星"英语风采大赛江苏赛区获特等、一等奖。学校代表队参加第三届中国汉字听写大会,获徐州赛区冠军。

【积极推进课堂改革】 2015年,学校贯彻落实"学讲计划",推进课堂教学改革。组织教师赴歌风中学、搬经中学学习,举办优质课评选、青年教师汇报课,邀请教改专家举办讲座,探索课堂教学改革新路。

【开展国际交流活动】 2015年,附中积极开展国际教育交流活动。4月3日,与澳大利亚蒙特克里尔中学副校长进行会谈,双方签署合作备忘录。5月、12月,加拿大爱思德国际教育集团和澳大利亚格里菲斯大学旅游孔子学院院长一行到访学校,探讨合作办学事宜。9月28日,"汉语桥——澳大利亚中学生秋令营"的40名澳方学生走进课堂,学习中国书法、拓片等传统课程,参加学校运动会。

【举办第十六届校园文化艺术节】 12月9—31日,学校举办第十六届校园文化艺术节。全校有201人次学生在书法、器乐、经典诵读等比赛中获奖。12月31日,举行艺术节闭幕式暨元旦汇演,表演包括歌舞类、器乐类、小品等节目。

(撰稿:闫振军　审稿:宣　炜)

徐州市撷秀初级中学

学校负责人 陈 雷
教学校长 姜竹梅
德育校长 王友强

【概况】 2015年，徐州市撷秀初级中学学生2923人。教职工203人，其中专任教师162人。高级教师9人。2015年，市中考前10名学生学校占6名，一中录取人数同比增长4%，达省四星级高中人数占毕业生总人数80%。学校获市全民阅读书香校园、市级节水型学校、省优秀家长学校称号，获市元旦长跑优秀组织奖。

【举办市推进“学讲计划”成果展示活动】 4月2日，学校面向全市举办推进“学讲计划”阶段成果展示活动。全市中小学校领导、教师共1000余人参加活动。学校三个年级共推出48节公开课，覆盖语文、数学、英语、物理、政治、历史、地理、生物、体育学科。

【举行首届“自分教学”首席教师评选活动】 6月11日，学校举行首届“自分教学”首席教师评选活动。评选活动涵盖语文、数学、英语、物理、化学、政治、历史、体育学科，19名教师以同课异构的形式参加课堂展示，并进行答辩，评选出13名首席教师。评选活动历时2天。

【参加省中学生棋类锦标赛获奖】 7月16—18日，学校组队参加在市第二中学举行的2015江苏省第十届“大成杯”中学生棋类锦标赛获奖。学校首次组队参加，获得初中组围棋类比赛团体总分第一名，初中组棋类比赛团体总分第四名，赵后金、陈蕴洁分获初中组男子、女子围棋第一名。

【自分教学培训基地挂牌培训】 10月13日，学校“全国自分教学师资培训基地”培训首批教师。学校与华师大理解教育研究所联手打造的首个“全国自分教学师资培训基地”组织教师培训学习，截至年底，有4所学校60余名教师参加培训基地组织的培训学习。

【参加全国深化自分教学经验交流会】 11月19—21日，学校一行14人，参加在温州三中举行的全国深化自分教学经验交流会活动。校长陈雷在专家讲堂作讲座，赵鸿雁、刘林勇作经验介绍。魏兵役、衡莹被评为首届全国自分教学示范教师，刘林勇、赵鸿雁获全国自分教学观摩课一等奖，雒亚妮获全国自分教学录像课一等奖。

（撰稿：许遵宝 审稿：陈 雷）

徐州市树人初级中学

校长、书记 都晓明
副校长 陈玉明 赵银鹤
副书记 倪绍刚

【概况】 2015年，徐州市树人初级中学占地面积约0.65公顷，建筑面积9600平方米。有38个初中班，在校生2196人。教职工133人，其中专任教师120人。高级教师11人，中学一级教师48人，共产党员42人，研究生学历教师8人。

【中考优分率不断攀升】 2015年，学校教学质量稳步提升，中考成绩再攀新高。应届毕业生总成绩位次比入校时提升2位。中考优生率不断提高，优生市区前百强24人，达一中统招线29人，达一中平行志愿线80人。达三中统招线169人，达三中平行线211人。

【孙翠敏入选南洋理工深造】 2015年，学校初三7班学生孙翠敏获得新加坡南洋理工预科班留学机会。在省教育厅举行的各大市中考前10名参加的中考优生选拔去新加坡免费留学活动中（先在新加坡进行为期4年的大学先修，后进入新加坡南洋理工大学或新加坡理工大学深造），有13个大市130名精英学子参加竞选，共20个名额。徐州市有2人获得留学机会，孙翠敏入选。

【中青年教师专业成绩突出】 年内，学校中青年教师专业取得显著成绩。在优质课评选中有14人获得奖项，1人获得省级奖，3人获得市级一等奖。在青年教师基本功大赛中有13人获得奖项，其中，3人获得省级以上奖项，4人获得市级一等奖。在网络大赛中有18人获奖，其中市级一等奖6人。论文发表获奖共58篇，在省级刊物上发表12篇，获得市级一等奖25篇。

【协助三中做好托管工作】 2015年，学校协助三中做好对3所学校托管工作。继续支援三中实验学校、云龙实验学校，新增对泉山实验学校的教育教学工作的支援，做到3校互通，在人力、财力、教科研方面给予全力支持。发挥优质资源的辐射、示范和带动作用，推进教育优质均衡发展。三中实验学校、云龙实验学校的教育教学质量不断提高。

【参加全国中小学射箭比赛获金牌】 2015年，学校在全国重点中小学射箭竞赛中获金牌。学校在2015年内蒙古海拉尔市举行的全国重点中小学射箭锦标赛中获得男子团体冠军、初三年级学生王潇畅获个人单轮全能铜牌。

【树人中学云龙校区开始招生】 2015年，树人中学云龙校区开始招生。树人中学云龙校区顺应教育发展需求，扩大优质教育资源，招收2个班，班额严控50人以下。

（撰稿：宗培红　审稿：都晓明）

徐州树德中学

校　长　任义侠
副校长、书记　王继民

【概况】 徐州树德中学创办于2012年，系民办学历教育初级中学，校址位于祥和路7号。2015年，学校占地面积1公顷。有3个年级、18个班，在校学生921人。教职工62人，其中，专任教师53人，行政人员9人。本科学历47人，硕士研究生学历6人，中共党员28人。学校实行董事会领导下的校长负责制。董事长孟超是热心教育事业、有奉献精神的民营企业家。校领导班子成员均为资深教育工作者，曾在徐州一中、徐州三中或市教研室工作，分别获得全国优秀教师、省先进教育工作者、省特级教师、省岗位明星称号。

【首次中考成绩突出】 2015年，学校首届毕业生参加中考取得好成绩。据市教研室提供的数据，学校文化考试人均总分581分，市区排名第二。达四星级高中A志愿投档线的共215人，占毕业生总人数的86.3%。体育中考加试人均总分39.8分，市区排名第一。地理、生物毕业考查人均总分94.43分，达A等级的人数占85.4%，无C、D等级，市区排名第一。市教育局安排学校在市教学工作会议上作典型发言，介绍教学工作经验，是作典型发言的唯一民办学校代表。

【推进“学讲计划”落地课堂】 年内，学校采取两个举措，推进“学讲计划”落地课堂。举行“学讲计划”优质课竞赛活动。首次竞赛有19人参赛,6人获一等奖,6人获优秀奖,7人获优胜奖。学校向获奖者颁发证书和奖金。开展“三个一”活动,即未参加赛课的教师,人人设计一份“学讲方式”教案,上一堂教改实验课,课后写一篇教改小结或反思。

【开设语文阅读课】 年内,学校从语文学科每周课时中安排1课时开设阅读课。阅读课纳入课程表,学生按时到阅览室上课。学生阅览室备有语文教师专门从图书室挑选的、适合学生的读物,供学生自由选择阅读。语文阅读课遵循读写结合、以读为主的原则,促进学生广泛涉猎、兼收并蓄,辅以写读后感、文章评价或赏析。

【初诚博参加全国机器人大赛获奖】 8月,学校参加在北京举行的亚太青少年机器人大赛(APRC)中国区选拔赛获奖。全国400多支代表队、近1000名选手参加多项机器人竞赛,经过4天的比赛,初一(6)班学生初诚博夺得中学组机器人篮球竞赛全国一等奖、机器人三项全能竞赛全国三等奖。

【创办网站 促进交流】 10月,学校创办徐州树德中学网站。内容设置为“网校图库”“校园新闻”“校园文化”“教师频道”“学生园地”“校务公开”“德育之窗”“校内资源”“教师风采”等12个栏目。网站得到师生和家长的支持,提供稿件132篇,一些重要内容的点击阅读量持续上升。为教师、学生、家长架起一座“相知相爱、共谋发展”的桥梁。

(撰稿:徐德顺 审稿:任义侠)

徐州华顿国际学校

校　长　陈建国
副校长　冯泽松

【概况】 2015年,徐州华顿国际学校占地面积约4公顷,总建筑面积3.15万平方米。拥有室内外篮球场、300米塑胶跑道,各学科实验室、舞蹈房、音乐电钢琴教室,图书馆藏书3000余本。招收小学一年级新生168人、初中一年级新生146人。有教职工107人,其中专任教师52人。学校由上海中锐教育集团公司主办,是基础教育性质的民办全日制中小学寄宿制学校。分设小学部、中学部、国际部,实施“十二年一贯制”人才培养模式。在重视常规基础教育的同时,学校为学生设计针对性、适切性、延伸性课程,学生不仅能高质量完成学业,还能在多元化、国际化竞争中有超人一等的一技之长,体现精品化、优质化、特长化、国际化特点。

【与美国英华国际学校视频交流】 4月30日,学校组织中、美小学一年级学生第一次视频对话活动。学校一年级13名学生代表与美国英华国际学校一年级9名学生进行视频交流。学生们脸上流露着满意的微笑,在活动中收获到快乐、自信和知识,缔结了跨国友谊。

【举行中加合作办学签约仪式】 5月31日,学校举行中加合作办学项目签约仪式。加拿大BC省奥克纳根公立教育局国际处官员Dave.Lee、温哥华公立教育联盟CEO邹宏宇、市教育局副局长李清、市新城区管委会副主任陈沛、中锐控股集团有限公司执行副总裁毛恩、校长陈建国参加签约仪式。学校与加拿大BC省奥克纳根公立教育局签署中加《国际高中合作办学协议》，徐州市首个真正意义上的中外合作国际高中课程班在学校正式举办。

【举行中美合作办学项目招生说明会】 6月7日，学校举行中美合作办学项目招生说明会。美国麻省梅纳德公立高中国际教育部部长Kevin、校长陈建国分别从中美两个方面对合作办学项目进行详细介绍。2014年9月，学校与美国麻省梅纳德公立高中正式签署中美《国际高中合作办学协议》。

【开展探究性学习汇报活动】 11月20日，学校在国际部高一(2)班开展探究性学习期中汇报活动。汇报有语文、中文数学、中文化学三门科目。学生们写好阶段论文、制作汇报幻灯片，分享对所学知识的理解，着重就知识如何解决实际问题及自身实践作详细阐述。学生的数学课题“勾股定理及其应用”，将相对枯燥的数学知识与房屋建造相结合，展示勾股定理的原理及其在现实中的应用。

【举办华顿论坛讲座】 12月3日，学校华顿论坛举办多主题讲座。国家二级心理咨询师王琛作题为《你本来就很美》心理健康讲座，语文教师周宁生作古诗词欣赏——《橘颂》，生物教师韩丽影作题为《拥抱青春》中学女生卫生健康讲座，教师徐修河作题为《与项羽有关的成语典故趣谈》等。各类讲座知识性、趣味性都结合学生实际，激发学生探究人文与社会、人类与自然的兴趣，拓展学生的知识领域。

（撰稿：李　宁　审稿：陈建国）

徐州市特殊教育学校

校　长　裴洪光(—8月)　李之刚(8月—)
党总支书记　裴洪光
副校长　张文豹　鲍红安
党总支副书记　张吉峰

【概况】 2015年，徐州市特殊教育学校占地面积3.7公顷，建筑面积2.93万平方米。拥有200米塑胶跑道，图书馆藏书2.77万册。全年教育经费投入2095万元。毕业生75人，其中，小学29人，初中22人，高中24人；招生106人，其中，小学61人，初中22人，高中23人；在校生共608人。教职工142人，其中专任教师109人。特级教师1人，高级教师15人。9月，学校获市青年教师培养先进单位称号。

【“青蓝工程”显示成效】 2015年，学校“青蓝工程”显示成效。学校选聘资深教师担任青年教师的导师，形成以老带新、以新促老、共同提高的良性机制。李彦晋升为副高级教师，赵美娟、王玉红获第四届全国特教学校教师信息技术应用比赛一等奖，徐芳获省基础教育青年教师教学基本功大赛一等奖，赵美娟获感动江苏首届最美特教教师提名奖，徐芳、王伟分获市学科带头人、市教学能手称号。

【听障生高考达线率100%】 2015年，学校有11名听障生参加高考，本科、大专高考达线率100%。王朝、胡阿满、邵明浩、朱成前、朱洋凯5名听障生高考成绩达本科线，王朝同时被天津理工大学（本科）和长春大学（本科）录取。

【与美国俄勒冈州聋校结为友好学校】 6月18日，学校与美国俄勒冈州聋校结为友好学校。1月20日，两校被推选为中美“千校携手”项目学校，双方约定共同开展“热爱自然、绿色生活”为主题的特色教育活动，包括开设环境教育课程，开展环保类活动，以帮助师生提高环保意识，培养良好的行为习惯。

【民盟徐州市特教支部成立】 7月2日，中国民主同盟徐州市特教支部在市特殊教育学校成立。成员7人，王成任主任委员。特教支部成员表示要坚持中国共产党的领导，爱岗敬业，发扬盟员精神，为学校发展做贡献。民盟徐州市委专职副主委李海琳、秘书长龚德建、组织部部长刘安静等领导到会祝贺。

【获全国生态文明教育示范学校称号】 12月20日，学校被中国环境文化教育专家委员会评为2015年全国生态文明教育示范学校。学校利用“地球日”“环境日”开展环保宣传，组织学生到丁万河检测水质、到社区开展市民节水宣传，开展环保主题黑板报评比，参加环境小记者新闻作品大赛等系列活动，增强学生的环保意识。

（撰稿：朱树林　审稿：李之刚）

徐州市彭城培智学校

校　　长　韩汝芬
副 校 长　洪小云
工会主席　王　娟

【概况】 2015年，徐州市彭城培智学校占地面积0.14公顷，建筑面积1440平方米。拥有校办工厂、学生餐厅、体能训练室、医务室，图书馆藏书4700册。全年教育经费投入120万元。毕业7人，招生28人，在校生共142人。教职工32人，其中，专任教师22人，辅教教师6人。高级教师3人，市名教师1人。1月，学校获年度江苏省优秀民办学校称号。

【培训骨干教师】 年内，学校派骨干教师到外地参加各种培训。4月10日，洪小云到南宁参加第二届全国特殊教育发展论坛培训活动。4月19日，洪小云到南京参加由省特殊教育学校开办的校长规划能力提升培训班培训。11月4日，张珊珊到南京参加特殊教育学校和教师校长省级培训——音乐治疗（第一阶段）。11月30日，王璇到南京参加由省特殊教育师资培训中心开办的第三期“多重重度障碍培训班”的省级培训。培训方式为面授培训、实际操作、互动交流、业务考核。

【参加“我与外教”全国征文大赛获奖】 5月31日，教师王清兰参加“我与外教”全国征文大赛获奖。王清兰参赛作品《大爱无边——我最喜爱的外教陈美银》获2014“我与外教”全国征文大赛三等奖。征文大赛活动由中国国际人才交流与开发研究会、《国际人才交流》杂志社主办。

【艾伦进行脑电波治疗培训工作】 3—12月上旬，学校医疗顾问、美国专家艾伦女士在学校进行脑电波的治疗与培训工作。艾伦为学生做脑电波的检查与治疗。5月,学校引进第二代脑电波治疗仪器,艾伦对部分教师做长期培训工作。

【东南大学考察脑电波治疗】 3月18日,东南大学生物工程学院院长谢维一行到学校考察脑电波治疗。谢维一行考察脑电波治疗并准备向国家申报脑电波治疗项目,聘请美国专家艾伦做脑电波治疗顾问,东南大学生物工程学院教师黄洁长期参加学校脑电波培训工作。

【"蓝丝带"助残基金会走进学校】 7月28—31日,"蓝丝带"助残基金会代表团在团长庞燕带领下参观学校。代表团一行吃住在学校,并与学生互动作访问交流。资助12名贫困学生一学年的助学金(3000元/人)。省、市侨联,市统战部、泉山区侨联、区政府领导参加活动。

【陈美银当选"情动江苏·杰出国际友人"】 12月5日,名誉校长陈美银女士获2015"情动江苏·杰出国际友人"称号。陈美银是徐州市唯一当选的国际友人。活动由省委对外宣传办公室、省政府新闻办公室、省广播电视总台联合主办。学校总务主任强伟、教师唐璐带领5名学生参加江苏电视台颁奖晚会,颁奖晚会12月25日在江苏国际频道播出,并在徐州市各大报纸上刊登。

(撰稿:郭苏瑶　审稿:韩汝芬)

职业教育与社会教育

【综述】 2015年,徐州市有中等职业技术与学历教育学校33所,其中,普通中专6所,成人中专3所,职业高中学校12所,中等技工学校8所,调整后中职学校4所,在校学生108901人,教职工6923人,其中专任教师5467人。

·职业教育·

【概况】 2015年,徐州市职业教育以建设省职业教育创新发展实验区为主线,加快现代职业教育体系建设,各项工作顺利推进,成效显著。认真学习国家、省职业教育工作会议精神,理清发展思路,确立以"产教融合、中高衔接、普职互通、双师双证、品牌特色"的徐州职业教育创新发展工作思路。抓好重点项目创建,提升基础能力建设水平。加强协同攻坚,推进普职互通。创新发展方式,提升专业内涵建设水平。创新宣传方式,稳定招生规模。成功举办首届徐州职业教育活动周、徐州市职业学校技能大赛。

【抓好重点项目创建】 2015年,职业教育抓好重点项目创建,提升基础能力建设水平。指导张集中专做好国家中职示范校验收评估,顺利通过国家示范校验收。指导丰县中专、医药高职校、机电高职校做好省高水平现代化职业学校验收。创建第三批省高水平现代化职业学校5所,创建省高水平示范性实训基地4个,省品牌、特色专业8个。申报现代职教体系试点项目中职与高职("3+3")、中职与本科("3+4")和高职与本科("3+2")分段培养项目26个。

【加强协同攻坚,推进普职互通】 2015年,职业教育加强协同攻坚,推进普通高中教育与中等职业教育互通。赴山东学习普通高中教育与中等职业教育融合贯通的工作经验,与基教处共同在邳州召开普职融通工作座谈会,确立以三星级普通高中为重点,以对口单招升学为主要手段，普职双方联合培养，互利共赢的工作思路。从政策上明确普职互通的要求，支持徐州一中与江苏模特艺术学校签署战略合作协议，联合举办艺术类初中实验班。支持邳州中专与邳州第四中学采取高一学生转入职校对口单招班就读等举措推进试点工作，鼓励其他县（市）、区开展试点，打破普职阻隔现状，给予学生“二次选择”机会，拓宽普高生升学渠道，提高职业学校对口单招本科上线率。

【创新发展方式，提升专业内涵建设水平】 2015年，职业教育创新发展方式，提升专业内涵建设水平。加快市级职业教育集团建设步伐，市商贸职业教育集团揭牌标志着徐州现代农林、先进制造和商贸三大职教集团全部成立，主动对接徐州现代农业、装备制造业和现代服务业三大支柱产业，为徐州职业教育创新发展搭建新平台。实施徐州职业院校结对帮扶工程，举办徐州工程学院、江苏建筑职业技术学院等在徐高校与丰县中专、邳州中专等职业学校结对帮扶签约仪式。充分发挥政府统筹作用，以市级职业教育集团为平台，以中高职衔接试点项目为载体，组织城区高职院校与县（市）、区中专校结对帮扶，加强集团内学校紧密联系，促进城乡职教协调发展、中高职教育有效衔接，提高高素质技术技能型人才培养质量。

【稳定职业教育招生规模】 2015年，徐州职业教育创新宣传方式、稳定招生规模。成立徐州职业教育宣讲团，深入沛县、睢宁县、邳州市，面向初中学校校长、初三年级班主任、初三毕业生及家长，举办7场宣讲报告会，大力宣传职业教育的新政策、新举措、新成就，现场解答学生家长提问。职社处将3个板块宣讲内容制作成微视频，通过徐州电教微信平台发布，视频迅速传播，受到广泛关注和好评。面对生源持续下降的严峻形势，市教育局多措并举，采取职教巡回宣讲、校长负责制、周报制度，拓展高中毕业生、返乡农民工、退役士兵等人群为招生对象，完成省教育厅下达的3.8万人招生任务。

【举办首届徐州职业教育活动周】 2015年，职社处成功举办首届徐州职业教育活动周。在活动周期间，举办徐州职业教育新闻发布会、活动周启动仪式、市经贸职业教育集团揭牌仪式、市开放大学挂牌仪式、市职业院校结对帮扶签约仪式、市职教宣讲团巡回报告会、校园开放日等活动，向社会集中展示徐州职业教育风采，传递徐州职业教育正能量，在社会产生积极影响。

【抓好技能大赛】 2015年，职社处组织举办徐州市职业学校技能大赛，并取得省职业学校技能大赛好成绩。大赛设12大类77个竞赛项目，在17个赛点举行，共有1600余名师生同台竞技。竞赛分教师组、高职组和中职组3个组别，教师组480人、高职组225人、中职组924人。全市18所学校425名选手参加11大类66个项目省职业学校技能大赛，共取得26块金牌、57块银牌、117块铜牌，总积分位列全省第五。

【以评促建，创德育工作特色】 年内，职业教育以评促建，创德育工作特色。各校不断完善职业学校学生管理规范等规章制度，通过建立德育学分等奖惩政策，抓好学生管理。举办2015年徐州职业学校班主任大赛，以赛促学、以赛促管，提升班主任教育管理能力。9月，组织全市职业学校广播操、军训会操视导，全市分4组，对19所职业学校开展视导工作。通过“两操”评比，加强职业学校德育工作，培养学生遵章守纪、吃苦耐劳和团队协作精神，促进职业学校良好的学风、校风建设。10月，3所学校通过省职业学校德育工作视导评估。

（张　林）

·技工教育·

【概况】　2015年，徐州市技工院校招生6786人，其中，技师、预备技师102人，高级工1847人。毕业4282人，当年就业4192人，就业率97.9%，在校生19540人。教职工1436人，其中，文化技术理论教师819人，生产实习指导教师183人，一体化教师478人。全年培训社会人员77688人。徐州市技工院校的招生培训工作受到省人力资源和社会保障厅表彰。

【开展争做高技能人才系列活动】　2015年，市人力资源和社会保障局组织开展“争做高技能人才——我的职业规划”系列活动。以“争做高技能人才——我的职业规划”为主题，在全市技工院校开展校园技能文化节、第二届职业体验日活动、学生社团活动成果、技能DIY成果评比交流和优秀班主任经验交流等系列活动。

【表彰优秀教师、优秀教育工作者】　9月1日，市人力资源和社会保障局评选表彰优秀教师、优秀教育工作者。经院校推荐，市级评选，徐州市人力资源和社会保障局出台《关于表彰2014—2015学年徐州市技工院校优秀教师和优秀教育工作者的决定》，评选表彰20名优秀教师、10名优秀教育工作者。

【评选表彰优秀学生】　4月21日，市人力资源和社会保障局评选表彰优秀学生。经学校推荐，市级评选，徐州市人力资源和社会保障局出台《关于表彰2014—2015学年徐州市技工院校优秀学生的通知》，授予100名学生2014—2015学年徐州市技工院校优秀学生称号。

【举行校园体验日活动】　7月4—5日，市人力资源和社会保障局在全市技工院校组织开展徐州市第二届学生职业体验日活动。活动以“技能成才、匠心筑梦”为主题，让中小学生和求职青年“走进一所学校，参与一次体验，了解一门职业，感受一种文化”。职业体验日活动的主会场设在江苏省徐州技师学院，分会场设在江苏工贸技师学院、徐州机电技师学院和徐州工程机械技师学院。活动期间，各技工院校选择高技能人才培养示范专业、办学重点专业和特色专业，统一开放实训中心，指导中小学生和求职青年职业体验，部分技工院校还和校企合作单位联合组织职业体验活动。全市上万名中小学生、求职青年以及学生家长、教师到技工院校实地参观体验。

【加强师资队伍培训】　2015年，市人力资源和社会保障局加强师资队伍培训。为落实省“百千万”师资培养工程，推进技工院校师资队伍建设以及管理队伍能力建设，切实提高“一体化”教师教学水平和实习操作能力，组织全市技工院校教师参加各类师资培训，安排24名教师参加省组织的师资培训，4名教师赴德国、美国和瑞士研修。

【示范专业、精品课程、教学名师、重点专业和专业带头人评选】　2015年，市人力资源和社会保障局按照《关于组织开展2015年江苏省高技能人才重点项目申报推荐工作的通知》要求，开展“示范专业、精品课程、教学名师、重点专业和专业带头人”评选创建活动。经过院校申报、专家评审和江苏省人力资源和社会保障厅评审，评选出省技工院校示范专业1个，省技工院校重点专业2个，省技工院校精品课程5门，省技工院校教学名师1名和省技工院校专业带头人12名。

【教师专业技术资格评审工作】 年内，市人力资源和社会保障局组织教师专业技术资格评审工作。徐州市技工院校有14名教师通过技工院校教师高级专业技术资格评审，22名教师通过中级专业技术资格评审，15名教师通过初级专业技术资格评审。

【创建省高技能人才专项公共实训基地】 年内，市人力资源和社会保障局创建省高技能人才专项公共实训基地。徐州机电技师学院矿山机电专业被评为省高技能人才专项公共实训基地建设项目。

（撰稿：王兴博　审稿：路保军）

·成人教育·

【概况】 2015年，市教育局大力推进社区教育和农村成人教育工作，对部分县（市、区）、乡镇和市区云龙、鼓楼、泉山区社区教育中心建设情况进行督导检查，推动徐州市社区教育和农村成人教育工作的开展。实施社会教育培训工程。积极构建终身教育体系工作，以社区教育为抓手，推进构建终身教育体系的发展。

【推进社区教育和农村成人教育】 2015年，市教育局大力推进城乡社区教育中心建设。共创建省级标准化社区培训学院2所，省级乡镇（街道）社区教育中心10个，高水平省级农科教结合示范基地1个，省级居民学校10所。

【开展社区教育建设情况督察】 4月、7月，市教育局组织有关人员对部分县（市、区）、乡镇和市区云龙、鼓楼、泉山区社区教育中心建设情况进行督察。通过对各社区教育中心设施设备情况、农民学历技能双提升开展情况、财政社区教育经费预算拨款情况、社区教育网站建设开展情况、老年教育开展情况进行督察，推动徐州市社区教育和农村成人教育工作的开展。

【实施社会教育培训工程】 2015年，市教育局继续实施社会教育培训工程。实施“现代农民教育工程”“中青年农民培训工程”“教育富民五项行动”。全市农村劳动力转移培训6.5万人，农村实用技术培训30万人次，中青年农民技能学历双提升4250人，社区教育培训120万人次。全员培训率达33.98%，年培训率达54%。全市老年大学（学校）和各类社区教育机构共开展各类老年教育培训近73万人次，全市5县（市）6区老年教育网络基本形成。

【积极构建终身教育体系】 年内，市教育局积极构建终身教育体系。省、市级乡镇（街道）社区教育中心占乡镇（街道）总数的比例分别达到48%和95%，市——县（市、区）——乡镇（街道）——行政村（居委会）社区教育和成人教育、老年教育的三级教育培训网络正在逐步形成，以社区教育为抓手，积极构建终身教育体系的工作正在稳步推进。

（马国桥）

徐州市中等专业学校

校　长　王传喜
书　记　邱　海（10月—）
副校长兼党委副书记　张晓元（—8月）
副校长　李普春　杜培恩　闫　励（—10月）

【概况】　2015年，徐州市中等专业学校占地面积13.5公顷，建筑面积6万平方米。拥有400米塑胶跑道，图书馆藏书10万余册。教育经费投入4236.56万元。招生394人，毕业194人。教职工211人，其中专任教师174人。研究生学历（学位）20人，高级教师81人，“双师型”教师83人。学校开设汽车维修、机电一体化、计算机及应用、财会4大类16个专业，拥有省级示范专业3个，市级示范专业3个，省级实训基地2个。学校为省四星级中等职业学校，省高水平现代化职业学校培育单位。10月，校长王传喜获市“十佳”勤政廉政干部称号，孙艳、卓鹏、吴頔获市职业学校班主任基本功大赛一等奖。

【与徐州开放大学合并】　4月，学校由徐州开放大学托管，实现优势互补、资源共享，形成徐州开放大学、江苏城市职业学院徐州学院、徐州市中等专业学校1套班子3块牌子办学体制。为建立中高职教育与开放本专科学历教育的学习“立交桥”，打造学习教育超市，拓宽就业、创业渠道奠定基础，也为做大做强职业教育提供发展空间。

【实训基地建设取得新成绩】　年内，学校实训基地建设取得新成绩。汽车专业省级高水平示范性实训基地完成300余万元设备采购及建设任务，并接受省教育厅2015年职业学校实训基地建设专项视导。楼宇智能实训室第二期工程建成并投入使用，学校实训条件得到改善。

【省市技能大赛取得好成绩】　年内，学校师生参加省市技能大赛再创佳绩。10月，学校有66人次参加2015年徐州市职业学校技能大赛，获得2块金牌、4块银牌、9块铜牌。教师石勇等9名师生代表徐州市参加2015年省级技能大赛，获二等奖1个、三等奖2个。

【教科研取得新成果】　2015年，学校教科研成果显著。课题研究有省级立项课题1个、市级立项课题4个，已结题市级课题2个。在徐州市第九届“职教杯”教育论文评比中，学校2名教师获一等奖，1名教师获二等奖。9名教师成为徐州市职业教育教科研中心组的成员。

【重视师资培训】　年内，学校重视师资培训工作。有1名教师参加国培，34名教师参加省培，120名教师参加江苏开放大学历时4个半月的微课制作培训，20名教师参加市培。

【德育活动形式多样】　年内，学校开展形式多样德育活动。10月，举行“十佳歌手”大赛；11月，举行“校园文明之星”评比；12月，举行阳光体育节。学生的参与度高，校园文化氛围活跃。

【通过省教育厅德育工作视导】　11月，学校通过省教育厅德育工作视导。视导组对校园文化建设途径宽阔、内涵丰富、特色鲜明，德育教育各环节规范务实，给予肯定。

【心理健康教育扎实推进】　年内，学校全方位推进心理健康教育工作。4月初，修订《心理咨询室工作职责》《心理委员工作制度》，完善心理健康教育网站建设，选聘班级心理委员。5月，组织“五二〇”心理健康教育月、“绿色心晴”心理健康社团相关活动。10月，为参加省市技能大赛的学生开展赛前心理辅导。全年开展12场心理健康教育讲座，个案预约咨询近30人。

【建设高水平德育管理队伍】 暑期，学校为建设高水平德育管理队伍，加强班主任培训工作。组织孙艳、卓鹏、孟扬等多名班主任参加市“中小学德育工作创新与师生交往艺术”高级研修班学习。组织班主任及德育管理人员参加市第九届德育论坛论文评比活动，闫军的德育论文获一等奖。

【提升信息技术应用能力】 2015年，学校加强信息技术与教育教学的融合力度。新建录播教室1间，完成“三网合一”上线运行工作，实现3个校区局域网互联互通，完善学校资源库建设，鼓励教师共享教育教学资源。

（撰稿：吕甜甜　审稿：王传喜）

江苏模特艺术学校（徐州文化艺术学校）

校　长　陈荣海
党总支书记　李尚亚
副校长　赵学志　王明志　李　康
　　　　闫　励（11月—）　许　书
工会主席　王奇志

【概况】 2015年，江苏模特艺术学校（徐州文化艺术学校）分南（王陵路）、北（复兴路）两个校区办公。学校占地面积4.04公顷，建筑面积2.93万平方米。图书馆藏书5万余册。全年教育经费投入4299.8万元。在校生1121人，招生431人，毕业417人。有教职工240人，其中专任教师216人。高级教师54人（8名正高级教师），全国职教名师1人，市名教师1人，市青年优秀骨干教师1人。学校开设旅游服务、服装表演、音乐、舞蹈、美术等专业，涉及15个专业方向，其中，服装表演与礼仪、美发与形象设计、旅游服务与管理、舞蹈表演为省级特色专业。年内，在市专业课“两课”评比中，学校选派的7名文化课教师全部获奖。张传宇、花伟参选省级专业课“两课”评比获评“示范课”。在市第九届“职教杯”教育论文评选中11人获奖。

【志愿者为敬老院老人献爱心】 3月29日，由学校师生组成的春蕾志愿者队到泉山敬老院为老人送温暖。志愿者队以高一、高二年级师生为主力，坚持做好事、送温暖、服务社会，继承学校志愿者服务队的传统。自1995年心缘志愿者服务队成立，学校志愿者服务坚持20年。

【校团委与市监狱团委开展联谊活动】 4月30日，校团委与徐州监狱团委在徐州监狱会堂开展主题联谊活动。2015年是五四运动96周年，两个单位团委共同举办一场以“弘扬五四精神，汇聚青春正能量”为主题的联谊活动。联谊活动由三部分组成：领导讲话、座谈交流、歌舞文艺表演，体现颂扬青春的主题。

【创新“校园好声音”比赛方法】 年内，学校创新“校园好声音”比赛方法。“校园好声音”比赛历时1个月，从海选——初赛——复赛——总决赛，共分4个阶段，在报名参赛的150名学生中，评出16名优秀选手再进行“十佳选手”的决赛。对作品好、声音优、人气旺的参赛选手，采取专家现场评审和场外大众评审相结合的方式，扫描二维码进入公众平台参与，全校80%以上的学生参与比赛或互动。

【召开首届理事会成立大会】 12月29日，首届江苏模特艺术学校理事会成立大会在学校会议室召开。徐州市编办、教育局工会、职社处、王陵派出所的领导以及各位理事代表、理事候选人参会。会上宣读《徐州市教育局关于同意成立江苏模特艺术学校理事会的批复》，由市编办负责人向理事会成员颁发聘书，讨论并审议通过《江苏模特艺术学校章程》。理事会完成成立大会的各项任务。

【制定《党员干部联系点制度》】 11月初，学校党组织制定《江苏模特艺术学校党员干部联系点制度》。《江苏模特艺术学校党员干部联系点制度》是党员干部加强研讨，创新党建工作思路制定的一系列制度之一，该项制度对党员干部如何联系班级和学生作出量的规定，提出质的要求。

【旅游系学生作校内导游】 5月15日，旅游系学生为到学校参观的青海省骨干教师作全程服务、导游讲解。学生们带领客人全面参观校园，介绍学校的发展概况、教育教学设施、文物古迹等。旅游系学生校内导游是导游实训的新增项目，现场发挥环节使学生得到综合训练。

【艺术类高考上线率刷新纪录】 2015年，学校艺术类高考专科上线率100%，本科上线率38.9%，刷新记录。模特艺术学校学生进入大学有三个途径：通过大赛获奖保送，通过对口单招考入，通过参加艺术类普通高考考入。乔郑璐、周鑫宸、赵芮琪以省技能大赛一等奖以上的获奖身份被保送南京艺术学院，姚露、马旌逢、鹿琪、赵悦、厉姝娴通过对口单招升入本科院校，杨惠茹、罗萌、李舒通过艺术类普通高考分别被江苏师范大学、山东艺术学院及新疆艺术学院录取。

（撰稿：李　慧　审稿：李尚亚）

江苏省徐州经贸高等职业学校
江苏联合职业技术学院
徐州经贸分院

校长、党委副书记　黄学勇
副校长、党委委员　霍久真　钱　跃　吴建新

【概况】 2015年，江苏省徐州经贸高等职业学校占地面积13.47公顷，建筑面积12万平方米。馆藏图书22万册。全年教育经费投入3970万元。2015年招生1614人，其中，高职生906人，中职生603人，“3+4”分段培养项目105人；毕业1417人，其中，高职578人，中职839人；在校生共5230人。教职工300余人，其中专任教师225人。“双师型”教师占75.63%，教授2人，正高级会计师1人，副教授等副高级职称80余人，省“333工程”中青年科技带头人3人，省职业教育领军人才1人，省教科研中心组成员5人，江苏联合职业技术学院专业带头人6人、优秀教学团队3个，市优秀专家和拔尖人才6人、技术能手4人。学校设置商贸、管理、信息技术、机电工程、艺术设计5个系12个高职、13个中职专业。有“3+4”中职和本科分段培养现代职教体系建设试点项目3个，国家级重点建设专业4个，省市级中职示范专业10个，省级高职品牌特

色专业4个,省级高职示范专业4个,省级高职优秀专业4个,省级课改实验点2个,江苏联合职业技术学院重点建设专业2个,市级品牌特色专业6个。有省市级高水平示范性实训基地4个,校内实习实训室80余个。有全国供销合作总社系统精品课程1门,江苏联合职业技术学院精品课程3门。5月,学校获年度市节约用水先进单位称号。10月,学校获年度市文明单位称号。

【开展"质量提升年"活动】 2015年,学校开展"质量提升年"活动。活动明确德育、教学、科研、学生管理、招生就业、行政管理、后勤服务、安全稳定、信息化、队伍建设十大质量提升任务。3月6日,学校召开"质量提升年"活动动员部署会,印发《质量提升年活动实施方案》,教务处、团委、总务处负责人代表各部门表态发言。7月,学校邀请校内外专家进行活动中期评估。12月,全面总结活动开展情况,以展板形式展示各项质量提升成果。

【市商贸职教集团挂牌成立】 5月11日,学校牵头组建的市商贸职业教育集团举行揭牌仪式。副市长李燕、市政府副秘书长周广春、市教育局局长张德超,市商务局局长臧晓鹏、市供销社主任吴宝剑出席。市教育局副局长李清主持成立大会。集团在市政府相关职能部门联合指导下,加强政行校企合作,创新人才培养模式,促进学校与成员单位之间资源共享、协作共赢,提升职业教育对第三产业发展的贡献度。

【市职教活动周启动仪式在学校举行】 5月11日,首届徐州"职业教育活动周"启动仪式在学校举行。副市长李燕、各届代表200余人出席。活动周的主题是"支撑中国制造,成就出彩人生"。

【开展优化课堂教学系列活动】 9月10日—12月29日,学校开展"优化课堂教学,提高教学质量"系列活动。活动从查找问题、听评课、走课及巡课、微课堂、教学开放日、教学督导、教学工作诊断与改进7个方面展开。活动期间,教师听评课200节次,全体专兼职教师参加微课堂活动。11月6日,全市16所职业学校180人到校参加教学开放日活动,进行课堂教学改革研讨。

【省市技能大赛创佳绩】 2015年,学校师生参加省市职业学校技能大赛取得好成绩。在市职业学校技能大赛中,学校有151名师生参加25个项目的比赛,取得19枚金牌、18枚银牌、22枚铜牌。在两次省赛中,72名师生参加4大类14个项目的比赛,获得3枚金牌、9枚银牌、28枚铜牌。6月,市职教协会对各职业学校校级技能大赛情况进行督察,对学校做法给予肯定。

【德育工作成效显著】 年内,学校德育工作成效显著。在驻徐高校大学生"徐州历史文化传承普及月"活动中获得1个一等奖、2个二等奖、7个三等奖。在市职业学校广播操、军训会操视导工作中,学校连续两年获第一名。在市首届手机电影节短片大赛中,学生双节棍社团获舞蹈类影视表演一等奖,学校获优秀组织奖。学校学生会、社团联合会分获市十佳学生会和市优秀社团称号。

【市班主任基本功大赛成绩突出】 11月26—27日,市职业学校班主任基本功大赛在学校举行,学校选手成绩突出。全市19所职业学校的54名选手参加比赛,比赛分笔试和面试两个环节进行,重点考察班主任建班育人能力。学校3名班主任选手1人获个人全能一等奖、2人获二等奖,学校获团体总分第一名。

【与海南省经济技术学校签署合作协议】 8月27日，校长黄学勇代表学校与海南省经济技术学校签署对口合作协议书。在江苏、海南两省教育厅战略合作协议框架下，双方在专业建设、“双师型”教师培养、专业带头人培训、管理干部挂职锻炼、名师专家送教、实训基地建设、学生技能比赛、图书资料信息共享等领域建立全面对口合作伙伴关系。

【与韩国全北科学大学开展合作】 10月29日，学校与韩国全北科学大学开展合作。韩国全北科学大学代表团访问学校，两校签署互换交流生协议书。学生交流期满，由对方学校颁发课程学习证明，两校互相承认学分。

【举行校园开放日活动】 5月16—17日，学校举行校园开放日活动。学校举办30项技能比赛、20项技能演示与体验、10项学生社团表演，开展系列学生作品展示、国家示范学校建设成果展、校园文化巡礼等活动。1450名学生和家长到校进行职业体验，观摩教育教学成果。

【获国家专利一项】 2015年，学校获“计算机理实一体化教室”国家专利。信息技术系教师庞天丙研发的“计算机理实一体化教室”项目设计方案，通过国家知识产权局审查，取得国家实用新型专利证书。“计算机理实一体化教室”主要由双面课桌、安全监控系统、资源服务系统、学习督导系统等多部分组成，教室能方便开展多种模式教学，且不会相互影响。

（撰稿：刘　永　审稿：黄学勇）

江苏省徐州医药高等职业学校

校　　长　崔福军
党委书记　高　侠
副 校 长　王质明　袁　龙　陈志东
党委副书记　刘小强

【概况】 2015年，江苏省徐州医药高等职业学校占地面积10.3公顷，建筑面积15万平方米。教学行政用房面积近10万平方米，实验实训设备总值5465.8万元，图书馆藏纸质图书22万册，电子图书30万册，教学视频824集。2015年毕业1121人，其中，高职803人、中职318人，招生1154人，其中，高职895人、中专259人。教职工342人，其中专任教师292人。副教授以上高级职称79人，“双师型”教师184人。开设11个高职专业，5个中专专业，1个中外合作办学项目。学校获省职业学校十佳团组织、市五四红旗团委、市暑期社会实践先进单位、市优秀志愿服务先进单位、江苏联合职业技术学院年度资助工作先进集体称号，获评市共青团工作考核一等奖。

【征地建设新校区】 11月3日，学校与铜山区政府签订《江苏省徐州医药高等职业学校新项目框架协议书》。为解决校园占地面积不足问题，学校与铜山区委、区政府协商，在铜山区大学路一带征地32.5公顷，建设新校区。

【进入首批省高水平现代化职业学校行列】 11月，省教育厅公布认定高水平现代化职业学校结果，学校被认定为首批江苏省高水平现代化职业学校。2013年，江苏省教育厅启动评审高水平现代化职业学校，学校对照评审标准进行精心准备，并在规定时限内完成相关材料的上网和申报工作。

【课程和专业建设稳步推进】 年内，学校完成11个高职专业168门课程标准的制定和编印工作。“药物合成技术”“中药制药技术”2门江苏联合职业技术学院精品课程通过验收。“微生物与菌种选育技术”“常见病用药指导”2门江苏联合职业技术学院精品课程通过中期检查。完成院级“药物制剂技术”微课教学资源库建设。“五年制高职药品经营与管理”被认定为江苏省特色专业。

【调整系部设置】 2015年，学校根据实际需要，调整系部设置。整合教学资源，成立基础教学部，将医药器械系并入制药工程系。调整后，学校有药学技术系、制药工程系、护理系和基础教学部4个教学系部。

【师资队伍建设成效明显】 2015年，学校强化教师素质能力培养，优化师资结构。共安排教师306人次参加各类培训，其中，出国培训2人次，国家级培训10人次，省级培训69人次，市级培训36人次。与东南大学联办教育改革师资培训162人次，与浙江大学联办教育管理能力培训27人次。新增副教授5人、讲师3人、电子工程师2人和1个江苏联合职业技术学院优秀教学团队、1个省级名师工作室、2个市级名师工作室，引进新教师4人。

【改革选人用人制度】 年内，学校按照上级要求对用人制度进行改革。通过编内和编外方式，公开招聘专业人才，委托第三方组织笔试、面试和专业技能考核，有13名新教师签约。

【承办多项体育赛事】 2015年，学校承办省市多项体育赛事。相继承办徐州市高职校第三届教工、第六届学生男子篮球赛，第九届教职工乒乓球比赛，江苏省青少年篮球锦标赛。学校学生男篮获第六届高职校男篮比赛第一名，取得历史性突破。

（撰稿：滕学良 审稿：崔福军）

江苏省徐州财经高等职业技术学校

校　长　曹华祝
副校长　庄国华　陆美娟　李　利
李国庆(12月—)
副书记　曹华祝

【概况】 2015年，学校占地面积13.5公顷，建筑面积10余万平方米。有高性能教学用计算机3065台，馆藏图书25.2万册。全日制在籍学生5063人，完成各类培训近10万人次。学校教职工234人，其中专任教师182人。教授、副教授81人，硕士以上学历98人，“双师型”教师101人，全国职教名师1人，江苏职教领军人才2人，省“333工程”培养对象2人，徐州市优秀专家1人、拔尖人才5人。设有12个五年制高职专业、10个普通中专专业。会计、电子商务、计算机网络技术专业是省五年制高职教育品牌专业，证券投资与管理、影视动画专业是省五年制高职教育特色专业，会计、会计电算化、会计与审计、计算机应用技术、电子商务专业是省五年制高职示范专业。2015年，学校继续进行省现代职业教育体系建设试点工作，与江苏师范大学联合招生并组建会计、软件与信息服务、物流管理专业“3+4”本科班级，实现中职与本科分段培养。学校为省职业教育技能教学研究基地。财会类、信息技术类2个实训基地被确认为省职业教育高水平示范性实训基地建设项目。学校被教育部认定为国家职业教育改革发展示范学校，获全国计算机等级考试优秀考点、徐州市文明单位称号。

【承办省级职业学校技能大赛】 2015年，学校承办省级职业学校技能大赛。3月24—25日，学校承办省职业学校动画片制作项目技能大赛，110名选手参赛。12月19—20日，承办省职业学校财会专业技能大赛暨第36届珠算技术比赛，358名选手参赛。中国珠心算协会暨世界珠算心算联合会会长张弘力、省教育厅巡视员杨湘宁、省财政厅副厅长赵光、徐州市副市长李燕参加开幕式。

【全国、省级技能大赛获奖】 年内，学校参加全国、省级职业学校技能大赛获奖。3月，在省职业学校技能大赛中，财会类、计算机类代表队获8块金牌、18块银牌、12块铜牌。7月，在全国职业学校技能大赛计算机类项目中，获1块金牌、1块银牌。

【彰显示范引领作用】 12月，学校被教育部认定“国家职业教育改革发展示范学校”，进一步彰显示范引领作用。先后有江苏财会职业学院、枣庄科技学院、海南省财税学校、贵州省财政学校、石家庄工程学校、镇江高职校、盐城生物工程高职校等20余所省内外学校到访，学习、交流办学经验，洽谈合作办学事项。

【沈益锋视察学校工作】 9月15日，省财政厅副巡视员沈益锋到学校视察工作。沈益锋听取校党委领导的工作汇报，实地察看校园及实训场所，对学校的发展给予指导性建议。

【8名教师参加专业比赛获奖】 年内，学校8名教师参加省市专业比赛获奖。参加省级“两课”评比，1人获示范课奖、4人获研究课奖。11月26—27日，在市职业学校班主任基本功大赛中，1人获一等奖、2人获二等奖。

【举行市职业学校“教学开放日”活动】 11月20日，学校举行市职业学校“教学开放日”活动。学校12名教师分别进行课堂教学成果展示，全市15所职业学校的130余名同行进行分组点评并交流课改经验。

（撰稿：胡　婷　审稿：曹华祝）

徐州市体育运动学校

校　长　吴南宁
副校长　丁　力　刘加强　刘思汝
　　　　陈　钢　王鹏飞

【概况】 徐州市体育运动学校位于新城区奥体中心。2015年，学校文化教学和生活用校舍建筑面积3.96万平方米。拥有标准田径场1片，标准足球训练场2片，可容纳10个训练项目的综合训练馆1座。图书馆藏书2万余册。全年教育经费投入586.51万元。在校学生907人，其中中专生372人、初中生453人、小学生82人；招生243人，其中中专生95人、初中生148人；毕业生240人，其中，中专生122人、初中生118人。毕业生中40余人考入各类高校。教职工133人，专任教师24人，其中高级职称9人；专任教练员55人，其中高级教练13人。

【搬入新校区】 8月，学校搬入新城区奥体中心新校址。奥体中心新校区建筑面积3.96万平方米，分为地上五层、地下一层。地下一层为停车场和公共浴室。训练场馆20余万平方米，含标准体育场1座，综合训练馆、球类馆、游泳跳水馆各1座，室外有田径场、足球场、篮球场。新校区硬件设施先进，办公、教学、宿舍区皆安装中央空调，教室均配备互动式多媒体教学设备。新校区设施齐备，功能完善,较好的保证运动员训练、比赛和生活的需要,为学校创建全国一流体校和申报全国示范级高水平运动员后备人才基地打下基础。

【市举重队省比赛创佳绩】 5月19—23日,徐州市举重队参加在泗洪举行的省青少年举重锦标赛创佳绩。比赛共有13个地、市代表队参加,参赛运动员216人。徐州市代表队共获得9块金牌、10块银牌、3块铜牌、总分239分,金牌、奖牌、总分均位列全省第一。举重锦标赛是省2015年举办的第一个青少年锦标赛,也是第十九届省运会周期的第一场比赛。

【参加全国赛事成绩优异】 2015年,体校运动员参加全国赛事取得优异成绩。7月,参加在上海市松江区体育馆举行的2015年全国少年击剑赛,运动员赵顺德获得男子佩剑个人第一名、学校获团体第一名,石玥获得女花U16亚军,泥德媛获得女佩U16亚军,刘畅宇获得女子U14佩剑个人亚军。8月,运动员王傲霜参加在安徽凤阳举办的"体彩杯"全国少年女子自由式摔跤锦标赛,获得56公斤组第二名。

【举办市级公开课】 4月17日,学校举办市级公开课活动。11名教师开设语文、数学等5个学科公开课。市教育局教育教学研究室领导、专家一行7人到学校作现场指导和评课,对开课教师的教学过程、教法步骤、教学效果等教学要点给予肯定,并与教师就教育教学发展方向和趋势进行交流。全校32名教师参加听课和交流活动。

【举行教学技能大赛】 5月15—28日,学校举行教师职业技能大赛。大赛共设置粉笔字、硬笔字、演讲、说课、队列队开5个项目。全校共有106人参与,参赛组别分为教师教工组和教练员组。获得比赛一等奖10人、二等奖20人、三等奖30人。

【举办迎新年联欢会】 12月30日,学校师生在多功能厅举办"喜迎新年,感谢师恩,展望未来"迎新年联欢会。晚会节目形式多样,歌曲、朗诵、舞蹈,多层次、多角度展现体校学生的多才多艺和校园文化的多姿多彩,联欢会在大合唱《我的未来不是梦》中结束。

(撰稿:王姝姝　审稿:丁　力)

江苏省徐州技师学院

书　记　刘　涛
副书记　江　浩　沈士德
院　长　沈士德
副院长　唐自强　胡恒庆　刘希泉

【概况】 2015年,江苏省徐州技师学院占地面积34.7公顷,建筑面积20.03万平方米。拥有教学楼8幢、综合实训楼2幢、标准化运动场3个、学生公寓5幢。图书馆藏书15万册。全年教育经费投入1.91亿元。2015级秋季招生4404人,其中,7个校本学院中职1718人、高职179人、合作办学495人、退役士兵994人、职工班606人、高级工技师转段412人,在校生共8000余人,社会培训5000余人次。教职工468人,其中,文化技术理论教师178人,生产实习指导教师52人,一体化教师52人,兼职教师86人。8月,省委组织部干部五处处长封春晴、副处长沙晰清、主任科员李炳龙一行在市委组织部干部四处处长胡廷海陪同下,到学院调研。10月,江苏联合职业技术学院副院长金友鹏等一行4人,到学院开展五年制高职教学视导研讨工作。11月,省人社厅职业能力建设处处长余强一行在市人力资源和社会保障局职业能力建设处处长路保军的陪同下到学院进行考察。

【举行校企合作联谊会暨订单协议签约仪式】 6月10日，学院举行第三届校企合作联谊会暨订单协议签约仪式。市人力资源和社会保障局副局长李冬梅、职业能力建设处处长路保军，以及各地的企业领导、新闻媒体代表近百人与会。李冬梅对学院校企合作提出希望，构建具有徐州特色的校企合作模式，为徐州技工人才教育培养提供借鉴，推动徐州经济发展。

【举行"烹饪研发基地"揭牌仪式】 4月29日，学院举行中国烹饪协会名厨专业委员会"烹饪研发基地"揭牌仪式。中国烹饪协会副会长高炳义出席揭牌仪式，院党委书记刘涛、院长沈士德参加活动。揭牌仪式分别在学校彭祖养生宴校外实习实训推广基地和商贸服务系举行。"烹饪研发基地"的建立，为学校烹饪专业的产品开发提供保障，为展示教学成果，更好地培养高素质烹饪技术人才，服务地方餐饮建设创造平台。

【承办市首届高校足球联赛】 5月10日，学院承办由市足球协会主办，徐州高校足球联合会筹办的首届高校教职工足球比赛。院党委书记刘涛、市足球运动协会主席张敏，以及驻徐高校队出席开幕式。张敏在讲话中希望通过举办赛事，加强足球协会与徐州高校的交流与联系，希望参赛队伍为高校足球联赛的全面推广积累经验。借助比赛，驻徐高校球队之间切磋技艺、强身健体、增进友谊，促进足球运动在校园普及，给更多教职工带来运动热情和健康身体。

【举办人力资源市场校园招聘会】 6月10日，市人力资源市场校园招聘会徐州技师学院专场在学校大学生活动中心举行。人力资源和社会保障局劳动就业管理中心副主任余玲、院长沈士德出席招聘会，会议由副院长唐自强主持。南京德朔实业有限公司招聘专员刘晓晨代表企业讲话，省内外100多家企业和应聘学生进行面对面交流。招聘会提供3000余个岗位，供学院2000余名毕业生选择，招聘岗位涉及科技、IT、金融、商贸、文化等多个领域。毕业生们仔细询问用人单位情况，投放个人简历，寻找适合自己的岗位，场面火爆。

【出资开通公交专线】 6月26日，市技师学院出资的公交专线开通。院长沈士德，徐州公交集团新巴士公司总经理王远庆、书记潘涛，徐州市物资集团木材市场总经理薛志宏出席开通仪式。开通公交专线后，6辆新型环保公交车由学院始发，沿途经过木材市场、西苑小区、段庄等9个站点，最终抵达淮海西路金鹰2店。学院丁楼主校区共有近万名师生，原有公交车难以承载运载需求，开通公交专线后，缓解学院师生及周边百姓出行压力。

【举办校园开放日暨学生职业体验日】 7月4日，市人力资源和社会保障局、徐州广播电视台与学院联合举办的江苏省徐州技师学院第五届校园开放日暨徐州市第二届学生职业体验日开幕。市人力资源和社会保障局副局长李冬梅、院党委班子全体成员、以及合作企业和优秀毕业生代表出席开幕式，李冬梅致辞。徐州电视台对开幕式进行现场直播。

【第六届全国中餐技能创新大赛获奖】 9月9—11日，学院教师杨宗亮、许鑫、时蓓在教授朱诚心的带领下，参加在广州举行的第六届全国中餐技能创新大赛，获多项大奖。许鑫的食品雕刻作品"紫藤花下玉美人"，以第一名成绩获得中国烹饪协会近6年所举办大赛中的最高奖项“中华金厨奖”和创新成就奖。许鑫参加冷菜项目的比赛，传统菜“松花鸡腿”、创新菜“岁岁平安”获得特金奖。杨宗亮参加热菜项目比赛，其传统菜“羊方藏鱼”、创新菜“鱼羊鲜”获得特金奖，杨宗亮获得十大创新能手奖。时倍以传统面点“宜化酥”、创新面点“茶壶酥”参加面点项目比赛获得特金奖，“茶壶酥”获得十佳创新面点奖。

（撰稿：樊　凡　审稿：麻　莉）

江苏省徐州机电工程高等职业学校

校　　长　贾　涛
党委书记　孙健身
副 校 长　吴如根　任国兴　薛　莲　邓寸林
纪委书记　成伯君

【概况】　2015年，江苏省徐州机电工程高等职业学校（江苏工贸技师学院）建有徐州云龙校区和贾汪校区，占地33公顷，总建筑面积21万平方米。图书馆藏书37.53万册。全日制在籍学生9471人，完成各类培训1.11万人次。毕业2927人，其中，高级工320人、中级工269人、技师23人、五年制高职生497人、中专生1818人；招生3239人，其中，高职生664人、中专生1272人、技校生1303人。教职工512人，其中专任教师350人，副高及以上职称96人。3月，学校被江苏联合职业技术学院评为年度资助工作先进集体。5月，校团委获年度省五四红旗团委称号。5月，在省高水平现代化职业学校项目建设网络评审中，被认定为优秀。5月，机电一体化实训基地，被评为市级高水平示范性实训基地。7月，获省安全生产监督管理局2015年度先进基层党组织称号。9月，校团委被团市委评为暑期社会实践先进单位。9月，获2015世界休闲体育大会暨第四届全国全民健身操舞大赛二等奖。10月，被省职业学校技能大赛组委会授予省职业院校技能大赛先进单位称号，同时获省职业学校技能大赛团体优胜奖。11月，被省教育厅认定为首批江苏省高水平现代化职业学校。12月，学校被评为第二届江苏技能状元大赛优秀选送单位、第六届全国数控技能大赛优秀选送单位、徐州教育年鉴工作先进集体。

【学校升格为专科层次职业学院】　12月30日，省政府批文，学校升格为专科层次的江苏安全技术职业学院，江苏安全技术职业学院正式建院。4月22日，学校拟开办的5个三年制高职专业的人才培养方案通过省教育厅发展规划处和高教处组织的专家组论证。11月5日，通过省教育厅正式建院验收。

【各级领导关心学校发展】　年内，学校的发展得到各级领导的关心和支持。5月28日，国家安监总局副局长徐绍川，省安监局党组书记、局长陈正邦，副局长刘振田，副市长冯兴振等一行视察云龙校区。9月16日，省安监局党组书记、局长陈正邦，副局长刘振田等专程到校检查指导工作。

【参加各类大赛获奖】 2015年,学校师生参加各级各类大赛获奖。参加全国、省技能大赛,获得国赛1块银牌,省赛7块金牌、17块银牌、35块铜牌,总分全市第一。参加全国创新大赛,获得全国一等奖1项、二等奖1项。参加省市创业大赛,获得省赛3块铜牌,市赛3块金牌、3块银牌、1块铜牌。教师徐昕参加省信息化大赛获第三名。

【创建省高水平现代化职业学校】 11月,学校被认定为首批江苏省高水平现代化职业学校。5月,学校完成省高水平现代化职业学校建设项目,被教育厅网络评审定为优秀(全省共7个单位)。11月,被认定为首批江苏省高水平现代化职业学校,并获得省教育厅500万元的项目资助。

【学生就业工作取得新成绩】 2015年,学校学生就业工作取得新成绩。全年安置学生就业2233人,推荐率达87.98%,其中高职生派遣就业率达99.41%,在江苏联合职业技术学院中排前列。魏林、张凯两名学生被中国工程物理研究院材料研究所录用,获得8.5万元安家费,且年薪不低于10万元,成为学校的就业明星。

【合作办学开创新局面】 2015年,学校的合作办学开创新局面。4月30日,学校与美国西北理工大学签订合作办学协议,双方开展“5年高职+1年本科+1年研究生”和“3年大专+1年本科+1年研究生”人才培养项目。5月26日,学校参加“中德诺浩高技能汽车人才合作培养项目”,成立中德诺浩汽车学院,学生不出国门即可获得德国技能证书。

【加大校园基础设施建设】 年内,校园基础设施建设力度加大。1月,投资9486万元、建筑面积3.6万平方米的云龙校区教学综合楼全面落成并投入使用。完成部分学生公寓改造。启动云龙校区学生和餐饮综合楼建设项目。学校申请贷款5000万元和国家支持职业教育实训基地建设全额贴息贷款2750万元,用于学校的规划和建设。

(撰稿:郝允龙　审稿:贾　涛)

中煤职业技术学院
江苏煤电技师学院

院　长　靖大同
书　记　黄启廷
副院长　王忠宁　王平炎　徐树君
纪委书记、工会主席　刘　琴

【概况】 2015年,中煤职业技术学院完成53563人次教学及培训任务,其中,成人教育和技校在校生1427人、培训人员51041人次、鉴定1095人次。有教职工182人,其中专兼职教师134人,高级职称72人。拥有50多个实训车间、实验室以及12个实训操作基地、16个实习基地,所有教室全部配备标准电化教学设备。学院被评为全国煤炭行业实习实训基地、徐州市创业培训示范基地、徐州市网络(电商)创业培训定点机构、山东科技大学优秀函授站,获市文明单位称号。

【开展创业创新培训】 2015年,学院响应国家“大众创业,万众创新”号召,落实“互联网+”行动计划,开展各类创业创新培训。5月26日,举办沛县失地农民电商培训班。培训内容包括电子商务操作技能、创业模拟实训网上开店及交易管理,聘请专业电商培训教师授课,沛北4个镇、街道的失地农民、大学生村官、农村经营业主64人参加培训。11月9日,举办网络创业培训班。采用理论和实践设计相结合的教学,培训内容包括SIYB

项目介绍、创业适应性分析、创业项目构思和选择创业项目，以及开办企业的实际程序和步骤，有意愿从事创业或网店经营的技校学生、社会上创办微小企业或者淘宝网店人员共142人参加培训。

【整合大屯公司教育培训资源】 1月，学院整合大屯公司教育培训资源。学院按照“专业化、一体化”的工作思路和布局，在广泛调研的基础上，对各二级单位教育培训业务和职工教育经费管理使用权进行整合、统筹管理。制定《培训经费管理办法》《培训业务整合管理办法》，明确培训计划管理、课程安排、考试考核、费用预算及报审结算、培训需求物资报审流程，发挥组织协调作用，严格日常管理，抓好培训管理与服务工作。年内，共培训32762人次，实现培训整合的预期目标。

【成立中天合创安全技术培训中心】 4月16日，学院在内蒙古中天合创煤炭分公司设立中煤职业技术学院中天合创安全技术培训中心。学院竞聘选拔3名教师驻地管理，按照培训发展思路，以全员安全资格证书培训与持证上岗、煤矿自主安全教育培训活动为抓手，紧贴当地培训需求，承担门克庆和葫芦素两所煤矿全部培训工作，培训3960人次。推动学院培训走出去工作再上新台阶。

【参加全国煤炭行业职业教育推讲会】 9月23日，学院参加在徐州召开的全国煤炭行业发展现代职业教育推进大会。会议由中国煤炭工业协会、煤炭工业职业技能鉴定指导中心、中国煤炭教育协会共同主办，100余家企业代表参加会议。会上，学院被授予全国煤炭行业实训实习基地称号，教师杨古荣入选首批煤炭行业技能大师机电服务一队（采掘机械）。

【校本教材建设成绩显著】 2015年，学院重视校本教材建设。组织编写《内蒙古自治区井工煤矿安全培训考试点建设方案及特殊工种实操考核标准》《矿井井下应急逃生200问》及《采掘电钳工》《瓦斯检查工》《巷道掘进工》教材，配合全国煤炭行业职业技能鉴定中心承担的《行业职业技能鉴定质量标准化工作流程演示系统》项目通过人力资源和社会保障部验收评审。

（撰稿：张晓菲　审稿：姚　丽）

徐州机电技师学院
徐州机电工程学校

院　　长　章结来
党委书记　钟　诚
纪委书记　苍中洪
副 院 长　刘运举　倪罗平

【概况】 2015年，徐州机电技师学院暨徐州机电工程学校占地面积10公顷。在校学生5636人。教职工172人，专任教师141人。研究生学历（学位）教师34人，高级以上职称教师38人，“双师型”教师76人。重点建设加工制造、信息技术、交通运输、资源环境、财经5大类专业，常年开设机电一体化、电气自动化、计算机及应用（图像处理、网络、动漫）、采矿技术、数控车工、模具设计与制造、汽车维修、财会、公关礼仪等20余个专业。有省级特色专业1个、省级重点专业9个、省级示范专业2个、省级精品课程5个、省级实训基地5个、省级高技能人才培训基地1个，市级示范专业8个、品牌专业3个、特色专业2个、重点专业、高水平示范性实训基地各1个。学院为省四星级中等职业学校、省高水平示范性职业学校。获江苏省文明单位、徐州市文明单位标兵、徐州市优秀人才培养单位、江苏省煤矿安全培训先进单位称号。

【启用“徐州机电技师学院”校名】 5月，学院正式启用“徐州机电技师学院”校名。学院完成技师学院机构代码、法人证书的申报，启用“徐州机电技师学院”校名，实现办学层次从“高技”到“技师”、从“学校”到“学院”的实质性跨越，事业发展迈入全新阶段。

【获市文明单位标兵称号】 12月，学院被授予徐州市文明单位标兵称号。学院将文明单位创建列入重要议程，通过持续不间断的推进，被徐州市委、市政府联合授予徐州市文明单位标兵称号。

【学校改扩建工程竣工】 年内，学院改扩建“三步走”工程竣工。新校区供电工程竣工并投入使用，启用学院南大门，协调徐州经济技术开发区修建南大门门前道路，并将道路接入徐贾快速路通道，畅通师生出行，优化功能布局，学院面貌发生巨变。

【校园文化彰显品牌魅力】 年内，学院开展“一节三月两会”品牌活动。先后举办以“青春志、法治行、护航美好机电”为主题的读书月、学雷锋活动月、“存在”——学生就业欢送会、技能竞赛月、“同谱学院华章，共筑美好机电”第九届校园文化艺术节以及第三十一届田径运动会，建成校史展览馆，完善廉政文化展室，制作《一节三月两会画册》和专题片，开展丰富多彩的学生社团活动，营造和谐向上的校园文化，进一步提升校园文化品牌。

【质量内涵持续增强】 2015年，学院实施人才强校战略，搭建“五类骨干人才”（教学、学生管理、招生、文艺宣传、校企合作）成长平台。评选第四届星级教师18人。举办第三届班主任技能竞赛，实行班主任分级管理，有3人在市级班主任基本功大赛中获奖。28人在省市“两课”评比中获奖，5人在省微课大赛中获奖，1人获全国中职教学技能大赛二等奖，9人在省市信息化教学大赛中获奖。参加省市技能大赛，省赛获得1块金牌、1块银牌、9块铜牌，市赛获得68个奖项。

【召开发展战略研讨会】 12月26日，学院召开第六届发展战略研讨会。会议总结2015年工作，共商2016年及“十三五”时期学院发展大计。院务委员会成员怀着“学院至上”的使命感，提出具有建设性意见，会议进一步统一全院教职工思想，为全面建成“美好机电”指明方向。

（撰稿：姜盛如　审稿：章结来）

徐州工程机械技师学院

院长、党总支书记　冯跃虹
副院长　牛　杰

【概况】 徐州工程机械技师学院是徐工集团投资兴建的具有工程机械特色的现代化技工学院。2015年，学院整体搬迁至铜山高新技术开发区（珠江东路26号），建设总投资额约2亿元，总占地面积13.5公顷，总建筑面积5.3万平方米。学院拥有数控加工、焊接加工、工程机械装配与调试、工程机械机电培训基地4大培训基地，涵盖工程机械从下料—铸造—焊接—热处理—机械加工—装配调试—涂装等工程机械制造全部工艺流程。建有发动机系统装调维修等多个“校企合作一体化”教学工作站，工程机械电气系统装调、焊接机器人等45个一体化实训区，起重机操作模拟器等25个开放式实验室，同时建有现代化的信息管理中心和数字化图书馆。学院拥有一支具备徐工核心价值观、素质优良、结构合理、适应技工教育发展要求的师资队伍，其中，包括蒋炜、赵荣幸等4名全国技术能手，张明军等11名省级专业带头人，享受国务院特殊津贴焊接专家张强勇等。另有40余名企业专家担任学院“教学咨询师”。学院施行“校企一体、双元模式”的高技能人才培养模式，与起重机械事业部、铲运机械事业部、徐工汽车事业部和徐工环境等多家企业深度合作，实施学生定制培养，在课程、场景、教师、教材、时间、考评方面分别实现“双元”，培养出大批“到企业就能用，一用就能成功”的技能人才。

【实施全过程教学质量督导与评价体系】 2015年，学院构建实施全过程教学质量督导与评价体系。学院以教学质量提升为核心，聚焦开设课程的建设质量、任课教师的教学质量、在校学生的学习质量、教学过程的管理质量，坚持以评促建、督导并举、重在导向的原则，修订《教学督导工作制度》《全过程教学督导工作实施办法》，建立由教学质量督导与评价中心、教学研究部、教研室为主体的三级全过程教学质量督导与评价运行体系，对教师课前、课中、课后教学质量进行多侧面、多环节、多形式的动态监控及定量评价。

【构建学生学习过程性评价体系】 年内，学院构建基于学习过程性评价和终结性评价相结合的学生学习过程性评价体系。在工程机械装配调试与维修专业“工程机械零部件钳加工”课程和数控机械加工技术专业“工程机械零件普通车床加工”课程中进行试点。12月，学院出台《学生学习过程性评价实施办法》并全面推行。学生学习过程性评价通过导向作用，指明教与学的目标和达到程度；通过激励功能，调动教和学的积极性；通过改进功能，完善教学目标；通过鉴定评价，获取学生水平和教学有效性的量化依据。

【承办省技工院校暑期师资培训班】 8月1—15日，省技工院校暑期师资培训班在学院举行。全省技工院校机械设备装配与自动控制专业方向的30名骨干教师参加为期15天的培训，培训内容涉及专业能力、教学能力和能力拓展3个模块17个活动单元。

【开展教学开放月活动】 9月，学院在教师节期间开展“教学开放月”活动。由徐工集团教委领导和企业专家组成的5个专业督导组57名成员，共进行68人次推门听课，听取16名教师的18门课程，提出22条反馈意见建议。学院依据督导反馈意见形成教学改进计划及订单式培训项目，持续跟踪落实整改，为技能人才培养构建徐工特色的保障平台，实现校企无缝对接。

【承办省首期焊工高级技师研修班】 10月16日—11月14日，省首期焊工高级技师岗位提升研修班在学院举行。学院聘请国家级焊接技能大师、国家级首席技师创新能力负责人、企业专家、焊接博士、高校教授等组成培训讲师团队，为学员进行为期28天的教学实训。全省8个市13家单位30名焊接专业高级技师、省级技术能手按期结业。

【承办省技工院校教研活动】 11月25—27日，省技工院校素质教育中心教研组教研活动在学院举行。全省15个地区28所技工院校59名院领导、骨干教师参加教研活动。学院骨干教师杜明杰、彭飞、贾荫、高秀荣分别开“游泳”“专业数学”“职业素养”3节“一体化”公开课，受到省专家好评。

【修订奖、助学金评定实施细则】 8月，学院组织对《“徐工集团董事长奖、助学金”评定实施细则》进行修订。该《细则》依据徐工集团董事长、党委书记王民提出的“人格健全、体格健壮、素质过硬、全面发展”复合型高技能人才培养目标要求,聚焦学生综合职业能力提升,注重对学生自我管理能力、自主学习能力、沟通表达能力、社会实践能力和体育能力等综合素质的评价考核,评定办法更加科学、规范、便捷,评价程序更体现公平、公正。

【参加全国技能竞赛获奖】 2015年,学院组织参加全国级技能竞赛取得好成绩。学院辅导学生和企业员工参加第十一届“振兴杯”全国青年职业技能大赛和第五届全国职工职业技能大赛,11人获得省以上荣誉,4人参加国赛并全部进入前十名,6人获省级技术能手和省级青年岗位能手称号,学院获省技能人才培养先进院校奖、最佳组织奖。由学院教师团队辅导的王永祥(铲运机械事业部员工)、周晨光(学校优秀毕业生,徐工塔机员工)2名选手,代表徐工集团首次参加全国维修电工工种比赛,获得第六名、第七名。

【推进“一体化”教改教研成果显著】 2015年,学院深入推进“一体化”教学改革,教师队伍整体专业素质和科研能力得到全面提升。学院在省级教研成果评比中有51人次获奖,其中一等奖30项、二等奖18项、三等奖23项,获奖率达85%;15项校本课题经专家评审结题;1本教材《工程机械装配与调试工(挖掘机)》由机械工业出版社出版;“机械设备拆装与检测”课程获评省级精品课程;教师在各类期刊发表论文共19篇。

(撰稿:刘　辉　审稿:冯跃虹)

徐州电力高级技工学校
徐州电力工业学校

校　长　陶　林
书　记　刘瑞华
副校长　刘瑞华(兼)

【概况】 2015年,学校占地面积15公顷,建筑面积4.8万平方米。有专业实训室12个,配有基本的实验实训设施。建有仿真中心,拥有137.5兆瓦、220兆瓦、300兆瓦仿真机组,100兆瓦循环流化床仿真机,600兆瓦超临界、1000兆瓦超(超)临界仿真机组。根据主管单位神华国华电力公司要求,学校的主要任务是为企业提供职工培训服务。完成5890人次培训任务,其中,技能培训2842人次,技能鉴定2429人次,技能大赛考评619人次。学校有教职工74人,其中专任教师58人,高级职称教师30人,中级职称教师28人,“双师型”教师32人。

【组织职业技能鉴定题库开发评审】 1月13日,学校组织召开神华集团电力板块职业技能鉴定题库开发试题审核工作会。神华集团职业技能鉴定中心、国华电力、国神集团等单位领导、专家30余人参加会议。会议从评审程序、评审内容、评审工作的意见和建议等方面对技能鉴定试题评审工作进行部署。专家组分为4个评审组,分别对继电保护、集控值班员、电气一次点检等12个专业工种新编制的题库进行审核,为期10天。

【举行“差异化”仿真培训专题研讨】 4月2日,学校举行1000兆瓦火力发电机组运行人员“差异化”仿真培训工作专题研讨活动,25名专业教师参加研讨。活动根据《国华电力公司仿真培训及评价标准》,针对徐州电厂生产运行人员培训工作,围绕"差异化"仿真培训的主题,研究探讨巡操员、副值、主值、值长等岗位实行差异化培训和分角色培训的方案。该方案重点强化对机组异常及事故处理技能、应急处置能力的训练,通过专题分析、参数分析、异常分析,丰富运行人员经验,提高运行人员专业技能。

【承办神华集团高级技师技能鉴定】 年内,学校承办神华集团高级技师技能鉴定工作。7月10日,学校召开神华集团电力板块2015年度高级技师、技师鉴定评审会,神华集团和电力行业的40余名专家参加评审会,对技能鉴定评审工作进行部署。7月18日,学校组织理论和实操笔试。10月中、下旬,分2个批次组织笔试合格人员进行技能答辩,共有集团公司10家二级单位的634名考生参加鉴定,其中,高级技师92人、技师542人。

【通过中电联仿真基地复查评估】 10月20日,中国电力企业联合会发文公布2015年全国电力行业仿真基地复查评审结果,学校通过复评。8月15日,中电联专家组听取汇报、查阅资料、现场考察、互动交流,对基地建设、培训管理及培训业绩等进行复查评估。专家组肯定学校在实训设施、培训管理、培训业绩、师资队伍建设等方面的工作,并从完善学员档案等方面提出建议。

【承办高校毕业生入职培训】 8月23—30日,学校承办国华电力2015年高校毕业生入职培训。国华公司所属23家单位的217名新入职高校毕业生参加培训。培训旨在帮助和促进新入职高校毕业生融入公司,培养和树立正确的职业理想、职业操守和价值观念。培训课程为"行为与纪律""步入职场""转变、挑战与选择;信念、成长与智慧""走进国华""实践课堂""对话成长"。

(撰稿:刘庆云　审稿:陶　林)

徐州高等师范学校

校长、党委副书记　洪　韩
党委书记、副校长　曾宪安
党委副书记、副校长　倪正华
副校长　张茂杰　张逢成
校长助理、工会主席　蒋　铭

【概况】 2015年,徐州高等师范学校占地9.3公顷,建筑面积6.6万平方米。设置初中起点五年制师范类小学教育(文、理)、英语、美术、音乐、学前专业及五年制高职类计算机网络与应用、动漫、日语、韩语等10个专业。设有计算机房、多媒体语音实验室、心理实验室、音乐实验室、微格教室、多媒体教室等十几个专用教室及校园微机管理网络,建有音乐美术综合艺术楼、标准化田径场、功能齐全的体育馆、能容纳800人的现代化大礼堂。学校馆藏图书10余万册,报纸杂志400余种。年内,毕业学生494人,招生335人,在校生共2382人,64个教学班。教职工215人,其中专任教师197人。教授4人,副教授、高级讲师81人,博士研究生1人,硕士研究生17人,具有硕士研究生学位80人。

【开展"三严三实"专题教育】 3月起,学校党委按照省委、市委统一部署,开展"三严三实"专题教育。领导班子6名成员全部参加。党委书记曾宪安履行"一把手"职责任务,带领班子成员撰写个人自学计划、对照检查材料、学习体会,认真抓好三个专题集中学习研讨,通过深入师生群众问卷调查、走访慰问方式,开展专题调研。专题教育期间,学校党委开展"守纪律讲规矩""党员警示教育"专题活动,评选优秀党员,树立先进典型,发放学习书籍,参加网上测评,进行党员组织关系排查、审核干部档案，对师生反映的问题进行整改，巩固专题教育的成果。

【深化课程改革　培育优质课程】　2015年，学校推进课程建设改革，培育校级优质课程。学校发挥实践课程建设的优势，以省师范生教学基本功大赛为抓手，将传统的技能训练纳入实践取向的人才培养模式，五年一贯整体设计、序列考核。扎实推进实践基地建设，培养学生教育研究能力。为形成学校课程建设的多层级发展态势做铺垫。

【主办、承办省级培训项目】　2015年，学校主办、承办省级5个培训项目。有省“名师送培”小学数学，省“名师送培”小学美术，省“名师送培”“基于课堂观察”，省学科教师网络培训，“英特尔”未来教育。全年培训人数计6330人，获得省网培优秀培训机构称号。

【教师专业发展成果】　2015年，学校教师在专业发展方面成果突出。17项市级课题结题，4项省“十二五”规划课题正在结题，18项市级课题立项。年内，在各级刊物上发表论文168篇，其中，在核心刊物上发表8篇，省市获奖论文55篇。1名教师晋升教授，3名教师被评为市名优教师，10名教师取得博士硕士学位。

【人才培养实效显著】　年内，学校在人才培养方面实效显著。10月，学校2名学生参加湖南第一师范主办、全国135所高校高职参加的小学教育专业片段教学竞赛，获得一等奖。11月，学校6名学生参加江苏省第四届师范生教学基本功大赛，获三等奖。“5+2”专升本，学校有146人考取省内本科院校，位居全省前列。

【参加市抗战胜利70周年歌会演出】　9月，校合唱团代表市教育局参加市抗日战争胜利70周年歌会。校合唱团的演出，得到专家组的盛赞，并被推荐去北京参加中央电视台音乐频道“歌声与微笑—合唱先锋”节目录制，为在徐高校唯一一所参加该节目录制学校。

（撰稿：陈以民　审稿：曾宪安）

运河高等师范学校

党委书记、校长　户振球
副校长　毛国良　丁彦华

【概况】　2015年，运河高等师范学校占地面积12.07公顷，建筑面积7.2万平方米。学校设有中文与社会系、数理信息技术系、外语系、艺体系，设置五年制师范类小学教育综合文科、综合理科、英语教育、信息技术教育、音乐教育、美术教育、学前教育7个专业。学校有54个教学班，在校生2230人。教职工182人，其中专兼任教师141人。正教授1人、副教授46人、高级讲师18人。特级教师、省青蓝工程培养对象、省“333工程”培养对象、市优秀专家和拔尖人才、市名特优教师36人，硕士（含在读）76人。近60人次出国学习或进修。与江苏师范大学和晓庄学院联合办高等教育函授专业，在籍本专科函授学员450余人，学校附属幼儿园在校生800余人。

【中层干部选拔竞聘】　11月，学校为进一步加强校系二级管理，公开中层干部选拔竞聘。新增设中层正科级实职干部5人，中层副科级实职干部4人。通过竞聘，进一步加强干部队伍建设。

【教育信息化建设成效显著】　2015年，学校初步实现教务管理网络化、数字化和智能化。投入近20万元加强校园网站建设、教学资源库建设。学校网站获评江苏省优秀教育网站。千兆校园网络进校园,实现教学场所无线网络全覆盖。

【举行校级优质课评选】 10月7—26日,学校围绕构建“扎实有效·自主探究·愉悦发展”的课堂教学生态,举行学年度校优质课评选。累计42人参加系科选拔,14人参加校级优质课比赛,4人获一等奖、6人获二等奖、4人获三等奖。

【省师范生基本功大赛获奖】 11月,学校参加省第四届师范生基本功大赛成绩显著。14名学生参加比赛,7名学生获奖。其中,陈姝获小学美术学科一等奖,冯悦获小学音乐学科二等奖,王冬静、王颖、王凯旋、张冰、杨晓分获小学语文、数学、英语、音乐学科三等奖。

【“专升本”考试保持全省领先】 2015年,学校“专升本”考试成绩保持全省领先优势。214人参加考试,以84.7%的升学率继续保持全省领先优势。教育学、心理学平均分120分,高出全省17.7分,居全省第一。高等数学高出全省平均分9.5分,大学语文高出全省平均分6.5分,大学英语高出全省平均分2分。褚娜美术专业加试以193分获全省第一名,刘可欣、徐子瑞美术专业加试分别以184分、182分,获得全省第二、三名。

【科研兴校成绩显著】 年内,学校教科研成绩显著。累计发表省级以上论文108篇,其中核心期刊8篇,出版教材2部。市级以上课题结题3项,新增市级以上课题5项。

【校本培训力度加大】 年内,学校加大校本培训力度。累计邀请10余名省内知名专家学者到学校作报告,校内名优教师每月1次定期开设讲座。9—10月,组织41名35周岁以下青年教师参加一个半月的微课制作培训。参加校外高层次教学研讨活动,累计听课46节次。

【持续推进特色校园建设】 年内,学校持续推进“学陶、师陶特色学校”“书法特色学校”建设。新增5所紧密型“学陶、师陶”实践基地,累计“学陶”基地达45所,9月,学校获评全国“学陶、师陶”先进单位。组建校园书法特长班,累计168人次书法作品获国家及省级以上奖励。

【举办学术高峰论坛活动】 12月底,学校举办为期一天的“小学书香校园建设”学术高峰论坛活动。学校紧密型“学陶”实验基地共计35所学校,近100余名教学骨干参加论坛活动,6所学校作典型发言。泰州市实验小学校书记王华在会上作题为《开展书香校园建设的实践与思考》的经验介绍,为基层学校推进“书香校园”建设提供思路。

(撰稿:汤　秋　审稿:卢振球)

徐州老年大学

校　长　王希龙(—8月)　陈美行(8月—)
常务副校长　唐朝双
副校长　葛维琴(8月—)　杜文生　袁法训
　江恒进(—8月)　朱广卫

【概况】 2015年,徐州老年大学占地面积0.33公顷,建筑面积5500平方米。有工作人员41人,教师82人。学校设置办公室、教务处、研究室、总务处,并在教务处下设6个教学部,47个专业,78门课程,200个教学班,在校学员9000多人次。年内,学校被评为省示范老年大学、省诗教先进单位。

【承办中国老年大学年会暨课题结题会议】 4月26—28日，学校承办中国老年大学协会教学工作委员会年会暨课题结题会议。出席会议的有中国老年大学协会正副会长，教学工作委员会委员和课题组全体成员60余人。会议由中国老年大学协会副会长孙建国主持，中国老年大学协会会长张晓林讲话，徐州市委副书记李荣启、市教育局局长张德超分别致辞，王希龙在开幕式上介绍学校办学经验和体会，唐朝双在结题会上讲话。与会人员参观学校教学现场，观看教学成果展览和校艺术团文艺演出，对学校“特、精、美、强”的办学特色和成果留下深刻印象。

【规范化建设取得成效】 2015年，学校规范化建设取得成效。重新修订《徐州老年大学规章制度》，使各项制度更加系统化、规范化。学校制度建设、教学管理有所创新。通过综合测评、总结座谈、教学汇报多种形式，使规范化建设成为学校工作新常态。

【科研工作上新台阶】 年内，学校科研工作做出显著成绩。学校多次参加国家、省级老年教育理论研讨会，承担中国老年大学协会的各项课题任务。由学校牵头研究的《创设教学特色和规范教学管理的理论与实证研究》课题结题。学校牵头编印的《老年大学的教学理念与实践创新》一书于4月正式出版，并在全国公开发行，该书被全国部分老年大学作为教材和重点参考资料。学校担任全国老年大学协会“开门办学”研究项目相关课题牵头单位。在中国老年大学协会理论学术委员会指导下，做好“全国老年教育研究基地”的筹建工作。

【举办抗战胜利70周年系列活动】 年内，学校举办纪念抗日战争胜利70周年系列活动。9月10日，学校召开纪念抗战胜利70周年大会。10月中旬，校艺术团牵头举办纪念抗战胜利70周年文艺演出，全市共有5所老年大学参加。诗词研究会创作大量诗词，缅怀先烈，铭记历史。书画研究院师生创作书法作品53幅、国画61幅，并举办书画展。学校女子铜管乐队深入社区，演奏《义勇军进行曲》《保卫黄河》《大刀进行曲》。声乐班和校外活动站学友，带领社区群众学唱《徐州是英雄故乡》。乐龄读书会组织学员参观2015江苏书展。

【发展校外活动站】 11月10日，徐州老年大学在第三届校园文化节上，举行新站授旗仪式。年内，新批准成立16个徐州老年大学校外活动站。截至年底，纳入学校管理的校外活动站总数达104个，活动站成员3000余人。活动内容、形式多样，范围遍及徐州市区，成为没有围墙的老年大学社会活动平台。

【举办校园文化艺术节】 11月10—13日，学校举办第三届校园文化艺术节。1600名师生参加艺术节活动，以校园文化舞台展示学校第三课堂在校外活动站的成果，学校68个校外活动站的文体艺术节目分舞蹈、健身、器乐、声乐专场进行交流展演。节目形式多样，接地气，鼓人心，受到广大群众喜爱。

【召开市老年大学协会理事会】 12月8日，徐州市老年大学协会召开第三届七次理事会，60名代表参加会议。大会传达中国老年大学协会教育和学术委员召开的福建永安、上海会议精神，3所老年大学代表作交流发言，徐州经济技术开发区和大庙办事处有关领导到会致辞。与会人员参观大庙办事处老年大学。

【参加教学课题成果交流暨教材展览会获奖】 11月3—4日，学校3名代表参加在上海举办的中国老年大学教学课题成果交流暨教材展览会，学校参展教材获奖。展览会参展教材共403件，学校送展的6种教材全部展出，其中教师黄新铭编写的《中华诗词教学》被评为全国优秀教材。

（撰稿：王　勇　审稿：陈美行）

徐州第二老年大学

副校长　张　蕾（主持工作）　杨素贞

【概况】　2015年，徐州第二老年大学有教师38人，管理人员16人。设有11个学科门类，22个专业，36门课程。有毕业班30个，毕业生1520人次，招生32个班，1625人次。徐州市财政拨给学校经费50万元。年内，学校领导调整，原主持工作的副校长王铭退休，由徐州市老干部局副调研员张蕾任副校长主持工作。诗词研究班教师黄新铭、豫剧队教师张艳松被省老年大学协会评为江苏省"百佳教师"。

【开展纪念抗战胜利70周年系列活动】　9月，学校开展纪念抗日战争胜利70周年系列活动。各声乐班教唱抗战歌曲，书法、国画专业举办"丹青送英雄"书法绘画展，诗词班师生撰写纪念抗战胜利的诗词曲联，戏曲专业演唱抗战戏曲，校报校刊开辟专栏刊登纪念抗战胜利的诗词、书画摄影作品。

【学校规范化建设取得新进展】　年内，学校贯彻省老年大学协会江阴会议精神，落实《老年大学教学管理规范化实施意见》，规范化建设取得新进展。召开第二十六次教学工作会议，进行班主任和教师规范化培训，制订新的管理制度，添置一批现代化教学设备，进一步规范课堂教学管理，提升学校规范化建设水平。

【举办首届紫薇文化艺术节】　上半年，学校举办首届紫薇文化艺术节。学校紫薇艺术团专业队和各文化艺术班开展各类文化艺术展演活动。举办书法、绘画、摄影作品展9期，共展出875件作品；声乐、舞蹈、戏曲演出14场次，共演出节目97个。评出紫薇艺术奖65个。

【校园文化建设取得新成绩】　2015年，学校在致力发展校园文化建设方面取得新成绩。省《老年周报》、江苏电视台、《徐州日报》、徐州电视台等媒体到学校进行采访报道。5月7日，《徐州日报》刊发《文化大舞台，展现新风采——市第二老年大学引导老年群体发挥正能量》的报道。《老年教育书画艺术》五个版面发表学校师生的书画作品42幅，省《老年周报》发表书画作品31幅，《彭城晚报》发表师生诗词35首、书画52幅。学校参加省"银行杯"书画摄影大赛，55件作品参赛，获一等奖2项、二等奖6项、三等奖7项，学校获优秀组织奖。学校参加第四届全国老年大学文艺汇演，《盘鼓舞》获银奖（月季花奖）。艺术团豫剧队参加"信义铜山·家乡美"文化下乡巡回演出20余场，书法班组织师生下乡为群众义务写春联1000余幅。

（王传良）

徐州市彭城家长网校

董事长　朱晓荣
校　长　吴　刚
副校长　王宗彩　李雪松

【概况】　2015年，徐州市彭城家长网校有管理人员14人，辅导员91人。网站全年发布各类教育信息、文章1540篇。"和教育"覆盖全市750所中小学和幼儿园，参与教师3.5万人，教师发送家长月平均下行信息4460万条，每位家长月平均接收短信77条，家长每月回复教师短信12万条。信息化技术在学校教育和家庭教育的互动配合上得到更加良性、快捷、有效的发展。网校被省教育厅和省妇联评选为省优秀家庭教育指导服务机构。

【“互联网＋教育”成果显著】 1月1日，“校讯通”更名为“和教育”，依托互联网，为教师、家长、学生提供全方位、高品质的教育信息化服务。内容有互动沟通和客户端IP消息服务，校校通、班班通、人人通及教育资源公共平台服务和教育管理公共平台服务，建立“名师导学”“英语同步口语练习”“在线答疑”“掌上高考”等学生个性化学习服务平台，为教师在互联网环境下教学提供课前、课中、课后一站式服务，为学生安全设置校车安全定位、门禁考勤、校园视频监控、安全信息提醒等功能。

【参与创建文明城市宣传活动】 5月，网校参与市“大手拉小手，共建美好家园”创建文明城市宣传标语征集活动。网校协调有关部门，通过“和教育”短信平台，面向全市教师、家长和学生下发征集信息20万条，筛选有效信息850条，其中10条被选作市创建文明城市宣传标语，并上传至“和教育”客户端。

【举办家庭教育公益讲座】 5月16日—12月7日，网校和市未成年人成长指导中心、徐州一中关工委共同举办8场“专家与家长面对面”家庭教育公益讲座。讲座内容包括如何培养孩子的专注力，解读孩子“磨蹭”的原因，信息时代的智慧父母，中高考心理减压辅导，优秀学子励志报告会，并现场解答提问，帮助家长提升家庭教育能力。

【开展优秀短信评选活动】 1—6月，网校在镇、村50所中小学和幼儿园开展“家校互动优秀短信”评选活动。活动进一步强化家校良性互动，促进镇、村学校教师与家长的有效沟通。参与教师1702人，筛选家校互动短信820万条，获奖教师300人。

（撰稿：朱晓玉　审稿：吴　刚）

徐州市青少年宫

主　任　徐　军(—11月)　钟　玲(12月—)
党支部书记　钟　玲(—11月)
于桂芬(12月—)
副主任　钟　玲(—11月)　史　胜
于桂芬(—11月)　刘　羽(12月—)

【概况】 徐州市青少年宫建立于1956年。2015年，占地面积1.4公顷，活动大楼面积6954平方米。有教职工46人，其中，高级教师5人，中级教师19人。11月，获江苏省校外教育先进集体称号。

【提高教师业务素养】 2015年，青少年宫加强教科研工作力度，提高教师专业和教学水平。要求教师制定专业进修计划，鼓励继续深造，提高业务素养。一线教师全部不定期赴相关教育单位学习交流，一半教师观摩省相关专业说课活动，5名教师获得专业说课竞赛优胜奖。11月，2名教师获省校外教育先进个人称号。12月，1名教师获华东地区校外教育科研先进个人奖。

【打造关爱未成年人的公益新形象】 年内，青少年宫提高公益服务质量，打造关爱未成年人的公益新形象。吸引社会资源，关注民工子女的学习和生活情况。组织民工子女进高校、进社区、参加夏令营、观戏观影等多项活动，开展关爱民工子女、贫困家庭子女的“共享阳光·让爱飞翔”迎新春嘉年华活动，暑期，开展“多彩年华快乐成长”系列活动。全年免费向民工子女提供2000个培训、活动名额。公益培训沙龙彭城雅韵女子学堂组织教师和学员赴云南丙中洛开展送教活动，拓展公益品牌的影响范围。

【承办“书香徐州”中华经典阅读、诵读大赛】 4—6月，青少年宫承办由市文明办、团市委、市教育局、市文广新局、市少工委主办，彭城教育网、徐州方盛传媒协办的“2015‘书香徐州’中华经典阅读、诵读大赛”活动。报名参赛人数突破3000人次，其中，年龄最小的4岁，最大的超过80岁。大赛通过诵读经典，提升公民文化素养，构建“书香徐州”的精神家园。

【举办“爱徐州·爱家乡”彭城小导游大赛】 1月，青少年宫宦丽阶梯语言研究室、汪湜文学艺术社团承办“爱徐州·爱家乡”争做彭城小导游大赛。大赛由共青团市委、市守望家园生态文明建设基金会、市旅游局联合主办。有600多名选手报名参赛，其中，年龄最小的5岁，最大的12岁。大赛分设幼儿组、小学组和初中组，通过前期的自我介绍、景点（美食）讲解、才艺展示、社会实践和网络投票五大环节比拼，以及预赛、复赛和总决赛筛选，最终32名小选手成为优秀的彭城小导游，被徐州市多个景区聘为义务小导游。

【举办校外教育系统活动案例交流论坛】 10月13日，青少年宫举办2015津、苏、浙三地校外教育系统活动案例交流论坛。天津、江苏、浙江三地40多家校外教育单位250余名代表参加论坛交流。论坛由江苏省教育学会校外教育专业委员会、天津市教育学会、天津市少年儿童校外教育研究会主办，围绕“体现校外特色，发挥活动魅力”主题，就12个获优秀成果奖的案例展开交流活动，为各校外教育单位教师提供学习互动平台，展示校外教育工作者的风采。

【承办第六届淮海经济区机器人大赛】 11月28—29日，青少年宫承办2015第六届淮海经济区机器人大赛。大赛由市教育局、共青团市委、市少工委、市科协联合主办。第六届淮海经济区机器人大赛有1000余名学生参赛，大赛设幼儿组、小学组、中学组和大学组。大赛特别在丰县设置了分赛场。

【承办全市首届中小学生读写大赛】 12月，青少年宫承办全市首届中小学学生读写大赛。大赛由共青团徐州市委、徐州市教育局、徐州市少工委联合主办。有近1000名中小学生参加比赛。

【第一届理事会成立】 12月26日，青少年宫召开第一届理事会成立大会暨理事会第一次工作会议。市青少年宫是市事业单位法人治理结构建设第一批试点单位，理事会的成立标志着市青少年宫在改革发展中迈出重要一步，在青少年宫发展史上具有里程碑意义。青少年宫实行理事会制度不仅“接地气”，更为丰富服务内容，改善服务方式，提升服务质量发挥积极推动作用。

（撰稿：马　蓉　审稿：钟　玲）

徐州市少先队工作委员会

【概况】 2015年，徐州市共有少先队员73万余人，有少先大队754个，中队14430个，少先队大队辅导员766人，中队辅导员14430人。

年内，徐州市少先队工作委员会结合团市委提出的建设服务型团组织的工作目标，围绕"四个平台"（青年事务服务平台、青年成长服务平台、青年公益服务平台、新媒体凝聚引导平台）建设，把落实少先队组织定位和根本任务作为工作主线，推进少先队专业化建设，提升辅导员职业化建设，重点打造少先队事务服务平台。加强中国梦和社会主义核心价值观教育，打造徐州少先队特色品牌，着力建设少年儿童成长服务平台，活跃少先队基层组织，构建活力型、魅力型、专业型徐州少先队工作体系。

【召开市少工委四届三次全委（扩大）会议】 3月31日，市少工委在徐州市王杰小学召开四届三次全委（扩大）会议。大会审议通过《徐州市少工委四届三次全委会关于委员卸职替补确认案（草案）》，对2014年度徐州市少先队活动优质课、优秀工作论文获奖先进单位、个人进行表彰。

【下发《关于进一步加强少先队工作的意见》】 年内，少工委提请以市委名义下发《关于进一步加强少先队工作的意见》。该《意见》进一步完善全市各级少先队组织工作机构，对少先队辅导员配备和管理、少先队工作专业化工作水平等提出新要求，对推动徐州市少年儿童事业不断创新发展奠定基础。

【举行少先队辅导员基本功大赛】 年内，市少工委举办少先队辅导员基本功大赛。活动以赛带训，从理论、理念、实践、设计等方面对全市少先队辅导员进行综合检测，帮助辅导员得到多元提升，对促进全市辅导员队伍职业化、专业化建设具有重要意义。

【创新打造"前进吧，少年"体验课程】 2015年，市少工委创新打造"前进吧，少年"红色精品体验课程。依托"太阳花快乐体验营"，在常态化的基础上进一步品牌化，利用爱国主义教育基地淮海战役烈士纪念塔，创新打造"前进吧，少年"红色精品体验课程，从活动内容的设计到活动的开展，完成对"三爱"（爱学习、爱劳动、爱祖国）教育活动目标的丰富、完善和创新。

【开展主题大队活动】 年内，市少工委利用六一儿童节、建队日等教育契机，开展主题大队活动。六一儿童节期间，举行"前进吧，红领巾"主题大队活动，建队日举行"我们是共产主义接班人"主题建队日活动。

【开展与新疆奎屯"手拉手"活动】 2015年，市少工委深化和新疆奎屯的"手拉手"活动。7月，徐州对口援建城市新疆奎屯组织15名师生到徐州参加为期5天的夏令营活动。8月，徐州组织15名师生赴新疆奎屯进行回访活动。

【成立名辅导员工作室】 2015年，市少工委成立名辅导员工作室，塑造精品辅导员团队。2月，贾汪区成立以徐州市首个被评为少先队活动学科的高级教师刘鹏命名的名辅导员工作室。11月，丰县成立以全国优秀少先队辅导员侯瑞淑命名的名辅导员工作室。成立名辅导员工作室，在加强全市少先队工作理论研究，加快推进少先队品牌活动建设等方面取得创新突破，逐渐缩小各县（市、区）少先队工作开展的不均衡性。

【选树全国优秀辅导员、少先队员】 2015年，市少工委选树优秀少先队辅导员、优秀少先队员典型。邳州市八义集中心小学大队辅导员杨百里被评为全国优秀少先队辅导员，青年路小学学生吴金亚被评为全国优秀少先队员。

（张　璟）

徐州市关心下一代工作委员会

【概况】 2015年，徐州市关心下一代工作委员会认真学习中共十八届四中、五中全会和习近平总书记系列重要讲话精神，动员和组织广大“五老”围绕中心，服务大局，以培育和践行社会主义核心价值观为根本任务，积极参与社会治理，主动为青少年做好事办实事，继续加强基层组织建设，不断创新工作品牌，为促进青少年健康成长做出贡献。年内，徐州市关工委被中央文明办、国家关工委授予全国关心下一代工作先进集体称号。

【“学法崇德”主题教育成效显著】 2015年，市关工委开展“学法守法，崇德立德”主题教育取得显著成效。4月7日，铜山区关工委与区教育局在新区实验小学举办主题教育启动仪式，出席仪式的有学校1000余名师生、各镇关工委常务副主任、各中小学校关工委主任。沛县关工委在县第三中学举行主题教育启动仪式，全县15个镇分别在中心校举行师生参加的主题教育启动仪式。11月19日，市关工委召开“学法崇德”主题教育总结表彰大会，对140名中小学生、55名优秀指导教师和22个中小学校进行表彰奖励。

【电子阅览室建设步伐加快】 2015年，市关工委电子阅览室建设步伐加快。市财政支持75万元，市委组织部、宣传部、机关工委、文广新局各支持10万元，共计115万元，购买428台电脑捐赠给基层校外辅导站。新沂市关工委在加快电子阅览室建设的同时，还制定《电子阅览室工作制度》《电子阅览室管理使用办法》，并做到定人、定时间、定内容、定活动过程，充分发挥电子阅览室功能。睢宁县关工委通过年初召开调度会、年中召开推进会、年末召开辅导站建设工作总结表彰会等举措，大力推进电子阅览室建设和辅导站工作。

【“农业科技镇村行”常抓常新】 2015年，市关工委“农业科技镇村行”着眼点放在培育农村新的经济增长点和培育新型农村经营主体上，推动传统农业向现代农业转变。4月，市关工委组织农业专家走进铜山新区街道台上社区讲授草莓种植技术。5月，省关工委主任曹鸿鸣一行到徐州市检查指导，鼓励大学生等新型经营者在农村当好创业带头人。8月，与新沂市关工委联合举办首期青年农民电子商务培训班，其中有106人成功实现网上开店，带动从业人员近万人。围绕故黄河开发，市关工委争取市财政给予50万元的支持，在丰县、铜山、睢宁分别建青年农民创业示范基地。省农委关工委在邳州新建2个创业示范基地，全市共新建5个示范基地，总投入80万元。年内，市关工委开展2次农业科技镇村行活动专题调研，分别撰写《新区奇葩——徐州市关工委领导考察铜山现代农业纪实》《发挥关工委的正能量，促进电子商务大发展——对新沂市电子商务发展的调查》，《江苏关工》《徐州日报》《徐州调研》分别予以刊登。

【参与社会治理，改善未成年人成长环境】 2015年，市关工委参与社会治理，未成年人成长环境明显改善。7月，联合市司法局、市综治办、市教育局在铜山区召开第三届“关爱明天、普法先行”活动启动仪式。购买全国青少年普法教育读本2600册，发往基层供各级关工委学习宣讲使用。全市有关爱工作团和法治报告团1700余个，参加的“五老”达1.5万余人，共举办法治报告会2000余场，受教育青少年达80余万人次。有“五老”结对帮教小组1310个，“五老”帮教员5000余名，帮教失足或问题青少年1600余人。

【开展爱心救助活动】 年内，市关工委大力开展爱心救助活动。开展以留守儿童为主体的爱心救助活动，救助泉山区、邳州碾庄镇、睢宁县王集镇共300名中小学生，发放救助金17万元。暑期，会同市慈善总会、市教育局举行暑期特别救助仪式，向刚考入大学家境困难的42名大学新生实施救助，发放救助金12.6万元。协助省关心下一代基金会和爱德基金会救助徐州市学生285人，发放救助款20.29万元。全市关工委系统配合教育等部门共扶贫助学2万余人，发放救助资金1370万元。

（詹三文）

民办教育

【综述】 2015年，徐州市有各类民办教育机构410个。市教育局完成2014年度民办教育培训机构年检工作，大力扶持民办学校发展，进一步创新思路，开展混合所有制办学体制改革试点，积极培育地方品牌。为保证民办教育培训机构健康发展，规范运行和办学行为，开展民办学校暑期大检查。

【完成年度民办教育培训机构年检工作】 年内，市教育局完成2014年度民办教育培训机构年检工作。通过组织发动、单位申报、材料初审、现场考察、综合评审、公布结果等程序，重点检查培训机构的安全工作、财务状况和社会信誉。对存在安全隐患、财务管理混乱、社会信誉不好及不参加年检的2家办学机构（徐州蓝海教育培训中心、徐州通晓教育培训中心），提出书面整改意见，拟于2015年年检予以吊销民办学校办学许可证。

【扶持民办学校发展】 2015年，市教育局大力扶持民办学校发展。进一步创新思路，开展混合所有制办学体制改革试点。通过PPP模式引进中教未名教育科技公司资金和北师大教育品牌，在九里中学基础上组建徐州京师未来实验学校，实行一体化管理。积极培育地方品牌，恢复徐州昕昕中学、徐州铜北中学、徐州春晖中学联合办学型民办学校资格，放大优质教育资源，培育本土民办优质教育的美誉度、竞争力和影响力。各部门不断加大对民办学校的支持力度，9月22日，市政协副主席张爱军带领部分政协委员，对市华夏传统文化专修学校发展情况进行专题视察，指定专人具体负责华夏学宫项目建设的推进工作，协助落实政策，及时帮助学校协调解决项目推进过程中遇到的困难和问题。市物价局在京师未来实验学校开展民办学校自主定价试点。市教育局把民办学校纳入教研体系，在教学视导、业务培训、教师培养方面享有市直学校同等待遇，提升办学水平。

【开展民办学校暑期大检查】 2015年，市教育局为保证民办教育培训机构健康发展，规范运行和办学行为，开展民办学校暑期大检查。下发《进一步规范民办教育培训机构办学行为的通知》。根据教育部和省教育厅要求，7—8月，抽调监察室、督导室、师资处、人事处、法规与行政许可处、工会、基教处和职社处等相关处室工作人员分组对各民办教育培训机构进行检查，重点检查公办学校教师在民办教育培训机构兼职代课和民办教育培训机构暑期安全情况，确保暑期民办教育培训市场健康发展。

（马国桥）

附录：2015年徐州市区部分民办教育机构

2015年徐州市区部分民办教育机构

非学历：
1、徐州市英之辅英语培训中心
2、徐州市科大专修学校
3、徐州市华夏阳光教育培训中心
4、徐州市中大专修学院
5、徐州市慕园艺术培训中心
6、徐州市蓝成艺术培训中心
7、徐州市星光舞蹈培训中心
8、徐州市新东方进修学校
9、徐州市科信计算机培训中心
10、徐州市中锐国际语言交流中心
11、徐州市靓点舞蹈学校
12、徐州市神墨心算教育培训中心
13、徐州市环球雅思培训学校
14、徐州市立本进修学院
15、徐州市务本进修学院
16、徐州市华宇专修学校
17、徐州市东华专修学校
18、徐州市未名教育培训中心
19、徐州市舒曼艺术培训中心
20、徐州市神舟计算机培训学校
21、徐州市彭城古筝艺术学校
22、徐州市淮海教育培训中心
23、徐州市金阳光外语培训中心
24、徐州市思维引智教育培训中心
25、徐州市小百灵艺术培训中心
26、徐州市英才教育培训中心
27、徐州市威尔士英语培训中心
28、徐州市科苑专修学院
29、徐州市鹏程培训学校
30、徐州市嘉华教育培训中心
31、徐州市成才教育培训中心
32、徐州市东方培训中心
33、徐州市大卫营教育培训中心
34、徐州市大盈教育培训中心
35、徐州市李思衡艺术培训学校
36、徐州市远大教育培训中心
37、徐州市方园教育培训中心
38、徐州师大现代人教育培训中心
39、徐州市星苑培训中心
40、徐州市星亚教育中心
41、徐州市译苑外国语培训中心
42、徐州市中博教育培训中心
43、徐州市师苑外国语培训中心
44、徐州市现代教育培训中心
45、徐州市新概念教育培训中心
46、徐州市未来教育培训中心
47、徐州市中山进修学院
48、徐州市东方专修学院
49、徐州市九三进修学院
50、徐州市天使自学考试辅导中心
51、徐州市德睿教育拓展培训中心
52、徐州市兰亭教育艺术学校
53、徐州市海联培训中心
54、徐州市麦克米伦教育培训中心
55、徐州市王晗舞蹈艺术培训中心
56、徐州市新天地语言培训中心
57、徐州市华夏文化培训学校
58、徐州市世纪英华教育培训中心
59、徐州市新世纪儿童培训中心
60、徐州市导航科技文化培训中心
61、徐州市新宇经贸研修学院
62、徐州市关心下一代学苑
63、徐州市总工会培训中心
64、徐州市冯维箫小提琴培训中心
65、徐州市三原色专业培训中心
66、徐州市直通车教育培训中心
67、徐州市密莱博教育培训中心

68、徐州市阳光舞蹈艺术学校
69、徐州市特明早期教育培训中心
70、徐州市天元幼儿早期教育中心
71、徐州市阳光教育培训中心
72、徐州市小梅花舞蹈培训中心
73、徐州市阿斯顿英语培训中心
74、徐州市启聪聋儿语言康复中心
75、徐州市馥旦培训中心
76、徐州市彭城培智学校
77、徐州市育才财经进修学院
78、徐州市安德教育培训中心
79、徐州市冯氏艺术教育培训中心
80、徐州市博文教育培训中心
81、徐州市英华教育培训中心
82、徐州市昂立外语培训中心
83、徐州市嘉年华网络教育学校
84、徐州市文达计算机专修学校
85、徐州市四达教育培训中心
86、徐州市博园培训中心
87、徐州市天大教育培训中心
88、徐州市开元教育培训中心
89、徐州市兴航教育培训中心
90、徐州市徐师少儿艺校
91、徐州市翰耕艺术培训中心
92、徐州市春芽教育培训中心
93、徐州市孚思英语教育培训中心
94、徐州市通晓外语培训中心
95、徐州市宏博教育培训中心
96、徐州市点睛教育培训中心
97、徐州市天骄舞蹈培训中心
98、徐州市澳美英语培训中心
99、徐州市韦博英语培训中心
100、徐州市建成教育培训中心
101、徐州市罗芳彩妆艺术学校
102、徐州市成长快乐教育培训中心
103、徐州市恒升教育培训中心
104、徐州市视情教育培训中心
105、徐州市博大科技专修学校
106、徐州市星光科苑教育培训中心
107、徐州市玉兰舞蹈培训中心
108、徐州市文昌外国语培训中心
109、徐州市吴涛鼓校
110、徐州市弘德儿童培训中心
111、徐州市禾润儿童康复幼教中心
112、徐州市书人教育培训中心
113、徐州未来之星影视文化培训中心
114、徐州市爱乐钢琴培训中心
115、徐州市翰林教育培训中心
116、徐州市财苑教育培训中心
117、徐州市美地教育培训中心
118、徐州市韦肯国际教育中心
119、徐州市幸星国际影视动画培训中心
120、徐州市学而思教育培训中心
121、徐州市琴之声教育培训中心
122、徐州市智汇教育培训中心
123、徐州市墨鹤教育培训中心
124、徐州市新宇早期教育培训学校
125、徐州市耘翔进修学校
126、徐州市中昂教育培训中心
127、徐州市一名舞蹈培训中心
128、徐州市圣尧舞蹈培训中心
129、徐州市彭城老年大学北区分校
130、徐州市慧声器乐培训中心
131、徐州市龙行培训学校
132、徐州市巴迪外语培训中心
133、徐州市拔萃教育培训中心
134、徐州市教育外语和计算机培训考核中心
135、徐州市馨苑教育培训中心
136、徐州市思毓教育培训中心
137、徐州市金钟教育发展培训中心
138、徐州市爱弥儿亲子教育培训中心
139、徐州市现代音乐艺术教育培训中心
140、徐州市大师教育培训中心
141、徐州市群鸿外语培训中心
142、徐州市博观教育培训中心
143、徐州市联大教育培训中心

144、徐州市彭祖传统文化教育培训中心
145、徐州市优德教育培训中心
146、徐州市宁静教育培训中心
147、徐州市思达教育培训中心
148、徐州环球青少年国际英语学校
149、徐州市乐杨英语培训中心
150、徐州市培艺教育培训中心
151、徐州市华根教育培训中心
152、徐州市融德教育培训中心
153、徐州市德雅教育培训中心
154、徐州华夏未来艺术教育中心
155、徐州市卡米拉教育培训中心
156、徐州市一鸣教育培训中心
157、徐州市尚文堂教育培训中心
158、徐州市学大教育培训中心
学历:(市区)
159、徐州市树德中学
160、徐州市爱登堡国际学校
161、徐州市华顿国际学校
161、徐州市撷秀中学
162、徐州市树人中学
163、徐州市春晖中学
164、徐州市辅仁中学
165、徐州市昕昕中学

(马国桥)

(责任编辑 严国年)

高等教育

【综述】 2015年,在徐高校共有普通高校10所(含独立学院2所,下同),军事院校2所。普通高校总占地面积886公顷,建筑面积432万平方米。高校教职工总数11589人,其中专任教师7879人。各类在校生总数为231354人,其中,全日制普通高等教育本专科生为126194人,硕士研究生10137人,博士研究生1300人。成人高等教育本专科生为93723人。

【促进在徐高校交流】 5月,局高教处协调各高校成立在徐高校教师发展联盟,建立和完善高校有关部门联席会议制度,定期通报徐州高等教育有关情况,加强高校交流。整体上促进在徐高校教师培养、交流工作。

【支持高等教育服务地方发展】 2015年,市教育局支持在徐高校建设协同创新中心,提升科技研发能力。支持江苏师范大学科技园申报国家级大学科技园,支持徐州工程学院、徐州工业职业技术学院、徐州生物工程职业技术学院等高校大学科技园建设。

【加强大学生思想政治工作】 年内,局高教处组织高校深入学习贯彻中共十八届三中全会、四中全会、五中全会精神,切实加强新时期大学生社会主义核心价值观教育,积极探索大学生思想教育的有效途径。加强大学生心理健康教育,组织开展"525"心理健康月活动,拓宽心理健康教育途径。加强对大学生反邪教宣传教育,谨防法轮功等邪教组织对高校的侵蚀。加强大学生反恐教育,切实做好少数民族大学生思想稳定工作。

【加强成人高等教育管理】 2015年,局高教处充分利用江苏省高等学校成人教育信息采集平台和数据管理系统,加强对高校成人教育校外教学点的监管,规范教学点招生、教学、考试等工作环节。加强与教学点主办高校和设点单位的沟通和联系,及时反馈各教学点办学情况。

【做好高校校外教学点年审工作】 2015年,局高教处按照省教育厅要求,认真组织开展高校在徐校外教学点年审工作。12月,组织专家对16家设点单位的35个校外教学点进行现场检查。经过严格审核,3个校外教学点因不符合办学要求,报请省教育厅取消其办学资格。

(姚新文)

中国矿业大学

党委书记 邹放鸣
校　　长 葛世荣
党委副书记 张爱淑(女)(—9月)
王建平(—12月)
曹德欣 蔡世华(9月—)
才庆祥(9月—)
副 校 长 赵跃民 宋学锋(—12月)
缪协兴 秦 勇 赵建岭
李 强 周国庆(12月—)
纪委书记 张爱淑(女)(兼,—9月)
才庆祥(兼,9月—)
副校级干部 才庆祥(援疆,—9月)
卞正富(援疆,9月—)

【概况】 中国矿业大学是教育部直属全国重点大学,是国家"211工程"和"985优势学科创新平台项目"重点建设高校,教育部与江苏省人民政府、国家安全生产监督管理总局共建高校。学校占地面积294.2公顷(文昌校区103.67公顷,南湖校区190.53公顷),校舍建筑面积130余万平方米,图书馆藏书230余万册(新增图书8万余册,数据库21个)。

学校以工科为主,以矿业为特色,理、工、文、管、法、经、教育等多学科协调发展。2015年,学校设有研究生院和22个学院(另有2个独立学院),59个本科专业。有16个一级学科博士点,35个一级学科硕士点,10个专业学位授权点(类),1个一级学科国家重点学科,8个国家重点学科,1个国家重点(培育)学科,4个省一级学科重点学科,7个"江苏省高校优势学科建设工程",14个博士后科研流动站。有2个国家重点实验室,2个国家工程(技术)研究中心,3个国家工程实验室,1个国家大学科技园,4个教育部重点实验室,2个教育部工程研究中心,16个其他省部级重点实验室和工程研究中心(含基地)。另有3个国家实验教学示范中心和1个国家仿真模拟实验教学中心。

2015年,有各类学生52000余人。其中,全日制普通本科生24000余人,各类硕士、博士研究生11200余人,留学生390余人,成人教育学生和培训生16200余人。全年招收学生8987人,毕业学生8803人,就业率达98.5%。

学校有教职工3234人,其中专任教师1848人。专任教师中正高级职称349人,副高级职称700人,博士生导师320人,硕士生导师902人。中国工程院和中国科学院院士16人(含外聘7人),170人享受国务院颁发的政府特殊津贴。

2015年,1人入选全国先进工作者,1人获江苏省五一劳动奖章。1人入选中组部青年拔尖人才,1人获国家自然科学基金优秀青年科学基金资助,2人入选国家"青年千人计划",2人入选江苏省特聘教授,1人获江苏省自然科学基金杰出青年科学基金资助,2人入选科技部"创新人才推进计划"中青年科技创新领军人才,2人获孙越崎青年科技奖,2人获全国煤炭青年科技奖,2人入选香江学者计划。

2015年,新增国家精品视频公开课3门。省级本科优秀毕业论文(设计)和团队数量位居全省高校第一。学校获江苏省毕业生就业工作先进集体称号,入选全国社会实践先进单位。

2015年,学校获得国家技术发明二等奖1项、国家科技进步二等奖2项,省部级科技奖8项。全年新增纵向项目407项。其中,新增"973"计划项目1项、课题2项,国家科技支撑计划课题1项,总装备部武器装备探索研究项目1项,国家自然科学基金各类项目121项。全年实到科研经费4.13亿元,其中纵向1.87亿元。发表SCI源刊论文1034篇。授权国内发明专利477件、国外发明专利19件,专利授权量首次进入全国高校前50名。3件专利获第十七届中国专利优秀奖。学报(自然科学版)首次获得百强科技期刊。

【推进"三严三实"专题教育活动】 2015年,学校扎实推进"三严三实"专题教育活动。突出问题导向,突出边学边查边改。组织专题党课培训47场,理论宣讲6场,专题辅导报告4场。学校在教育部直属高校"三严三实"专题教育座谈会上进行经验交流。

【接受教育部巡视】 2015年,学校接受教育部第二巡视组为期5周的巡视。对巡视期间反馈的11条意见,学校按照"即知即改"要求在巡视结束前完成整改。对巡视结束后移交的31条问题线索,组织专项办理。

【加强内涵建设】 3月11—14日,学校召开以推进综合改革为主题的八届一次教代会。健全学生代表大会制度,校长首次向学生代表大会报告学校工作情况,选聘第二届学生校务参事。编制发布关于学术、学科发展、本科教学、教师学术绩效、国际合作交流、公有房产使用6大年度报告等。

【师资队伍建设】 2015年,学校多措并举加强师资队伍建设。全年引进博士学位教师56人,其中32人来自"985"高校或中科院大学,16人取得海外知名高校博士学位。试行"师资博士后"制度,首批选拔31人。聘任诺贝尔奖获得者卡罗·鲁比亚为学校可持续能源研究院院长。2人当选新一届国务院学科评议组成员。

【组建科研平台】 2015年,学校组建了各类科研平台。获批国家安监总局安全生产科技支撑平台2个,煤炭行业工程研究中心2个。推进组建"可持续能源研究院"。煤炭资源与安全开采国家重点实验室和江苏省煤基二氧化碳捕集与地质储存重点实验室相继通过验收评估。"矿山机电装备健康监测"入选江苏省高校优秀科技创新团队。全年组织召开各类学术活动206场次。

【制(修)订教育教学改革方案】 2015年,学校制(修)订多项教育教学改革方案。启动制订2016版本科培养方案。继续推进自主招生考试制度。完成52个本科专业办学情况审核评估。采矿工程等6个专业入选江苏省高校品牌专业,获得资助3600万元。修订研究生导师遴选办法,改进研究生招生办法。博士生招生首次实施"申请—考核"制。申请学位的博士毕业生人均发表SCI论文1.06篇。9个国家级工程实践教育中心通过预验收。新增46个校外实习基地。

【学科建设】 5月15日,学校举办煤炭能源技术革命与学科发展战略研讨会,明确创建一流学科的路线图。地球科学、材料科学、化学领域进入ESI前1%,贴进度达到105%、86%、84%。6个专业学位点、2个学术型学位授权点通过国务院学位办专项评估,7个硕士学位授权一级学科点参加省学位办合格评估。省教育厅对2个省重点学科的考核结果为"良好"。

【教育交流与合作】 2015年,学校进一步加强教育交流与合作。与国外高校新签校际合作协议12项、续签4项。与学校建立密切合作关系的海外高校已达95所。选派234名学生出国交流学习,在校来华留学生达392人。

【主办第七届国际矿业科学与技术大会】 4月25—28日,由中国矿业大学主办,美国肯塔基大学、西弗吉尼亚大学,英国诺丁汉大学,澳大利亚昆士兰大学、西澳大学、卧龙岗大学,德国波鸿工业大学以及越南河内地矿大学8所高校协办的第七届国际矿业科学与技术大会(ICMST2015)在矿大举行。世界各地260名学者参加大会。

【科研服务社会】 年内,学校以科研服务社会。提出20项针对"十三五"资源领域科技规划国家关键技术建议,推进建设煤炭安全绿色开发协同创新中心,签署校地、校企合作协议97项。学校获2015年中国产学研合作创新奖。技术转移中心入选江苏省科技服务业百强机构,培训学员1400余人。

【董事会校友会工作】 2015年,新增董事单位2家,续签全面合作协议1家。教育发展基金会获评中国社会组织评估5A等级,并被评为全国教育基金工作先进单位,全年接受社会捐赠1928万元,获得财政配比资金1320万元。

【入选网络文化建设试点高校】 2015年,学校入选第二批网络文化建设专项试点高校。年内,学校获教育部第八届高校校园文化建设优秀成果一等奖和教育部第二届"礼敬中华优秀传统文化"特色展示项目。1人入选全国高校辅导员年度人物，1人获得全国高校辅导员职业能力大赛二等奖。学校被评为2010—2015年度全国大学生心理健康教育工作优秀机构，入选2012—2014年度徐州市文明单位。

【南湖体育中心、南湖尚苑工程接近尾声】年内，南湖体育中心主体工程基本完工，南湖尚苑教职工住宅项目所有单体建筑全部封顶。附属中学新校园建设加速。

【发放助学金，办理助学贷款】 2015年，学校为学生发放各类奖助学金9680余万元，办理国家助学贷款3229万元，减免学费183万元，发放勤工助学金500余万元。

（撰稿：辛　良　朱正中　审稿：赵红灿）

江苏师范大学

党委书记　徐放鸣
党委副书记、校长　华桂宏
党委副书记　岑　红（女）
副校长　周汝光　钱　进　郑元林　方　忠　刘广登　黄军伟　蔡国春
纪委书记　王　峰

【概况】 江苏师范大学是江苏省人民政府和教育部共建高校，是区域引领性示范高校。学校有泉山、云龙、奎园、贾汪4个校区，占地面积136.5公顷，校舍建筑面积81.2万平方米。固定资产总额12.23亿元，其中教学科研仪器设备总值3.36亿元。图书馆建筑面积2.2万平方米，藏书279万册。

2015年，学校设有22个专业学院，以及敬文书院、继续教育学院、国际学院和独立学院科文学院。开设本科专业87个，覆盖11个学科门类。有一级学科博士点1个，一级学科硕士点26个，博士后科研流动站1个，专业硕士学位授权点8个，并具有以同等学力申请硕士学位授予权和硕士研究生推免权。有省（部）级重点学科（一级）15个。省（部）级设置的研究院（所、中心）、实验室21个。有国家级实验教学示范中心3个，省级实验教学示范中心18个。

2015年，在校生总数31176人（含科文学院），其中，全日制本科生28746人，硕士研究生2423人，博士研究生7人。成人教育本专科生5659人（本科5025人，专科634人）。共毕业10277人（含科文学院），其中，硕士研究生735人，普通本科生7051人，成人教育本科2491人。本科生就业率98.38%。全年招收各类学生11073人（含科文学院），其中，学历教育学生中全日制研究生893人（其中博士生3人），普通本科生7613人，成人教育本专科生2567人。留学生298人。

学校有教职工2233人，其中专任教师1380人。有专任教授227人，副教授460人，博士生导师45人，硕士生导师645人。有长江学者特聘教授1人，讲座教授1人，江苏特聘教授5人。双聘院士量级人才9人，长江学者、国家“杰青”量级人才46人。专任教师中有4人获得全国先进工作者、全国五一劳动奖章、全国模范教师、全国优秀教师称号，3人入选江苏省高校教学名师，32人享受国务院颁发的政府特殊津贴，4人入选教育部“新世纪优秀人才”支持计划，9人获得江苏省有突出贡献的中青年专家称号，5人为省“双创计划”引进人才，11人为省“六大人才高峰”培养对象，91人入选省“333高层次人才培养工程”，128人入选省“青蓝工程”。

2015年，学校获国家自然科学基金项目56项，国家社科基金项目25项（其中重大项目2项、重点项目1项）。获教育部高等学校科学研究优秀成果奖2项，其中，科学技术二等奖1项，人文社会科学三等奖1项。获国家级大学生创新创业计划项目70项、省级项目85项，学校入选中国高校创新创业教育联盟首批成员单位。在第十四届“挑战杯”全国大学生课外学术科技作品竞赛中获特等奖，并再次成为“挑战杯”竞赛的发起高校。获江苏省第四届师范生基本功大赛一等奖9项、二等奖8项、三等奖11项（一等奖数量和获奖总数均居全省第一）。在2015年美国（国际）大学生数学建模竞赛中，获一等奖1项，二等奖1项，成功参赛奖1项。“五禽操”获得第十届全国少数民族传统体育运动会表演项目综合类一等奖。获江苏省社科应用研究精品工程奖4项。技术转移中心成为江苏省技术转移联盟首批会员单位，并被科技部认定为“第六批国家技术转移示范机构”。大学科技园获批省文化产业引导资金160万元。与迈阿密达德学院共建的孔子学院获全球优秀孔子学院称号。学校获评全国大学生“三下乡”社会实践活动先进单位，校团委先后获全国五四红旗团委、全省共青团工作先进单位、全省大中学生培育和践行社会主义核心价值观活动先进单位称号及江苏省青年志愿服务行动组织奖，获江苏省教育系统官方微信创新奖及江苏省高等学校信息化建设先进集体、江苏省高校节能先进高校称号。

【市、校共建“一带一路”研究院】 11月11日，江苏省哲学社会科学界第九届学术大会开幕式暨徐州市人民政府与江苏师范大学共建“一带一路”研究院签字揭牌仪式在徐州市举行。省委常委、省委宣传部部长王燕文，省委宣传部副部长双传学，省社科联党组书记、常务副主席刘德海，徐州市委书记曹新平、市长朱民、市委宣传部部长冯其谱及江苏师范大学党委书记徐放鸣、校长华桂宏出席开幕式。会上，朱民与华桂宏共同签署《徐州市人民政府与江苏师范大学合作共建江苏师范大学“一带一路”研究院协议书》。

【编著发行《徐州古方志丛书》《徐州简史》】 7月20日、8月28日，由徐州市委市政府和江苏师范大学共同策划、江苏师范大学承担编纂的《徐州古方志丛书》《徐州史纲》分别举行首发式。《徐州古方志丛书》全十册，由该校教授赵明奇率队，收集36部古志，考证失传的31种志书，历时3年编纂完成。该书集徐州地区五千多年的政治、经济、文化、地理、风俗、人物、名胜信息资料于一体，全景式再现徐州历史风貌。《徐州简史》由该校教授王健率团队主编，第一次系统梳理徐州上至远古，下至21世纪的历史发展脉络，既是一部系统性、学术性很强的史书，又是一部有很强趣味性和可读性的大众教科书。

【获批国家级实验教学示范中心和国家级虚拟仿真实验教学中心】 1月8日，教育部下发《教育部办公厅关于批准北京工业大学电子信息与电工技术实验教学中心等80个国家级实验教学示范中心的通知》和《教育部办公厅关于批准清华大学数字化制造系统虚拟仿真实验教学中心等100个国家级虚拟仿真实验教学中心的通知》，江苏师范大学申报的“生物学实验教学中心”“轨道交通信息与控制虚拟仿真实验教学中心”入选。

【承办全国首届协同创新制度与文化建设研讨会】 7月2—3日，由教育部《中国高等教育》杂志社主办、江苏师范大学承办的全国首届协同创新制度与文化建设研讨会在徐州举行。江苏省副省长曹卫星，教育部社会科学司司长张东刚、语言应用研究所所长张世平、综合改革司副司长王洪元，福建省教育厅厅长黄红武，江苏省教育厅副巡视员孙曙平及该校全体校领导出席开幕式。全国56所高校的150余名专家学者参加会议。会议达成《协同创新制度与文化建设“徐州共识”》。

【承办“2015·中国教师发展论坛”】 9月6—8日，由民进中央主办、徐州市人民政府和江苏师范大学共同承办的“庆祝第三十一个教师节暨2015·中国教师发展论坛”在江苏师范大学举行。全国人大常委会副委员长、民进中央主席严隽琪，全国政协副主席、民进中央常务副主席罗富和，全国政协副秘书长、民进中央副主席朱永新，教育部及省、市有关领导出席论坛开幕式。全国有关高校的专家学者、中小学校长、教育界代表200余人参加会议。严隽琪视察该校先进激光技术与新兴产业协同创新中心和附属实验学校，并参加校民进基层委员会组织生活会，罗富和视察校语言能力协同创新中心。

【刘利民督察开学工作】 9月14日，教育部副部长、国家总督学刘利民到江苏师范大学督察开学工作。教育部教师工作司司长、国家督学许涛，教育部基础教育一司副司长杜柯伟，江苏省教育厅厅长沈健、副厅长苏春海及江苏师范大学全体校领导出席汇报会。会后，刘利民一行参观该校语言能力协同创新中心。

【接受教育部本科教学工作审核评估】 11月30日—12月4日，教育部本科教学工作审核评估专家组对江苏师范大学本科教学工作进行审核评估。专家组通过走访、座谈访谈、听课、调阅教学档案、实地查看公共教学设施、考察校外实习基地等方式，全面审核评估该校本科教学工作。12月4日，召开专家反馈会，省教育厅副厅长丁晓昌出席并讲话。

（撰稿：任大伟　审稿：王作权）

徐州医学院

党委书记　吴永平
院　　长　郑葵阳

【概况】 徐州医学院是江苏省独立设置的两所医学类院校之一，是淮海经济区医学教育、医疗服务和医学科研的中心。

2015年，徐州医学院占地面积73.3公顷。设20个院系（部）、14所附属医院，面向国内16个省市、中国港澳台地区以及国外招生。有全日制在校生11000余人，教职工1300余人。设置24个本科专业及方向，其中，麻醉学、临床医学、医学影像学、药学专业为国家级特色专业建设点。有临床医学、生物学2个博士学位授权一级学科，临床医学、基础医学、生物学、药学、公共卫生与预防医学5个硕士学位授权一级学科和临床医学、药学2个专业学位授权点，具备硕士研究生推免权，并设有博士后科研流动站和工作站。

2015年，学校招收新生2918人，毕业学生2990人。至年底，学校有专任教师801人，其中具有高级职称460人。学校固定资产总值8.3亿，其中教学科研仪器设备总值2.5亿元。图书馆纸质藏书102.2万册，电子图书295.1万册。

【《徐州医学院章程》核准通过】 10月，江苏省教育厅发布《高等学校章程核准书第25号》（徐州医学院），核准通过《徐州医学院章程》。章程内容体现学校的办学特色和发展目标，明确了学校重要工作运行的制度与规则。

【强化专业建设】 11月，学校临床医学专业接受教育部临床医学专业认证。认证专家组进驻学校，全方位考察临床医学专业办学情况。学校以评促建，参照临床医学专业认证标准，对学校各专业建设及整体办学指标进行全面审核。年内，麻醉学（A类）、临床医学（B类）、药学（C类）3个专业成功入选江苏高校品牌专业建设工程一期项目，医学信息学、药物制剂、临床药学3个专业被增列为学士学位授权专业。

【143项科研项目获立项】 2015年，学校获立项各级各类科研项目143项，其中获国家自然科学基金项目57项。获批资助经费1900万元。1支科研团队被遴选为省科技创新团队，1项研究成果获教育部自然科学二等奖。同时，申报人文社科基金项目，获市厅级以上研究项目及课题55项，并获江苏省社科应用研究精品工程一等奖。

【博士后科研工作站、大学生科技园工作进展顺利】 2015年，学校博士后科研工作站、大学生科技园工作进展顺利。博士后科研工作站获中国博士后基金资助20项、江苏省博士后基金资助7项，获“十二五”期末中国博士后综合评估“优秀”。大学生科技园获批建设省级技术转移中心和省级科技企业孵化器项目。

【打造高层次人才队伍】 2015年，学校大力打造高层次人才队伍建设。重点面向优势学科集聚高层次人才。教授曹君利先后入选“长江学者”特聘教授、“2015年国家百千万人才工程”，实现学校在国家级人才项目上的突破。4名博士入选2015年“江苏特聘教授计划”，至2015年年底，学校有10人入选“江苏特聘教授计划”，入选人数居苏北高校首位。

【扩大国内外交流与合作】 2015年，学校与国内外高校、国际产学研组织建立合作关系。与韩国延世大学（原州校区）、中国台湾中山医学大学、美国麻省医疗国际集团签订合作谅解备忘录，与澳大利亚卧龙岗大学、英国贝德福特大学、美国Osgood中心、俄罗斯“Me and China”教育文化中心洽谈合作事宜。组织教职工出国（境）进修培训、考察交流共计66人次，组织学生出国（境）访学交流39人次，接待各国专家学者到校讲学、校际交流25人次。

【做好毕业生就业工作】 2015年，学校认真做好就业指导工作。加强学生职业规划教育，积极拓展学生就业渠道。举办江苏省苏北地区医药卫生类暨徐州医学院毕业生就业洽谈会，9个省份的375家用人单位参会，提供超过1.5万个就业岗位。2015届毕业生年底就业率达到97.73%。

【推进校园基础设施建设】 2015年，学校不断推进校园基础设施建设。新建图书馆投入使用，馆藏图书增加50.9万册，采用超高频识别技术系统，实现自助借还、精确3D定位、快速盘库上架等功能。推进大学生活动中心、实验动物中心选址建设。教师公租房工程主体建设封顶，组织教职工进行认租。数字校园平台进入试运行阶段，完成校内各楼宇无线网络全覆盖。

【徐医附院医疗水平进一步提升】 2015年，徐医附院的医疗水平、服务能力和社会影响力进一步提升。医院的门诊工作量、出院病人次、手术人次和业务收入等指标均有所增长，出院病人次连续3年位居全省第一。该院获批国家卫计委“高级卒中中心”，被评为2015年“改善服务创新医院”“中国最具影响力肿瘤机构”。在中国地级市医院竞争力排行榜中，该院综合评价得分居第4位，连续4年入选排行榜前10强。

【开展“三严三实”专题教育】 年内，学校全面部署和落实“三严三实”专题教育活动。积极贯彻习近平总书记关于“三严三实”专题教育的重要指示精神和江苏省委“三严三实”专题教育工作推进会精神，各级党员干部参与专题学习会、民主生活会、党课培训等教育活动，校党委领导班子成员先后到22个基层党组织开展集中调研。

（撰稿：张国浩　审稿：姚书林）

工程兵学院

院长、党委副书记　秦伯凯
政委、党委书记　田晓蔚
副院长　张祥田　郭　杰
副政委、纪委书记　许红照

【概况】 2015年，工程兵学院坚持以国家主席习近平系列重要讲话精神为指导，深入学习贯彻全军政治工作会议精神和军委改革工作会议精神，紧紧围绕实现强军目标，紧跟调整改革强军步伐，始终聚焦人才培养中心工作，在认清大势中把牢方向，在统筹全局中谋抓大事，在改进作风中狠抓落实，各项工作和建设保持积极向上、协调发展的良好势头。

【抓好创新理论武装】 2015年，院党委抓好创新理论武装。持续抓好党委中心组学习和干部理论学习，精心组织团以上领导干部理论学习班，扎实推进党的创新理论“三进入”。组织赴古田现地教学，相关做法受到上级好评，学院被推报为全军贯彻落实古田政工会精神先进典型。

【开展多项教育活动】 年内，学院开展多项重大教育活动。深入开展“三严三实”专题教育整顿，组织专题授课辅导、建言征集和征文评比，推进“八个方面问题”专项清理整治，两次邀请全军践行强军目标先进典型刘珪到院作报告，创新举办“强院先锋”先进事迹报告会，高标准召开院党委常委和中层党委专题民主生活会。学院多次受到原参政、军训部领导好评。

【精心抓宏观筹划】 2015年，学院精心抓好宏观筹划。全面启动2020年前教育改革与发展规划制定工作，展开10个分规划预研，分南北线两个调研组，赴12支部队和1所学校专题调研，全面了解部队建设和毕业学员任职情况，摸清人才培养现实需求。常态组织院党委专题议教，对综合演练改革、新形势下军事战略方针宣传贯彻、课堂教学质量提升等重大现实问题进行对策研究。

【探索实战化教学组训模式】 2015年，学院深入探索实战化教学组训模式。在演练模式、课题设置、考核方式等方面开创多个“首次”，扩充演练容量，提高演练效益。常态化开展模拟工兵团平时工作演练，推进野外驻训教学，抓好“先锋杯”学员岗位任职能力比武。做好理论课研讨式教学方法改革试点，探索理论课教学新路子。

【组织新教员、教学管理干部集训】 2015年，学院组织新教员和教学管理干部集训。持续组织“先锋杯”教学能力比武，首次以党委议教形式组织课堂教学比武评析。工程装备系获年度团体冠军。

【深入推开联教联训】 2015年，学院共与5个军区18支部队签订联教联训合作协议。协调建立20个实践教学基地，选派教员200多人次赴部队跟训调研、讲学指导、参加演训。首次与部队联合举办心理健康辅导员培训班，探索院校与部队联合办学的新路子。组织近500名生长干部学员、教员和学员队干部分赴12支工程兵部队现地教学，促进学院教学进一步向实战聚焦。经验做法被军地多家媒体报道。

【从严抓实教学】 2015年，学院从严抓实教学质量。完成第一期军事教育专业文职人员首次任职培训班承办任务。组织军事指挥专业领域学位授权点自评，学院连续3年被评为江苏省优秀招生单位。常态开展课堂教学质量比武活动，全年听查261名教员383次授课。组织行风专项整治，持续开展课堂秩序专项督察。组织专业行动课专项督察“回头看”活动，形成具体指导性意见50余条。出台《课程考核工作实施办法》，组织开展生长干部任职培训学员和士官职业技术教育学员毕业联合考核。严把军事学位授予关，对军事学学士学位论文评审引入查重机制，近1/3学员未获学位，有效促进教风学风转变。

【外训外援受到好评】 2015年，学院的外援外训工作受到好评。完成7个班次157名学员援外教学工作，同期在校人数达122人。成功举办首期援助缅甸、援助非洲四国扫雷培训班，受到外交部、外国驻华使馆的高度评价。援缅工程进展顺利，受到原军训部领导称赞。

【树立研战研教理念】 2015年，学院引导教研人员牢固树立研战研教理念。组织院党委专题议研，对科研基础条件、创新团队建设、战法联合攻关等重大问题进行把关定向。依靠科研立项牵引，将上级机关关注、部队训练急需、学院教学急迫的理论和现实问题作为优先选题加以支持。制定《专著出版管理办法》，完善《科研奖励规定》，从制度层面引导广大教研人员牢固树立研战研教理念。

【科研团队建设取得突破】 2015年，学院科研团队建设取得突破。开展调研论证，先后召开8次专题座谈，发放400余份调查问卷，问计于一线教员，全面了解科研诉求。出台《工程兵学院科研创新团队建设管理办法》，确保团队的规范化运行。举行“工程装备作战运用科研创新团队”授牌仪式，催生重大成果，培育领军人才。

【组织“战备周”活动】 年内，学院加强战备教育，组织“战备周”活动。组织机关干部和教员进行实弹射击和体能考核，激发训练热情，打牢战斗力基础。

【探索分类多元管理模式】 2015年，学院积极探索分类多元管理模式。制定《生长干部任职培训学员连队化管理实施意见》，不断完善“三导式”管理模式，强化广大学员的岗位任职能力。

【抓安全保稳定】 2015年，学院严格安全工作常态化管理。整理编印《学院应急预案汇编》，扎实开展安全训练，定期组织拉网式隐患排查，集中清理持有因私出国（境）证件问题，做好改革等各敏感时期安全稳定工作。

（撰稿：白　蕾　审稿：徐　波）

空军勤务学院

院　长　张晓钟
政　委　穆树乾
副院长　朱焕勤　陈运军

【概况】 2015年，空军勤务学院教育训练工作坚持以强军目标重要战略思想为指导，以实战化教学为主线，以人才培养质量为核心，全面推进“55433”战略，健全完善“十个机制”，人才培养质量进一步提高。

【修订《军事教育教学理论研究管理实施办法》】 2015年，学院修订《军事教育教学理论研究管理实施办法》。健全教学研究管理机制，进一步明确课题立项、过程研究、结题验收流程标准。

【开展“教法学习月”活动】 2015年，学院开展“教法学习月”活动。出版教育理论专著4部，有效推动理论成果向教学实践转化。4项全国教育科学规划课题通过结题验收，获军队级教学成果奖5项，空军级优秀教学成果奖3项，空军级以上优秀论文奖16项。

【优化教学内容体系】 2015年，学院构建形成各培训层次有机衔接、深度融合的教学内容体系。修订人才培养方案和课程标准。结合课程建设质量评估，重点立项培育26门课程，推进作战类课程改革。修订《教材建设与管理办法》，发布5期《教学内容更新指南》，及时将部队战训保障最新成果融入教学，新编教材**部，立项建设教材**部、军事案例**个。参加全军优秀军事案例评选，2个案例空军排名第一、第二；1部教材获全军士官课程教材建设评比一等奖；26部教材获院级优秀教材奖。

【教员队伍水平不断提升】 2015年，教员队伍水平不断提升。学院严格教员岗位资格，组织新教员教育理论集训，**名教员通过任职教育教员岗位资格认证，**名教员通过教学审定。以全军士官教学竞赛和空军地面院校教学比武为契机，推进“精品课堂”建设，探索实践多元化教学方法，教员执教能力明显提升。教员获全国、军队级教学竞赛一等奖5项，二、三等奖14项；获空军军事基础比武优胜奖2项，空军教法创新竞赛一等奖1项、三等奖3项，空军课堂教学质量抽查优秀1人，获奖数、质量再创新高。

【改革组训模式】 2015年，学院组训模式改革不断深化。持续推进“四阶段”实践训练模式，组织开展野外综合训练、部队认识实习、军事体能技能强化训练和实战背景下的综合演练。制定《关于进一步加强日常军事基础训练的措施》，组织军事基础组训能力集训和强化训练，开展“过三关”比武竞赛和实弹射击强化训练，强化学员军事基础素质。实施课程“大作业”和“自主选课、开放教学”的选修课教学模式改革，以空军勤务学子创新实践俱乐部和“航空勤务大讲堂”为依托，开展第二课堂、研究生学术活动日等活动，有效促进学员综合素质提升，学员参加各类学科竞赛获奖183项。

【构建“互联网+”服务部队新模式】 2015年，学院坚持以“双学”活动为抓手，创新构建“互联网+”服务部队新模式。建成集实施技术答疑服务和网络学习训练于一体的“勤务110”信息服务平台。发挥学院智力密集优势，编写多种类型单位“双学”参阅资料。选派教员赴部队开展技术服务和巡回授课，受到机关部队认可和欢迎。

【提升实验室建设层次水平】 2015年，学院不断提升实验室建设层次水平。召开实验室工作会议，开展实验室建设管理研讨交流活动，邀请中国工程院赵沁平院士等军内外知名专家到院指导交流，明确实验室建设思路方向。抓好“2110工程”核心项目建设，实验室层次水平达到国内同行业领先水平。拓展后勤保障实验室功能，完成互联互通系统研发和研讨室建设工作。

【完善实战化训练场地设施】 年内，学院新建400米障碍练习专用道、塑胶运动场蛇形跑道、器材健身场地、单兵战术训练瞄靶台遮雨棚等设施，完成单兵战术、400米障碍设施迷彩涂装，增强实战化教学训练保障效益。

【科研创新能力不断提高】 2015年，学院紧紧围绕航空勤务理论与装备技术开展科研攻关。对空军航空兵的有关研究受到空军机关高度关注，完成“**评估”等专项研究任务。“**平台”、“**机库”等新机系列保障装备，在保障中泰联合军演等重大战训行动中发挥重要作用，受到空军马司令员和上级机关的充分肯定。制定《科研合同与招投标管理办法》等3项制度，通过科研质量管理体系综合评议，健全科研质量管理体系。制定《科研工作落实“五个搞清楚”实施意见》，组织学院科学技术委员会换届改选，召开“十二五”科研工作总结暨表彰大会。邀请军内外知名专家开展学术讲座23场，选派3名教员出国参加学术交流。新增国家自然科学基金项目2项、省级自然科学基金2项，空军级以上计划项目19项。获军队科技进步二等奖4项、三等奖19项，全军后勤学术研究成果一等奖1项，空军军事理论研究优秀成果奖6项。

【推进教学评价工作】 2015年，学院教学评价工作不断推进。制定《教学评价建设任务书》，组织教学评价专题讲座和联络员集训，完善常态化自评自建工作体系，组织各单位对照年度教学评价建设任务开展自评。完成2014—2015学年教学基本状态信息数据采集工作，有效牵引和促进日常教学训练任务完成。充分发挥院、系（部、大队）两级督导功能，学院教学督导委员会围绕战例教学、综合演练、申优课程复审等重点工作开展专项督导和理论研究。全面推进“1+X”课程考核方式改革，严格毕业设计（论文）过程质量监控，推行学员毕业综合考核和综合素质等级评定制度，推进专业（基础）教学辅导制度和“评教、评学、评管”制度，进一步完善质量保障体系。

【工作中存在的不足】 2015年，学院教育训练工作取得一定成绩，但还存在许多不足。主要表现在：实战化教学训练水平还不够高，体现航空勤务特色的教学“品牌”和“精品”还不够多；部分教员教学观念落后，案例式、研讨式、战例教学和想定作业等教学方法应用水平不高等问题依然比较突出；教学条件实战化程度还不够高。

（闫克明）

徐州工程学院

党委书记　王　超
院长、党委副书记　张新科
党委副书记、副院长　沈　超
党委副书记、纪委书记　姚宜新
副院长、党委常委　宋农村　殷惠光　王冬冬
刘　洋　李苏北

【概况】 徐州工程学院是一所为区域经济社会发展培养高素质应用型人才的全日制普通本科院校。2015年，学校有3个校区，占地面积132.67公顷，校舍面积57.22万平方米，固定资产17.97亿元，教学仪器设备总值1.60亿元。图书馆藏书192.98万册。

学校设有经济学院、教育科学学院（教师教育学院）、体育学院、人文学院、外国语学院、艺术学院、数学与物理科学学院、化学化工学院、信电工程学院、机电工程学院、土木工程学院、环境工程学院、食品（生物）工程学院、管理学院、马克思主义学院15个专业学

院。开设本科专业53个。

2015年,学校有2个国家级特色专业,3个教育部“卓越工程师计划”实施专业,1个国家级“专业综合改革试点”项目,3个国家级工程实践教育中心,1个国家级大学生校外实践教育基地,2个国家级国际合作办学项目,6个省级特色专业,5个省级重点专业(类),3个省级一级重点建设学科。获批省级精品课程10门、省级精品教材13部、省级重点教材3部,获省级优秀教学成果奖13项。拥有2个省级重点建设实验室,4个省级工程实验室,9个省级工程技术研究中心,8个省级实验教学示范中心。获批省级工业设计中心、省级校外人文社科研究基地、省级人才培养模式创新实验基地、省级优秀教学团队各1个,省级科技创新团队2个。

2015年,有全日制在校生22064人。录取新生5659人,毕业5635人,毕业生就业率98.8%。

学校有教职工1429人,其中专任教师1174人。教师具有正高职称97人,副高职称341人,具有博士学位144人,硕士学位430人。有1人被遴选为国家科学技术奖评委,2人享受国务院政府特殊津贴,二级教授3人,全国模范教师和全国优秀教育工作者2人,全国教育系统先进个人1人,江苏省有突出贡献的中青年专家等省级各类人才92人。

2015年,学校 获评各级各类成果奖60余项。获专利授权307项,获评徐州市发明专利十强单位。“江苏省防震减灾科普教育基地”在学校揭牌成立。新增省、市级工程实验室各1个、市级工程技术研究中心4个。“淮海地区非物质文化遗产研究中心”在省教育厅组织的基地验收中总分名列第一。学报社会科学版入选中国人民大学“复印报刊资料”重要转载来源期刊,被评为“RCCSE中国核心学术期刊”,自然科学版被科技部评为中国科技核心期刊。

国际合作教育新增3个本科双学位项目、2个本硕连读和1个校际交换生项目,与科摩罗高等技术学校签订合作交流协议。与美国、法国、俄罗斯等12个国家的17所高校和机构建立稳定的合作关系,入选茉莉花留学江苏政府奖学金资助高校。

2015年,学校获评全国模范职工之家,入选江苏省青春健康教育基地,被徐州市委授予徐州市统一战线工作先进集体称号。学校九三支社被九三学社江苏省委授予2014年度思想宣传工作先进集体。

【推进教学内涵建设】 2015年,学校不断推进教学内涵建设。“财务管理”“食品科学与工程”“汉语言文学”3个专业入选江苏高校品牌专业,“机械电子工程”等3个专业通过学士学位授权评审。修订人才培养方案,从2015级开始实施学分制。开展大学英语“分级教学”和大学体育“分类选修”。推进专业文化建设,遴选5个建设示范点。打造“理实一体、产训合一、虚实互补、开放共享”的实训实验平台,组织校内实训实验室评估,论证建设“绿色化工虚拟仿真实验中心”标杆型项目。新增省级实验教学示范中心2个。

【推进师资队伍建设“卓越计划”】 2015年,学校推进师资队伍建设“卓越计划”。遴选“高层次人才”培养对象9人,推荐18人开展国内外研修,评定“双师型”教师74人。获评正高级职称10人,副高级职称46人。获批市级以上科研项目226项,新增科研经费1800余万元。

【科研服务地方】 2015年,学校不断增强科研能力,服务于地方。继续加强学位点培育建设,与新疆伊犁师范学院全面实施研究生联合培养和申报工作,与安徽理工大学等3所高校签订联合培养研究生协议,新增硕士生导师30余名。与北京理工大学共建“联合技术转移中心”，先后在省内6个市县（区）建立分中心。举办成果对接洽谈20余次，与40余家企业达成合作项目。

【大学科技园建设】 2015年，学校大学科技园建设实现新跨越。培育与引进企业126家，总资本2.37亿元，实现技工贸总收入3.07亿元。获批江苏省众创集聚区建设试点单位、徐州市电子商务示范园区、徐州市大学生创业园、徐州市现代商圈建设专项项目、徐州市科技企业孵化器等多个平台与项目，获得建设资金200余万元。

【承办多个高层次学术研讨会】 2015年，学校承办多个高层次学术研讨会。承办第十一届国际《金瓶梅》学术讨论会、中国徐州清洁能源材料论坛、区域产学研合作研讨会等。12月1—3日，学校承办第五次IIMS国际会议，会议以“新兴经济体的管理发展”为主题。印度、美国、新西兰、马来西亚、菲律宾等国的30余名外宾和学校师生代表300余人参会。

【倡导“小人物”要有“大生活”】 2015年，学校在学生工作中倡导“小人物”要有“大生活”。实施“读讲一本书、学会音乐欣赏知识或掌握一种乐器、爱上一项运动、参与一次社会实践活动、参加一个科技创新团队”的“五个一”工程。编制《音乐素养》《大学人文读本》等教材，开设相关专项课程。开展校园读书、阳光体育、创新创业、社会实践等专题活动256项，举办“高雅艺术进校园”等艺术展演17场，万余名学生参与并受益。人才培养质量进一步提升，学生英语四级通过率72.3%，同比增长17%；考取硕士研究生312人，比上年增加100人；获评国家级大学生创新训练计划项目39项、省级项目45项；在国际大学生数学建模竞赛、全国商务知识竞赛、全国大学生桥牌锦标赛、舞龙舞狮锦标赛、江苏省“互联网+”大学生创新创业大赛等高水平竞赛中取得优秀成绩。

【深化创新创业教育】 2015年，学校不断深化大学生创新创业教育。强化“互联网+”思维，实施基金项目和训练计划，实现在校大学生全覆盖。与广州华依集团合作，设立10万元“华依创业基金”。与江苏派乐滋食品有限公司合作，启动200万元资金电商平台项目。与徐州市有关单位合作，筹办“徐州市互联网+创新创业大赛”，组建“徐州市大学生创新创业精英班”。学校获批徐州市第一批电商培训基地。学生获评国家级大学生创新训练计划39项，省级项目45项。学生在全国“互联网+”大赛江苏赛区竞赛中获得二等奖2项。

【举办徐州工程学院俄罗斯文化周】 10月26日—11月1日，学校与俄罗斯圣彼得堡国立电子技术大学在徐州市共同举办“徐州工程学院俄罗斯文化周”。活动为两校学子增进了解和友谊、开展文化交流搭建平台。徐州市人民政府副市长李燕、圣彼得堡国立电子技术大学校长弗拉基米尔·库图佐夫等出席开幕式。文化周内容包含俄罗斯文化教育讲座、俄罗斯美食体验等系列活动。

【260余名学生志愿者服务“江苏书展”】 7月16—20日，学校260余名学生承担第五届江苏书展志愿者服务工作。院长张新科应邀做客“书香中国·全民阅读大讲堂”。学校获第五届江苏书展优秀组织奖。

【“三严三实”专题教育】 2015年，学校认真开展“三严三实”专题教育。制定专题教育实施方案，成立工作领导小组及工作机构。围绕“六查六看六整治”主线，聚焦领导班子和领导干部“不严不实”问题，高质量完成“四专题一强化”规定动作。学校作为先进典型在全省“三严三实”专题教育推进会上作书面经验交流，校领导班子“严以用权”专题研讨情况被《江苏省“三严三实”专题教育情况通报（第5期）》报道，党委书记王超撰写的《切实担当起全面从严治党的责任》发表于《群众》杂志2015年第12期。

（撰稿：韩 天 张咏丽 审稿：徐 辉）

徐州开放大学

党委书记 杜吉林
校　　长 韩超英（女）
副 校 长 陈玉金
袁　惠（女）
魏红光
校长助理 王传喜

【概况】 2015年，徐州开放大学占地面积6.25公顷，校舍建筑面积5.10万平方米。固定资产7276.05万元，其中教学仪器和实验设备总值3272.06万元。图书馆建筑面积1750平方米，藏书9.76万余册。

学校设有机电工程学院、经贸学院、电子信息工程学院、建筑工程与艺术设计学院、健康与养老教育学院、汽车工程学院、公共教学部、远程开放教育学院8个院（部），65个专业。

2015年，在校生总数8090人，其中，全日制专科生1214 人，远程开放教育本、专科6274人。招收各类学生1981人，毕业1515人。高职就业率为95.79%。

学校有教职工184人，其中专任教师95人。有教授1人，副高级36人。有江苏省“333高层次人才”1人，市第六期“双百高层次人才培养工程”拔尖人才1人。

2015年，学校被江苏开放大学（江苏城市职业学院）评为招生和就业工作先进集体，开放教育学院被评为优秀管理集体，学校被中国养老产业和教育联盟、全国民政行指委老年专委会确定为中国养老产教联盟集团理事会成员单位，被徐州市人力资源和社会保障局、徐州市总工会等单位授予家庭服务业人才培训基地，民进徐州开放大学支部被民进江苏省委授予先进基层组织。

【与徐州市中等专业学校合并办学】 4月21日，徐州开放大学与徐州市中等专业学校合并办学会议在徐州市中等专业学校报告厅举行。市教育局局长张德超、副局长李清，校党委书记杜吉林、校长韩超英出席会议。会上传达市政府意见，杜吉林与中等专业校长王传喜分别表态发言，坚决拥护市政府决定，竭尽全力建设发展好中专学校。会议明确了最大限度的用好国家对中等职业教育建设和发展的扶持政策，做大汽车类省级实训基地，打造汽车、楼宇智能化等一批国家重点建设专业和省级品牌（示范、优秀）专业，培植轨道交通、珠宝玉石鉴定与加工技术、健康与养老方面的新兴专业，创建国家中等职业教育改革发展示范校和江苏省高水平现代化职业学校的工作目标。

【举行徐州开放大学成立揭牌仪式】 5月11日，徐州开放大学成立揭牌仪式在学校报告厅举行。江苏开放大学党委书记彭坤明、徐州市政府副市长李燕等出席会议，市部委、办、局相关负责同志参加会议。学校党委书记杜吉林介绍学校情况，彭坤明、李燕分别讲话，一致表示将一如既往地支持徐州开放大学的建设发展，继续在资金、人才、项目等各个方面加大支持力度。

【举办“职业教育周”活动】 5月17日，学校举行“职业教育周”校园开放日活动。邀请近400名学生家长、社区居民和部分教职工一同走进校园，感知校园环境和教学设施，参观专业实训基地，了解校园文化与人才培养模式，推动学校招生工作的开展。

【成立2个二级学院】 7月24日，学校成立徐州开放大学健康与养老学院和徐州开放大学汽车工程学院2个二级学院。

【承办全省办学系统2015年宣传思想工作会议】 11月27—28日，由徐州开放大学承办的全省办学系统2015年宣传思想工作会议暨第二届思政教育研究会在徐州召开。江苏开放大学党委书记彭坤明，副书记、副校长金南冬出席会议，全省各市县开放大学代表、江苏开放大学相关职能部门和学院党总支负责人代表90余人参加会议。彭坤明发表讲话。金南冬作工作报告。江苏师范大学党委书记徐放鸣应邀到会，作题为《校园文化建设与学校文化品位提升》专题辅导报告。校长韩超英代表学校致辞，副校长袁惠作交流发言。

【校徽标志、宣传语征集结果揭晓】 12月9日，徐州开放大学校徽、宣传语评选结果揭晓。经过近一年的公开征集、评审、网上投票，窦勤军设计的校徽中标，梁梦雯、万琳、周文树、张军常、孔令放、阴雨龙、钱勇、李永辉、肖瑞友和王敏设计的9幅作品入围。宣传语的评选中，一等奖空缺，高静、魏玉新、章邦洪、李金奎的作品获二等奖，李金奎、赵青、季友立、李和平、彭湘、张淑芳、雒大川、丁纪可的作品获三等奖。

【组织教师参加师资培训】 2015年，学校组织全校教师参加各级各类培训。根据市委组织部统一部署，学校专为教师开设微课制作能力专项培训班，110名教师取得培训结业证。33名教师参加国家开放大学江苏分部组织的开放教育课程主持(责任)教师培训，54名教师参加中职类国培、省培和市培项目。

【科研课题进展顺利】 2015年，学校科研课题研究进展顺利。为期2年的校级精品课程有4项课题结题，学校先后申报的9项国家开放大学课题、省社科联课题、市科技局课题及市社会科学研究重点课题均结题。至年底，学校有省教育厅课题1项，江苏开放大学科研、教改、“十二五”规划课题8项，市教育局课题4项，校级立项课题20项。

【推进“三严三实”专题教育】 年内，学校扎实推进“三严三实”专题教育。制订“三严三实”专题教育实施方案、领导班子工作方案，列出学习计划表，组织开展专题党课、专题学习讨论、专题调研和专题民主生活会，至年底，专题教育活动进入强化整改落实和立规执纪阶段。

【获得多项国家级、省级职业技能大赛奖】 2015年，学校参加各类职业技能大赛获奖。3名学生在中国职教学会举办的第五届“益达杯”全国国际贸易职业能力竞赛中获综合技能一等奖和单项技能一等奖。5名学生在中国职教学会举办的第十一届全国职业院校“用友新道杯”沙盘模拟经营大赛江苏赛区62支代表队中，获得一等奖第一名，并在全国总决赛中获三等奖。4名学生在省教育厅举办的2015年江苏省高职院校“中教畅享杯”市场营销技能大赛中获三等奖，4名学生在全省城市职业学院办学系统大学生读书节微课成果和创意书签设计大赛中分获二、三等奖。1名学生在第六届“蓝桥杯”程序设计大赛江苏赛区比赛中获三等奖，1名学生在教育部职业院校外语类专业指导委员会举办的2015“外研社杯”全国高职高专英语写作大赛中获三等奖，2名学生在省高校外语教学研究会举办的2015“外研社杯”江苏高职高专英语写作大赛中分获一、二等奖，3名学生在省高校外语教学研究会举办的2015“外研社杯”江苏省高职高专英语演讲大赛中分获一、三等奖，1名学生在全省城职院办学系统英语口语大赛中获二等奖。1名学生在徐州市职业技能竞赛建筑算量比赛中获第三名，并代表徐州市参加江苏省建筑算量比赛。在全省开放大学（城职院）办学系统大学生辩论赛中，学校代表队获一等奖。

（撰稿：雒大川　审稿：韩超英）

江苏建筑职业技术学院

党委书记　吴光林
院长、党委副书记　孙　进
党委副书记、纪委书记　张登宏
副院长　季　翔　任留钦　梁　惠
曾凡远（6月—）

【概况】　2015年，江苏建筑职业技术学院占地面积72公顷，校舍建筑面积36万平方米。固定资产6.47亿元，教学设备总值1.56亿元。图书馆建筑面积3.6万平方米，藏书62.27万册。

学校下设8个二级学院，共12个教学单位，设50个专业及专业方向。建成15个专业群，其中，建筑工程技术、建筑装饰工程技术、供热通风与空调工程技术、矿井建设4个专业为国家示范重点专业，机电一体化技术、道路桥梁工程技术2个专业为中央财政支持重点专业。新增建筑工程技术、建筑装饰工程技术2个省品牌专业。牵头1个省协同创新中心，建有3个省级工程研发中心、11个市级工程研发中心和5个高新技术重点实验室。

2015年，在校学生19468人，其中，全日制专科生12668人，成人专科生6800人。毕业4221人，专科就业率98.2%。全年招收全日制学生4206人，面向全国25个省市招生。

学校有教职工750人，其中专任教师575人。有教授46人，副教授235人，1人享受国务院颁发的政府特殊津贴。有1个国家级教学团队，3个省级教学团队，2个省级科技创新团队，2个省“六大人才高峰”学术团队。1名国家级教学名师，2名省级教学名师，2名省突出贡献中青年专家，1名“十大建筑科技之星”，6名省“青蓝工程”中青年学术带头人，23名省“青蓝工程”优秀青年骨干教师，4名省“333工程”人才培养对象。

2015年，学校有2个专业获省品牌专业立项建设。1项教学成果获第五届煤炭行业教育教学成果一等奖。在《江苏高职院校人才竞争力30强报告（2015）》中位居第5名。在中国科学评价研究中心、武汉大学中国教育质量评价中心联合发布的1332所中国高职高专院校竞争力排名中，位居第50名。获江苏省第五届就业创业知识竞赛组织奖，江苏省高职院校学生资助绩效评价第一名。被评为第五批徐州市文明单位标兵。学校获批“首批中国慢投垒球高校示范基地（2015—2020年）”。学生参加全国性职业技能竞赛获省级及以上一等奖、二等奖奖项46项，国家级技能竞赛金奖1项。

【完善现代大学制度建设】　2015年，学校不断完善现代大学制度建设。学校《章程》通过省教育厅核准实施，为依法自主办学提供全面保障。编制学校“十三五”事业发展总规划，及专业建设、师资建设、科技工作、校园建设、文化建设5项子规划。完善校内机构布局与设置，完成新一轮中层干部换届工作。印发《教职工代表大会制度实施细则》，落实二级学院教职工代表大会制度，召开二级学院教代会。

【探索改革人才培养模式】 2015年，学校探索改革人才培养模式。召开人才培养战略研讨会和人才培养质量分析会，进一步明确质量品牌战略发展的办学思路，及时总结学校人才培养工作取得的成绩与经验。酒店管理专业与海澜集团共同申报的现代学徒制项目获得全国首批办学试点。

【提升内涵建设】 2015年，学校不断强化质量、品牌办学意识，内涵建设明显提升。年内，建筑工程技术、建筑装饰工程技术2个专业获省品牌专业（A+B）立项建设，启动校内10个品牌专业立项建设工作，完成22门项目化改革课程立项工作。出台《进一步加强教学中心地位的指导意见》。

【加强高层次人才引进和培养】 2015年，学校加强高层次人才引进和培养。引进教授3名，博士3名，硕士14名。30名教师晋升高级职称。实施"教授培育工程"，选拔培养对象14名。探索科研拔尖人才和骨干力量培养，选拔学术带头人7名、学术技术骨干21名。注重教师教学能力提升，选派63名教师参加省级、国家级培训。修改和完善原有职称评审体系，印发《专业技术职务评审量化指标体系》。深化和完善校内人事分配制度改革，印发《<江苏建筑职业技术学院绩效工资分配方案>补充说明》。教师获省信息化教学大赛一等奖2项，全国煤炭行业教育教学成果一等奖1项，全国多媒体课件大赛一等奖1项。

【科技创新能力稳步提升】 2015年，学校科技创新能力稳步提升。年内，获得住建部立项项目6项，教育部项目和省社科规划基金项目各1项，省教育厅、科技厅、建设厅立项项目28项。获得华夏科技奖4项，徐州市科技进步奖4项。教师、学生获授权专利发明254项。加强科研团队建设，组建8个科技创新团队。7名教师组成团队，参与合作企业项目研发和课题研究工作。学校与连云港万象建设公司、宏大建设集团开展多方位科技合作，与广州碧桂园集团签订合作协议。4名教师担任泉山区社会公益孵化基地指导专家，1名教师主持的课题获国家安全生产科技成果奖，1名教师承接民政部重大科研项目。学校有9项科研项目入选《徐州智库》。

【改善办学基础条件】 年内，学校不断改善办学基础条件。完成留学生公寓、老图书馆、教学楼、办公楼、校园长廊等区域环境改造，启动会堂项目改造，启动校园电力增容和公寓空调线路改造工作。完成大学生公寓文化建设项目立项，建成"科技·智慧·城市"校史文化馆。新增校园绿化面积2.5万平方米。启动3万平方米的大学科技园和8500平方米的青年教师周转房建设。学校入围2015—2019年江苏省科普教育基地，入围江苏建筑产业化人才培训基地。

【拓展合作交流】 年内，学校积极拓展海内外合作交流。与英国、老挝、柬埔寨3个国家6所高校、职业院校签署校际交流合作框架协议，录取7名韩国交换生和3名老挝学历生。开展与德国、加拿大、澳大利亚、新西兰高校国际交流合作，派出22名干部、教师到德国学习先进的教育教学管理经验；派出6名管理干部出访澳大利亚和新西兰，与新西兰惠灵顿理工大学、新西兰基督城理工学院分别签署框架合作协议。选拔13名教师赴中国台湾高校访学，选拔8名学生赴韩国高校交换学习，19名学生到中国台湾地区的高校交流学习。中国、韩国"机械制造与自动化"专业的"2+1"合作项目得到教育部备案，获得招生资格。召开国际化发展战略研讨会，统一思想，推进国际化办学发展。

【加强党建工作】 2015年，学校进一步加强党建工作。印发《关于进一步加强和改进党建工作的实施意见》《加强廉政风险防控重点部位和关键环节的监督管理办法》，在全校开展重点部位和关键环节监督检查。强化领导干部经济责任审计工作，印发《中层领导干部经济责任审计实施办法》。强化"八项规定"落实，细化学校公务接待执行标准。创建江苏省平安校园示范校建设，扎实有效推进"三严三实"专题教育活动，强化问题整改和常态长效。获省高校"党建工作创新奖"1项，"最佳党日活动"优胜奖1项。

【承办、主办多个研讨、竞赛活动】 2015年，学校承办、主办多个有影响力的研讨、竞赛活动。承办全国高职院校工程造价技能及创新竞赛、全国住房与城乡建设职业教育教学指导委员会建筑与规划专业指导委员会成立大会、全省高职院校技能大赛工程造价技能竞赛、全省工程造价协会教育论坛、全省高校高职高专图书馆建设委员会年会、中国发明协会全国高职高专创新工作委员会年会，主办江苏建筑职教集团年会。

【学校影响力不断扩大】 年内，学校代表在全省高校领导干部暑期学习培训班上作交流发言，在全国煤炭行业发展现代职业教育推进大会上发言。2015年，江苏人才创新创业促进会、江苏人才发展战略研究院联合发布《江苏高职院校人才竞争力30强报告(2015)》，学校位居第5名。在中国科学评价研究中心、武汉大学中国教育质量评价中心联合发布的1332所中国高职高专院校竞争力排名中，学校位列第50名。

（撰稿：李彦江　审稿：李存健）

徐州幼儿师范高等专科学校

书　记　王晓三
校　长　张祥华(女)(—4月)
　　　　李克军(4—10月)
副校长　马　玲(女)　滕建志

【概况】 2015年，徐州幼儿师范高等专科学校占地28.5公顷，建筑面积17.2万平方米。学校图书馆藏书39万余册，期刊387种，电子图书260吉字节。学校拥有多功能演播厅、音乐厅、多功能报告厅，建有标准化的体育场，配备完善的体育设施设备。校内有学前教育、音乐教育、舞蹈教育、美术教育、英语教育等34类实训基地，校外有实习实训基地100个。学校设有学前教育、特殊教育、教育管理、早期教育、儿童康复、英语教育、旅游英语、应用英语、美术教育、装饰设计、动漫设计与制作、音乐教育、音乐表演、舞蹈教育、舞蹈表演、体育教育、老年服务与管理17个专业，2015年，增设音乐剧表演、应用艺术设计、家政管理专业，共有10个师范类专业、10个高职类专业。学校下设学前与特殊教育学院、继续教育学院等9个教学与培训单位。

2015年，在校学生4662人。教职工362人，其中专任教师233人。有博士5人，硕士121人，教授6人，副教授86人。教师参加国培、省培30余人次，5名教师出国学习交流。

2015年，学校承担各级各类课题78项，其中，国家级课题及其子课题4项，江苏省教育厅高校哲社课题19项，江苏高教教改课题3项，江苏省社科应用研究课题4项，江苏省教育科学规划课题15项，徐州市社科基金课题10项。全校公开出版13部教材、著作，发表科研论文210篇。

学校承担国家级、省级和市级培训项目21项，计2512人次，组织国家级职业资格培训，培训人数1700余人次，通过成人教育学历提升的学生1176人次。

2015年，学校获江苏省节水型单位、江苏省大中专学生志愿者暑期文化科技卫生“三下乡”社会实践活动先进单位、徐州市文明单位标兵、徐州市五四红旗团委、徐州市发展家庭服务业先进单位称号，当选为江苏省养老服务职业教育与产业合作促进会理事单位、中国养老产教联盟集团理事会成员单位。校团委志愿者服务基地彭城培智学校被团省委和省残联授予江苏省青年志愿者助残“阳光行动”服务基地，校志愿者服务队获2015“三下乡”暑期社会实践全国重点团队，人文社科系“天伦乐”志愿者服务队获江苏省暑期“三下乡”社会实践省级重点团队。学校在第八届全国大中专院校师生书法大赛中获团体一等奖，2名教师获得园丁一等奖。在“华舞奖”第一届CBDU国标舞蹈全国锦标赛中获团体舞艺术表演舞金奖、优秀组织奖，在首届全国学前教育专业学生幼儿园活动设计与实施能力竞赛(专科组)获团体二等奖。学校师生在中国外语微课大赛、第八届全国美育成果展评比赛、江苏省第九届学生体育舞蹈锦标赛等活动中取得优异成绩。

【通过省高等职业院校人才培养工作评估】 4月19—22日，学校通过由江苏省教育评估院组织的评估专家组对学校进行的人才培养工作评估。省教育厅高教处处长袁靖宇、副处长调研员俞向东，省教育评估院院长陆岳新、副院长杨权海一行9人到校指导评估工作。专家通过专业剖析、听(说)课、深度访谈、查阅资料、座谈会、走访实训就业基地等考察方式，对学校的人才培养工作进行全面评估，肯定学校在教育教学改革及人才培养中取得的成效。

【幼教集团成功中标苏州工业园区幼儿园办园权】 5月7日，徐州幼专幼教集团在全国60余家竞标单位中以最高分获得苏州工业园区幼儿园的办园权。幼教集团全年新开办幼儿园4所，新增加盟园3所。

【承办省教育学会教师教育专业委员会第六届代表大会】 5月28日，江苏省教育学会教师教育专业委员会第六届会员代表大会暨2015年学术年会在徐州幼专举行。省教育厅师资处处长崔春霞、省教育学会会长杨九俊、省教育厅师范教育处原处长张行出席会议。全省各高等院校，各市、区教师发展中心和各市教师进修学校主要负责人70余人参加会议。徐州幼专党委书记王晓三、校长李克军出席代表大会和《为了教育的明天》一书首发式，并致辞。

【学前教育专业获省品牌专业建设A类立项】 6月1日，在江苏省政府和省教育厅组织的江苏高校品牌专业建设工程一期项目评审中，徐州幼专学前教育专业获江苏省品牌专业建设A类立项。全省共258个项目入围。

【与青海海南州5所幼儿园签订帮扶协议】 7月4日，徐州幼专幼儿园与青海海南州幼儿园手拉手签约仪式在海南州幼儿园举行。校党委书记王晓三、党政办主任邓宪亮，海南州教育局副局长董胜、副书记索南项毛和共和县教育局领导出席活动。王晓三发表讲话，并代表学校向5所幼儿园捐赠5万元图书款。徐州幼专2所附属幼儿园和3所集团幼儿园与海南州5所幼儿园签订帮扶协议。

【承办“中英教育合作与投资高峰论坛(徐州站)”】 7月13日，“中英教育合作与投资高峰论坛(徐州站)”在徐州幼专音乐厅举行。论坛由徐州市教育局、英国百福集团联合主办，徐州教育国际交流协会和徐州幼专联合承办。市教育局局长张德超、市教育国际交流协会会长曹孟军及学校领导会见出席嘉宾并参加论坛。

【与徐州侨办联合承办“中国寻根之旅”夏令营】 7月23—30日，学校外语系和徐州侨办联合承办2015年海外华裔青少年“中国寻根之旅”夏令营（徐州营）活动。美国、韩国、法国、加拿大、中国的50名华裔青少年参加为期9天的夏令营生活。市委统战部副部长、侨务办公室主任李明，省侨办副巡视员徐金亮，徐州市领导袁丁、张爱军，市委副秘书长刘汉英，市相关部门负责人及学校领导出席开、闭营仪式。

【与美国布劳沃德学院合作举办专科教育项目获批】 3月，学校与美国布劳沃德学院合作举办的学前教育（早教）和装饰艺术设计（平面设计）2个专业专科教育项目在省教育厅获批，并于5月在教育部备案。计划在2016年启动招生 。

【联办第三届“和谐之声”音乐赏析会】 11月21日，由徐州市委宣传部、徐州幼儿师范高等专科学校、徐州市文学艺术界联合会、徐州市文化广电新闻出版局联合主办的第三届“和谐之声”苏、鲁、皖、浙四省五市合唱音乐赏析会在幼儿师范高等专科学校音乐厅举行。近400名合唱队员欢聚一堂，以激情四溢的歌声共谱一曲难忘的“和谐”乐章。

【举办“三位一体”协同培养学前教育专业人才签约仪式】 12月8日，政府、高校、幼儿园“三位一体”协同培养学前教育专业人才签约仪式在徐州幼儿师范高等专科学校举行。市教育局副局长李运生、学前教育办公室副主任韩莹，徐州幼专副校长马玲，云龙区、泉山区、鼓楼区、经济开发区的相关领导以及11所合作园园长出席签约仪式。

【毕业生就业率在全省被调查专科院校中位居榜首】 12月，据省高校招生就业指导服务中心与麦可思数据有限公司联合发布的《江苏省普通高校本专科毕业生就业、预警和重点产业人才供应报告（2015年度）》显示，徐州幼儿师范高等专科学校2014届毕业生就业率为97.8%，在全省被调查的专科院校中位居榜首。

（撰稿：墨　亚　审稿：邓宪亮）

徐州工业职业技术学院

党委书记　周立雪
院长、党委副书记　祝木伟
党委副书记、纪委书记　李　红
副院长　金万祥　魏　勇　鲍桂楠　张芳儒

【概况】 2015年，徐州工业职业技术学院占地面积73.3公顷，校舍建筑面积33.2万平方米。固定资产9.8亿元，其中教学科研仪器设备总值1.14亿元。图书馆建筑面积2.4万平方米，藏书85万余册。

学院设有材料工程学院、化学工程学院、建筑工程学院、机电工程学院、信息与电气工程学院、工商管理学院、基础教学部、思想政治教育与研究部、体育与艺术教学部、继续教育学院10个教学单位。有11个专业群共48个专业，其中，省级品牌专业1个，省级重点专业群4个，中央财政支持的重点建设专业4个，省级特色专业9个。有国家精品资源共享课、教学资源库4门，国家级、省级精品课程7门，国家“十一五”“十二五”规划教材17部，省级精品、重点教材6部。有国家级实训基地2个、省级实训基地6个，省级大学科技园1个，省、市级研发中心（实验室）28个。

2015年，在校生10486人，其中，普通专科生10079人,成人教育专科生407人。毕业3792人,就业率为98.51%。全年招收各类学生3384人,其中,普通专科生3264人,成人教育专科生120人。

学院有教职工653人,其中专任教师517人。有教授24人,博士11人,"双师型"专业教师占85%。有全国优秀教师1人,江苏省高校名师2人,全国化工职业教育教学名师3人,"黄炎培职业教育杰出教师"1人,江苏省"青蓝工程"中青年学术带头人和优秀青年骨干教师培养对象16人,江苏省"333工程"第三层次培养对象4人,江苏省"青蓝工程"科技创新团队1个。

2015年,学院先后获全国高职院校创新创业教育工作先进单位,江苏省教育宣传工作先进单位、高等教育自学考试先进集体、学生军训工作先进单位、节能工作先进单位,苏北地区高校大学生心理健康教育工作先进集体,徐州市文明单位、节水先进单位、城镇居民医疗保险工作先进集体称号。获省级教学成果奖5项。

【人才综合竞争力位列省第11】 12月29日,江苏省人才创新创业促进会、江苏人才发展战略研究院联合发布的《江苏高职院校人才竞争力30强报告(2015)》显示,学院人才综合竞争力位列第11位。学院2015届毕业生年终就业率达98.06%,创业率达4.6%,13名毕业生获昆山市"高技能人才引进"奖励。

【《学院章程》通过省教育厅审批】 12月,《徐州工业职业技术学院章程》经江苏省教育厅高校章程审核委员会核准并正式发布。【章程】 为学院依法办学、依法治校提供了根本性的准则和依据,使学院工作更加制度化、规范化。

【大学科技园通过省级评估验收】 8月7日,学院大学科技园通过由江苏省科技厅、教育厅组织的省级大学科技园评估验收。科技园入驻企业130家,其中孵化企业58家,为社会提供就业岗位近2500个。累计取得各类科技成果近30项,授权专利50余件,获得江苏省电子商务示范基地等6个省级品牌,徐州市优秀科技孵化器等6个市级品牌。科技园已建设成为推进"校企合作、工学结合"人才培养模式改革的主阵地和示范区。

【建成"徐州工业职业技术学院联合技术转移中心"】 2015年,学院与合肥工业大学和郑州大学联合共建的"徐州工业职业技术学院联合技术转移中心"正式通过江苏省高校技术转移中心建设认定,成为全省高职院校中首批立项建设的三家单位之一。

【在首届省"互联网+"大学生创新创业大赛获奖】 9月12—14日,学院在首届江苏省"互联网+"大学生创新创业大赛中取得优异成绩。大赛在南京大学举行,全省95所高校的1622个团队参赛。学院选送的6个参赛项目获二等奖2项,三等奖4项,并获得优秀组织奖,总成绩位居全省高校前十,省内高职院校第二,徐州市高校第一。

【获授权发明专利255项】 2015年,学院获授权发明专利20项、实用新型专利235项。专利转让给企业4项。授权专利数是2014年的3倍。

【创业创新案例在全国高职高专校长联席会上展出】 10月24—25日,学院创业创新案例在全国高职高专校长联席会上展出。会议在湖北省武汉市召开。学院围绕"大众创新、万众创业"的要求,将创新创业教育融入人才培养全过程,优化育人目标、重构课程体系、创新培养路径、打造实施平台,探索形成高职创新创业人才培养模式，成为“江苏创业双示范”(示范性和示范基地)。

【提升师资队伍水平】 2015年，学院不断提升师资队伍水平。新引进高层次人才11名，新增高级职称20人。依托教师发展中心，组织教研、博士论坛、名师讲坛活动31场次。遴选20名教师下企业锻炼，3名教师赴美国、香港等地研修，66名教师参加省级、国家级培训。在2015年江苏省高校微课教学比赛(高职高专组)中，获一等奖2项、二等奖2项、三等奖5项，在全省高职院校中处于前列；在石化行业教学指导委员会组织的职业教育化工类及相关专业数字化教学作品大赛中，学院获优秀组织奖；在江苏省高职高专思政课青年教师教学能手比赛中获一等奖。

【获得32项各级各类职业技能竞赛奖】 2015年，学院在各级各类职业技能竞赛中获得各类奖32项。在首届中国大学生跨境电子商务创新创业大赛中，学院以江苏省第一名的成绩晋级全国决赛，并获团体二等奖，在江苏省第四届信息安全技能竞赛上获得二等奖，在第五届全国大学生计算机应用能力与信息素养大赛全国总决赛中获一等奖1项、二等奖2项、三等奖5项，在2015年江苏省高职院校技能大赛中获二、三等奖。

【当选为全国高职院校创新创业教育联盟副理事长单位】 10月24日，学院在全国高等职业院校创新创业教育联盟成立大会上当选为第一届副理事长单位。会议在湖北武汉召开。学院为创新创业教育联盟发起单位之一。

【赠送毕业生“水晶印章”】 2015年毕业季，学院为2015届3526名毕业生准备了特殊的毕业礼物——“水晶印章”。“水晶印章”作为学子离别之际的礼物和青春纪念，创意新颖，为全国高校首例。印章内饰是“地球仪托起校徽”，地球仪上刻有“求真、求实、求精、求新”校训，印章底部刻有毕业生名字，每枚印章都是独一无二。“水晶印章”蕴含故乡、港湾、诚信、美满等寓意。

【教师李鹏入选2015江苏好青年百人榜】 12月4日，2015江苏好青年百人榜揭晓，学院教师李鹏成功入选。通过5个月的社会推荐、资格审查、网络投票和专家评审，李鹏从6958名青年中脱颖而出，获“最善创新”好青年称号，成为徐州市10名获该项荣誉的好青年之一。

【承办徐州市第五届校园十佳歌手大赛】 12月3日，学院承办徐州市第五届校园十佳歌手大赛“巅峰之夜”总决赛。大赛在学院体育馆举行。酷狗音乐总监、创作歌手徐誉滕等组成评委团现场为选手指导。全市各青年社会团体、12所高校学生代表4000余名观众参加活动。

【扎实开展“三严三实”专题教育】 年内，学院党委扎实开展“三严三实”专题教育。落实规定动作，抓好从严要求，做到边学边查边改。7月初起，学院党委中心组以深化教育实践活动为切入点，组织召开6次围绕“严以修身、严以律己、严以用权”3个专题的学习研讨会。期间，省委第四调研组到学院调研检查，对学院“三严三实”专题教育取得的成效给予肯定。

(撰稿：阮　浩　陈令霞　审稿：蒋兆峰)

徐州生物工程职业技术学院

党委书记　谢建林
院　　长、党委副书记　蒋留生
副 院 长、党委副书记　秦越华
副 院 长、党委委员　　刘明生

【概况】 2015年，徐州生物工程职业技术学院占地面积4.09公顷，总建筑面积18.59万平方米，建有110个校内实验实训基地（实训室）。固定资产3.24亿元，教科研仪器设备总值4897.94万元。图书馆建筑面积2.26万平方米，纸质图书31.91万册。

学校有教职工328人，其中专任教师236人。有教授6人，副教授88人，博士7人，具有研究生学位的教师121人，“双师型”教师191人。有全国农业职教名师5人，江苏省“333工程”第三层次人才人选4人、高校“青蓝工程”优秀中青年骨干教师培养对象7人，省职业教育教科研中心组正、副组长3人，徐州市“双百工程”优秀专家2人、拔尖人才5人。

2015年，学校开设三年制高职专业20个，五年制高职专业14个，全日制在校生4533人。设置生物技术、生物制药、药物制剂、园林技术、园艺技术、畜牧兽医、宠物医学、物联网应用技术、会计与审计、计算机应用技术、会计电算化、机电一体化、汽车运用技术等34个三年制专科专业及五年制高职专业。学校获江苏省挂县强农富民工程挂县突出单位、江苏省“送科技、比服务、促增收”活动表现突出单位、徐州市扶贫开发工作后方挂钩帮扶先进单位称号。

【通过省教育厅高职院校人才培养工作评估】 12月20—30日，学院通过江苏省评估院的省教育厅高职院校人才培养工作评估。11月，省教育厅评估院对学校进行“学生满意度”“企业满意度”网上测评。12月20—30日对学校进行4天现场评估，专家组在评估反馈意见和《评估报告书》中肯定学院领导班子团结进取、办学指导思想明确，积极改善办学条件、尊师爱生以人为本，优化专业结构布局、创新人才培养模式，注重课程建设、积极开展课程教学改革，实施“136”育人工程（以“文明伴我每一天”为主线，以“三雅”——谈吐文雅、举止高雅、气质优雅为目标，以“六心”——孝心、爱心、同情心、诚心、忠心、责任心教育为载体），丰富校园文化建设，发挥技术人才优势，提升“三农”服务能力等人才培养工作的成绩与特色。

【开展“三严三实”专题教育活动】 自5月起，学院党委开展“三严三实”专题教育活动。活动覆盖院级领导班子、各系部处室、基层党支部。院党委结合学院工作实际，讲党课、开展集体交流研讨、专题调研座谈，认真抓好学习教育、听取意见，查摆问题、开展批评，整改落实等各个环节工作，扎实推进活动，取得重要成果，达到预期目标。

【牵头组建市现代农林职业教育集团】 1月29日，由学校牵头组建的徐州市现代农林职业教育集团正式成立。徐州市副市长漆冠山、市政府办公室副主任曹鸣镝、市教育局局长张德超、市农业委员会主任陈建领、市水利局党委书记刘刚、市农业资源开发局局长恽芝健、市农业机械管理局局长张威、市政园林局副局长杨学民、市农业科学院副院长李再祥等领导及集团成员单位代表参加成立大会。漆冠山为集团成立揭牌并讲话。院长蒋留生当选理事长。

【举行专业建设委员会会议】 年内，学校分别举行畜牧兽医类和宠物医学类、制药类和技术类、农林类、机电类和汽车类专业建设指导委员会会议。校领导、各系负责人、相关专业带头人和专业教师与相关领域的专家学者、企业领导共同研讨专业建设与学科发展事宜,商讨培养高素质技能人才服务经济社会发展大计。在徐州市首届职业教育活动周期间,学校与江苏车辐中等专业学校签订帮扶协议,园林技术实训基地被确定为徐州现代职业教育体系建设共享实训基地。

【15名专家驻丰县村镇技术服务】 2015年,学校组织15名专家驻丰县5个村镇开展技术进村入户服务。学校与丰县紧密合作,围绕"果蔬高效栽培关键技术集成与示范"和"肉种鸭高效养殖关键技术集成与示范"两大主攻方向,加快科技成果转化应用与推广,培育一批"一村一品"特色专业村和农业科技村,促进农民增收致富。学校第七次蝉联省"挂县强农富民工程"先进单位,被省农委授予2015年全省挂县强农富民工程绩效优秀单位称号。

【挂钩帮扶邳州市新河镇】 2015年,学校根据市农工办和市委组织部的安排,挂钩帮扶邳州市新河镇。建立农资科技超市、综合服务中心和村民健身休闲广场,走访帮扶户400余次,组织培训3期,举办4期"三下乡"活动。学校获全省"送科技、比服务、促增收"活动表现突出单位称号。年内,学校共举办农民创业培训、示范县农技人员培训、新型职业农民培训等23期,为徐州市5县2区培训1700多人。

【探索政校行企合作办学机制】 2015年,学校与泉山区人民政府共建大学科技园,与徐州经济技术开发区签订校地战略合作协议,深化校企合作,打造创新创业平台。

【获批省科普教育基地】 2015年,学校经江苏省科协、省科技厅和省教育厅评审,被正式命名为"2015—2019年江苏省科普教育基地"。学校科学规划,不断完善科普条件和功能,先后建成1个市级重点实验室和9个市级工程技术研究中心。蝴蝶馆、动植物标本室、啤酒生产车间等一批校内实训室在承担教科研任务的同时,面向社会,加强与其他学校、社区等各方联系,接待德国阿滕多恩市青年代表团、徐州一中、徐州市矿山路小学等师生参观学习,进行科普服务,传播科学思想,为提高全民科学素质做出贡献。

(撰稿:张 宁 审稿:蒋留生)

九州职业技术学院

董事长 张建委
院　长 解京选
常务副院长 陈万平
副院长 朱 涛 冯新平(女)
党委书记 姜同凯
党委副书记、纪委书记 俞亚芹(女)

【概况】 2015年,九州职业技术学院占地15.8公顷,校舍建筑面积15万平方米,拥有可容纳6000名学生规模的教室、实验室、图书馆、学术报告厅、食堂、学生公寓、运动场、文体馆等设施,累计投资近3亿元,其中,教学仪器设备总值2857.76万元。学院建有78个校内实验实训室,紧密型校外实习实训基地49个,实验实训室建筑面积3.1万平方米。图书馆图书25.65万册。

学院设有中锐汽车学院、机电工程系、土木工程系、经济与管理系、社会公共服务系、公共基础课部6个教学系部,专业设置以工科为主,兼顾文、法、经、管5个门类、34个高职专业。有省级特色专业2个、院级特色专业3个、省重点建设专业群1个、院重点建设专业群2个，省级重点实训基地建设点1个、精品课程1门、精品教材1部。

2015年，在校生4000余人，招生1571人，毕业1214人，毕业生初次就业率为97.94%。学院有专、兼职教师231人，其中，校内专任教师154人，校内兼课教师28人，校外兼职教师64人，校外兼课教师47人。具有高级专业技术职称教师占37%，专任青年教师硕士以上学位占27.6%，“双师型”教师占74.2%。

2015年，学院获得省级以上技能大赛团体奖14项，省市单项奖16项。获得省教工委“最佳党日活动”奖、省教育厅学生资助绩效评价优秀等级、省高等职业院校技能大赛工程造价项目三等奖，获省第二届高职高专院校体育教师教学技能比赛足球项目比赛一等奖、省高职高专院校大学生足球技能比赛总决赛二等奖、省第十八届CUBA中国大学生篮球联赛第六名和道德风尚奖，省2015年高校微课教学比赛高职高专组三等奖。获得徐州市五一文明奖，市大中专学生志愿者暑期社会实践活动先进单位、优秀团队称号。学院被评为铜山区2014年度武装工作先进单位，获得南京审计学院“专接本”工作优秀院校称号。

【举行与南京工业职业技术学校联合办学签字仪式】 4月10日，学院与南京工业职业技术学校举行联合办学签字仪式。院长解京选和南京工业职业技术学校校长王海龙分别代表学校在联合办学协议文本上签字。

【开展“寻找最美九州人”活动】 2015年，学院开展“寻找最美九州人”活动。学院先后树立十余个优秀个人及团队典型，引领广大师生自觉践行社会主义核心价值观。

【3项课题被列为2015年度市社会科学研究重点项目】 4月，学院的3项课题被列为2015年度徐州市社会科学研究重点项目。该课题为“徐州市低碳城市建设的问题与研究”“徐州市中小微企业融资体系构建研究”“如何加快养老服务业发展”。

【通过2014年高等职业院校人才培养工作评估】 5月8日，江苏省教育厅发布公告，学院通过2014年高等职业院校人才培养工作评估。

【举行与中油泰富国际酒店校企合作签字仪式】 6月4日，学院与中油泰富国际酒店举行校企合作签字仪式。院长解京选和中油泰富国际酒店总经理陈刚分别在合作协议文本上签字。

【6项课题获得省级立项】 2015年，学院有6项课题获得省级立项。6月，3项课题被列为2015年度江苏省高校哲学社会科学研究项目。该课题为“基于高职院校学生性别差异的教育管理研究”“基于职业精神培养的高职思政课程改革研究”“民办高校财务评价与监管研究”。9月，学院的3项课题被列为2015年度江苏省高等教育教改研究项目。该课题为“基于BIM技术高职土建类实践教学体系改革与实践”“基于项目载体的“教学做考”四位一体教学模式探索与实践—以单片机应用技术课程为例”“以职业能力为导向的高职体育课程改革—以九州职业技术学院土木工程类专业为例”。

【倪莉获得省高职高专院校教学技能比赛一等奖】 6月14日，学院教师倪莉在江苏省教育厅主办，江苏省高职高专院校体育教学指导委员会和徐州工业职业技术学院协办的第二届高职高专院校体育教学技能比赛中，获得足球项目比赛一等奖。

【开展教育思想大讨论】 6月，学院决定利用半年左右时间在全院范围内组织开展教育思想、专业建设与管理体制改革大讨论活动。大讨论以“特色·创新·质量”为主题，分为教育思想讨论和专项建设研究两个阶段。6月26日召开动员大会，董事长张建委作题为《讲在教育思想大讨论之前》的讲话。院长解京选作题为《强化特色 深化改革 提高质量 谋求发展》动员报告。

【特邀南通职业大学副校长陈家颐作报告】 7月3日，学院特邀南通职业大学副校长陈家颐教授作题为《民办高职专业建设转型的若干问题》报告。

【省教育厅厅长沈健到学院视察】 9月14日，江苏省教育厅厅长、教育工委书记沈健到学院视察工作。沈健还出席学院主办的王庆雨《“百城赋”点评》出版座谈会暨张广银主旋律作品研讨会。

【召开少数民族学生中秋座谈会】 9月27日，学院召开召开少数民族学生中秋座谈会。董事长张建委、创办人陈引亮、院长解京选、常务副院长陈万平等领导与少数民族学生座谈。

【召开体制与机制改革工作交流会】 10月10日，学院召开体制与机制改革工作交流会。邀请无锡南洋职业技术学院副院长江建国为全院中层干部及教研室主任就“民办高职院校体制与机制改革工作”作专题报告。

【学院首批获得江苏省2015年民办教育发展奖补资金】 10月，学院首批获得江苏省2015年民办教育发展奖补资金。

【举办2016届毕业生就业双选会】 11月12日，学院举办2016届毕业生就业双选会。省内外105家企业参会招聘，为毕业学生提供近2000个就业职位。

【举行与广联达软件股份有限公司共建BIM实训中心签约仪式】 11月14日，学院举行与广联达软件股份有限公司共建BIM实训中心的签约仪式。捐赠仪式和BIM实训中心首期培训班开班典礼也同时在土木工程系BIM实训中心举行。

【足球队获省首届高职高专院校大学生足球技能总决赛二等奖】 11月28日，学院足球队在省教育厅体卫艺处与省体育教学指导委员会共同举办的江苏省首届高职高专院校大学生足球技能总决赛中，获得二等奖。11月14日，足球队先夺得苏北赛区桂冠，获得参加在南京举行的总决赛资格。队员鲍力婷获得优秀运动员称号。

【18名学生获省第五届大学生就业创业知识竞赛优胜奖】 11月，学院18名学生获得江苏省第五届大学生就业创业知识竞赛优胜奖。获奖人数在同类获奖院校中名列第一。

【召开第五届董事会第三次会议】 12月19日，学院召开第五届董事会第三次会议。会议听取院长解京选所作的《学院行政工作报告》、党委书记姜同凯所作《学院党委工作报告》、财务与资产管理处闻丽所作《学院财务工作报告》、董事长张建委所作《董事会工作报告》，并对2016年度工作作具体部署。

【接受省民办高校基层党组织建设工作考核】 12月14—16日，学院接受江苏省民办高校基层党组织建设工作考核。考核专家组对学院党组织在民办高等教育事业中所做的工作、发挥的作用和取得的成效给予肯定。

【篮球队获省第十八届CUBA中国大学生篮球联赛第六名】 12月5—9日，学院篮球队在江苏省学生体育协会高校工作委员会主办、江苏省学生体育协会高校工作委员会篮球分会协办的第十八届CUBA中国大学生篮球联赛（高职高专组）中，获第六名，并被授予道德风尚奖。

【苗兴辉获省微课教学比赛三等奖】 12月15日，础课部教师苗兴辉获得2015年全省高校微课教学比赛（高职高专组）三等奖。比赛由江苏省高校微课教学比赛组委会主办。

（撰稿：余 洪 审稿：陈万平）

（责任编辑 钱立群）

县（市）区教育

江苏省丰县欢口中学

欢口中学建于1956年，2005年被评为省三星级高中。学校有高级教师63人，一级教师78人，其中16人具有研究生学历。学校倡导“面向全体、尊重主体、发展个体、挖掘潜能”办学理念，树立“全面、平等”育人观，积极推行“学讲”课堂，形成独具特色的“教学案一体化”教学模式。被评为江苏省德育先进校、和谐校园、绿色学校，徐州市模范学校、特色学校文化建设先进单位等。

校长　李景民

悼念英烈，继承遗志——陈新庄烈士陵园活动

外教课堂

六艺之射礼表演

校园环境美丽如画

我运动 我健康 我快乐

遨游书海

摄影：孔凡秀

丰县初级中学

丰县初级中学坚持“让学生成才，让家长放心，让社会满意”的办学宗旨，全面贯彻国家教育方针，在全体教职工的共同努力下，取得可喜的成绩，教育教学质量稳步提升，社会认可度持续走高。2015年，获得县教育教学质量综合评估一等奖，获得徐州市文明单位、徐州市依法治校示范校、徐州市优秀平安校园、县教育系统综合考核先进单位等称号。

“一二·九”歌咏比赛

青年教师演讲比赛

秋季田径运动会

首届“校园十佳园丁”颁奖典礼

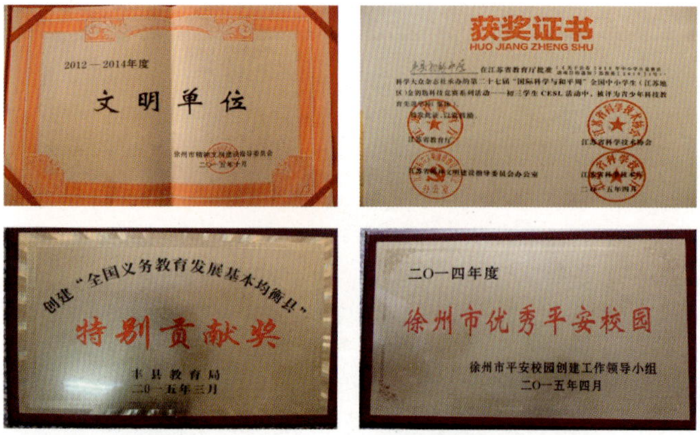

2015年学校荣誉

元旦联欢会

摄影：惠明志

欢口育英初中

学校坚持科学管理，注重学生全面发展，把学生的需要放在第一位，为学生的终身发展奠定坚实基础。师资雄厚，师德优良，不断创新，不断超越，打造品牌，彰显特色。学校先后被评为徐州市最安全校园、徐州市模范学校、徐州市德育先进学校、江苏省教育现代化示范初中、丰县中学优秀生源基地。连续多年被县委县政府评为县文明单位，荣获县教育局教育教学综合评估优胜奖。

领导关怀，指导中肯

唱响主旋律，弘扬正能量

优秀教研组——七年级语文组

“学讲”模式，名师示范

社会关爱，留守学生不孤单

与美、德等外国学生学习交流

摄影：巩　锋

丰县东关小学——博学求真 张扬个性

东关小学建于1958年，是一所学生开心、家长放心、社会称心的丰县小学教育窗口学校。全校师生记陶言、背陶诗、做陶子，身体力行陶行知教育思想，构建了一个充满爱的乐园。学校先后被评为市先进文明单位、优秀小学、体育传统项目学校，江苏省特色教学优胜学校、写字教学实验学校、课程改革实验基地学校，国家德育实验学校等。

县教育局领导到校视察

著名作家张之路为孩子们开讲座

做环保小卫士——环境日活动

“家长开放日”掠影

获全国啦啦操比赛（徐州站）第一名

牢记英烈事迹，缅怀烈士英魂

摄影：张交丰

欢口中心小学

欢口中心小学是一所环境秀丽、具有现代气息的新型小学。2015年，有34个教学班，学生1900人，教师82人，骨干教师11人。学校拥有电脑、实验、美术、劳动实践等专用教室，各室设施配置齐全。秉承“为快乐人生奠基”的办学理念，打造“快乐教育”办学特色，让学生乐学、会学、学会，享受成长的快乐。先后获江苏省实验学校、和谐校园、平安校园、绿色校园等多项荣誉称号。

灵动的语文课堂

精彩的英语教学

老师和我一起学习

我动手 我快乐

教师演讲比赛

有趣的美术课堂

我的课堂我做主

摄影：刘贵贤

华山镇中心幼儿园

华山镇中心幼儿园建于1982年，2009年10月被评为省级优质幼儿园。幼儿园设施齐全，教师资质全部达标。幼儿园以较高的教学质量、鲜明的办园特色赢得社会肯定。连续多年被评为市县平安校园、学前教育先进集体。2015年5月，成功申报省课程游戏化项目。

华山中心幼儿园

六一节领导关怀

图说"课程游戏化"

秩序井然的早操和韵律活动

编制区、玩泥区、玩沙区、玩水区、小厨房区

种植园里的油菜花开啦

战壕区、亭台区、阅读区、建筑区、攀爬区

梯子的多种玩法

摄影：董志群

丰县创新外国语小学——一所坚持特色办学的民办学校

创新外国语小学是一所现代化民办学校。学校努力推进“学讲计划”，打造精品教育。坚持特色办学，被评为江苏省艺术教育特色学校，民族音乐进校园、中国陶笛教学示范基地。2015年组建国内最高水平的陶笛重奏乐队，承办中国首届陶笛重奏艺术节。参加中国·江苏首届葫芦丝巴乌陶笛全国邀请赛，15人获金奖、16人获银奖、14人获铜奖。

学校被命名为徐州市第一批
非物质文化遗产传承基地

市诗词协会会长徐崇先一行到校指导创建工作

校长蒋显敬（右）被聘为徐州市少年儿童
文化艺术促进会副会长。

举办中国首届陶笛重奏艺术研讨会

“江苏省诗词之乡”验收团到校检查验收

举办校园第七届“舞动的音符”器乐比赛

摄影：齐沛然

沛县湖西中学

湖西中学始创于1940年，时为中共湖西地区抗日根据地的“湖西抗日干校”，被誉为“延安小抗大”，走出了田纪云、朱敦法等革命家、艺术家。2004年学校首批转评为江苏省三星级普通高中。学校坚持文化特长和专业特长双翼并举的人才培养模式，大力发展阳光体育运动，2015年成功申报江苏省武术文化基地。先后被评为江苏省艺体特色学校，首批全国学校体育联盟实验学校等。

校长 王飞

县委书记李晓雷（右二）副县长贺伟（右四）教育局局长贺磊（右一）到校指导工作

舞动的青春

获“市长杯”足球赛一等奖

“学讲方式”教学研讨

武术表演 彰显特色

种上一棵红枫，留住母校记忆

融入自然 体验生活

摄影：吕延昊 杨建勇

沛县初级中学

学校建于1923年，最早溯源于明代的歌风书院，是沛县近现代教育的发祥地和中共沛县县委的诞生地。这里名师荟萃，李昭轩、孟昭沛、郭影秋等名师曾在此执教，培养出葛步海、丁建桥、张世珠等杰出人才。2014年9月，合并汉源中学，建成沛县初级中学教育集团。学校发展成为现代化示范学校，秉承“成己成物”的校训，大力推行“教学合一，学练一体”教学改革，先后获得全国“五五”普法先进集体、省现代化示范初中、省德育工作先进学校等称号。

承办徐州市“‘学讲计划’县县行”现场会

江苏省文物保护单位
——晓明楼见证学校辉煌历史

县长吴卫东（右一）等到新城校区视察

县委书记李晓雷（前排中）等到校视察

丰富多彩的校园文化艺术节

入校第一课——初一新生参加军训

摄影：刘培峰

沛县正阳小学——传承民族艺术，发展特色教育

正阳小学2014年被命名为江苏省实验小学。2015年，有学生3982人。教职工134人，其中大中专学历占96.7%。学校坚持以质量为核心，发展特色教育，获得全国义务教育发展基本均衡县创建先进单位，江苏省平安校园、德育工作先进校、模范小学，市先进基层党组织、足球体育传统校等称号和特色建设成果奖。

省委秘书长樊金龙到校视察，
县委书记李晓雷等陪同

获首届“县长杯”足球赛小学女子组第一名

地方特色乐器沛筑社团活动

传承剪纸艺术，陶冶少年性情

武术操表演

围棋社团活动

摄影：姜　淮

沛县栖山中学教育集团

栖山中学教育集团整合栖山中学与王店中学的优势资源，以推进学校共同体建设、打造高品位教育集团为总体目标，实施“以线为主，以块为辅，线块结合”扁平化管理模式，在共性与个性辩证统一前提下，变“校本活动”为“集团作‘战’”，不断促进集团学校在原有基础上平稳、健康、长足发展。

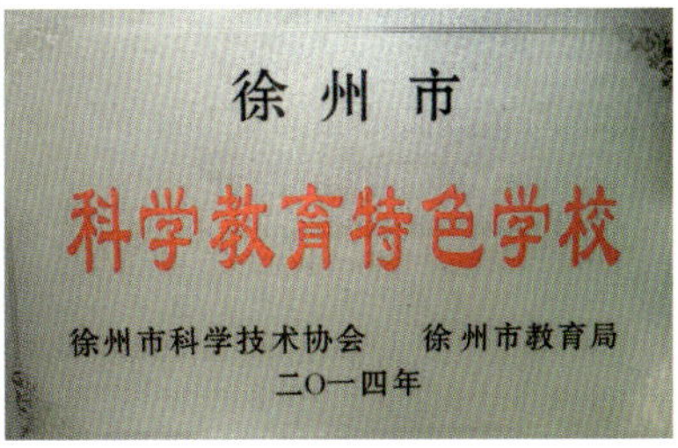

党委书记 校长　孟永

省物理课程建设现场会

推进“学讲计划”教学研讨

学生自制航模发射现场

秋季运动会

摄影：范　辉

沛城街道中心小学

沛城街道中心小学创建于1889年，具有深厚的文化底蕴，优良的办学传统和鲜明的办学特色。教育教学设施先进，专用教室设备齐全。教职工88人，中级以上职称64人，县级以上骨干教师8人，市级教学能手2人，县名教师2人。学校本着“育人为本、质量第一、创有特色、全面发展”的办学理念，先后被评为江苏省体育传统项目学校、平安校园，徐州市德育先进学校、科研先进单位等。

儿童画创作比赛

市青年名师上公开课

“学讲”展示课

六一汇报演出

特色教育展示

快乐写字

回报社会

摄影：吕夫林

敬安中心小学

学校始建于1913年，历经三次搬迁，2015年8月迁至新校区。有28个教学班，1687名在校学生，67名教职工。学校坚持"以人为本，一切为了学生的发展"的办学理念，以书法教学为特色，组建葫芦丝、竖笛、跆拳道、航模等20多个社团活动小组。被评为江苏省书法特色学校、江苏省平安校园、徐州市特色建设先进单位等，获第五届全国规范汉字书写大赛优秀组织奖。

校长李川

特色教学——书法

葫芦丝社团活动

传统文化教育——古诗文诵读

学校新貌

摄影：邱慎峰

朱寨镇中心小学

朱寨镇中心小学创办于1903年，原名“怀远小学”，后更名为“张柳庄小学”。至2015年，学校已建设成为环境优美、设施齐全、师资力量雄厚的现代化学校。百年老校，自强不息，奋发有为，坚持以人为本，以科研促发展的办学理念，全面提高师生综合素质，先后荣获徐州市足球传统学校、县业务工作先进单位、徐州市实验小学、徐州市青少年科技航模训练基地、全国青少年足球特色学校等称号。

校长 张家驷

经典诵读活动

校园足球队

研讨课剪影

安全教育 急救演练

清明祭扫，缅怀英烈

百年老校，焕然一新

摄影：王连民

睢宁县新城区实验学校

新城区实验学校是一所新建的九年一贯制学校，2015年9月正式投入使用，设有中学部和小学部，各设计36个教学班。教师均从优课评选一等奖获得者中选拔而来。学校设计定位为“多功能、高标准、现代化、信息化”，校园楹联独具特色。徐州汉中福禧餐饮配送有限公司为学生提供健康的营养餐。全体师生将志存高远，不负众望，把学校办成家长放心、社会满意的一流学校。

教师给学生分配营养餐

初一新生军训开营仪式

迎元旦师生同台共演

冬季三项赛——拔河

打造足球特色学校

楹联，为校园增添国学文化氛围

摄影：李　武

睢宁县第三实验小学

睢宁县第三实验小学秉承“自主、和谐、发展”的办学理念，坚持走“内涵发展、特色办学”之路，强化责任教育，打造书香校园，创建校园足球特色，促进学生“科学精神、人文情怀、健康体魄”同步提升和均衡发展。学校先后获得省绿色学校、市模范学校、市责任教育示范学校、市平安校园等荣誉称号。

校长 凌云

“学讲”交流邳州行

“雷锋小分队”在行动

亲近自然，美术写生

欢乐的艺术节

虎虎生威——学生太极拳

摄影：王　波　周　伟　于　明　洪　星

睢宁县特教中心

睢宁县特教中心创建于1988年。学校秉承“为每一个残障儿童幸福奠基”的办学理念，积极改善办学条件，不断提升教育教学质量，逐步形成“文明、勤奋、恒毅、笃行”的校风，“爱生、敬业、协作、创新”的教风，“顽强、扎实、自信、超越”的学风。

特教中心与实验小学联谊

师生共同包粽子

省教育厅副巡视员孙曙平为获奖教师宋雪梅颁奖

县司法局人员“送法”给学生

我爱美丽的学校
——第四届徐州市美德少年陈飞龙

助残日，听障生手语舞蹈“上善若水”

摄影：朱 兵 李经纬

睢宁县双沟镇中心小学

睢宁县双沟镇中心小学下辖8所小学，3所幼儿园。在校小学生5491人，在园幼儿2004人，教职工254人。学校坚持以“弘扬国学文化 奠基幸福人生”为办学思想，致力于创建“国学与教育”特色学校。先后荣获徐州市实验小学、德育先进学校、学陶师陶先进集体、科学办学特色学校等称号。

教育局局长彭燕、校长鲁明慰问“徐州好人”白云老师

杏坛论道——搭建教师成长的舞台

徜徉在传统节日文化里——元宵节灯展

传承国学文化——太极扇

我爱科技，我爱发明

多彩的区角游戏

校园一景

摄影：赵 旭 李秋菊

睢宁县魏集镇中心小学

魏集镇中心小学下辖9所定点小学，3所幼儿园，教职工230人。学校秉承“培养合格加特长学生，打造活力与才智校园”的办学理念，确立“深怀爱校之心，恪守为校之责，谋求强校之策”，坚持质量立校，科研兴校，特色强校，深化内涵，促进学生全面发展。2015年，学校进行整体改造，校园面貌焕然一新，办学品位再次提升。

表彰“最美乡村教师”

教师节新教师宣誓

廉洁从教 关爱学生

师生经典诗文诵读

首届校园歌手大赛

阅读悦童年

摄影：蔡同州

睢宁县庆安镇中心小学

睢宁县庆安镇中心小学下辖9所定点小学,3个教学点,3所幼儿园,在校小学生2828名,在园幼儿1356名,专任教师270名。该校以花样跳绳为突破口,精心打造品牌学校,“以绳健体、以绳促德、以绳增智、以绳创美”,中国跳绳网、上海东方卫视、安徽卫视等各大媒体专门报道学校花样跳绳。先后被评为省平安校园、县教科研先进单位、县文明单位,被中国艺术教育促进会评为艺术组织工作先进集体。

校长 王超

睢宁县体育特色现场推进会在骑路小学举行

“学讲计划”区域推进会

绳彩飞扬

飞吧,庆安二小永远是你的家

校车紧急疏散演练

摄影:李海粟 王丙林
赵 勇 刘宝忠

睢宁县苏塘中学

睢宁县苏塘中学占地3.3公顷,建筑面积1.28万平方米,是“绿化、美化、净化、标准化”学校。学校师资力量雄厚,教师均为本科学历,有徐州教育系统劳动模范、徐州市优秀教师、徐州市师德先进个人、睢宁县拔尖人才。至2015年,有13个教学班级,507名学生,特色办学效果显著,中考成绩再创新高。

个人课题开题报告

紧急疏散演练

廉洁文化进校园

教师节表彰

新学期,心期待

绿茵场上的梦想

摄影:池云珠

邳州市第一中学

邳州市第一中学是市政府按照省“四星级高中”标准在新城区兴建的一所现代化学校。学校分新老两个校区，占地33公顷。2015年，有78个教学班，高级教师181名，省、市、县名优教师58名。学校坚持寓德于行，寓教于乐，让优美整洁的环境陶冶学生，让丰富有趣的活动锻炼学生，让快乐和激情成为每一个学生的良好素养，求实创新，促进学生和谐发展。

校长 刘传超

高三优秀备课、作业获奖教师合影

志愿者在行动

小语种——日语教学

美术教学

2015年所获部分荣誉

钢琴教学

摄影：葛广辉

新城中学

新城中学是一所高起点、高品位、高标准、高质量的重点公办中学。有教职工197人，高级教师46人，教育硕士5人。学校以“严格管理赢得社会认可，过硬质量获得人民满意，鲜明特色实现持续发展”为办学理念，实施精细化管理，深化高效课堂，打造“行胜于言”的校园文化，多名学子考入重点高校。先后荣获江苏省课改先进单位、徐州市先进基层党组织、邳州市教育教学先进单位等称号。

润泽园

校长王新建(右二)为获奖同学颁奖

高三成人仪式

文昌廊下好读书

微机课

广播操比赛

摄影:满 倩

江苏省运河高等师范学校附属小学

运师附小创建于1934年，1980年被省教育厅命名为江苏省实验小学，2015年实行“一校两区”。学校坚持“立德树人”，秉承“用爱心和智慧为生命成长奠基”理念，构建“精致规范，民主和谐”管理文化，打造“自主智慧、尊重开放”课堂文化，促进师生全面而有个性的发展。年内，学校获邳州市教学工作、教育科研工作先进单位，徐州市依法治校示范学校等称号。

市委书记王强（右一）在北校区调研

校长谭运明（右三）向家长委员会组成人员颁发聘书

在线课堂研究

学生素质发展表彰会

排好队，走好路，养成教育从细节做起

舞动的花季

摄影：惠祥宁

碾庄中学

碾庄中学创办于1956年，60年的风雨历程，碾中规模不断扩大，办学条件不断改善，师资力量不断优化，教育质量不断提高，已跻身邳州市名校之列。学校先后创建成江苏省示范初中、省和谐校园、江苏省平安校园、江苏教育苏派联盟名校。2015年，学校被评为徐州市“学讲计划”先进单位、邳州市教学管理工作先进单位、教学工作先进单位，在全市初中中考综合考评中名列前茅。

校长 张汉学

全市教学工作现场会分会场

十四岁青春仪式

师生欢聚包饺子 和留守儿童话新年

校足球队参加徐州市“市长杯”足球大赛

摄影：徐 栋

邳州市官湖镇初级中学

2015年,官湖镇初级中学有在校学生3127人,专任教师173人,其中,市县学科带头人、骨干教师、教坛新秀64人,中小学高级教师44人。学校确立"要成才先成人"的理念,制定"立德树人"的宗旨,围绕"学生发展有特长,学校发展有特色"的目标,走质量内涵发展之路。先后获江苏省实施素质教育先进校、江苏省平安校园、徐州市模范学校、邳州市教学工作先进单位等称号。

校长马跃(中)主持召开年级主任会议

学生参加电视台演出

实验课上专心致志

奋勇争先——秋季运动会剪影

学校女子足球队比赛归来

摄影:冯遵将

四户中学

四户中学坐落在四户镇区，占地7.7公顷，建筑面积2.2万平方米，在校学生1450人，23个教学班。学校环境优美，设施齐全，教学质量高，教科研能力强，发展潜力大，充满生机与活力。全校教职工恪尽职守，兢兢业业，无怨无悔；学生在老师的辛勤培育下，不断地汲取着知识营养，满怀希望地描绘着美好未来。学校被评为江苏省平安校园、邳州市中考进步先进单位。

邳州市市委书记王强(右二)到学校视察

校长李森(左站立者)与教师欢庆节日，共谋发展

教师节合影

学校宣传栏

齐心协力——拔河比赛

摄影：赵宜球

燕子埠中学

燕子埠中学是邳州市西北片名校，学校设施齐全，资源丰富，区划分明，环境优美。教师职称结构合理，有高级教师13人，一级教师41人，全国优秀教师1人，省德育先进个人1人。学校构建了较为完备的高效课堂体系，是现代化教育教学的探索者、改革者、实施者，赢得社会好评。

团结奋进的领导班子

冬季运动会

高效课堂探究

足球队风采

科普兴趣小组

文艺汇演

摄影：王化标

铁富镇中心小学

铁富镇中心小学下辖18所小学、2所公办幼儿园。在校小学生11610人，幼儿3979人，教职工370人。学校秉承全面发展、培养特长的办学理念，以打造“学讲课堂”为突破口，全面提升办学内涵和水平。校安工程成果显著，至2015年底共投资5300万元，建设高标准教学楼19栋，建筑面积43801平方米，全面完成18所学校的工程建设。

市委书记王强（左四）教育局局长沙之品（左五）到校调研校安工程

校长鹿丙奇（左三）在教学楼施工现场

“学讲”课堂观摩活动

铁富镇中心小学

铁富连防幼儿园

铁富镇连防小学

庆六一文艺演出

铁富镇四合小学

摄影：周　翔

新沂市教育局

2015年,新沂市教育系统以师德师风建设为主线,优化教育行政管理过程。组织学校践行"学讲计划",开展达标课活动;开展课程基地建设,探索素质教育新路;开展名师成长工程,创新教师培养方式;探索高初中一体化办学,促进不同级段教育的深度融合与协调发展。启动新教育实验,以新教育实验"十大行动"引领教育生态的改变和教育品质的提升。义务教育现代化学校创建工作取得新突破,全市75所义务教育阶段学校通过省教育现代化学校验收。

师德师风报告会

教育专家朱永新报告会

"学讲"课活动

新沂名师成长工程

新教育校长沙龙

教育现代化验收

摄影:张江波　钱雪华　鞠　斐

新沂市高級中學

江苏省三星级高中——新沂市高级中学位于秀丽的4A级风景名胜区马陵山东麓，创建于1956年。2015年，学校成功申报并创建为江苏省“三美”语文课程基地。依托校园悠久浓厚的读书文化传统和马陵山地区丰富的自然人文资源，着力打造“美读、美书、美行”的“三美”校园文化，在“寻美”中提升学生综合素质，开创农村中学育人新路径。

新沂市教育局局长王学伦(右)、校长丁金华(中)参加省课程基地申报答辩

美读

畅游知识海洋

打造”三美“文化校园

“一路”有书陪伴

经典浸润人生

美书

校园书画展览

画笔描绘美景

美行

立足生活教育

打造实践基地

踏上寻美之旅

摄影:叶大伟　刘冠军

新沂市第一中学

新沂一中坚持以问题为导向,优化细节管理,深化教学改革,培养良好习惯,提升学生综合素质,推动教师专业发展,打造优良"三风"的办学思路,积极开展"教学质量提升年"活动,并进一步提出"再出发、再改进、再落实、再提升"的"四再"工作要求。全校师生团结一心,攻坚克难,教育教学工作呈现出"稳中有进、稳中提质"的良好发展态势。

校长 郭振京

郭振京、张同洋被评为新沂市卓越教育工作者

学校召开"海门之行"反馈会

"读书节"活动之诗歌朗诵会

图书馆一角

第十九届体育艺术节之校园十佳歌手比赛

元旦文艺汇演之器乐小合奏《琵琶语》

摄影:苏艳玲

新沂市钟吾中学

钟吾中学以“创建省内知名品牌初中”为发展目标，以“更新理念、整合方法、形成特色”为主旨，积极追求卓越课堂，探索“减负增效”途径。“以少教多学为核心的小组合作下的目标教学法模式探究”被立项为江苏省教科院“十二五”规划课题。有60余人次获徐州市、新沂市名优教师荣誉称号，170多位教师在市级以上优质课比赛中获奖。学校被评为江苏省教学创新优秀学校。

省义务教育现代化学校验收

省市诗词协会领导进校园

校长走进课堂抓质量

校领导参与“学讲”研讨

承办全市初中课外阅读现场会

开展阳光体育跑操比赛

摄影:王志华

新沂市高流镇中心小学——走在新教育实验探索的路上

高流小学新校址占地4公顷。2015年，有教学班41个，学生2682人，教师72人。15人获得新沂市及以上名优教师称号。学校以“润”文化为基础，以新教育实验为契机，以“让师生过一种幸福完整的教育生活”为目标，实施“书香校园”和“每月一事”项目，全面开启“晨诵、午读、暮省”生活方式。12月1日，新沂市新教育工作现场会在高流小学召开。

新沂市新教育现场会活动

新沂市市委书记赵立群（前排左一）视察高流小学

新沂市教育局局长王学伦（中）
参加新教育现场会活动

新教育实验座谈会

开放书吧 自由阅读

特色节目展演活动

书香校园 跳蚤书市

摄影:周江华

新沂市草桥镇周嘴中心小学

学校创办于1950年。下辖9所村小，2所公立幼儿园。校领导班子锐意改革，开展“小组合作学习”“生态课堂”“理想课堂”系列研讨，形成童诗文化、树人文化、睿智文化等系列文化特色，取得可喜成绩。多次举办县市级现场会，获得县市教科研先进单位、徐州市校园文学活动十佳学校、徐州市标准化学校、新沂市艺术学校、徐州市和谐校园等称号。

校长 吴潜

徐州市教育局副局长李运生（右二）巡视华沂小学童诗校园文化活动

团结奋进的领导班子

新沂市“走乡村——真教研，真学习”活动在周嘴小学举行

播下梦想 收获希望——校园小小实验田

巧手剪出新“学讲”——校园文化成果展示

唱校歌 展校风

摄影：巩亚洲 朱 永 纪统岗 王广新 姚红梅

新沂市新安幼儿园——一所不断跨越发展的幼儿园

新沂市新安幼儿园坐落于新沂市中心，始建于1985年，当时为新安镇新安大队创办的村级幼儿园。2015年8月，变更为新沂市教育局直属单位，更名为新安幼儿园。有教职工73名，在园幼儿760名，18个班级。园舍面积扩建为5600多平方米。30年来，经过全体教职工的齐心协力，幼儿园实现了跨越式发展，以“优质的管理、优良的师资、现代化的设备、游戏化的环境”，赢得了新沂人民的赞誉。

新安幼儿园全貌

花园般的环境——院落一角

建园30周年艺术作品展

建园30周年文艺演出

地球日绘画活动——我们是环保小卫士

在马陵山三仙洞景区广场举行大班毕业典礼

“六一”留宿活动——哇，我们的节日真有趣！

春游——师生同乐

摄影：张　波

新沂市春华小学——传承“孝爱” 儒雅一生

春华小学于1995年由香港实业家邵逸夫先生捐资兴建。邵逸夫先生的善举与大爱一直激励着每一位春华人:在工作中向善,在生活中尚礼,在学习中争先。学校传承邵逸夫先生美德,精心打造“孝爱”特色文化,提升学生人文素养,为学生一生融入丰厚的文化底蕴。

静静的午读

清明追思英烈,诵诗心香一片

“孝爱”浸润 春暖校园

“孝爱”节目演出

“孝爱”文化长廊

“孝爱”历史故事墙

“孝爱”校本教材

摄影:夏 斌

铜山区教育局

2015年，铜山区教育局坚持以提高教育教学质量为核心，以促进教育公平、提升教育现代化水平为重点，不断改进工作作风，科学决策，依法行政，认真处理教育热点、难点问题，圆满完成全年目标任务。荣获江苏省综合治理先进区、省资助工作先进单位、省深化学前教育体制改革试点区、省促进义务教育均衡发展先进集体、省责任督学挂牌督导创新区等称号。

教育局局长吴亮在“深化内涵发展 加快教育现代化建设”推进会上讲话

举办“传承非物质文化遗产暨戏曲进校园启动仪式”

清华中学机器人展演活动

快乐的音乐课——开足艺体课

开展足球进校园活动

到小树林里找秋天——机关二幼

利国中学举行十四岁青春仪式

摄影：刘会会

铜山区大彭镇中心中学

大彭镇中心中学新校区占地5.6公顷，建筑面积2万多平方米，有38个教学班，在校学生1448人，专任教师241人。学校以内涵提升、特色发展为重点，在“规范管理、特色突出、优质高效”的目标指引下，实现跨越式发展，先后被评为国家体育课改实验学校、江苏省平安校园、徐州市绿色学校、书法教育特色学校等。2015年高标准通过江苏省义务教育现代化标准学校验收。

校长 高翔

团中央领导到校调研

江苏省督学到校视导

弹奏青春乐章

舞动青春——校园艺术节

阳光体育运动

书法特色教学

摄影：刘 争 刘永刚

铜山区实验小学教育集团——走在“阳光教育”的幸福大道上

铜山实小教育集团成立于2015年8月，以铜山实小为主体，纳入行知实验小学、焦山小学、桥上小学组建而成，拥有5个校区（含在建的凤凰山校区）。有教职工402人，区级及以上骨干教师61人，其中市级及以上名特优教师12人。学校紧抓发展机遇，推进“阳光教育”，“营造阳光幸福的校园，成就阳光幸福的教师，培养阳光幸福的学生”，获得江苏省文明单位、省新课程标准苏教版小学语文实验教科书实验学校等30多项荣誉称号。

铜山区实验小学教育集团成立

校长杜庆峰在一年级新生入学仪式上

“阳光幸福”的铜小学生
——六一，我们的节日

“阳光幸福”的铜小教师
——翩翩起舞贺新年

隆重举行入队建队仪式

为十岁喝彩——隆重举行成长仪式

花开烂漫季 读书正当时
——铜山区教师读书峰会分会场

摄影：李　娟

铜山区棠张实验小学

棠张实验小学建于1916年。百年沧桑，筚路蓝缕，至2015年，学校发展成为有34个教学班、2249名学生、85名教职工的现代化学校。秉承“文体兼长，和谐发展”的办学理念，打造阅读和体育特色，学校先后荣获全国图书管理先进单位，江苏省排球运动先进单位、平安校园、绿色学校，徐州市文明单位、排球传统项目学校、书法教育特色学校等称号。

校长陈波和孩子们一起阅读

承办区中心校体育现场会

充满活力的排球操

省农村小学校长助力工程培训班现场会在学校召开

教师在现代化录播室上课

女教师参加区集体舞比赛获特等奖

摄影：王　建

铜山区郑集实验小学

郑集实验小学办学百余年，底蕴丰厚，特色办学成果显著。以诵读经典为主的阅读特色和以篮球、田径为龙头的体育特色成为学校两大品牌。一静一动，一文一武，相得益彰，静以修身养性潜心治学，动以强身健体陶冶情操。2015年，学校先后被授予江苏省优秀少先队集体、江苏省绿色学校称号，获江苏省十八届运动会突出贡献奖。

《新作文》杂志社资深编委于溟慧执教作文课

校长韩飞参加区“学讲计划”讲评活动

最美教师评选

校园春早

特色篮球操

舞蹈《小荷淡淡香》参加区文化艺术节

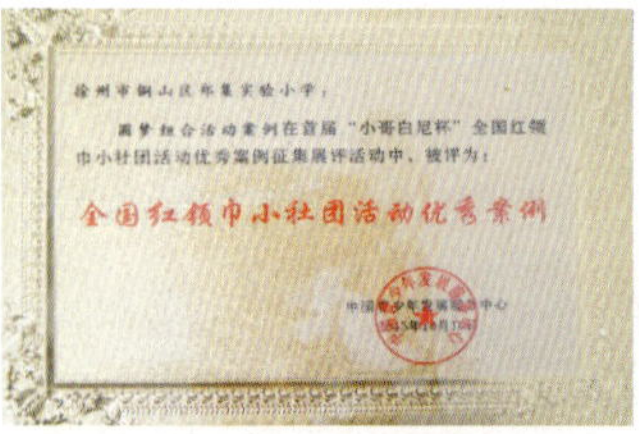

全国优秀少先队活动案例

江苏省优秀少先队集体

摄影：孙广华　耿广东　郭召义　李　建

铜山区大许镇小学中心校

大许镇小学中心校下辖8所完小，2个教学点，5个省级优质园，3所市级优质园。学校秉承“努力让每一位教师幸福、投入、自豪地工作，努力让每一位学生健康、快乐、自信地成长，努力让每一所学校优质、均衡、和谐地发展”理念，改善办学条件，规范办学行为，5所学区校全部通过江苏省教育现代化验收。中心校被评为徐州市文明单位，连续4年获评区体育、卫生先进集体，获区教育督导评估一等奖、教学质量评估第3名。

大许镇小学党总支书记、校长李锋和孩子们在一起

共谋学校发展大计

现代化课堂教学

举办科技文化艺术节

校园一角

人人会吹陶笛

多功能书架

摄影：卢道伟

铜山区柳新镇小学中心校

柳新镇小学中心校下辖7所小学、4所省市级优质幼儿园。学校坚持走内涵发展道路，全面实现教育的转型升级。实验小学的“雅慧”教育，苏家小学“多元智能”教育，新桥小学“启智”教育，魏庄小学“孝悌”教育，马楼小学“儒家文化”等特色教育呈现出“百花齐放”的美好局面。2015年，柳新实小等5所小学高标准通过省教育现代化学校验收。

义务教育现代化推进会现场，
区教育局局长吴亮(右二)指导工作

呼啦圈表演——中国梦

恢弘大气的教学楼

过硬的基本功

表彰校园“小孝星”

美丽园景

摄影:陈　磊

铜山区柳泉实验小学

柳泉实验小学建于1912年，时为铜山县第五高等小学，几经迁址，数易校名，2009年确定为徐州市实验小学。深厚的文化底蕴滋养着这所百年老校，而今环境优美，设备先进，教职工师德高尚，业务精湛。学校确立“阳光阅读”办学特色，从中华传统文化和中外现代名著中提炼经典诗文作为特色课程，打造书香濡染心灵工程，艺术怡情益智工程，礼仪修身立人工程。荣获区实施素质教育先进中小学、市百佳校园等称号。

区领导视察学校

开展“学讲计划”研讨

和老师一起阅读

读书乐——教师读书活动展示

区教学开放日

阳光下的小组阅读

摄影：王冯祥

铜山区伊庄镇小学中心校

铜山区伊庄镇小学中心校坐落在风光秀丽的吕梁山风景区，下辖4所完小，2所公办幼儿园。学校坚持以课堂教学改革为抓手，以打造教育特色为契机，大力实施素质教育，培养学生的创新精神。2015年，被评为铜山区教育科研先进集体、法制教育先进单位、德育先进学校，获校歌比赛一等奖、三操一舞比赛一等奖、舞蹈比赛一等奖。

中心校校长 陈海港

师生合唱

教师书法活动

学生书法展示

文化墙

安静的阅读

阳光体育活动

摄影：卢兴群

徐州市第七中学

徐州七中始建于1945年，2009年晋升为江苏省四星级普通高中。有学生1878人，专任教师185人，教师研究生学历21人，在读研究生16人，特级教师3人，高级教师70人。学校秉承“让每一位师生都得到充分发展，不断提升师生的生命质量”的办学理念，以高质量、有特色、现代化为目标，走“名校名师引领、竞赛培训驱动、多途径成就人才”之路，赢得社会好评。

教师节，区委书记曹志到校慰问教师

国立韩国交通大学访问团到访

徐州市第七中学建校70周年庆典

青门收藏馆、何柳生艺术馆开馆

小合唱《照镜子》获得徐州市艺术展演第一名

与南京中医药大学签署优质
生源基地建设合作协议

摄影：刘 强 索志豹

贾汪中学——体教结合 促进学生多元发展

贾汪中学坚持“体教结合”，促进学生多元发展。2013年，学校与徐州市体育局合作，建设国家级青少年竞走训练基地，在训运动员已达60人，专业教练4人。学校注重运动队的管理，狠抓教练员队伍建设，不断提升运动队的整体水平。田径队继2014年第十八届省运会上夺得7金2银后，2015年省青少年田径锦标赛上再获12金7银4铜，在全国青少年竞走锦标赛中夺得1金3铜。

国家体育总局田管中心青少部部长黄伟(前排左二)到学校指导工作

校长魏哲奎(左)和省运会冠军、教练在一起

学校基地运动员王振东(前)获得亚锦赛20公里竞走冠军

蒋家君(左)在国际竞走比赛上获得铜牌

崔琳琳(左二)获得省十八届运动会2项冠军

2014苏州·吴中“环太湖”
同程旅游杯国际竞走和行走多日赛
获奖证书
Certificate of Merit
2014
赛段名称 穹窿山站
名次与成绩 女子个人第一
日期时间 2014年10月13日穹窿山

邵丽娜在国际竞走比赛中获得第一名

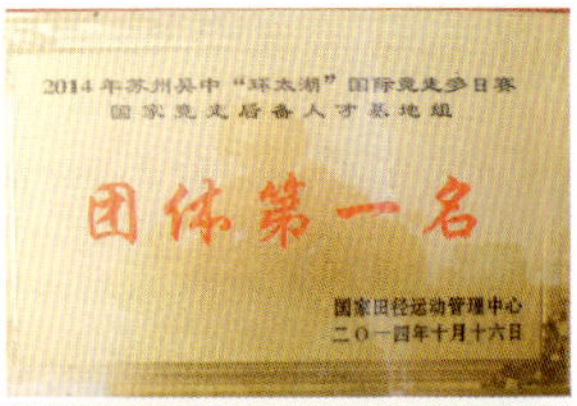

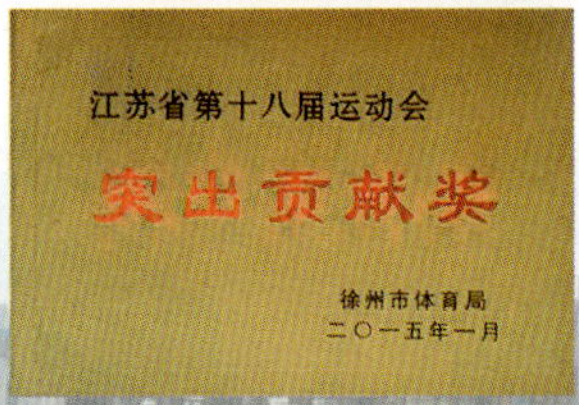

摄影：季红光

贾汪区英才中学

英才中学是一所教风严谨、学风浓郁、质量一流、有特色、高品位的省级现代化示范初中。有教职工200余人，其中，正教授级中学高级教师1人，中学高级教师100余人，江苏省特级教师1人，国家级优秀教师2人，省、市级劳模4人，省、市级优秀教育工作者10余人。学校先后荣获省平安校园、省法制宣传教育先进单位、省模范学校等100多项市级以上称号。

校长　李明海

建校十五周年庆典

传承经典文化——端午节诵读活动

入团离队仪式

校歌班歌比赛

所获部分荣誉

摄影：张　威

贾汪区青山泉中学

青山泉中学是一所拥有丰富办学经验的义务教育初级中学，教学设施完善，2014年顺利通过省教育现代化学校验收。有23个教学班，教职工157人，专任教师本科学历达标率87.9%，中学高级教师30人。学校始终把“求知、创新、发展、责任”作为学生培养目标，形成以“面向全体，分层教学，培优补差，人人成才”的教学模式。中考成绩连年在贾汪区名列前茅，被评为徐州市科学教育特色学校。

校长 孙更生

教学能手，课改先锋

重温誓词，献身教育

腾跃

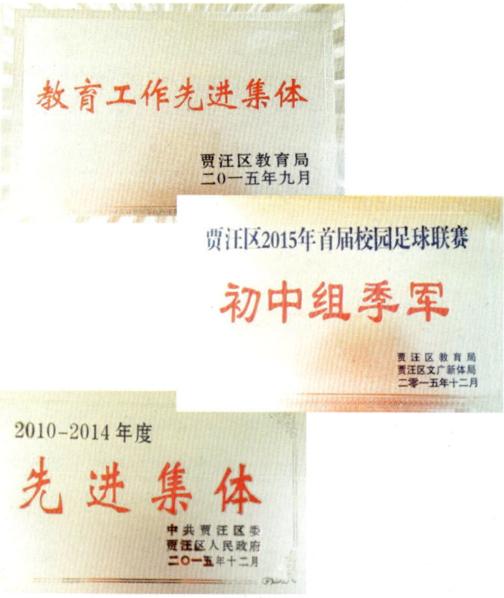

所获部分荣誉

极目校园，美不胜收

摄影：时信任

大吴中心幼儿园——麦秆巧入画 特色靓校园

大吴中心幼儿园2000年被评为省示范性实验幼儿园，先后获评省巾帼文明示范岗、省教育现代化先进单位、市艺术教育特色学校等。幼儿园坚持利用农村乡土资源优势，开发校本特色课程——麦秆贴画，形成一整套麦秆贴画园本课程。特色环境创设获省二等奖，立项课题《利用地方资源，进行麦秆画特色活动的实验与研究》获省基础教育成果二等奖。200幅师生作品在省、市、区获奖或发表，30余篇论文获区级以上奖，部分作品被送往英国交流。

交流创作

指导幼儿制作麦秆画

特色文化走廊

部分教学成果展示

教师作品展览

部分教师学生麦秸画作品

摄影：孙秀华

徐州市青年路小学

“百年辉煌　欢聚一堂”
青年路小学百年庆典纪

青年路小学具有百年文化积淀，原为杨维周先生1915年创办的国民敬仪女学校，数易其名，抗战胜利后命名为徐州市青年路小学，沿用至今。学校以丰厚的文化底蕴、先进的办学理念、一流的育人环境、优秀的教师队伍和出色的教学质量，跻身中国名校之列，被教育部录入《中国名校600家》。先后被评为全国现代教育技术实验学校、省科技教育特色学校、省模范小学等。

百年庆典，欢聚一堂

副市长李燕讲话

校长陈红艳致辞

舞蹈《跪羊图》

诗朗诵《我骄傲 我是青小人》

校史剧《足迹》

校友向退休老师敬献红领巾

母校百年，校友回“家”庆贺

再创辉煌，后继有人

摄影:任庚申

徐州市解放路小学

解放路小学北倚名胜古迹戏马台，南接人文荟萃的江苏师范大学，历史悠久，底蕴深厚，其前身可追溯创建于1910年的光启小学、新中国成立之初的徐州市干部子弟学校，而今已经发展成为拥有下河头和新元2个校区、托管汉桥和绿地2个学校的素质教育成果斐然、质量一流的教育集团中心校。

省教育厅副厅长朱卫国（左二）视察学校

新元校区“学讲”课堂

远足

下河头校区阳光书屋

获徐州市啦啦操比赛一等奖

发挥名校辐射作用，开展文明共建

摄影:张　琨

徐师一附小——营造“三雅”校园 为儿童美丽人生奠基

徐师一附小始建于二十世纪30年代初，至2015年，分为附小本部、户部分校、经十路分校3个校区。学校以“打下宽厚的生长点，练就做人的基本功”为办学理念，以鼓励学生“try一下”、营造“三雅”校园的办学特色，为儿童美丽人生奠基。先进的办学理念、突出的办学特色和一流的办学质量，赢得社会广泛赞誉。

黄晓迪名师工作室成立

读书活动表彰暨庆“六一”文艺汇演

流动青少年宫走进附小

少年军校学员与部队战士共同纪念抗战胜利70周年

教师节，区委书记韩冬梅（左二）到校慰问老师

师生为患重病同学王艺睿捐款

党员志愿者在社区家教咨询服务

摄影：吴晓楠

云兴小学教育集团——2015，共绘优质均衡同心圆

2015年，云兴小学基于“文化立校、和而不同、资源共享、联动提升”的集团化办学思路，立足“理解生命，志趣多元”的教育基点，提出云兴的教育理念：每个人都在长成一棵树，从深层次上唤起师生的共生意识，致力于把学校办成文化统一，活力共生的文化共同体、学习共同体、生活共同体。通过对学校改造、文化建设、名师交流、课程研发，实现新校与名校、村小与名校的无缝对接，共绘教育优质均衡同心圆。

市人大主任刘忠达（前排中）到校调研教育优质均衡发展

徐州市“刘婷名师工作室”

郭海珊老师获全国小学优秀课一等奖

剑桥少儿外教口语项目课程

云兴“以学定教 因能启智”第三届教学节

承办2015年江苏省速度轮滑锦标赛

云兴女足队获“省长杯”总决赛三等奖

学校获徐州市合唱比赛特等奖

摄影：张 旋

云龙区教育实验幼儿园——享受阳光 快乐成长

云龙区教育实验幼儿园是一所全日制省优质园，先后荣获江苏省巾帼文明示范岗、省优秀家长学校等称号。学校成功申报江苏省课程游戏化项目幼儿园，将游戏活动作为教育手段，融入到特有的“阳光课程”中，促进幼儿能力和个性的全面发展。

阳光城堡

课程游戏化——徐州美食城

尝一尝徐州传统美食——麻叶

看，这就是徐州美食——烙馍

萌娃绘新春

虎虎生威武术操

我会车水啦

摄影:黄婉娟

星源小学

星源小学建于1958年，被誉为“乒乓冠军摇篮”，乒乓球世界冠军杨影、闫森从这里起步。学校秉持“点亮未来星，关爱生命源”的办学理念，注重提升师生综合素养，建立“七彩星”名师工作室、“七彩星”社团等，倡导小组合作学习。2015年，学校被授予江苏省优秀家长学校、优秀少先队集体，徐州市推进“学讲”先进学校等荣誉称号。

副市长李燕(左四)及区局领导到学校指导工作

于永正老师和星源“七彩星”
名师工作室成员在一起

爱乒乓绘童年

乒乓球世界冠军杨影、阎森回母校

环保时装秀 秀出星源学子风采

十佳乐手争霸校园

快乐乒乓操

学校课本剧荣获省一等奖

摄影：安　晶

鼓楼生态园小学——丰富的社团活动 快乐的生态校园

生态园小学坐落于中山北路与奔腾大道交汇处，2011年9月投入使用。2015年，有教学班44个，学生2100余人，教师135人，其中市、区级骨干教师30人。学校“倡导人本化管理，构建生态型教育”，组建了各类社团40余个，书法、科技成为学校的特色教育和最显著的办学成果。

校长 刘启化

书法社团

剪纸社团

舞蹈社团

航模社团

面塑社团

书法比赛

摄影:刘 东

兴东实验学校

兴东实验学校位于鼓楼区下淀中学路，建于1974年，占地1.9公顷，建筑面积4477平方米。2015年，有学生920人，专任教师47人。学校秉承“多元发展，创新生长教育”办学理念，形成多元智能教育教学特色，荣获联合国教科文组织中国可持续发展教育ESD项目成员学校、中国教育学会实验学校、江苏省书法水平等级证书考试优秀学校等称号。

承办两地三校语文研讨活动

创客教育之机器人活动

创客教育之物联网活动

大主题研究课程“我爱菊花”

多元智能课堂

摄影:张　振

国学经典之诵读比赛

获市长绳比赛一等奖

下淀小学

下淀小学位于白云山麓,建于1922年。2015年,有17个教学班,700多名学生。学校以"生本教育"为办学理念,深入推进课堂教学改革,校园足球、读书活动成为学校鲜明特色。学校先后荣获徐州市文明单位、徐州市绿色学校、徐州市中小学百佳校园、徐州市师德建设先进集体等称号。

"学讲"常态课堂

校长特级教师孙敏上示范课

和老师一起探讨——DIY社团活动

翩翩起舞——舞蹈团活动

足球队参加"市长杯"足球联赛

读书节开幕

摄影:闫 旭

九里山实验学校

九里山实验学校坐落于九里山麓，依山而建，浓郁的汉文化浸润着美丽的校园。学校创建于1978年，是一所九年一贯制学校。2015年，有学生1100人，教职工76人。学校坚持“为每一个学生的终身发展奠基”，全面推进素质教育，被授予徐州市绿色学校、徐州市师德建设先进集体等称号。

“青蓝工程”启动仪式

教师读书活动

科学实验室

市化学复习研讨活动

拓片制作——特色课程

“学讲“课堂

远古战场，新欣校园

摄影:赵建云

鼓楼区飞扬幼儿园

飞扬幼儿园创办于2009年,2011年创建为江苏省优质幼儿园,连续3年获得市十佳幼儿园、市幼儿绘画优秀组织单位称号,得到区规范化办园检查领导和专家的肯定。2015年,有12个保教班,在园幼儿420名,教职工51人,其中专任教师24人,教师任职资格合格率100%。幼儿园以"一切从爱出发"为办园理念,初步形成美术教育特色,赢得幼儿与家长的认可。

神采飞扬的巾帼团队

和园长"妈妈"一起观察植物

爸爸加油!

创意美术研讨

美丽的"飞扬"

摄影:杜明凤

飞起来,宝贝!

徐州市汇文小学

汇文小学坚持“汇智、博文”校训，走“内涵发展、健康发展、特色发展、品牌发展”之路，被评为省文明学校、绿色学校、和谐校园，市基础教育课程改革先进单位等，连续多年在区教育督导考核中获一等奖。学校的剪纸节目受邀参加徐州电视台春晚演出。《彭城晚报》、徐矿集团电视台曾多次专题报道胡雷老师市级课题《团花剪纸在小学美术课堂中的研究》顺利结题。

校长 张强

文教体局局长王建(左二)到校指导工作

“学讲”课堂培养学生自主学习

我们爱读书

特色剪纸教学

少年志 中国梦

校本教材——《我们爱剪纸》

摄影:黄兴民

徐州市矿山路小学

矿山路小学坚持教育教学工作“以生为本”，学校管理工作“以师为本”，建设“和谐、沁润、阳光”的管理文化，把学校打造成教师和学生不断成长、可持续发展的学园、乐园。借助6sigma方法创造性地构建了基于问题解决的校本教研机制，助推“学讲计划”，促进教师专业发展。学校先后获评国家级绿色学校、省级绿色学校、省义务教育现代化学校、市平安校园、依法治教示范校等。

校长 乔永智

“学讲工作室”专家评鉴会

市名教师张艳红的研讨课

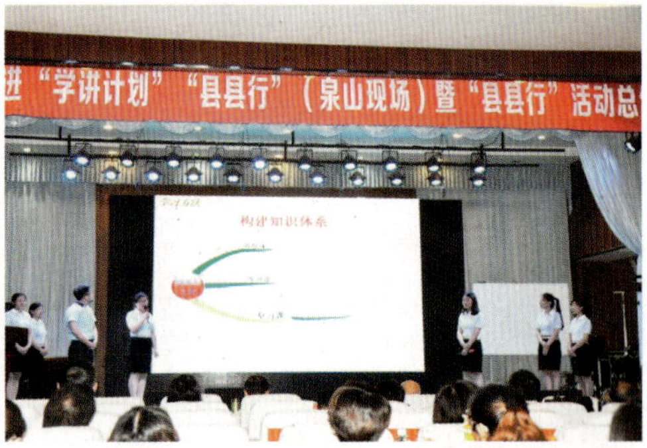

校本教研展示

合唱队参加市庆六一文艺演出

多彩的美术活动

师生同乐笑满园

摄影:张艳红　曹　琦　单茂琪

徐州市太山小学——诗香氤氲的校园

太山小学位于徐州泰山南麓，创建于1948年。历经60多年，学校积淀深厚的文化底蕴，洋溢着蓬勃之气、书香之气、自然之气。学校紧紧围绕"为孩子一生发展奠基，为社会文明进步育人"办学理念，确立"诵读中华经典，营造书香校园"办学特色，把经典诵读纳入校本课程。顺利通过省、市诗教工作检查，在市"书香徐州"全民经典阅读活动中获优秀团体奖、最佳组织奖。

校长冯文武为汉风先生(右)颁发太山小学师德顾问聘书

"青蓝工程"拜师结对仪式，青年教师向师傅奉茶行礼

校长冯文武为"论语100"达标学生颁发荣誉证书

经典诵读展演

端午诗会

"书之韵"书香长廊

经典诵读 教师秀

摄影:戚海波

徐州市明诚小学

明诚小学创建于1964年，2011年被评为江苏省三星级实验小学。学校以“明理诚信”为校训，倡导“活泼、乐学、健美、进取”的学风，按照“品牌引领，优质均衡”发展的思路，实现跨越式发展。先后荣获徐州市现代化教育学校、全国艺术教育先进单位、江苏省平安校园、江苏省特色文化示范校等称号。

校长　党支部书记　孟召华

文艺汇演

科技特色教育

丰富多彩的第二课堂

学生兴趣培养

特色教育成果展示

省“金钥匙”大赛获佳绩

摄影:殷　杰

泉山区教工幼儿园

教工幼儿园是三星级省示范性实验幼儿园。秉承“培养健康、快乐、自主、自信、和谐、完整的儿童”的办园目标，构建“以自我发展（学习）为重点，体魄孕育和个性润泽为护翼，游戏滋养为途径”的育人模式。近年，幼儿园主持研究50余项省市级课题，600余篇研究成果在国家、省、市级刊物上发表、获奖，获省和谐幼儿园等50余项荣誉称号，培养近70位特级省、市、区级骨干教师。师生共同发展，幼儿园被誉为“人才培养基地”。

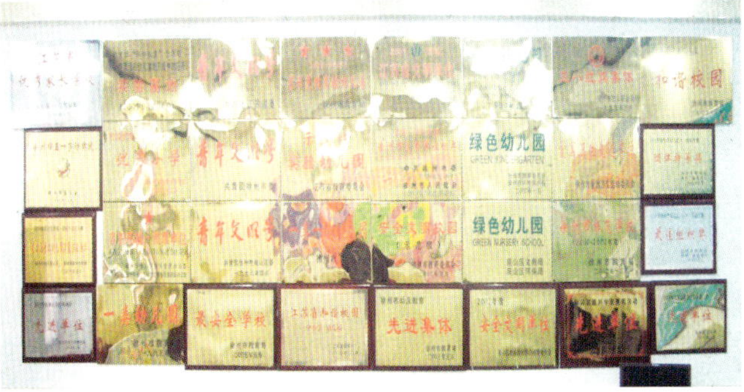

幼儿园获得50余项省市级荣誉

全国劳模 园长 张晴

百余篇发表的论文

“学习《指南》，了解幼儿”社区宣传主题活动

益智游戏区——民俗智乐吧

十余个省市的同行到园观摩学习

摄影:俞　晓

开发区高级中学——打造以学生自主发展为核心的校园文化

2015年,开发区高级中实施学生自治,推行学生校长负责制。通过开展高一军训、高二远足、高三成人仪式与毕业典礼、升班旗仪式等系列活动,以及社团活动自主设计等,逐步形成自主教育、自主管理的德育模式。学校启动文科综合、艺体课程、国际课程三类实验班,推进“五步三查”自主学习策略,让不同差异的学生都能获得自信、特长与能力的发展。

学生自治委员会、学生自主监督委员会联席会议

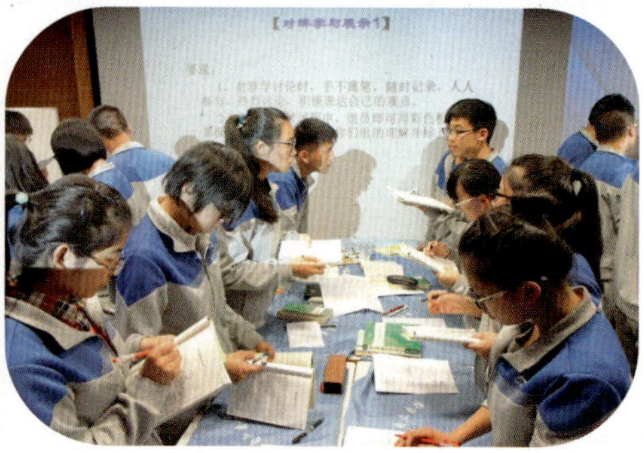

“五步三查”高效课堂

台湾客人沈美华(前排右三)到访

我们毕业了!

“十八岁成人礼”母子共同签名见证成长

艺考美术班

快乐时光

摄影:李智梅

徐州市开发区中学——塑一流品牌 育名校良才

2015年，开发区中学紧紧围绕“321”工作思路，推进各项工作。“3”即大力推进“教学质量、师德建设、立德树人”三项工作重点；“2”即实现两大目标——“塑一流品牌，育名校良才，让师生畅享成功的快乐”的事业目标，“崇教尚学、大气兼容、担当奉献、创新奋进”的文化目标；“1”即打造一个品牌——“以三项工作为支柱、两大目标为追求的亮点突出、特色鲜明的开中教育教学品牌”。开展陶艺、书法、诵读（美文雅颂）等多项特色活动，寓教于乐，为学生的成长奠基。

校长 谭永

美文雅诵排练

学习陶艺拉坯制作

艺术节暨毕业生欢送会

青海南州骨干教师参观学校陶艺课程成果展

每周一歌

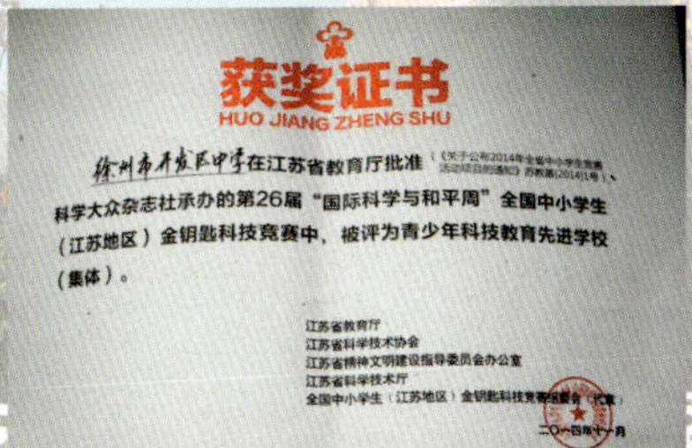

获奖证书
HUO JIANG ZHENG SHU

徐州市开发区中学在江苏省教育厅批准、科学大众杂志社承办的第26届“国际科学与和平周”全国中小学生（江苏地区）金钥匙科技竞赛中，被评为青少年科技教育先进学校（集体）。

江苏省教育厅
江苏省科学技术协会
江苏省精神文明建设指导委员会办公室
江苏省科学技术厅
全国中小学生（江苏地区）金钥匙科技竞赛组委会（代章）
二〇一四年十一月

获“金钥匙”科技竞赛奖

摄影：汪静华

大庙中学——快乐学习 幸福生活

大庙中学以“快乐学习，幸福生活”为课改核心理念，创建了“五学三讲”教学模式，充分激发学生学习内动力，获得徐州“学讲”先进校、“一师一优”课先进校等称号。实验教学是学校教科研特色，建起了“实验超市”，设有自制的200个分组实验筐，拥有自制教具展室、化学教师培训室、“化学公园”等不同形式和用途的实验室。学校成立学生自主管理委员会，“自我管理、自我教育、自我服务”成为学校管理的一大特色。

2014年12月28日，第二届全国“课博会”分会场设在大庙中学

校长　刘厚安

7月，教育部副部长王湛（右）等国家领导人听取李为才老师介绍教科研成果——初中化学实验盒。

化学实验室

快乐的校园生活

学校的优秀教师群体

摄影：墨晨晨

黄山外国语学校——“1+1高效助学”新模式 推动学校走向辉煌

黄山外国语学校是一所全日制、寄宿制民办初中，在校师生近2000人。2015年，学校实施“1+1高效助学”教学模式，建立“成长共同体”，让学生完全自主学习，让合作学习更有效。内抓质量，外树形象，学生连续四届获评全国、省、市美德少年。2015年中考，国家四星级、一类重点高中上线率为53.9%，创全市中考“九连冠”！

校长李桂树获得2015
“最具创新力校长”称号

师生暑期夏令营

获徐州市轮滑比赛初中组团体六连冠

“学讲”动力课程
——积极心理训练现场

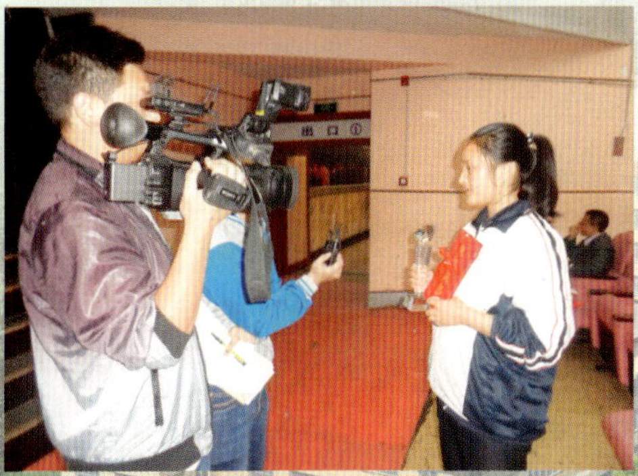

电视台采访获得市第四届
美德少年称号的李阳同学

1+1高效助学课堂教学模式的基本流程：

一、自学交流阶段	二、合作探究阶段
1、自我确定学习任务	1、班级硬功夫展示
2、自我研读文本八学会	2、重点成果展示
3、小组说课	3、合作探究
4、自我检测	4、课堂检测

独立自学 助人自助 无师课堂 为打造课改3.0升级版做有益尝试！

“1+1高效助学”课堂教学模式的基本流程

摄影：刘 利

徐州市大黄山实验小学——读经典书　做儒雅人

2015年，大黄山实验小学倾力打造"读经典书，做儒雅人"核心校园文化。低年级"读绘"——绘本阅读；中年级"读仿"——师生共读同一本书；高年级"读创"——主题阅读，写作交流。开展每周诵读展示、路诵、晨诵等系列活动，组建社团活动，进行学生综合素质评价，启动课外阅读指导课程、艺体社团活动课程、国家基础课程三类课程，逐步形成"主题阅读，读绘创"校园特色阅读教育体系。

主门厅文化墙

每周一升旗仪式后的经典诵读

孩子们的"悦读"书吧

"我行我秀"展示空间

轮滑展示

摄影:李传海

开发区大黄山镇实验幼儿园

——幼儿户外自主游戏活动的示范园

大黄山实验幼儿园2013年5月被评为省优质园，2014年11月成为江苏省首批课程游戏化项目建设园。幼儿园“立足幼儿今天，奠基幼儿未来”，利用户外宽阔的场地，设置充足而富有创意的游戏材料，给孩子们提供丰富自主的游戏环境，凸显“DIY”特色，成为徐州市幼儿户外游戏活动的示范园。

户外游戏全景

走廊游戏设置

省课程游戏化建设项目园园行经验交流会
在大黄山镇实验幼儿园举行

室内区角游戏设置

户外自主游戏花絮

摄影:王　琳

局　　长　孙光华
党委书记　谢　辉
党委副书记　辛　丽（女）
副局长　王厚果　李若强　李成凯　王　磊
纪委书记　王　鹏
工会主席　徐德龙
党委委员　王　刚　丁运超

【概况】　2015年，丰县有各级各类学校153所（含民办学校，不含幼儿园），其中，初中26所，高中10所，九年一贯制学校5所，十二年一贯制学校1所，小学108所，特教学校1所，中等职业学校2所，民办十二年一贯制学校1所，民办九年一贯制学校4所。全县各级各类学校在校学生134429人（含民办学校，不含幼儿园），其中，高中15120人，初中26710人，小学85150人，特教学校在校生341人，中等职业学校在校生7108人。全县有幼儿园88所（其中民办幼儿园45所），在园幼儿45256人。义务教育阶段入学率100%，初中巩固率99.06 %，高中阶段入学率95%，学前三年幼儿入园率97%。全县有教职工14092人，其中专任教师11723人。教师学历合格率高中100%、初中100%、小学99.4%、幼儿园89.7%。全县有省特级教师10人，省、市名师名校长11人，省人民教育家后备人才培养对象2人。

2015年，全县有省三星级以上普通高中6所，省示范初中9所，省实验小学3所，省、市优质幼儿园82所，省、国家重点职业技术学校1所，省特殊教育现代化示范学校1所。1月，获得全省教育信息工作先进单位称号，6月，获得全省学生资助工作绩效评价优秀奖。全年投入教育经费15.25亿元。

【教育部督察秋季开学暨“护校安园”工作】9月15日，教育部督导组及省、市领导一行8人，实地查看丰县秋季开学暨“护校安园”工作。副县长张斌、县教育局党委书记谢辉陪同检查。督察组查看华山镇中心幼儿园、华山中学和师寨初级中学、丰县中等专业学校，并召开反馈会。

【省政府教育督导团督导职业教育】 5月5日，省政府职业教育督导组到丰县督导职业教育。省督学、南京工业职业技术学院院长孙爱武带领省督导组听取学校工作汇报，查看学校数控实训基地和新校区建设。

【承办"省课程游戏化建设项目园园行"现场会】 10月30日，徐州市"省课程游戏化建设项目园园行"现场会在丰县举行。徐州市教育局基教处韩莹、骨干教师200余人参加活动。全体与会人员先后观摩4所幼儿园的户外自主游戏活动、室内外环境、班级区角游戏、各功能室等，并进行研讨交流。

【市教育督导团到丰县督察】 3月12日，市教育督导团在市督导办主任姚杰带领下，到丰县中学进行素质教育督导和教学视导。督导团认真听取丰县中学校长程煜关于学校素质教育工作的汇报，随后分组进行校园观察、查阅资料、听课视导等活动。视导侧重高三年级迎考备考和"学讲计划"实施情况。专家们对三个年级的课堂教学进行视导后，就课堂教学中存在的问题与教师进行交流，提出指导性意见。

【杜亚峰调研教育工作】 7月16日，县委常委、宣传部长杜亚峰在县教育局局长孙光华、党委书记谢辉的陪同下调研教育工作。杜亚峰一行先后实地察看了示范幼儿园新园建设工地、华山高中、师寨初中、师寨中心小学、欢口高中。他勉励学校进一步采取措施强化管理，努力提升教学质量。

【丰县被确定为全国中小学影视教育实验区】 10月20日，丰县被教育部确定为全国中小学影视教育实验区。县教育局专门成立影视教育工作领导小组，由德育办具体负责，电教馆按照不同学段学生接受教育的特点做好片源的组织工作，确保影视教育的严肃性，每学期至少向学校推荐5部必看影片。

【"教坛新秀"评选】 5月16日，县教育局组织中小学"教坛新秀"评选活动。根据参评教师综合奖励、教学实绩、论文发表（课题研究）及获奖、辅导奖等方面综合评定，评出"教坛新秀"89人。

【教育局被评为省教育信息工作先进单位】 1月16日，县教育局获评2014年度江苏省教育信息工作先进单位。丰县教育局是徐州市唯一获奖单位。

【省塑胶办核查运动场地塑胶化项目】 1月20—21日，省农村中小学运动场地塑胶化建设领导小组、省教育装备与勤工俭学管理中心到丰县核查运动场地塑胶化项目。先后到10所农村中小学校，现场调查询问申报学校办学情况，实地丈量核实运动场地规格、朝向、地形地貌。对拟建塑胶跑道状况，从技术及可行性层面进行检核，提出指导性意见和建议。

【省市微课竞赛获奖】 年内，丰县257名教师在省市中小学教师微课竞赛中获奖。在市级竞赛中，一等奖获得者54人，二等奖获得者56人，三等奖获得者145人。省级大赛中，实验中学王维文制作的《if引导的条件状语从句》获得一等奖，师寨镇仇集小学刘晓侠制作的《"他、她、它"的用法》获得二等奖。

【举办全国首届陶笛重奏音乐节】 4月10日，中国首届陶笛重奏音乐节暨中国首届陶笛重奏艺术研讨会在丰县创新外国语学校成功举行。6支国内外的陶笛演奏乐团，以及国内外陶笛专家、学者、音乐教授和丰县5000余名师生参加盛会。各代表队分别表演了陶笛串烧、陶笛七重奏、竹笛独奏、二胡独奏、葫芦丝独奏等,丰县外国语学校千名学生陶笛合奏《瑶族舞曲》。

【深入推进"学讲计划"】 年内,县教育局在全县深入推进"学讲计划"。开展"一师一优课、一课一名师"网上"晒课"活动。通过备课、亮课、观课、评课、磨课等形式,评选学校"优课";利用校园网建立活动专题,进行教学设计、课堂教学、信息化应用等环节优化指导;通过教学研讨会、教学视导等方式进行专项指导,有计划地组织各科教师参与"优课"创建活动,择优上报参加县级"晒课"活动。

【食堂开放日】 9—12月,全县各中小学(幼儿园)组织开展"食堂开放日"活动。组织家长零距离观看学校食堂食品库房、配料加工、烹饪、售饭等各环节,查看食品原材料索证索票、台账登记、餐具消毒登记、留样记录等各项记录,全面了解食堂的食品安全管理。

【校园周边环境治理会议召开】 10月23日,校园周边环境综合治理联席会议在县教育局召开。学校周边环境整治工作领导小组办公室主任、教育局党委委员王刚主持会议,县综治办、公安局、城管局、市场监督管理局、文广体局等部门分管领导参加会议。各成员单位对如何协调做好校园周边环境治理工作提出意见建议,并表示将积极参与、密切配合、尽职尽责,为广大中小学生和幼儿营造良好的成长环境。

【省发改委到丰县进行爱心捐赠助学活动】 11月5日,江苏省发改委妇委会一行,在省委驻丰县扶贫工作队队长、副县长徐海莉的陪同下,到王沟镇赵庄小学举行爱心捐资助学活动。她们捐助了资金、学习用品、图书、保暖冬装等,并和10名受助孩子亲切交谈,对5名表现突出的优秀生给予奖励。

【举办法治"微视频""试题"评选活动】 11月,县教育局组织开展"法治微视频""法治试题"评选活动。全县教育系统各中小学校踊跃参加,报送作品百余篇,经专家组初评,共有31部"法治微视频"、30份"法治试题"获奖。

【举行师德演讲比赛】 12月18日,教育局举行翰林华府杯"远离有偿家教,做学生的良师益友"师德演讲比赛。45名教师参加决赛,经过评委评定,创新外国语小学的孟繁华、示范幼儿园的陆影和师寨初中的张玉芝分别获第一名、第二名和第三名。

(撰稿:宋红军　审稿:孙光华)

【中等专业学校通过首批省高水平现代化职业学校验收】 11月,省教育厅、省财政厅发文公布认定首批江苏省高水平现代化职业学校的结果,中等专业学校通过验收评估。学校自2013年起,着手进行创建筹备工作,成立创建领导小组,制订详细的创建计划。通过全体师生的努力,学校办学机制、专业建设、教学改革、师资队伍建设、学生发展、校园文化建设等方面均得到大幅度提升。

(撰稿:董晓帆　审稿:田兆瑞)

【丰县中学举办祭孔仪式】 7月5日,丰县中学在丰县文庙举办高三毕业生祭孔仪式。现场气氛肃穆庄重,高三毕业生在文庙大成殿前,读祭文,齐诵《弟子规》。

(撰稿:邢长印　审稿:程　煜)

【民族中学传统体育运动再获佳绩】 8月9—17日,丰县民族中学传统体育运动在鄂尔多斯举行的第十届全国少数民族运动会上再获佳绩。民族中学高脚竞速、板鞋竞速、陀螺项目代表江苏省参赛。其中高脚竞速女子队2×200米项目获全国二等奖。

（撰稿：刘运涛　审稿：谢丽光）

【宋楼中学花季文学社被评为市“十佳文学社”】 4月19日，在徐州市青少年文学协会第二十六届年会上，宋楼中学花季文学社被评为“十佳文学社”。花季文学社成立于1991年，学校十分重视校刊《花季》，在财力、人力、物力上给予大力支持。《花季》有多篇佳作先后在国家、省、市刊物上发表。

（撰稿：张世金　审稿：刘　飞）

【华山中学被命名为省科学教育特色学校】 7月8日，华山中学被江苏省科学技术协会、省教育厅命名为“十二五”第四批省科学教育特色学校。5月21日，华山中学申报的“人工智能科技教育课程基地”通过江苏省教育厅“2015年普通高中课程基地建设项目”审批。

（撰稿：黄海丰　审稿：王居春）

【欢口中学艺术节闭幕】 12月24日，欢口中学举行第七届校园艺术节闭幕式。文化艺术节以“激扬青春、放飞梦想”为主题，历时一月，开展了校园十佳歌手大赛、百米长卷书画比赛、书法比赛、舞林大会、诗文诵读竞赛、相声小品擂台赛、辩论会、演讲比赛、讲故事大比武、秋季田径运动会、教职工趣味运动会等系列活动。

（撰稿：孔凡秀　审稿：李景民）

【顺河中学召开教学改革专题会议】 11月11日，顺河中学召开深入实施“学讲计划”，大力推进课堂教学改革专题会议。会议贯彻县教育局《关于在全县中小学推进校长听评课活动的意见》文件精神，制定听评课制度，规定校长每学期听评课不少于40节、业务副校长不少于50节、中层领导不少于60节，对教师的课堂教学进行全面听课，掌握“学讲计划”实施情况。

（撰稿：仇志刚　审稿：刘本俊）

【王沟中学举行孔子像揭幕仪式】 2月22日，王沟中学在校园行知广场举行孔子像揭幕仪式。揭幕仪式号召老师们努力学习孔子教育思想，做踏实的筑梦人、刻苦的追梦人、勇敢的圆梦人。王沟中学1300余名师生及创新外国语学校董事长张继生参加仪式。孔子石雕像由丰县创新外国语学校捐赠。

（撰稿：杨志东　审稿：李　浩）

【梁寨中学获市先进集体称号】 12月16日，梁寨中学获徐州市2015年度“一师一优课，一课一名师”先进集体称号。为聚焦课堂，确保“晒课”质量和效果，丰县梁寨中学制定晒课计划，成立学科研讨小组对所晒课程仔细打磨，突出“学讲”特色。

（撰稿：李延峰　审稿：孙厚琪）

【丰县初中评选“校园十佳最美园丁”】 5月25日，丰县初中举行“校园十佳最美园丁”现场评选活动。4月底，校工会领衔教务处、德育处、团委组织启动首届“校园十佳最美园丁”评选活动，各年级、处室经过民主推荐，选出22名候选人。5月初，学校将候选人的事迹制作成展板在校园内宣传，展示他们的风采。活动现场选出10名“最美园丁”。

（撰稿：惠明志　审稿：王　平）

【实验中学迁入新校区】 8月30日，实验中学整体迁入新校区（原中等专业学校校区）。新校区校园面积扩大，办学条件改善，拥有图书馆、电子阅览室、多媒体教室、实验室、舞蹈房、美术室、多功能报告厅等一流教学设施。教学楼、学生宿舍、公共活动场所设有安保监控系统,采用先进的安防技术手段,保障学生安全。

(撰稿:王昌军　审稿:刘德俭)

【刘王楼初中举行元旦汇演】　12月31日,刘王楼初中举行2016年元旦汇演。全体师生共同参与自编自演,自娱自乐,配乐大合唱《少先队队歌》将活动推向高潮,校长为师生送上新年的祝福和期望。

(撰稿:李秀杰　审稿:马　路)

【孙楼初中开展道路交通安全教育】　12月9日,孙楼初中开展道路交通安全教育。通过告家长书、发放资料等形式进行道路交通法规宣传,增强学生交通安全意识。

(撰稿:孙建强　审稿:司　彬)

【李寨初中师资建设形成特色】　年内,李寨初中加强师资队伍建设形成特色。一是充分发挥老教师的引领作用,建立名师工作室,通过其丰富的学识和教学经验指导中青年教师的专业化成长;二是充分发挥中年骨干教师的示范作用,通过上示范课、观摩课的形式,带动青年教师,推进课堂教学改革;三是充分激发青年教师的工作活力,实施"青蓝工程",压担子,引路子,形成比、学、赶、超的竞争氛围,激发青年教师的工作干劲。

(撰稿:孙建恩　审稿:张业永)

【梁寨初中接受市级依法治校示范校评估】12月24日,徐州市教育局对丰县梁寨初中进行市级依法治校示范校评估验收。验收组首先查看学校的校园文化建设情况,听取学校依法治校工作汇报,对师生进行随机问卷测评,并查看学校的台账资料。评估小组对学校依法治校工作提出建议和意见。

(撰稿:闫玉亭　审稿:赵家强)

【黄楼初中开展"走红色之路,做红色传人"主题教育】　9月3日,黄楼初中开展"走红色之路,做红色传人"主题教育活动。学校举行升旗仪式,召开主题班会,组织观看李贞乾、王文斌革命烈士视频,出专题黑板报等系列活动,同学们纷纷表示学习英烈精神,做英烈传人。

(撰稿:邹　恒　审稿:生新文)

【宋楼初中开展心理减压辅导活动】　5月21日,宋楼初中开展主题为"放飞心情 笑对中考"的初三学生心理减压团体辅导活动。初三年级主任宋善清对学生进行心理疏导,校团委书记、国家二级心理咨询师丁午君就中考的认识、吹气球的启示、学习减压的方法等对学生进行心理减压技巧指导。

(撰稿:丁午君　审稿:李德学)

【单楼初中开展"变废为宝"体验活动】　6—10月,单楼初中开展"变废为宝"体验活动。6月29日,学校召开"变废为宝"培训会,四个年级的各班班长与学习小组组长参加会议,主任曹冒海向学生介绍废旧物品回收的意义,通过活动网站让学生了解废旧物品回收知识和技能,布置假期进行"变废为宝"体验活动,并写出调查报告。引导学生在日常生活中注重废弃物的回收与再利用,自觉养成环保意识。

(撰稿:刘清林　审稿:张　兴)

【金陵初级中学获市绿色校园称号】　11月,金陵初级中学顺利通过徐州市绿化委员会和徐州市教育局的评估验收,获徐州市绿色校园称号。在创建过程中,金陵初中全体师生,积极投身创建工作,广植苗木,让学校充满绿色,开展绿色教育活动,增强环保节能意识。

(撰稿:李家清　审稿:汪　峰)

【无锡西漳中学领导到京庄初中支教】 4月8日，无锡市西漳中学领导和教师到京庄初级中学支教。教师钟鸣上了数学示范课，课后进行评课和教学探讨活动。西漳中学校长高静东作题为《推进学校自主式内涵发展，努力提高学校核心竞争力》的报告，围绕“教师的专业发展”和“学校管理方法的改进”两个核心话题进行研讨。

（撰稿：邓　杰　审稿：王玉亮）

【市“学讲”办到华山初中专题研讨】 11月24日，徐州市“学讲”办公室到华山初中进行“学生动起来，效果好起来”专题研讨活动。华山初中刘庆芝、程侠两位老师分别上一节学讲展示课。专家们针对华山初中的教学改革提出宝贵意见和建议。

（撰稿：尹建林　审稿：薛志刚）

【史店初中举行“学讲课堂”赛课活动】 10月下旬—11月底，史店初中举行“学讲课堂”赛课活动。语文、数学、英语、政史地、物化生、音体美电六大教研组的近30名教师参加赛课，大家精心准备，认真备课，用心探索，很好地践行了学讲模式与学讲理念，取得良好的教研效果。

（撰稿：王厚华　审稿：程真启）

【套楼初中学生餐厅竣工】 9月，套楼初级中学学生餐厅竣工并投入使用。该工程于2014年8月开工，总建筑面积1356平方米，政府投入210余万元，学校自筹配套资金30余万元，高标准配置，改善师生用餐环境。

（撰稿：郭　靖　审稿：李昌国）

【师寨初中举行感恩节颁奖盛典】 11月26日，师寨初中举行“致敬英雄·感恩父母——2015秋季家校联谊会暨感恩节颁奖盛典”。1200余名师生和200多名家长代表参加活动。活动由学生担任颁奖司仪，对取得优异成绩的师生进行表彰，让“年级、班级学习标兵”“进步之星”“学生楷模”“十佳学生会干部”“阳光好少年”“学科优胜教师”“学科进步教师”“十佳班主任”“模范班主任”等走红毯、明星签、T台秀、致颁奖辞、发感言等，充分展示师生的风采。

（撰稿：张忠良　审稿：付　伟）

【东渡初中食堂被评为市A级食堂】 12月，东渡初中学校食堂被评为徐州市A级食堂。食堂占地815.1平方米，框架结构，于2009年建成启用。后经不断改造和扩建，内部管理规范，各项配置规范合理。

（撰稿：赵海峰　审稿：蔡可华）

【徐州电视台“爱心救助乡镇行”走进欢口初中】 7月31日，徐州电视台“助福那些花儿——爱心救助乡镇行”走进欢口初中。对10名品学兼优、家庭困难的学生进行资助，并向学校颁发徐州电视台“爱心救助点”铜牌。县关工委主任洪信来、县教育局关工委主任房新峰、市电视台“张慧帮你问”栏目主编陈玖飞、徐州市各爱心企业及市民代表、受助学生和家长100余人参加活动。

（撰稿：邵长民　审稿：尹　军）

【欢口初中学生参加“励志夏令营”】 7月16日，欢口初中组织30名优秀学生代表赴南京上元中学参加“励志2015夏令营”活动。活动由校工会主席邵长民带队，南京上元中学组织该校优秀学生代表共同参与。在为期5天的活动中，两校学生参观博物馆、雨花台烈士陵园、南京大屠杀纪念馆，在南京市中小学生阳光体育活动基地开展野外拓展训练。

（撰稿：宋红梅　审稿：尹　军）

【欢口育英初中田径联赛取得优异成绩】 8月16—18日，欢口育英初级中学在2015年全国体育传统项目学校田径联赛（南方赛区）中取得优异成绩。该校14—15岁女子组不畏强手、奋力拼搏，为江苏省队赢得15分的好成绩，得到省市领导的肯定。欢口育英初中以田径、篮球传统项目为主导，坚持普及与提高并重，体育传统项目工作取得长足进步。

（撰稿：巩　锋　审稿：陈光远）

【顺河初中开展校园文化建设】　年内，顺河初中抓住省薄弱学校课程基地建设契机，大力开展校园文化建设。学校精心设计，开发系列历史文化校本课程，开设相关选修课程，兴建历史文化碑刻围墙、历史文化浮雕广场等校园文化设施。县电视台作了专题报道。

（撰稿：张本忠　审稿：孙俊臣）

【首羡初中被评为市校园足球活动学校】　11月27日，徐州市教育局发文认定首羡初级中学为徐州市校园足球活动学校。该校从2013年春季开展以校园足球为特色的“阳光体育”活动，体育老师和班主任组织学生分组实施，全体师生共同参与校园足球冬季健身运动已成为特色。

（撰稿：张学理　审稿：张佩林）

【南京军分区到和集初中爱心助学】　4月28日，南京军分区到革命老区和集初级中学开展爱心捐助活动。困难家庭的20名学生分别获得1500元的爱心捐助，以顺利完成学业。南京军分区宣传部副部长丁广阳、徐州军分区主任齐洪俊、县人武部部长宋恒、政委刘培胜、县教育局党委书记谢辉参加活动。

（撰稿：刘红卫　审稿：蒋　林）

【赵庄初级中学“一师一优课”获奖】　年内，赵庄初级中学参与省市“一师一优课”活动获省市奖。全校72人参加“一师一优课、一课一名师”赛课活动。邱艳的化学课“物质的组成”获得江苏省一等奖，学校被评为徐州市“一师一优课”先进集体。

（撰稿：丁际国　审稿：李成峰）

【马楼初中“阳光体育运动”结硕果】　年内，马楼初中落实“阳光体育运动”成效显著。学校坚持在师生中开展体育运动，在县级竞赛中取得好成绩，获县43届中小学生运动会团体总分第八名，有2名学生获金牌。参加县教育局乒乓球比赛获男子组第三名。

（撰稿：李世玮　审稿：刘　力）

【常店初中举行道德教育报告会】　3月8日，常店初中邀请徐州第四监狱改造科科长张恒琎作“弘扬中华传统文化 做有道德的中国人”主题报告。张恒琎结合多年工作实际，讲述中华传统文化在改变人的精神和行动上的重要性。报告会使教职工进一步认识到广泛开展道德教育的重要性。

（撰稿：王荣强　审稿：齐英民）

【凤城街道中心校开展“学讲”交流活动】　3月24日，凤城街道中心校举行“深入推进学讲计划”交流活动。各小学业务副校长、主任参加活动。中心校副校长孙晓英针对实施“学讲计划”取得的成绩及存在的问题进行深入分析，客观评价，并对各学校校长、业务负责人的职责提出明确要求。孙晓英就迎接徐州市教育局“县县行”活动以及下一步“学讲计划”实施的具体工作作出详细安排，各小学业务副校长进行“学讲计划”经验交流。

（撰稿：谢　娟　审稿：史友伟）

【民族小学影视教育作品获国家奖】　年内，民族小学影视教育作品获国家级奖项。学校在开展民族团结教育活动中积极打造影视教育的新平台，作品在全国中小学校园影视评奖中获金、银、铜奖。拍摄的校园影视专题作品《民族特色展风采》《留守的童心》《五月采风：走进回民村》及校园微电影《天平座女孩》《站台风波》等先后在全国中小学校园影视评奖中获得金、银、铜奖，并在徐州市影视教育工作中受到表彰奖励。

（撰稿：王华萃　审稿：杨学艳）

【孙楼街道迎接省级社区教育中心考核验收】 10月23日，徐州市教育局对孙楼街道创建省级社区教育中心进行考核验收。验收组听取社区教育中心主任史志勋的创建情况汇报，查阅有关台账资料，察看基础设施和服务能力建设，参观农科教结合示范基地——现代农业产业园。验收组对该办事处创建工作给予充分肯定，并对社区教育中心的发展和创新提出建议和意见。市教育局职社处马国桥、县教育局副局长李若强参加验收。

（撰稿：蔡可兰　审稿：王为权）

【宋楼镇杨楼小学被授予市书法特色学校】 4月10日，徐州市书法特色学校授牌仪式在宋楼镇杨楼小学举行。徐州市教育学会书法专业委员会会长王世田出席授牌仪式。

（撰稿：张冬梅　审稿：李家兴）

【梁寨镇社区教育中心开展农民培训】 年内，梁寨镇社区教育中心开展农民培训工作。根据新农村建设工作的要求，社区教育中心调整培训工作重点，围绕信息社会的需求，开展“江苏学习在线”培训指导、电商培训、农业新技术应用培训等，受到当地群众欢迎。

（撰稿：肖东军　审稿：刘　昕）

【金陵中心小学塑胶化操场投入使用】 5月15日，金陵中心小学塑胶化操场通过省塑胶办专家的验收投入使用。新操场的投入使用改善了办学条件，确保学校日常体育教学、体育训练以及小型多样体育竞赛等活动的开展。

（撰稿：张永清　审稿：刘庆端）

【教育部督察华山镇中心园“护校安园”工作】 9月15日，以教育部基教司副司长杜柯伟为组长的国务院教育督导组到华山中心幼儿园督察秋季开学及“护校安园”行动落实情况。督导组先后深入现场察看安全保卫情况，观看幼儿园的户外游戏活动，察看食堂卫生环境、食品留样、档案记录，参观幼儿实践活动基地，与学生家长交谈，全面了解幼儿园校园建设、幼儿接送、幼儿饮食、应急疏散演练等“护校安园”行动的落实情况。省、市教育部门及县政府、教育局有关领导陪同督察。

（撰稿：杜中华　审稿：蒋海明）

【欢口中心小学乡村民俗文化馆开放】 10月，欢口中心小学乡村民俗文化馆正式开放。学校乡村民俗文化馆通过多种形式发动家长、教师、学生、收藏爱好者，深入农户、文物市场搜集民俗器物，采用租借、购买等方式，搜集整理了近千件民俗物品。民俗文化馆成为学校“爱家乡、爱祖国”教育基地。

（撰稿：刘贵贤　审稿：史志福）

【顺河中心小学县田径运动会获佳绩】 10月28日，顺河中心小学在县中小学第43届田径运动会上获佳绩。在素质兴趣类团体项目集体跳绳和仰卧起坐比赛中，顺河小学代表队分别获男、女组第一名。在田径比赛中，顺河小学代表队以7金、6银、7铜，总成绩248分，获得小学组总分第一名。

（撰稿：巩尊峰　审稿：孙敦保）

【首羡镇中心小学开展陶艺特色活动】 年内，首羡镇中心小学开展陶艺特色活动。该校成立“陶艺坊”兴趣小组，聘请专职辅导教师段美丽负责兴趣小组，组织学生开展活动。

（撰稿：赵同强　审稿：徐兆东）

【赵庄中心小学全国技巧锦标赛获佳绩】 5月12—16日，赵庄中心小学在全国技巧锦标赛获佳绩。赵庄镇中心小学体育技巧代表队参加在沛县举行的全国技巧锦标赛，经过三天的比赛，获儿童甲组1级团体第二名，儿童甲组集体技巧1级第二名。

（撰稿：张立波　审稿：段世丛）

【团中央领导到王沟镇中心小学调研】 9月17日，团中央宣传部新闻协调处处长陈竹等到王沟镇中心小学“希望来吧”调研关爱留守儿童工作。陈竹一行参观了校园及“希望来吧”，对其运作方式、运行流程、特色课程、关爱留守儿童所采取的措施及做法进行详细了解，观看孩子们制作麦秆画，对学校关爱留守儿童工作给予充分肯定，并希望办好“希望来吧”，为留守儿童提供更多的帮助和关心，让留守儿童学到知识，收获快乐。

（撰稿：张　云　审稿：刘　彬）

【“学讲计划镇镇行”活动在常店中心小学举行】 11月24日，丰县小学“学讲计划镇镇行”活动在常店中心小学举行。县教研室张萍等百余人参加活动。常店镇教师执教语文、数学、英语和综合课共8节展示课，各科教研员和听课教师分组进行点评。常店镇中心校就“学讲计划”开展情况作经验介绍。

（撰稿：刘以坤　审稿：王　峰）

【实验小学承办省少儿诗会】 12月10日，丰县实验小学承办首届江苏少儿诗会。诗会在丰县会议中心举行。《小辫子》《草孩子》等表演活泼可爱、妙趣横生，《诗路花语——寻梦》展示了经典诗词的魅力，《梨花诗韵》充分展示丰县的地域文化特色。省、市、县诗词专家及领导参加活动。

（作者：张立群　审稿：李　钊）

【省写字教学现场观摩活动在人民路小学举行】 10月29—30日，江苏省小学语文写字（书法）教学现场观摩活动在人民路小学举行。活动由江苏省中小学教研室小学语文教研员李亮主持，江苏省教育科学研究院副院长王国强、徐州市教育局副局长李运生，丰县副县长张斌、教育局局长孙光华及全省各市、县（市、区）教研员、教师等近600人参加现场观摩活动。

（撰稿：贡志刚　审稿：李长周）

【特殊教育中心通过市平安校园验收】 12月15日，丰县特殊教育中心顺利通过市平安校园验收。经过一年的努力，学校在校园文化建设、人防、物防、技防等方面采取措施，取得较好成效。

（撰稿：刘成礼　审稿：刘永君）

【示范幼儿园新城分园开工建设】 7月，丰县示范幼儿园新城分园正式开工建设。示范幼儿园新城分园位于阳光康桥小区南、文昌路北，占地2公顷，建筑面积13000余平方米。至12月，已完成主体工程并通过验收。

（撰稿：渠春华　审稿：石淑萍）

【机关二幼通过省级绿色园验收】 9月24日，机关二幼通过省环保厅、市环保局、市县教育局对该园进行的省级绿色幼儿园验收。验收组查看幼儿园环境、食堂、科学发现室、生活馆，查阅相关资料档案，对二幼的绿色幼儿园创建工作给予高度评价。

（撰稿：段　清　审稿：王绍侠）

【广宇初中重视家校联系】 年内，广宇初中重视家校联系，形成教育合力。各年级通过周末《告家长书》，告知家长学校最近主要工作及对学生的相关要求、学生作业等事项，争取家长配合。家长填写回执单，学生带回，学校及时解决学生教育中的问题。家校联系，提升了教育质量。

（撰稿：梅立文　审稿：谢学君）

【修远双语学校举行“24点”比赛】 12月30日，修远双语学校小学部举行“校园百名星”之“24点”比赛。“24点”是一种益智游戏，要求人们将4个数字进行加减乘除四则混合运算（允许使用括号）求得24。经过激烈角逐，六（7）班学生周怡萌和六（4）班李嘉分别获得比赛的一、二等奖。

（撰稿：王成功　审稿：董立平）

【智慧树学校迎接省“诗词之乡”验收】 11月27日，智慧树学校迎接江苏省“诗词之乡”验收。验收团查看学校“江苏省诗词之乡”的创建工作，观看诗词长廊、东方八韵文化墙、诗教成果展示、校本教材研发和学生诗词兴趣小组的活动，对学校诗教环境、教育理念给予高度评价，并为学校题词“诗教育人”。

（撰稿：华瑞芳　审稿：李　光）

2015年丰县各级各类学校基本情况表

表9　　单位：个、人

校名	班级数	毕业生数	招生数	在校生数	教职工数		学校领导			
					计	专任教师	校　长	副校长	书　记	副书记
常店中心校	75	250	619	2647	233	224	王　峰	刘以坤		
大沙河中心校	113	450	823	4059	221	214	袁吉春	孙宗伟		
范楼中心校	153	595	1052	5690	288	288	许正丰	刘庆端	胡广新	丁允良
凤城中心校	83	242	683	2880	130	127	史友伟（主持）			闫召满
华山中心校	171	527	1347	6593	341	339	蒋海明	王贤松		
欢口中心校	187	984	1289	7410	323	323	史志福	张　超		
梁寨中心校	111	389	855	3890	176	173	刘　昕	李新喜		
师寨中心校	121	475	907	4463	251	234	刘鸿飞	陈　刚	刘鸿飞	
首羡中心校	167	663	1133	6254	262	254	徐兆东	赵同强		
顺河中心校	108	452	664	3855	174	174	孙敦宝	巩尊峰		

续表9-1 单位：个、人

校名	班级数	毕业生数	招生数	在校生数	教职工数		学校领导			
					计	专任教师	校　长	副校长	书　记	副书记
宋楼中心校	156	549	1263	5933	265	260	顾中昊	于　泳		
孙楼中心校	109	274	833	4095	195	183	王为权	曹成伟		董善良
王沟中心校	128	488	943	4276	375	350	王　磊	徐继彬		
赵庄中心校	110	479	729	3508	221	213	宋在杰	曹兴彬		
中阳里中心校	108	622	941	4804	228	224	杨学艳			
实验小学	92	778	807	4637	174	172	李　钊	杜中华 齐步辉 徐　萍 张立群 丁运勇	杜中华	李　钊
人民路小学	72	558	647	2831	137	128	李长周	张　智 李先会 仇传剑 贡志刚（助理）	张　智	李长周 宋红军
常店初中	8	125	100	287	74	68	齐英民	杨承勇 李　勇 王瑞文		
常店马楼初中	8	87	87	186	98	94	刘　力	刘景鹏 史经臣 孙建林	刘　力	
大沙河李寨初中	21	334	350	866	121	109	张业永	许汝光 岳跃远 孙维龙		张业永
单楼初中	12	134	156	430	113	107	张　兴	齐　峰 齐行业		
范楼初中	11	80	140	388	77	77	王传新	吴保庭 李德华 李　松		
范楼金陵初中	14	88	179	432	55	50	汪　峰（主持）	陈庆运 邓　凯 石　峰（助理）		
范楼京庄初中	12	133	133	376	55	47	王玉亮	王　振	王玉亮	
丰县初中	83	1344	1463	4063	278	248	王　平	王高峰 史玉芹		
丰县实验初中	62	554	937	2717	183	166	刘德俭	张永亮 师以波 况世恩 董顺利	张永亮	
凤城张五楼初中	7	76	64	168	79	69	孟凡修	常依民		
华山初中	20	285	278	824	190	175	薛志刚	尹洪标 郭兆民 屈　峰	薛志刚	
华山史店初中	9	108	101	325	78	74	程真启	赵　海 渠英伟	董宜民	
华山套楼初中	10	89	103	255	71	59	李昌国	王以朋 郭　靖 王以东	董月廷	

续表9-2　　单位：个、人

校名	班级数	毕业生数	招生数	在校生数	教职工数		学校领导			
					计	专任教师	校长	副校长	书记	副书记
欢口初中	29	409	446	1242	130	110	尹　军	李先召 杨德东 常艳荣		
欢口育英初中	34	589	512	1473	155	143	陈光远	陈东军 张　峰 刘永晨		
梁寨初中	16	208	241	619	89	79	赵家强	刘召成 陈　敬	赵家强	
梁寨黄楼初中	9	139	102	291	49	47	生新文	高中文 李福生 王福光	生新文	
梁寨黄楼初中（小学部）	9	0	89	317	20	18	生新文	高中文 李福生 王福光	生新文	
师寨初中	22	200	312	848	103	98	付　伟	周　博 刘　旭	付　伟	
师寨东渡希望初中	16	145	184	497	101	69	蔡可华	赵海峰 司增贺 章会领	蔡可华	
首羡初中	16	140	288	678	93	93	张佩林	王伟岭 毕先计 朱　坤（助理）	张佩林	
首羡和集初中	11	136	162	365	85	78	蒋　林	张孝恩 袁志强	蒋　林	
顺河初中	24	310	370	902	92	78	孙俊臣	岳冬泳 徐厚坤 刘　鑫	孙俊臣	
宋楼初中	31	560	406	1344	177	170	李德学	周建奎 刘金华 孙春雷		
宋楼刘王楼初中	9	69	146	328	82	62	马　路	刘永胜	马　路	
孙楼初中	8	71	128	262	84	81	司　彬	李友明 孙建强	司　彬	
王沟初中	14	151	157	377	106	96	李　浩（主持）	蒋尊祥 董厚永	李含乐	李　浩
赵庄初中	13	154	256	543	134	96	李成峰 郭绍利	赵　国 毛　进 段素勇		郭绍利
丰县中学	60	1907	802	2475	348	278	程　煜	张际存 江远忠 赵海峰 刘向奎		张际存
民族中学	48	955	621	1866	279	247	谢丽光	孙宗涛 司元山 董正堂 丁继华		
欢口中学	42	703	560	1779	198	179	李景民	师以尚 董志峰	于牧华	
顺河中学	36	700	336	1319	225	202	刘本俊（主持）	张化林		
梁寨中学	12	0	0	479	135	127	孙厚旗（主持）	刘　峰	孙厚旗	朱效学

续表9-3 单位：个、人

校名	班级数	毕业生数	招生数	在校生数	教职工数		学校领导			
					计	专任教师	校长	副校长	书记	副书记
华山中学	42	765	582	1816	264	255	王居春	崔卫兵 袁保平 丁运涛 戴宪锋	王居春	崔卫兵
宋楼中学	42	720	570	1842	207	195	刘 飞	张 松 张仁忠		张世金
王沟中学	16	0	0	491	120	118	李 浩（主持）	蒋尊祥 董厚永	李含乐	
群益中学	48	0	294	1029	75	64	丁维祥			
智慧树学校（小学）	17	14	187	372	60	39	李 光			
智慧树学校（初中）	0	0	0	0	0	0				
群元双语学校（小学）	9	50	32	264	24	20	胡世发			
群元双语学校（初中）	0	0	0	0	0	0				
创新外国语学校（小学）	77	521	625	3237	213	197	蒋显敬			
创新外国语学校（初中）	60	918	949	2777	206	186	滕义英			
修远双语学校（小学）	46	134	250	1402	91	87	陆晓明			
修远双语学校（初中）	57	614	320	1239	68	64				
修远双语学校（高中）	29	524	266	984	70	66				
广宇中英文学校（小学）	53	156	316	1733	108	103	邵宗明			
广宇中英文学校（初中）	32	718	393	1608	86	81				
广宇中英文学校（高中）	25	520	300	1040	73	65				
示范幼儿园	24	218	226	807	95	55	石淑萍	刘景云 刘秀清	石淑萍	
机关二幼	78	910	890	3153	267	165	王绍侠	孙 洁 胡 香	王绍侠	
职教中心	84	2128	2681	7108	345	274	田兆瑞	丁维扶 于吉东 王俊岭 王成名		
特殊教育中心	18	0	32	341	36	35	刘永君	周 莹	韩正涛	刘永君

（宋红军）

沛县

局　长　贺　磊（女）
书　记　朱思瑞
副书记　刘　畅
副局长　李　伟（—12月）　肖祖部　王书勤
工会主席　沈怀田

【概况】　2015年，沛县有各级各类学校165所（含民办学校，不含幼儿园），其中，小学119所，初中34所，普高9所，特教学校1所，中等职业学校2所。各级各类学校中，民办学校4所。全县中小学在校学生140206人（含民办学校），其中，小学100185人，初中22599人，高中13246人，特教中心校211人，中等职业学校在校生3965人。全县有幼儿园61所（其中民办幼儿园15所），在园幼儿62218人。义务教育阶段入学率100 %，初中巩固率100 %，高中阶段入学率93.52 %，学前三年幼儿入园率97.3%。

全县有教职工9718人，其中专任教师8070人。教师学历合格率高中100%、初中100%、小学100%、幼儿园100%。全县有省特级教师9人，省、市名师名校长19人，人民教育家后备人才培养对象1人。2015年，全县义务教育阶段省教育现代化学校76所，省三星级以上普通高中6所。全县有省市级优质幼儿园49所，合格园达标率100%。全年撤并学校4所，新建学校4所。

【承办全国三门球教练员培训】　7月12—15日，沛县承办全国三门球教练员培训活动。三门球创始人、全国学校体育联盟理事刘瑞武介绍了新兴运动项目三门球的特点、应用及意义。连云港海滨中学校长惠志东作题为《三门球在中小学体育课程中的应用》讲座。省特级教师武俊清、裁判员郝鹏辉、郝敬森等进行实践课及竞赛组织、裁判执法的指导。全国三门球联盟学校的领导、教练员70人参加培训。

【省英语教师引智培训开班】　7月27日，江苏省中小学英语教师引智培训沛县班开班。培训邀请外籍教师对本地英语教师进行小班化教学，让中小学英语教师与外籍教师面对面进行互动,了解西方教育、西方文化,体验外教课堂教学组织形式、教学思想和方法,及外教对现行英语教材分析和教材教法的运用。

【县委县政府召开教师节座谈会】 9月10日,县委、县政府召开教师节座谈会,共谋教育发展大计。座谈会就沛县教育事业发展、教育教学质量、基础设施投入、教师队伍建设等建言献策。县委书记李晓雷对深入推进教育教学改革,抓好小学特色教育,初、高中教育衔接,深化与如皋联合办学,义务教育阶段学校集团化办学模式等提出要求。县长吴卫东讲话内容包含统筹发展各类教育,推动教育工作全面、协调、可持续发展;不断改善办学条件,优化教学环境,加强基础设施建设;强化校长和教师“两支队伍”建设,高度重视师德师风建设,建立科学考核机制等。县政协主席刘广远、县委常委吴以贵、县人大常委会副主任徐龙彬、教育局全体班子人员、退休老干部代表、校长代表、教师代表参加座谈会。副县长贺伟主持座谈会。

【强力推行高中综合改革】 年内,县委、县政府强力推行高中综合改革。县委、县政府在引进如皋合作办学初见成效的基础上,针对全县4所公办高中存在的“机构臃肿,人浮于事”的现象进行综合改革:一是推行年级负责制管理模式,重新定位年级组的责、权、利,推进学校管理扁平化;二是推行学校中层干部选任制度改革,年级主任、副主任通过民主推荐、组织考察的程序选任;三是推行“按需设岗、竞聘上岗、择优聘用”的人事制度,年级主任、副主任根据近三年教育教学实绩,结合平时表现,按设置岗位要求选聘任课教师,对落选的在编教职工一律予以分流,对临聘教师一律予以解聘。该改革共分流在编教职工173人,解聘临聘教师68人,达到人员精减、效率提高的预期目标。

【教育局机关推进人事改革】 年内,县教育局机关推进人事改革。沛县县委、县政府主要领导多次调研教育局机关改革方案,强化组织领导,精心组织实施:一是整合教师进修学校、教研室、教科所、电教馆的职能和资源,组建县级教师发展中心,为教师专业成长搭建平台、搞好服务;二是在局属事业单位全面实行“岗位管理、竞聘上岗、以岗定薪、岗变薪变”的人事制度改革。改革共涉及人员122人。

【推进集团化办学】 年内,沛县教育局加大力度推进集团化办学。以名校带动薄弱学校共同发展,放大优质教育资源,沛县新城实验学校由实验小学和五中联合管理,组建名校集团。15个镇教办并入各镇中心小学,组建镇级教育集团,教育集团实现三个一体化:人员一体化、制度一体化、教育教学管理一体化。

【师资队伍建设成绩显著】 2015年,沛县师资队伍建设成绩显著。完成国家、省、市、县各级各类教师培训近2万人次。组织600人参加省示范性远程培训项目——校本研修与网络研修整合培训,合格率、优秀率居全省领先位置。省培项目数量和省培考核均获徐州市第一名。重视名特优教师培养,2人被评为徐州市名校长、3人被评为市名教师、1人被评为市青年名教师、7人被评为市学科带头人、13人被评为市青年优秀骨干教师,15人被评为徐州市德育教育先进个人,招聘新教师128人。

【沛县承办“省市合作”教师培训活动】 11月19—22日,徐州市教育局主办、县教师发展中心承办2015年江苏省教育厅“省市合作“小学语文培训活动。全市200名小学语文教师参加培训,溧阳市实验小学教育集团总校长、语文特级教师张康桥作报告，县教育局党委书记朱思瑞主持培训活动。

【举行全民健身中小学生武术比赛】 11月28日，沛县举行第三届全民健身运动会中小学生武术套路比赛。比赛分为团体和个人两个项目，县第三中学、第五中学、歌风小学、正阳小学等8所学校的160余名运动员参加比赛。

【开展卫生防疫及救护培训】 8月24日，县教育局联合县市场监管局、疾控中心、红十字会等单位，邀请徐州市疾控中心、县人民医院等有关专家，开展为期3天的中小学、幼儿园卫生防疫及救护培训。全县中小学、幼儿园专（兼）职保健员（校医）、德育主任参加业务技能培训并通过培训考核。

【学生资助工作再获省级奖励】 年内，沛县教育局学生资助工作再获省级奖励。县教育局深入开展贫困大学生、特困家庭子女助学，残疾学生教育专项补贴，孤贫中小学帮扶救助，中职学生免除学费4项工程，总计投入资金1435.23万元，在全省资助管理绩效评价中，获得优秀等次，被徐州市教育局评为徐州市学生资助先进集体。

【全县中高考再创佳绩】 2015年，沛县中高考再创佳绩。全县4848名考生参加高考，文化二本上线970人，比2014年提高近3个百分点；艺体本科上线125人，合计本科上线1095人，歌风中学刘雨同学被清华大学录取。全县5618名考生参加中考，平均分485.4分，超市均分17.4分，比上年提高5.83分，位居全市前列。

【学校布局不断优化】 年内，全县学校布局不断优化。新城区新建占地4.9公顷，建筑面积23523平方米新城实验学校。整合保安学校、三中、体育中学、歌风小学：体育中学迁入保安学校，实现两所学校资源共享，共同发展；三中迁入体育中学，解决城东没有初中的问题。初中布局更加合理，原三中校区交给歌风小学，形成东西校区，扩大规模、优化布局。在镇区实施增量提优工程，新建敬安中心小学、张庄中心小学、杨屯中心小学、杨屯中学等7所学校，扩大优质教育资源覆盖面；在农村，新增马元小学、胡楼小学和草庙小学等4所学校，改建胡寨朱阁小学、沛城镇鹿湾小学等学校40所，解决“入学难”“校舍缺”等问题。

【教育装备水平不断提高】 2015年，沛县教育装备水平不断提高。按照中小学教育现代化学校创建和薄弱学校改造标准，不断提高中小学办学条件，全年增设中学历史地理教室20口、小学劳动技术实验室16口，中小学教学用计算机270台、多媒体311套、广播系统14套，图书管理系统17套、图书144万册。

【开展依法治校、依法治教活动】 2015年，沛县教育系统积极推行法治进校园活动。扎实推进省、市“优秀平安校园”“依法治校示范校”的创建工作，创建市“优秀平安校园”15所，“依法治校示范校”9所，教育局被评为综治法治一等奖、禁毒教育工作一等奖。

【持续加大教育投入】 2015年，沛县持续加大教育投入，落实“三重一大”“为民办实事”工程。安排教育建设项目7个，建筑面积约10.5万平方米，投入资金约4.7亿元。新城实验学校工程、树人学校扩建工程一期项目均投入使用，树人学校二期工程正在进行基础施工，体育中学训练馆、阳光小区幼儿园竣工，三中教学楼、沛中风雨操场正在主体施工，实验小学迁建项目正在进行居民拆迁。

【重大课题获立项】 年内，江苏省教育科学“十二五”规划2015年度重大课题立项评审结果，沛县有5项课题获立项。5项课题是实验小学的“‘小人书’（图画读物）课程发展研究”（重点资助）、曙光小学的“小学课外阅读微课资源的开发与应用研究”、沛县中学的“思维导图在高中历史教学中的有效应用研究”“基于教师专业发展的合作发展型教研组的建设和活动研究”、沛县中等专业学校的“依托乡土资源的中职校英语校本课程开发及应用的研究”。

【太极拳协会教育分会成立】 10月17日，沛县举办教职工太极拳比赛暨太极拳协会教育分会成立大会。教育局局长贺磊出席并致开幕辞，教育局党委书记朱思瑞主持会议。县太极拳协会会长李广海为沛县太极拳协会教育分会授牌，教育局副局长李伟任县太极拳协会教育分会会长并讲话，教育局工会主席沈怀田出席会议。

（撰稿：赵鸿雁　王　利
审稿：贺　磊　朱思瑞）

【沛县中学推进人事制度改革】 年内，沛县中学推进人事制度改革。7月20日，在县委组织部牵头的领导小组主持下，全校教职工选出6名年级主任、副主任。年级、处室按需设岗，双向选择，共分流出教职工100余人。变行政管理为业务管理，学校中层以上干部由38人精减为16人，从校长到中层，人人都是学校业务管理的策划者与实践者。

【沛县中学参加奥赛成绩优异】 2015年，沛县中学学生参加全国中学生奥林匹克竞赛成绩优异。6人获省一等奖，212人获省二、三等奖。其中，张萱、孟宵获省生物奥赛省级一等奖，马岳、孙浩瀚获全国高中数学联赛省级一等奖，孙宪洋获全国中学生物理竞赛省级一等奖，董杰获中国化学奥林匹克竞赛省级一等奖。

【沛县中学举办校园开放活动】 5月，沛县中学组织学校开放活动。邀请全县各初中学校近2000名师生及家长到校参观、学习、交流，开设公开课200余节，全面展示学校办学情况。

（撰稿：闫成功　审稿：于进泉）

【第二中学通过省四星级高中评估】 4月13日，沛县第二中学通过江苏省四星级普通高中评估验收。该校以创建省四星级高中为契机，加大经费投入，改善办学条件；积极探索网络环境下的学校管理，形成民主、人文、高效的管理机制；积极推进素质教育，不断创新教育教学模式。先后获得国家、省、市、县教育主管部门的多项奖励，受到社会各界赞誉。

【第二中学通过省国学课程基地验收】 12月9日，沛县第二中学通过省国学课程基地验收。学校重视国学课程基地建设，把传承中华文明和优秀文化作为学校教育教学的重要内容，积极构建国学课程，凸显课程基地的育人功能。

【第二中学承办市“学讲计划”现场会】 4月14日，沛县第二中学承办徐州市“学讲计划”县县行高中现场会。市区、新沂、邳州、丰县、睢宁和沛县各学科教研员及高中学校的校长、业务副校长、教务主任、教师约300人参加活动。沛县中学、歌风中学、湖西中学和沛县二中的18名教师分别执教语文、数学、英语等9门学科的研讨课。课后，专家对研讨课进行点评，并和老师们就“学讲计划”的相关问题进行深入交流与探讨。

【第二中学与无锡市名师工作室举行同课异构活动】 10月16日，沛县第二中学与无锡市名师工作室举行"英语拓展阅读"同课异构教研活动。沛县第二中学与锡山区怀仁中学杨广斌特级教师工作室分别就"How to protect endangered species"一课呈现两节风格迥异的常态课。两县区教研员参加活动,杨广斌作总结发言。

(撰稿:宋永良　审稿:朱　磊)

【湖西中学申报省武术文化课程基地】　5月26日,湖西中学成功申报江苏省武术文化课程基地。武术文化课程基地以"武术、武德、武文化,我学、我悟、我发展"为教育理念,探索并形成以"武术文化"为主题,通过"学、练、读、访、写、悟"而进行自主体验、合作交流的生活方式。

(撰稿:李主敏　审稿:王　飞)

【张寨中学推进艺体特色教育】　2015年,张寨中学全面推进艺体特色教育。学校立足学生实际,突出艺体教育特色,着力挖掘学生潜能,推行音体美选项走班、分项教学。加强专业教师的业务管理和基本功训练,适应特色教育要求。组建音美体等特色活动小组,促进学生特色发展。

(撰稿:戚　辉　审稿:孟庆雷)

【歌风中学合作办学高考获佳绩】　2015年,歌风中学(如皋与沛县合作办学)高考获佳绩。本科文化上线438人,本科艺体上线28人。刘雨同学以397分、张雨萌同学以363分分别夺取沛县文理科状元,刘雨考取清华大学。2015年,高二小高考4A共107人,在沛县实现了突破,居徐州市第5名。一次性合格率达99.51%,名列徐州市第6名。

【歌风中学举办课改展示活动】　12月28—29日,歌风中学举办"构建学讲课堂"改革展示活动。31名老师开设展示课,邀请矿大附中、如皋市搬经中学、如皋市石庄中学、如皋市白蒲中学、如皋市第二中学及沛县各学校高中教研组长观摩指导。活动包含听课、评课、座谈交流。

【歌风中学运动场开工建设】　11月,歌风中学标准塑胶运动场开工建设。工程于11月18日开始对旧操场进行改造,建设标准400米塑胶跑道、看台。县政府总投资275万元。

(撰稿:张家强　审稿:刘国银)

【汉源中学并入沛县初级中学】　2015年,汉源中学并入沛县初级中学,成为沛县初级中学新城校区。学校在新老校区间实施大规模教师交流。多方筹措资金,改善新校区办学条件,先后争取政府投资228万元,实施校园地面硬化、教学楼改造和装修;本部调拨40套多媒体、60台电脑、2000套桌凳充实新校区硬件设施。4月,学校通过江苏省现代化标准学校验收。

(撰稿:高　岭　马培健　审稿:朱信平)

【沛县实验教育集团新城校区正式启用】　9月1日,沛县实验教育集团新城校区正式启用。由县政府投资兴建的沛县实验教育集团新城校区占地4.7公顷,建筑面积23523平方米,各专用教室齐全。有教职工230人,72个班,学生4000余名。

【沛县实验小学赴南京参加教研活动】　11月20日,沛县实验小学校长李志建带领语、数、外教师到南京扬子四小参加教研活动。活动分语文、数学、英语三个会场同时进行,共同探讨深化课堂教学改革,促进"学讲课堂"的深度构建。

(撰稿:刘念泉　审稿:李志建)

【省特色专业建设视导】　5月22日,省特色专业建设视导组一行6人对沛县保安学校保安专业省级特色专业申报工作进行视导。6月9日，省教育厅在网上公布认定结果，沛县保安学校保安专业被认定为省级特色专业。

【省人大副主任张艳到沛县保安学校视导】 10月27日，省人大副主任张艳、省人大民族宗教俗务委员唐亮、徐州市人大副主任赵保华等一行6人，在县委书记李晓雷、县人大主任胡成彪的陪同下到沛县保安学校视导。

（撰稿：孙　彬　审稿：高广栋）

【体育中学代表国家队参加亚洲技巧锦标赛】 9月17日，体育中学代表青少年国家一队参加第9届亚洲技巧锦标赛，再创佳绩。在浙江杭州举办的第9届亚洲技巧锦标赛，有中国、日本、朝鲜、哈萨克斯坦等6个国家130余名运动员参赛。沛县体育中学技巧队孟鑫、张鑫、乔雨恒、张栋扬代表青少年国家一队参加男四集体和男四团体项目比赛，获得两个项目的银牌。

（撰稿：张玉龙　审稿：赵米青）

【张双楼矿校改善办公条件】 8月，张双楼矿校投入资金25万元改善办公条件。更换门窗，粉刷墙壁，装配空调等，改善了办公室办公条件。

（撰稿：陈经华　审稿：李沛华）

【杨屯中学开展拒绝有偿家教活动】 年内，杨屯中学开展“拒绝有偿家教，力行师德规范”活动。校长张宜兴向全体教师发出动员，要求教师们端正态度，正确认识在岗教师从事有偿家教的危害性。学校与教师签订《禁止在职教师从事有偿家教承诺书》。教师们表示接受社会各界的监督，努力维护学校正常的教育教学秩序，规范从教行为，提升群众对学校的认可度。

（撰稿：王德强　王延荣　审稿：张宜兴）

【第三中学承办县中小学主题教育活动】 4月16日，沛县中小学“学法守法、崇德立德”主题教育活动启动仪式在沛县第三中学举行。县教育局工会主席沈怀田主持活动，县关工委主任胡传习传达省关工委关于开展“学法守法、崇德立德”主题教育活动文件精神，沛县三中校长常海致辞。县关工委、各镇关工委、各中小学校领导和部分学生代表参加活动。

（撰稿：齐俊秀　审稿：常　海）

【敬安中学操场工程竣工】 9月15日，敬安中学新建塑胶操场工程竣工。工程于2014年9月1日开工建设，占地9260平方米，6道300米跑道，4000余平方米足球场。另外，由省政府投资237万元新建800平方米的篮球场和300平方米的综合体育器械场地。

（撰稿：宋志兴　审稿：于　涛）

【湖西农场中学开展“学讲”展示月活动】 10月，沛县湖西农场中学开展“学讲方式”课堂展示月活动。活动开设展示课20节，围绕展示课研讨、沙龙活动12次。积极探索“学讲方式”下的“提质增效”途径，提出“重理念、强合作、有目标、快反馈、引趣激励”的思路和“分组、分层、个性指导、以学定教”的努力方向。

【湖西农场中学新建教学楼投入使用】 12月，湖西农场中学新建教学楼竣工验收并投入使用。新教学楼是县委、县政府、教育局的“校安工程”重点项目，总投入138.56万元，建筑面积839平方米，钢筋混凝土框架结构。建设规模为8个教学班，容纳学生400名。学校基础设施、功能区和绿化同时得到规划和建设。

（撰稿：徐世明　审稿：张晓明）

【五段中学"荷香"书友会成立】 12月2日，沛县五段中学"荷香"书友会成立。"荷香"书友会由教科室牵头成立，因学校在微山湖畔，校内有"荷香"文学社、《小荷报》、"荷香"苑，故取名"荷香"书友会。书友会旨在形成阅读氛围，提升自身素养，以读书人的姿态教书，以书会友，以"自由、阅读、思考、倾听、快乐"的原则开展活动。

【4作家到五段中学考察并赠书】 9月25日，市县知名作家一行4人到五段中学考察并授书。中国作家协会会员、沛县人民政府顾问杨刚良，江苏省作家协会会员宋传恩、刘学安，中国散文家协会会员谭大海，到学校考察校容校貌，座谈交流，了解学校阅读教学、阅读活动的情况，并向学校赠送《白乌鸦》(杨刚良)、《伤心之旅》(宋传恩)、《大漠深处》(谭大海)等小说以及《大风》《歌风台》等杂志，鼓励学校开展读书教育活动。

（撰稿：贺　迪　审稿：李　沛）

【鹿楼中学举行首届艺术节】 5月22日，鹿楼中学举行首届校园艺术节活动。艺术节共分为四个单元：第一单元艺术展演，包括学生书法、绘画、剪纸表演；第二单元棋类竞赛，包括象棋、五子棋、土棋；第三单元文艺汇演，包括歌唱、舞蹈、小品、相声、演奏等各类表演；第四单元创意运动，包括纸飞机比赛、花式跳绳、足球表演赛。

【鹿楼中学家校教育获省市荣誉称号】 年内，鹿楼中学开展家校教育获省市荣誉称号。5月，学校通过"徐州市关心下一代常态化建设合格单位"验收，并获得徐州市优秀家长学校称号。10月，通过"江苏省优秀社区教育中心"验收，成为沛县首批省级优秀社区教育中心。

（撰稿：张　伟　审稿：郝敬军）

【朱寨中学扎实推进"学讲计划"】 9月，沛县朱寨中学深入扎实推进"学讲计划"。学校通过听课、示范课、基本功大赛、微课比赛、集体备课等活动，引导教师转变教育理念。扩大小组合作内涵，从教学中的小组合作，到学校常规的小组合作，到纪律、卫生、进餐、德育等实践活动的合作，培养学生小组合作意识。推进小组文化建设，创新组名、组徽、组训生成方式，引导小组个性发展，全面深入扎实推进"学讲计划"。

（撰稿：季华兵　审稿：周广泉）

【朱王庄中学与无锡广丰中学结对帮扶】 11月，沛县安国镇朱王庄中学与无锡广丰中学签订结对帮扶协议。广丰中学一行5人到朱王庄中学，展示了1节思想品德课，并捐赠图书，两校就先进教学模式和教学理念进行交流。

（撰稿：姚立栋　审稿：吴庆华）

【栖山中学赴如皋市学习】 12月14—16日，栖山中学组织骨干教师赴如皋市外国语学校、常青中学、高新区实验学校进行为期3天的课改学习。通过深入课堂观摩教学，座谈交流，聆听报告等方式，零距离体验"活动单导学"教学模式，结合本校"学讲"方式，积极探索课堂教学模式改革的有效途径，在借鉴的基础上打造高效课堂。

（撰稿：范　辉　审稿：孟　永）

【崔寨中学开展反恐防暴演练活动】 3月30日，沛县张庄镇崔寨中学开展校园反恐防暴演练安全教育活动。演练迅速逃生、有序逃生的安全逃生策略和方法。通过演练，进一步增强师生应对暴力事件的危机意识，提高师生自救能力。

【崔寨中学改造教学楼地坪】 7月20日,沛县张庄镇崔寨中学实施教学楼地坪改造。徐州市第三中学援助27万元为教学楼铺设大理石和水磨石地面,营造良好的环境。

(撰稿:徐　峰　审稿:任　力)

【河口中学开展主题教育活动】 4月,河口中学开展“拒绝零食,杜绝浪费”“勤俭节约,从我做起”“行文明礼,做文明事”等主题教育系列活动。活动包含动员报告、班级宣誓、签字仪式、征文展示,引导学生养成勤俭节约、文明礼貌的行为习惯,促进学生健康成长。

(撰稿:丁　磊　审稿:杨碧华)

【沛城镇中心小学举行家长开放日活动】 4月21日,沛城镇中心小学举行家长开放日暨特色学校建设展示活动。家长们分别观摩儿童画、经典阅读、趣味数学、书法、竖笛、太极拳、科技制作、古筝等10个特色社团。活动宣传特色发展的办学理念,引导家长更关注学生素质能力的全面提升。

【沛城镇中心小学开展“学讲”示范课活动】 11月17日,沛城镇中心小学开展“学讲”示范课活动。数学、语文、科学、英语等学科展示课充分体现自主学、合作学的教学理念,真正把学习的自主权交还给学生。

(撰稿:吕夫林　审稿:杨文英)

【张寨镇中心小学发挥乡村少年宫育人功能】 年内,张寨镇中心小学充分发挥乡村少年宫教育资源育人功能。学校根据学生的年龄特点和兴趣爱好,利用乡村少年宫资源,开设硬笔书法、软笔书法、乒乓球、电子琴、象棋、美术、手抄报、合唱等21个活动项目,发展学生兴趣,培养学生特长。乡村少年宫成了农村孩子成长的乐园。

(撰稿:张旭　审稿:朱绍国)

【王集小学获书法教育特色学校称号】 10月29日,张寨镇王集小学获徐州市书法教育特色学校称号。10月,徐州市教育学会书法专业委员会对王集小学创建徐州市书法特色学校进行验收。专家组查看学校写字教学工作,教师粉笔字书法展板、师生书画作品和张劲、李文、张成舟老师书法工作室,观看书法教师呈现的硬笔、软笔书法课。专家肯定了王集小学书法教育成果。

(撰稿:张　磊　审稿:王　玫)

【于楼幼儿园举办家长开放日】 12月18日,张寨镇于楼幼儿园举办“走进校园,走近孩子”家长开放日活动。活动邀请近百名家长走进幼儿园,参与各项活动,了解幼儿在园情况。活动进一步增进幼儿园、家长、教师之间的联系与沟通,达到家园共育目标。

(撰稿:刘　颖　审稿:王　玫)

【胡寨镇中心幼儿园市级课题开题】 5月22日,“十二五”规划市级课题“科技教育在幼儿园区域游戏中应用的研究”在胡寨镇中心幼儿园开题。县教科所所长张振华与课题组成员面对面互动交流,对课题实施的科学性与可行性进行评议,并对研究中可能存在的困难和问题进行指导。该课题研究周期3年,是沛县学前教育唯一的“十二五”规划市级课题。

【市幼儿课程游戏化观摩研讨会在胡寨镇举行】 10月29日,市幼儿课程游戏化观摩研讨现场会在胡寨镇中心幼儿园举行。全市各县(市、区)150余名幼儿园园长和骨干教师参加。活动以游戏为基础,充分利用资源,为幼儿提供锻炼、合作的机会,保教结合、寓教于乐。市教育局基教处韩莹参加活动。

(撰稿:高绪平　审稿:秦淑国)

【五段中心小学开展乡村少年宫活动】 3月，五段镇中心小学开展乡村少年宫活动。少年宫开设美术、武术操、书法、腰鼓、快乐阅读等活动项目，学校有700余名学生参加少年宫活动。

(撰稿:蒋　刚　审稿:刘　伟)

【张庄镇中心小学新校教学楼开工建设】 9月30日，张庄镇中心小学新校教学楼正式开工建设。新校区在张庄镇汉韵广场西侧，占地4.48公顷，总建筑面积16167平方米，项目总投资约3600万元。建成后将有效解决张庄镇适龄儿童入学难问题，整合乡镇教育资源，优化学校布局。

【张庄镇中心小学被评为省科学教育特色学校】 6月3日，张庄镇中心小学被评为江苏省科学教育特色学校。学校坚持开展科普教育，积极培养学生的实践能力和创新精神，开齐上足科学课程，重视科学教育基地建设，彰显科学教育特色。

【崔寨小学接受省办学评估验收】 3月25日，崔寨小学接受江苏省义务教育现代化学校评估验收。评估组对学校档案资料、各功能室硬件配置使用情况及教育教学情况进行考察评估，对崔寨小学实施义务教育现代化建设给予肯定。

【张庄镇中心幼儿园获评省课程游戏化项目建设基地】 4月，张庄镇中心幼儿园获评省幼儿园课程游戏化项目建设基地。幼儿园改建幼儿游戏化活动场地，运动场地改造成塑胶化软地，操场上添置满足幼儿多种体能锻炼的体育器材，室内重新布置区域化游戏环境，形成从室内到室外，从硬件到软件的多方位优质环境，为开展幼儿园课程游戏化创造条件。

【张庄镇中心幼儿园承办市“园园行”活动】 11月7日，张庄镇中心幼儿园承办徐州市“园园行”活动。徐州市教育局领导及全市各区县幼儿园园长100余人到张庄镇中心幼儿园进行观摩交流，观看幼儿生活、游戏活动。幼儿园的文化建设与课程紧密结合，得到来宾一致好评。

(撰稿:甘君环　审稿:吕振宇)

【杨屯镇中心小学新校区工程竣工】 12月5日，杨屯镇中心小学新校区建设工程竣工。杨屯镇中心小学新校区于2014年10月开工，建筑面积为11105平方米(含教学楼、综合楼、食堂、报告厅等)，投入资金约3050万元，设施设备均达到教育现代化的要求。

【西安庄小学质量调研获佳绩】 9月1日，全县教学质量调研，杨屯镇西安庄小学五年级教学质量获同类小学第一名。西安庄小学是一所农村定点学校，坚持以“学讲计划”为抓手，深化教学改革，教学质量不断提升。

【杨屯镇大山湾小学获评省教育现代化学校】 3月24日，大山湾小学通过江苏省教育现代化验收，获得省教育现代化学校称号。学校连续几年投入100多万元资金，完善硬件设施，配齐软件设备，所有教室都达到《江苏省中小学教育技术装备标准》I类配备要求。同时，学校坚持依法治校、科研兴校的战略思想，严格规范办学行为，不断提升教师素质，先后获得江苏省平安校园、徐州市实验小学、徐州市模范学校称号。

(撰稿:张玉兰　审稿:吴子庚)

【河口镇中心小学承办特色教育现场会】 9月24日，河口镇中心小学承办全镇特色教育现场会。河口镇中心小学全面开放教育教学现场，通过现场观摩、座谈交流展示学校教育教学特色。全镇各小学校长和校干40余人参加会议。

(撰稿:张　丹　审稿:贾广生)

【花园小学武术特色教育见成效】 年内,花园小学开展武术进校园活动,彰显武术特色。学校以武术特色教育带动学校发展初见成效:10月,获沛县教育系统首届集体太极拳三等奖;11月,获沛县首届中小学武术套路比赛小学组团体第一名。

【安庄幼儿园通过市级幼儿园验收】 5月20日,大屯镇安庄幼儿园通过徐州市合格幼儿园验收。大屯镇安庄幼儿园是2015年新建幼儿园,当年建成投入使用。

(撰稿:丁晓晴　审稿:孟庆刚)

【敬安镇中心小学新校区竣工使用】 8月30日,敬安镇中心小学新校区竣工使用。新校区增加了专用教室和功能室,新建200米塑胶跑道,班级由原来的24个班扩大到28个班。

【唐楼小学教学楼竣工使用】 8月30日,敬安镇唐楼小学新建教学楼竣工使用。新建教学楼的使用改善了唐楼小学办学条件,为创建教育现代化学校奠定基础。

(撰稿:邱慎峰　审稿:武　略)

【鹿楼镇中心小学扎实推进课改】 年内,鹿楼镇中心小学扎实推进课程改革。中心小学研制课堂教学评价标准,建立以骨干教师为主的学科中心组。开设8节研讨课,邀请县教研室现场指导,总结做法辐射全镇,取得良好效果。

【鹿楼镇开展名师送教送培活动】 11月18日,鹿楼镇开展名师送教送培活动。沛县教科所张振华、刘成云以及新实验学校朱桂金应邀到鹿楼镇送教送培。200余名教师参加培训,聆听讲座。

【鹿楼镇学校危房获改造】 年内,鹿楼镇实施学校危房改造工程。陈新庄小学、踪平楼小学、蔡集小学改造后新楼已经投入使用,体育活动场所设施进一步整治,为创建教育现代化实验学校奠定基础。

(撰稿:潘君梅　审稿:李建华)

2015年沛县各级各类学校基本情况表

表10　　单位：个、人

校名	班级数	在校生数	毕业生数	招生数	教职工数		学校领导			
					计	专任教师	校长	副校长	书记	副书记
沛县中学	64	3112	1140	840	299	282	于进泉	邵平安 朱建华 司成立	贺　磊	
沛县二中	46	2120	930	674	216	188	纪认振	张守权 刘长虹 刘晓兵	纪认振	
张寨中学	36	1528	632	387	216	162	孟庆雷	董恒哲 郭世明	孟庆雷	
湖西中学	36	1807	803	476	183	152	王　飞	姜新凌 冯　立	王　飞	李合江
沛县中等专业学校	85	4136	1358	1164	443	403	王云峰	闫洪卫 邵宪永	华传阳	
保安职业技术学校	12	530	184	202	99	91	高广栋	潘加磊 牛　彪	高广栋	潘加磊
歌风中学	43	2508	440	421	173	158	刘国银	夏　平 潘建国 高　斌	朱思瑞（兼）	刘国银
沛县初级中学	60	3339	1081	1150	237	213	朱信平	董桂礼	朱信平	
沛县五中	60	3160	1123	1080	234	220	刘裕来	魏垂芳 闫昭信	刘裕来	
体育中学	34	1261	420	416	139	120	赵米青	张振华 单衍果	冯德慧	赵米青
实验小学	55	3401	532	389	172	172	李志建	吕美荣 谢兴东	李志建	
歌风小学	69	4800	5800	1000	180	170	贾理平	吴德灵 张　帆 蔡承强 朱小平		
正阳小学	53	3390	368	756	109	99	姚　恺	张　勇 刘　艳 王忠民	姚　恺	
曙光小学	40	2260	236	118	108	108	董继荣	谢凤莲 徐思龙		
树人小学	27	1644	122	404	78	68	吴明位	朱伟丽 刘　艳 苏晓东 高立勇	吴明位	朱伟丽
特殊教育中心	15	110	12	8	56	14	张长军	张承福 王　敏 袁兴卫	张长军	
张双楼矿校	30	1192	86	225	96	90	李沛华	袁　品 周脉栋		
三河尖矿校	29	1102	52	198	77	74	徐　勇	郑秀强 巩绪中		
汉源中学	51	2688	80	540	206	191	朱信平	马培建 高　岭		

续表 10-1

单位：个、人

校名	班级数	在校生数	毕业生数	招生数	教职工数		学校领导			
					计	专任教师	校　长	副校长	书　记	副书记
龙固中学	28	1400	140	380	169	141		李　晾（主持） 张　峰 闫显厚 闫兴朗	张基辉	孙念斌
杨屯中学	19	899	203	368	130	100	张宜兴	吕高军 姜永玉 卢世国		
大屯中学	14	584	57	149	114	114	赵家峰	张正光	赵家峰	
郝寨中学	23	1200	90	520	135	130		程相跃（主持） 李鸿卫 李　强 朱天颂		
沛县三中	32	2030	619	702	229	197	常　海	闫云侠 樊兆敏		
鹿湾中学	6	71	30	19	40	32	刘裕来	郝敬军（主持）		
湖农中学	8	273	18	67	51	39		周　剑（主持） 郭红心		
胡寨中学	12	286	144	75	101	99	王梦舟	郝大干 王顺刚		
魏庙中学	16	627	91	400	101	94	张基辉	陈庆亮 黄厚敢	张基辉	
五段中学	18	596	100	180	126	122	李　沛	姜广亮 戚厚伟		
张庄中学	24	804	352	246	115	106	黄厚义	朱兴军 吴宝民 周　健		
崔寨中学	11	325	60	123	74	63		任　力（主持） 张　永 吴喜文		
张寨镇中学	17	806	130	260	111	88	龚　礼	童修标 陈建峰		
唐楼中学	18	548	202	210	89	83		郭保富（主持） 郭元春		
敬安中学	22	1120	202	371	99	77	于　涛	宗秀行 杨敬国		
河口中学	11	427	100	137	68	52		杨碧华（主持） 郝敬德 陈春光		
孟庄中学	9	267	85	98	64	39	张庆国			
栖山中学	10	359	87	169	79	68		孟　勇（主持） 刘西华 刘继沛		
王店中学	11	260	118	90	61	59		孟　勇（主持） 王建勋		
鹿楼中学	11	438	77	170	73	57		郝敬军（主持） 魏　宏 张　伟		

续表10-2 单位:个、人

校名	班级数	在校生数	毕业生数	招生数	教职工数		学校领导			
					计	专任教师	校长	副校长	书记	副书记
鸳楼中学	32	1368	380	385	102	96	吴登先	王永让 董良华 张永健		
朱寨中学	9	256	48	68	89	65		周广泉(主持) 王家忍		
闫集中学	7	145	239	151	96	72	陈振杰	马立雷		
安国中学	11	351	168	230	86	74		孙念斌(主持) 刘方舟 高立民		
朱王庄中学	14	634	56	188	51	42	吴庆华	霍久洋		
龙固镇中心小学	88	2794	378	740	239	231	殷惠萍	石继锐		
杨屯镇中心小学	87	3464	265	1082	219	216	吴子庚	陈凡知		
大屯镇中心小学	118	4252	458	1150	411	411	孟庆刚	刘儒焕		
城镇中心小学	157	7312	590	1691	427	378	吴继立	杨文英		
胡寨镇中心小学	85	3085	430	783	252	247	秦淑国	赵则清		
魏庙镇中心小学	74	3653	283	981	188	185	张 峰	刘瑞峰		
五段镇中心小学	73	3069	243	681	184	174	刘 伟	魏荣华		
张庄镇中心小学	133	6291	562	1383	358	338	吕振宇	赵玉峰		
张寨镇中心小学	123	5090	394	1414	369	346	王 玫	朱绍国		
敬安镇中心小学	85	3700	436	856	241	227	武 略	李 川		
河口镇中心小学	89	3424	457	776	210	191	汪建光	贾广生		
栖山镇中心小学	90	4499	422	935	208	206	王 灿	陈加亭		
鹿楼镇中心小学	108	4318	422	905	276	275	李建华	陈忠玉		
朱寨镇中心小学	90	2900	300	800	293	293	张家驷	王连民		
安国镇中心小学	119	5077	405	1255	298	278	何光俭	袁 峰		
新华中学(民办)	38	2412	8076	847	149	119	郝心祥	张涵严 张廷敦 张玉乐	杨烈武	
汉城国际学校(民办)	84	4586	1455	1450	357	232	葛志坚	张红辉 吴宪民 刘 钢 张祖建	陈殿泉	季传民

(王 利)

局　　长	彭　燕（女）
党委书记	彭　燕（女）
党委副书记	刘培云　卢建设　陈令军
副 局 长	陈令军　张绍宇　张东亚 傅月莉（女）　靳晓滨 王雪梅（女）
纪委书记	房海洋
党委委员	王艳军
局长助理	杜宏伟

【概况】 2015年，睢宁县有各级各类学校186所（含民办学校，不含幼儿园），其中，初中30所，普通高中10所，九年一贯制学校5所，小学138所，特教学校1所，中等职业学校2所。各级各类学校中，民办学校13所。全县各级各类学校在校学生146408人（不含幼儿人数）。其中，高中22776人，初中27746人，小学92423人，特教学校在校生109人，中等职业学校在校生3354人。全县有幼儿园98所（其中民办幼儿园57所），在园幼儿49256人。义务教育阶段入学率100%，初中巩固率99.89%，高中阶段入学率97.5%，学前三年幼儿入园率98.2%。全县有教职工11685人，其中专任教师10783人。教师学历合格率高中100%、初中100%、小学100%、幼儿园93.5%。全县有省特级教师11人，市名教师8人，市青年名教师6人。人民教育家后备人才培养对象2人。

2015年，全县有省三星级以上普通高中10所，省示范初中5所，省实验小学3所，省、市优质幼儿园83所。

【顺利通过义务教育发展基本均衡县督导复检】 6月2日，睢宁县顺利通过“全国义务教育发展基本均衡县”复检。国家督导组认为：该县对教育的投入力度较大，在方法上有创新，对于国家督导组反馈意见整改落实情况较好，校长聘任制、引进民资合作办学有新意。

【县领导教师节走访学校】 9月9日，县委书记贾兴民、县长朱明泉带领相关部门负责人走访实验小学第一分校（汤刘校区）、县特教中心、城西小学（成侯校区）、官山中学、姚集中学、新城区学校和睢中南校，向广大教育工作者致以节日的问候，召开教师代表座谈会，对全县教育工作提出更高要求。

【《中国教育报》记者到桃园中学调研】 4月14日，《中国教育报》副总编张圣华和江苏教育报刊社李大林一行6人到桃园中学调研“改薄”工作。市教育局领导徐保卫陪同调研。记者认真听取学校的汇报，详细了解该校在改造薄弱学校工作上采取的方法和措施，对该校创办桃园留守儿童学校、实施网络集体备课等方面所做的努力给予赞扬。

【新城区实验学校建成开学】 9月1日，新城区实验学校建成开学。新城区实验学校是睢宁县第一所公办九年一贯制学校，按照江苏省教育现代化示范校高标准设计，配备良好的师资队伍，成为睢宁县又一所优质教育资源学校。

【组建实验小学教育集团】 年内，实验小学教育集团组建。实验小学教育集团第一分校（汤刘校区）基建项目已封顶，第二分校（仝场校区）完成了涉建手续和办理场地拆迁，实小教育集团学校建设初具规模。

【城西小学教育集团成立】 6月，城西小学教育集团正式成立。城西小学集团包括城西小学和新建的成侯校区，两校实行“统一配备领导班子、统一教师调配、统一招生工作、统一教学管理、统一办学标准”一体化的管理模式。

【召开全县教育工作会议】 5月12日，睢宁县召开教育工作会议。县委常委、宣传部部长陈良，副县长吕亚凯出席会议。会议总结2014年工作，对2015年教育工作要围绕满意教育、希望教育、活力教育，打造快乐健康的学前教育、基本均衡的义务教育、开放多样的高中教育、品牌创新的职业教育提出具体要求。

【“睢宁教育星空”微信平台运行】 4月，“睢宁教育星空”（snjyxk）官方公众微信平台正式开通运行。微信平台包括教育资讯、便民服务、专题策划三个主模块，内含教育新闻、政策发布、通知公告、学讲计划、校园采风等子模块。

【网上“晒课”活动】 6月，县教育局认真组织全县中小学教师积极参与网上“晒课”活动。全县4869名教师完成“国家教育资源平台”的晒课任务，网上晒课5847节，晒课率达95.31%，晒课序时进度居全市第一，并有11名教师获部级表彰。

【组织中学教师业务能力测试】 8月27日，县教育局组织全县45周岁以下所有高、初中学校教师业务能力测试。全县中学一线任课教师共2891人参加，设105个考场，试卷由市教研室统一命制，测试内容为相关学科课程标准、2015年《考试说明》和学科专业试题等内容。

【开展“五种教育”进校园活动】 11月，全县中小学开展“五种教育”进校园活动。“五种教育”指防骗、感恩、耐挫、励志、诚信教育，通过活动，把社会主义核心价值观融入中小学教育，贯穿到日常教育教学和管理工作之中，促进学生全面发展、健康成长。

【推进“五在”“五评”管理】 年内，睢宁县教育局推进“五在”“五评”管理，加强干部队伍建设。推行校长“五在”管理，即在岗、在校、在行、在状态、在课堂。实施“五评”活动，即家长评学校、社会评教育、学生评教师、教师评教干、学校评机关。开展教干能力测试，年龄在45周岁以下的公办学校教干493人参加测试。

【实施中小学生营养餐】 9月，城区及7个镇区开始实施中小学生健康营养餐。中小学生健康营养餐由徐州汉中福禧餐饮有限公司提供，县市场监督局、县教育局进行全程监管，对每天营养餐质量进行记录和检查，定期征求学生及家长意见。

【教师培训常态化】 年内，睢宁县形成教师培训常态化。开展教育技术培训、“学讲计划”专题培训、校长素质提升培训、人民教育家专题培训、农村小学校长培训、电子白板使用培训等130余场次，并指导各校搞好校本培训。暑期基本实现教干教师全员培训。

【与徐州幼教集团合作办学】 年内，睢宁县教育局与徐州幼教集团签约合作办学。双沟镇幸福里幼儿园、开发区幼儿园加入徐州幼教集团，接受幼教集团的教育教学理念和管理指导。幸福里幼儿园年初已经开园招生，开发区幼儿园装修工作已基本完成。

【举办教育论坛】 年内，县教育局举办五期教育论坛。论坛围绕学校教育教学与管理、如何做一个好老师、睢宁儿童画教育、信息技术与学科教学的融合等专题开展探讨，发表见解，交流经验，为睢宁教育建言献策。

【全县中小学生穿上新校服】 年内，全县公办学校近8万名学生穿上新校服。新校服由县教育局统一组织设计，师生投票选出“我最喜爱的学生装”（包括学生制服、运动服）。经过精心组织，公开招标，服装厂家生产，保质保量按时发放到学生手中。

【编制中小学教育规划布局方案】 年内，县教育局调研编制中小学教育规划布局方案。12月8日，县政府分管领导召开教育、规划、交通、财政及各镇分管教育领导的专题会议，对全县农村中小学（含教学点）的发展方向进行分类规划，集思广益，形成《睢宁县中小学教育规划布局方案》。

【举办“依法治校”培训班】 5月9日，县教育局举办“依法治校”培训班。县教育局邀请县食品药品监督管理局相关负责人进行校园食品安全知识培训，邀请教育局法律顾问进行校园伤害事故和突发事件处理以及校园安全相关法律法规培训。全县中小学校（园）长、分管安全副校长、后勤主任、局机关全体人员参加培训。

【召开作风建设推进会】 9月21日，全县教育系统作风建设推进会召开。会议组织全体人员观看睢宁县作风建设短片，学习贯彻全县作风建设推进会议精神，通报近期部分教干、教师违规问题查处情况，同时结合教育系统实际，对全系统加强作风建设进行部署，并提出明确要求。

【书法教育进校园】 9月，睢宁县中小学全面开展书法教育进校园活动。活动包括书法进课堂、书法名家进校园、书法文化进校园、校园书法交流。

【两所学校校园网站获评省优】 2015年，睢宁中等专业学校、特殊教育中心校园网站在省中小学校优秀校园网站评比中获评优秀。两所学校常年坚持办好校园网站，使之成为服务教育、展示学校的窗口。睢宁中等专业学校、特殊教育中心分别获职业学校组、特殊学校组二等奖。

【"经典诗文诵读"与首届童谣创作比赛】 9月,县教育局开展"经典诗文诵读"与首届童谣创作比赛活动。全县一至六年级学生、教师参加。经典诗文诵读比赛,分校级选拔和县级决赛。师生童谣创作比赛,主题是"中国梦、德善心、礼仪行"。童谣创造要求朗朗上口,易于传唱,富有童趣,体现童真,具有时代性、地域性等特点。

【开展新教师岗前培训】 8月30日,全县204名新招聘教师参加为期一天的岗前培训。培训确定以"师德为首,能力为重"的目标,在培训内容的设置、专家的聘请、授课教师的安排上,都经过精心研究。培训为新教师提供多个展示才华的平台:撰写学习反思,及时总结心得收获;模拟课堂设计研讨,直击日常教学现场;设计个人三年发展规划,制订专业成长轨迹。

【组织"真善美随手拍"活动】 10月,全县师生开展"随手拍,发现真善美"活动。活动利用网络平台,以大众参与方式,一起捕捉真诚、温暖、美丽的瞬间,用一张张图片、一段段视频,传递身边的美好和正能量。活动历时3个月,邀请县新闻中心、县文明办、县摄影家协会从200余幅参赛作品中评选出优秀作品30幅。

【推进校园足球运动】 8月12日,睢宁县教育局召开校园足球工作会议,推进校园足球运动。成立"足球进校园"办公室,制定《睢宁县中小学足球特色教育工作方案》,建立健全校园足球工作制度,部署推动校园足球运动。王集中学、官山镇中心小学、李集中学、县实验小学4所学校被评为徐州市校园足球特色学校,凌城镇中心小学、新城区实验学校等31所学校被评为徐州市足球活动学校。

【规范学前教育管理】 8月,县教育局开展规范学前教育管理活动。清理整顿无证园,对缺乏基本办园条件、存在严重安全隐患的无证幼儿园坚决予以取缔,年内取缔16家,收并2家,整改到位提交审批9家。对在园幼儿进行分流安置。对办园条件基本符合要求的无证园,通过重点指导、限期整改逐步规范办园行为。

【德能双馨优秀教师——宋雪梅、方倩茹、白云】 2015年,睢宁县教育系统涌现出一批德能双馨的优秀教师。教育局深入开展修师德、提师能主题教育活动,努力打造德能双馨的优秀教师队伍,涌现出一批优秀教师代表,他们是宋雪梅"——感动江苏教育人物——2015最美特校教师"、方倩茹——推迟怀孕捐髓救人、双沟小学教师白云——2015年度"徐州好人"。

【市学生资助工作现场会在睢宁召开】 12月22—23日,徐州市学生资助工作现场会在睢宁召开。省学生资助管理中心主任陈虎、市教育局教育工委副书记杜耀东、睢宁县教育局局长彭燕以及各县(市、区)教育局分管领导及资助中心负责人30余人参加会议。与会人员查看了庆安小学、姚集中学以及睢宁县学生资助管理中心档案管理情况。

【举行县小学体育特色现场推进会】 12月10日,全县小学体育特色现场推进会在庆安镇骑路小学举行。活动现场展示了骑路小学的"绳彩飞扬"花样跳绳,骑路小学、庆安镇中心小学、王集镇中心小学、双沟镇中心小学负责人分别作经验介绍。

【召开县心理健康教育现场会】 1月7日,县教育局在苏塘中学召开中小学心理健康教育工作现场推进会。教育局通过抓实心理健康教育课、抓实学生社团等相关活动、抓好教师培训,与妇联等部门联合推进中小学生心理健康教育。

【大力发展职业教育】 年内,睢宁县大力发展职业教育。采取控制招生规模、规范招生秩序等有效措施,实现了职普比5:5的目标。中等专业学校开展提升学历、提升技能的农民"双提升"培训,开展全县"万人电子商务培训",与南京林业大学合作举办"现代家具设计培训班",为地方经济和社会发展培养大量的技术技能型人才。

【开展中小学生艺术展演活动】 年内,县教育局开展以"阳光下成长"为主题的中小学艺术展演活动。展演活动分为艺术表演类、艺术作品类、"阳光下成长"征文、中小学艺术教育科研论文评选等,积极探索实践艺术教育有效途径。

【干部廉政教育】 年内,县教育局结合党的群众路线实践教育活动要求,开展干部廉政教育。开展"一把手"上廉政党课,定期邀请市、县纪委、法院、检察院、党校专家开展专题讲座,坚持集中学习和个人自学相结合,学习心得和学习交流相结合,扎实推进干部廉政教育。

【35所学校接受现代化学校创建验收】 10月,睢宁县35所中小学接受徐州市义务教育现代化学校创建验收。验收组对创建工作给予充分肯定,认为35所中小学从教育观念、教育内容到教育装备,从师资队伍、课程建设到教育管理,在原有基础上有很大的提升。

【召开校园安全管理培训会】 3月7日,县教育局召开加强校园安全管理工作培训会。邀请县消防大队的工作人员授课,对全县校长、副校长进行防火安全常识和校园用电安全等知识培训。开展安全隐患大排查行动,组织包片领导和相关科室负责人深入到全县各校开展"安全校校行"活动。

【承办市陶研会培训会】 5月13日,县教育局承办徐州市陶行知研究会"学讲计划"专项课题开题培训会。徐州市区、新沂、邳州及睢宁县的近百名教师参加会议。会议在县第三实验小学举行。

【承办市学陶师陶现场会】 12月3日,县教育局承办徐州市学陶师陶现场会。会议在庆安镇中心小学召开,与会人员参观了庆安小学学陶研究室、学陶成果展板和少年宫,观看绳艺表演,为陶行知塑像举行揭幕仪式,围绕如何学陶、师陶、研陶进行研讨交流。

【举办幼儿园课程游戏化现场会】 12月,县教育局举办幼儿园课程游戏化现场会。在县机关幼儿园、桃园镇中心幼儿园和姚集镇中心幼儿园举行课程游戏化现场观摩活动。

【全面推行校务公开】 年内,县教育局全面推进校务公开工作。县教育局要求全县各中小学、幼儿园围绕学校行政管理、人事管理、财务管理、教学管理、学生管理和综合管理6个方面公开校务信息,定期对各中小学、幼儿园校务公开情况进行全面检查,量化考核,实现依法治校、依法从教。

(撰稿:朱玉洁　审稿:彭　燕)

【睢中南校繁星文学社获市优评】 4月19日,睢中南校繁星文学社在徐州市青少年文学协会第二十六届年会上被评为徐州市优秀文学社,《繁星》报被评为"明星报刊"。繁星文学社坚持以"活跃校园氛围,培育文学新人"为宗旨,以《繁星》社报为平台,定期开展各类活动,让广大社员体验文学魅力,激发创作热情,提高文学素养。《中国校园文学》《美文》《语文报》《中学生作文》等诸多报刊一再推出专刊评价繁星文学社及其作品,程树臻、蒋子龙、曹文轩等著名作家、诗人为繁星文学社题词。

(撰稿:邵　达　审稿:王　峰)

【市政府教育督导团督导睢中北校】 3月12日,市教育督导和教学视导团对睢中北校教育教学工作进行全面督导检查。督导团通过查看教育教学资料、深入课堂听课、观摩学生活动、与学生家长座谈等方式,深入了解睢中北校教育教学情况,对睢中北校教学常规管理、课程改革、素质教育等取得的成绩给予充分肯定。

(撰稿:倪其珍　审稿:沙兴新)

【睢宁中专技能大赛获佳绩】 3月26日,睢宁中专参加2015年江苏省中等职业学校技能大赛获佳绩。学校派出4组选手参加,张萌萌老师在器乐独奏项目上夺得全省第一名。张佳同学、吴玉莹和徐艳英两位老师也在各自项目上分别夺得三等奖。

(撰稿:陈计威　审稿:胡居春)

【睢宁中专承办"全国职业教育周"启动仪式】 5月10日,首届"全国职业教育活动周"睢宁地区启动仪式暨睢宁中等专业学校办学成果展在天元广场举行。活动由睢宁县教育局主办,睢宁中专校承办。县委宣传部长陈良、副县长吕亚凯、睢宁中专校校长胡居春、人保局局长宋杰、教育局局长彭燕、教育局副局长张东亚为活动周揭幕,同时出席启动仪式的还有各初中学校校长、副校长、初三年级班主任、初三学生及家长代表。

(撰稿:陈计威　审稿:胡居春)

【田家炳中学举行"18岁成人礼"】 4月,徐州市田家炳中学举行"青春的力量——十八岁的选择"成人礼专题活动。成人礼以艺术节目展演的形式进行,既体现成人礼的严肃性,又展现高三学生的青春风采。活动主要围绕着"怀念友情、感恩老师、十八岁的选择"三个主题进行。成人礼现场气氛十分热烈,给老师和同学们留下难忘的记忆。活动结束后,全体高三学生自发捐款献给母校一棵树留作纪念。

(撰稿:樊功尉　审稿:王　磊)

【李集中学获"市长杯"校园足球联赛一等奖】 10月,李集中学获徐州市首届"市长杯"青少年校园足球联赛高中男子组一等奖。教练员魏巍获市"十佳教练"称号,学生吕南亚获市"十佳球员"称号。

(撰稿:夏夫棣　审稿:姚献章)

【王集中学启动"中轩"奖学金】 9月18日,王集中学举行"中轩"奖学金启动仪式。"中轩"奖学金主要由苏州中轩集团出资,同时接受关爱学生成长和关心学校发展的知名校友、社会团体、组织及个人捐助。资金用于奖励学习成绩优异的学生和教学成绩突出的教师。

(撰稿:刘道俊　审稿:李言军)

【魏集中学"学讲计划"引领教师专业发展】 年内,魏集中学以"学讲计划"引领教师专业发展。学校扎实推进"学讲计划",引导全体教师开展评估课、评优课、示范课系列活动,要求教师开展"学讲计划"教育教学总结,组织优秀教案评比活动。年内30多篇论文在国家、省、市级刊物上发表或获奖。在县教育局教学视导检查中,优质课比率超过60%。

(撰稿:王存楼　审稿:卓培芳)

【双沟中学召开期中考试分析会】 11月20日，双沟中学召开期中考试分析会。分析会以统计图表的形式展示成绩变化情况，使全体教师直观地了解学生学习状况和教师教学情况，以便采取有效对策。

（撰稿：张广峰　审稿：岑　伟）

【凌城中学举行省“十二五”课题结题仪式】 11月20日，凌城中学举行江苏省教育科学“十二五”规划课题结题仪式。由南京师范大学、江苏师范大学组成专家组，对课题研究成果进行评议。市教研室李燕主持会议。专家们充分肯定课题研究的实效性，成果丰富，同意结题。

（撰稿：李　响　审稿：张甫宗）

【省厅验收古邳中学“下邳文化综合学习课程基地”】 12月9日，省教育厅验收古邳中学“下邳文化综合学习课程基地”。学校以建设“下邳文化综合学习课程基地”为突破口，先后编写《下邳史话》《下邳地理》等地方课程，设立了云牌舞工作室、怀中抱子扇工作室、剪纸艺术工作室、御甜油贡菜加工坊等传统文化工作室。

（撰稿：丁建东　审稿：刘西安）

【县二中强化校本培训】 年内，睢宁县二中强化校本培训。学校通过网络平台引导教师进行自学和交流研讨，以培训推进“学讲计划”，构建本校特色的“学讲”课堂模式——分层合作突出核心能力“学讲”课堂模式。以学习“五严规定”等教育法规政策，强化教师的教学行为规范，以推进学校课程建设项目，提升教师业务能力。

（撰稿：贾保柱　审稿：杜斌成）

【高作初级中学开展高效课堂研讨】 10月19—29日，高作初级中学开展高效课堂教学研讨活动。围绕“学讲计划”的落实，以学科组为单位，推出一节具有代表性的课例，进行分析研讨，取得良好效果。

（撰稿：尤嗣平　审稿：邱　杰）

【沙集中学开展献“爱心活动”】 12月21日，沙集中学开展“让冬天不冷，让爱心永驻”为山区孩子送温暖献爱心活动。学校团委和沙集镇“万家超市”将师生捐赠的衣物、棉被、文具、书包、课外书等1358件物品，整理归类，折叠打包，发往山区，为孩子们献上一份爱心。

（撰稿：王庆科　审稿：程德江）

【凌北中学开展大课间花样跑操活动】 年内，凌北中学开展大课间花样跑操活动。花样跑操活动是通过团队协作，聚合分散，进行圆、方、花等花样变化，在运动中呈现美丽图案。活动旨在培养学生团队合作意识，调动学生参加体育活动的兴趣。

（撰稿：余　锁　审稿：张　跃）

【邱集中学开展“疯狂早读”活动】 2月，邱集中学开展“疯狂早读”主题活动。“疯狂早读”就是要求学生“疯狂”晨读30分钟，站着读，放声读，要读得热烈，读得忘我；沉思回顾15分钟，即让学生静下来，利用15分钟的时间对所读内容进行梳理回顾。

（撰稿：孙存栋　审稿：武　装）

【王林中学举行骨干教师观摩课】 10月15—16日，王林中学开展“骨干教师观摩课”活动。活动由骨干教师按照“自主学习、小组合作”的“学讲”课堂模式组织教学。课后，主讲课教师介绍自己的教学设计意图，反思自己的教学行为；听课教师评教学特色，谈学习体会。

（撰稿：徐　浩　审稿：刘荣章）

【官山中学开展国学经典教育】 年内,官山中学开展国学经典教育活动。学校把经典诵读、经典书法作为校本课程,依据《论语》《大学》《弟子规》《三字经》《史记》《诗经》等自编校本教材,纳入学校课程,每周一节课,进行“礼仪五戒”“八礼四仪”教育,开展经典诵读、书法、演讲、征文等系列活动,弘扬国学文化。

(撰稿:彭跃龙　审稿:陈邦强)

【黄圩中学开展主题教育实践活动】 4月23日,黄圩中学举行“中国梦、我的梦”主题教育实践活动。活动以专题讲座的形式,系统阐述“中国梦”的含义,引导学生理解“中国梦”,畅谈心中梦想。团县委、县教育局及官山镇政府领导参加活动。

(撰稿:黄振球　审稿:吴荣永)

【李集初中获县足球联赛第一名】 年内,李集初中参加睢宁县初级中学校园足球联赛获第一名。李集初中是市体育传统项目校,连续多年代表睢宁县参加徐州市中小学运动会,2016年将代表徐州市农村中学参加江苏省中小学运动会。

(撰稿:李　奎　审稿:徐　寒)

【国家、省刊相继报道桃园中学】 年内,国家、省级报刊相继报道桃园中学办学情况。5月22日,《江苏教育报》以《一所乡村学校的16个QQ备课群》为题报道桃园中学充分利用网络资源,开展网络电子集体备课的过程,对网络电子集体备课运用的便捷和高效高度赞赏。6月18日,《中国教育报》对桃园中学重视教师队伍建设、大力提高教学质量和实施网络集体备课进行详细的报道,充分肯定桃园中学的巨大变化。

(撰稿:卓　磊　审稿:王万青)

【朱集中学彰显写字教学特色】 年内,朱集中学重视写字教学,彰显写字教学特色。学校把“规范汉字书写”作为抓手,把写字作为教程,落实教学计划和课时,每周不少于一节课,每天不少于半个小时写字训练,每学期两次考核,定期开展写字临帖大赛,学生书写水平得到提高,写字教学特色逐步形成。

(撰稿:王如梅　审稿:袁　辉)

【王集二中举办校园读书节】 9月21日,王集二中举办校园读书节。语文组杨敏老师介绍读书的技巧、方法,引导师生开展读书系列活动,营造校园读书氛围。

(撰稿:钦　冬　审稿:李　明)

【县心理健康教育现场会在苏塘中学召开】 1月7日,全县心理健康教育工作现场推进会在苏塘中学召开。全县中小学(园)207名领导和老师出席会议。针对心理健康教育,苏塘中学制作了专题视频资料,让大家全方位、多角度地了解该校的心育工作。

(撰稿:池云珠　审稿:宋晓楼)

【岚山中学举办留守儿童夏令营】 7月,岚山中学举办留守儿童夏令营。学校针对留守儿童暑期教育面临空挡的实际问题,组织留守儿童开展师生包饺子、学校名师暑期特色课程、校外野炊等活动,为留守儿童营造充实的暑假生活。

(撰稿:季　超　审稿:沈　鹏)

【高集中学召开“行为习惯养成月”总结大会】 10月13日,学校召开“行为习惯养成月”总结大会。学校对评选出的礼仪之星、纪律之星、卫生之星、学习之星及知识竞赛、征文比赛获奖者进行表彰。学校家长委员会成员应邀参加大会。

(撰稿:梁龙浩　审稿:孙存广)

【双沟二中开展德育系列活动】 年内，双沟二中开展德育系列活动。活动以校本课程为切入点，扎实推进各项德育举措，观看“十大最美乡村少年”视频，阅读2014十大感动中国人物读本，召开“真情给予他人”汇报会、“那些温暖的事”主题班会，开展师生送温暖活动，使德育工作取得实效。

（撰稿：耿　庄　审稿：朱　辉）

【姚集中学承办市学陶师陶现场会】 5月29日，姚集中学承办市学陶师陶“立德树人”现场会。市陶行知研究会会长及各县（市、区）小学单位会员300余人参加会议。与会人员观看了姚集中学校园文化、学陶师陶研陶成果展板和校园活动。

（撰稿：周　宝　审稿：闫　刚）

【张圩中学深入实施“学讲计划”】 年内，张圩中学全面深入推进“学讲计划”实施。学校开展“学讲教学大家谈”“学讲教学大比武”“学讲心得体会评比”“加强学习小组建设与培训”等系列活动，取得可喜的成绩，4名教师获徐州市论文评比一等奖，2名教师分别获2015年徐州市优质课评比一、二等奖。

（撰稿：周清阳　审稿：宋利国）

【浦棠中学举行公开课活动】 年内，浦棠中学举行公开课活动。活动围绕课改精神，积极推进“学讲”课堂教学改革，每个教师参与，各备课组集体备课，使“学讲计划”得到有效落实。

（撰稿：庄金成　审稿：李　磊）

【梁集中学教师竞争上岗】 8月，梁集中学实施教师竞争上岗。梁集中学把教师竞争上岗、双向选聘作为激励教师发展和学校发展的动力，择优上岗，组织教代会全程参与竞聘工作，做到公开、公平、公正，60名教师通过竞争在校内上岗，14名教师外出支教，4名教师待岗后转岗。

（撰稿：张　伟　审稿：夏春浩）

【刘圩中学举办历史教学研讨会】 12月23日，刘圩中学举办全县“走乡村——真教研、真学习”初中历史教学研讨会。学校通过讲座、赛课、网络教研、校际交流、承办县级教研会等方式，不断深化教改，探索“高效学讲”兴校之路。

（撰写：丁　泽　审稿：徐　刚）

【庆安中学开展“感恩”主题教育活动】 4月，庆安中学开展“感恩”主题教育活动。学校引导学生开展感恩父母、感恩老师、感恩同学、感恩社会等活动，宣传感恩事迹，制作感恩专刊，校园张贴感恩宣传标语，召开主题报告会，使学生受到感恩文化的教育和影响。

（撰稿：冷　永　审稿：吕玉栋）

【龙集中学开展“真教研、真学习”主题活动】 12月，学校以“学讲方式”为导向，开展“真教研、真学习”系列主题活动。活动通过课堂作业、教学研讨、优课参赛、论文评比等方式，促进教师理解“学讲”精髓、实践“学讲”方式。

（撰稿：张　亮　审稿：王万金）

【睢城镇中心小学教师获评部优课】 9月，睢城镇中心小学语文教师张薇、金丽萍获评“一师一优课，一课一名师”教育部优课。“一师一优课，一课一名师”网络晒课是教育部主办，睢城镇中心小学注重课堂教学研讨，鼓励教师参与赛课活动。张薇、金丽萍在参加县、市赛课的基础上获评部优课。

（撰稿：崔茂盛　审稿：王跃全）

【睢城小学开展纪念抗战胜利70周年主题活动】 9月，睢城小学开展“铭记历史 圆梦中华”抗战主题教育活动。通过举行主题升旗仪式、创作主题黑板报、收看《开学第一课》节目、召开“铭记历史 圆梦中华”故事会、参观“抗战图片展”、观看阅兵仪式等系列活动，让师生铭记历史，珍爱和平。

（撰稿：肖婷婷　审稿：王跃全）

【高作镇中心小学开展“学讲”城乡交流活动】 年内，高作镇中心小学开展“学讲”城乡交流活动。3月、10月，高作镇中心小学两次邀请城区骨干教师、学科带头人到学校开讲座，上示范课，交流“学讲”理论与实践的心得体会，有效促进高作镇中心小学“学讲”活动的开展。

（撰稿：严志联　审稿：史桂香）

【沙集镇建设小学获评省书法特色学校】 11月，沙集镇建设小学被评为江苏省中小学书法教育特色学校。建设小学长期开展书法教育，形成学校特色。12月，学生王硕波获江苏省“七彩语文杯”中高年级软笔书法现场大赛特等奖。

（撰稿：时　雷　审稿：田礼明）

【凌城小学女足获市一等奖】 6月，凌城镇中心小学女子U11足球队代表睢宁县参加徐州市首届“市长杯”校园足球联赛获一等奖。凌城小学坚持开展足球教育活动，培养出一批顽强、果敢、睿智、灵动的小队员，足球教育成为凌城小学特色。

（撰稿：赵章红　审稿：戴　辉）

【邱集镇结对资助活动在中心小学举行】 12月31日，邱集镇“向日葵关爱培养行动”——机关干部、教师与贫困儿童结对资助活动在邱集小学举行。邱集镇政府领导、各部门成员、部分教干教师和受资助的60名同学及其监护人参加活动，活动为贫困儿童捐献羽绒袄和书包、图书等生活学习用品。

（撰稿：朱友章　审稿：王万平）

【官山镇中心小学男足获“市长杯”二等奖】 6月9日，官山小学男子足球队代表睢宁县参加徐州市首届“市长杯”足球比赛获二等奖。官山小学男子足球队获“县长杯”小学生足球比赛冠军后，代表睢宁县参加市首届“市长杯”比赛。

（撰稿：邢　雷　审稿：陆　博）

【李集镇中心小学“乡趣”游戏活跃大课间】 年内，李集镇中心小学“乡趣”游戏活跃大课间。学校根据学生身心发展特点，积极发掘推铁环、斗鸡、跳格子、跳山羊等传统乡趣游戏，激发学生兴趣，丰富课间活动。校本教材《嬉乐体育》使乡趣游戏走向课程化、规范化。

（撰稿：赵春曦　审稿：曹艳常）

【桃园镇中心小学注重新教师培养】 9月，桃园镇中心小学注重新教师培养。镇中心校为11名新教师制定帮扶计划，以“青蓝工程”为引领，定期检查、考核，促进新教师成长。

（撰稿：袁　杰　审稿：仝　斌）

【王集镇中心小学获市优课活动先进集体】 年内，王集镇中心小学开展“一师一优课，一课一名师”活动获市2015年度先进集体。王集镇中心小学深入开展“一师一优课，一课一名师”活动，努力构建信息技术条件下的“学讲”课堂教学模式，以“晒课”为载体，有效提升课堂教学效率。

（撰稿：陈茂金　审稿：刘西平）

【岚山镇中心小学评选“百名好孩子”】 2月，岚山镇中心小学开展“百名好孩子”评选活动。“百名好孩子”以遵纪守法、孝敬守礼、团结友善、勤俭节约、才艺出众、勤奋进取等为评选标准，定点小学每周开展一次评选，期末进行表彰。中心校汇总评选出100名镇级“好孩子”进行宣传表彰。

（撰稿：高　健　审稿：王　浩）

【双沟小学成立“春晖”教师发展团队】 3月10日，双沟小学成立“春晖”教师专业发展团队。团队由33名中青年教师组成，采用QQ群、微信群管理，借助“杏坛论道”、教学沙龙、课题研究、课堂诊断、聘请特级教师加盟等形式开展研训活动。

（审稿：鲁　明　撰稿：武　永）

【姚集小学优化家校沟通管理机制】 年内，姚集小学优化家校沟通管理机制。学校主动、及时、规范家校沟通渠道，形成家校育人合力。完善家长会、教育开放日活动等传统沟通平台，注重收集家长的意见信息，家长进校园观看教育过程，增进了解和理解。做好班级QQ群、微家园APP等网上平台的信息发布工作，及时发布学生活动等信息，更好为家长服务。

（撰稿：刘兹昂　审稿：曹　砺）

【古邳镇中心小学开展“特色建设校校行”活动】 12月，古邳镇中心小学开展“特色建设校校行”活动。各定点小学校长及中心校全体成员，对全镇9所定点小学的特色创建工作进行现场检查，通过听取汇报、查阅资料、现场观摩等形式，对各校创建的特色项目进行点评并提出要求。

（撰稿：周　蒙　审稿：贾汉坤）

【魏集镇中心小学评选“最美乡村教师”】 年内，魏集镇中心小学开展“最美乡村教师”评选活动。镇中心小学在全镇各校广泛宣传发动、民主推荐候选人，组织广大师生参与，评选出一批扎根边远农村服务基层的优秀乡村教师。

（撰稿：蔡同州　审稿：许　波）

【梁集镇中心小学开展“五姿教育”】 10月，梁集镇中心小学开展“五姿教育”活动，引领学生养成良好习惯。“五姿”即站姿、走姿、写姿、读姿、坐姿，学生文明习惯的养成得到进一步加强。

（撰稿：曹　庆　审稿：卢修凤）

【庆安镇中心小学承办县特色建设现场会】 12月10日，睢宁学校特色建设现场会在庆安镇骑路小学召开。教育局局长彭燕和教干、教师200余人参加活动。2014年启动“一校一品一特色”建设，庆安镇涌现出了二小“环保教育”、骑路“花样跳绳”、龙小“书香校园”、庆小“儿童画”及“学陶师陶”等特色建设典型。

（撰稿：周　前　审稿：王　超）

【新城区实验学校开启多元社团】 年内，新城区实验学校开启多元社团。学校组建了歌唱、舞蹈、小提琴、葫芦丝、竖笛、二胡、儿童画、书法、文学社、楹联、诵读、围棋、象棋、信息、科学、动手制作、足球、乒乓球、羽毛球、跳绳、跆拳道、踢毽子、轮滑等25个学生社团，学生根据兴趣自愿选择，人人参与社团活动。

（撰稿：李　武　审稿：袁　江）

【实验小学画童再获国际大奖】 12月，实验小学画童岳照翔再获国际大奖。吴海燕老师辅导的岳照翔同学创作的《羊儿满山坡》，在日本第45届国际儿童画展览中，再一次夺得该展览的最高奖——“外务大臣金奖”。

【实验小学校园专题片获全国奖】 年内，实验小学校教师顾士余编辑制作的校园专题片《丹青妙笔绘童心》，获第十二届中国中小学校园影视校园专题类二等奖。

（撰稿：李　梅　审稿：杜义超）

【城西小学教师结对帮扶】 9月，城西小学开展教师结对帮扶活动。为使原城西中学转岗的38名教师尽快胜任班级管理和有关学科的教学工作，城西小学制定教师结对子方案，一对一或一对二结对，做好“传、帮、带”，转岗教师得到有效帮助。

（撰稿：张　蕊　审稿：郑宇尘）

【县二小“草根讲坛”开讲】 10月22日，县二小启动教师“草根讲坛”系列活动。该活动是学校搭建教师交流平台、促进教师专业成长的又一全新举措。“草根讲坛”活动作为校本研训的一种形式，帮助教师发现自我，展现自我，营造学习研讨交流氛围。

（撰稿：梁　莉　审稿：袁　苏）

【第三实验小学举行新生入学教育活动】 9月，县第三实验小学举行一年级新生“学会安全，崇尚文明”教育活动。学校编印《一年级新生入学教育读本》，用图画直观说明，从如厕安全与文明、上课一日常规、课间活动、上下学路队、上下楼梯靠右行、“两操”规范等方面进行教育，让文明教育融入实践性和趣味性。

（撰稿：梁金虎　审稿：凌　云）

【陈飞龙被评为徐州市美德少年】 5月19日，特教中心学生陈飞龙被评为第四届徐州市美德少年。徐州市美德少年评选由市文明办、市教育局、团市委、市妇联、市关工委、徐州报业传媒集团、徐州广电传媒集团联合主办，旨在弘扬中华美德，表彰优秀少年，树立良好的道德风尚。

（撰稿：王书芬　审稿：卢志永）

【县少年男子足球队成立】 8月，睢宁县青少年男子足球队在县少体校成立。少年男子足球队的成立，为县少体校运动队再添新项目。学校聘请专业足球教练员，科学安排训练内容。

（撰稿：冯　静　审稿：祁秀敏）

【机关幼儿园举办课程游戏化观摩活动】 2月18日，机关幼儿园举办课程游戏化现场观摩活动。机关幼儿园向全县幼儿教师开放课程游戏化活动场所，展示课程游戏化建设成果，及落实《3—6岁儿童学习与发展指南》精神、推进幼儿园课程游戏化建设的历程。

（撰稿：张　莹　审稿：周淑玲）

【新世纪中学开展“规范书写”主题活动】 12月，新世纪中学开展“规范书写”主题活动。新世纪中学以习惯养成教育为主线，以学生书写习惯培养为突破口，积极开展规范书写教育系列主题活动。学校邀请张恒成老师现场指导，开展师生书法培训，强化师生规范书写意识，提高师生书写技能。

（撰稿：侯　永　审稿：周计祥）

2015年睢宁县各级各类学校基本情况表

表11　　单位：个、人

校名	班级数	在校生数	毕业生数	招生数	教职工数		学校领导			
					计	专任教师	校长	副校长	书记	副书记
睢宁中学	124	6090	2484	1793	642	605	刘培云	李本松（南校区校长） 沙兴新（北校区校长） 王万军（睢中附中校长）	刘培云	
睢宁中等专业学校	47	1785	432	1128	331	254	胡居春	朱贵华 周明东 刘　辉 袁保倩	胡居春	
徐州市田家炳中学	37	1781	645	500	176	161	王　磊	王大鹏 魏　辉 樊功尉	王　磊	
李集中学	48	2316	927	612	219	191	姚献章	王凤席 田　胜	姚献章	
王集中学	36	1718	834	292	248	235	李言军	娄培华 吴兰波 王秉收	李言军	
魏集中学	15	482	253	117	58	43	卓培芳	曹广忠 王存楼	卓培芳	
双沟中学	24	980	497	283	165	137	卓士学	岑　伟 王香花	卓士学	
凌城中学	32	1205	575	352	156	153	张甫宗	朱　成 王　剑	张甫宗	
古邳中学	29	1036	628	195	127	109	刘　明	陈　超 刘西安	刘　明	
职业高级中学	15	1070	503	272	70	63	胡居春	张　娟 王　永		
第二中学	62	2745	938	1052	260	238	杜斌成	杜海峰 杨步玲 林　旭	杜斌成	
南门中学	24	841	216	177	130	123	刘忠华	沈　刚 李　莹	刘忠华	
高作初中	5	157	97	69	47	40	张云飞	陈宜楼	张云飞	
沙集中学	9	220	140	77	65	45	程德江	王庆科	程德江	
凌北中学	12	425	306	102	85	81	徐　平		徐　平	
邱集中学	6	160	96	41	52	38	甄方圆	邹　达	甄方圆	
王林中学	14	377	163	122	68	62	刘荣章	梁　永 魏　永	刘荣章	
官山中学	11	352	127	158	120	95	陈邦强	彭跃龙 宋　建	陈邦强	
黄圩中学	9	327	59	204	62	53	吴荣永	黄振球	吴荣永	

续表11-1 单位:个、人

校名	班级数	在校生数	毕业生数	招生数	教职工数		学校领导			
					计	专任教师	校长	副校长	书记	副书记
李集初级中学	22	984	418	300	107	104	徐寒	李化举	徐寒	
桃园中学	11	432	169	275	103	99	王万青	朱启东	王万青	
朱集中学	12	357	168	130	108	100	袁辉	王如梅 魏义武	袁辉	
王集二中	14	401	156	145	119	111	李明	韩永	李明	
苏塘中学	13	507	136	121	69	66	宋晓楼	宋明		
岚山中学	7	287	140	104	49	40	沈鹏	崔强	沈鹏	
高集中学	12	353	152	108	113	100	孙存广	梁龙浩 王道平	孙存广	
双沟二中	12	400	158	150	70	52	朱辉	董金 耿庄	朱辉	
姚集中学	15	574	243	186	94	93	阎刚	卢彦飞 刘永	阎刚	
张圩中学	7	297	176	190	37	28	宋利国	周东升	宋利国	
下邳中学	9	351	192	113	58	48	戚拥军	李发庭	戚拥军	
浦棠中学	11	333	217	102	75	70	李磊	洪本光	李磊	
梁集中学	11	388	275	115	111	97	夏春浩	张伟 邢守孝	夏春浩	
刘圩中学	8	262	85	150	84	63	徐刚	赵磊	徐刚	
庆安中学	11	458	350	132	108	86	吕玉栋	林崇胜 赵琪	吕玉栋	
龙集中学	6	119	39	65	47	30	胡正文	王万金		
睢城镇中心小学	209	7948	1020	1950	518	508	王跃全	许瑞丰 王芹 许光彩	王跃全	
高作镇中心小学	72	2358	235	555	231	225	史桂香	陈新景 岳喜军 王波	史桂香	
沙集镇中心小学	79	3002	269	741	169	169	田礼明	刘江 杨国强 刘晓东	田礼明	
凌城镇中心小学	118	4361	412	1069	231	231	戴辉	赵章红 刘刚 司范省	戴辉	

续表11-2　　单位：个、人

校名	班级数	在校生数	毕业生数	招生数	教职工数		学校领导			
					计	专任教师	校长	副校长	书记	副书记
邱集镇中心小学	133	4995	473	1153	323	311	王万平	邢灿 朱友章 胡云	王万平	
官山镇中心小学	104	3574	381	915	225	225	陆博	邢雷 朱岩 花威	陆博	
李集镇中心小学	100	3991	359	1017	211	211	曹艳常	赵春曦 沈金玲 王州	曹艳常	
桃园镇中心小学	134	4846	505	1094	285	285	仝斌	殷庆席 刘益臻 朱恒强		
王集镇中心小学	156	5684	441	1072	323	320	刘西平	陈茂金	刘西平	
岚山镇中心小学	154	5500	491	1147	288	288	王浩	赵善学 申光生 高健	王浩	
双沟镇中心小学	142	5491	417	950	289	289	鲁明	王范彩 冯勇 王春	鲁明	
姚集镇中心小学	126	4623	443	1060	272	272	曹砺	刘兹昂 王行远 田东	曹砺	
古邳镇中心小学	113	4228	414	897	243	238	贾汉坤	周蒙 戴四川	贾汉坤	
魏集镇中心小学	90	2727	347	601	193	193	许波	陈峰 陈广阔 姜海波	许波	
梁集镇中心小学	107	2802	358	512	201	201	卢修凤	王岩 鲍海洋 曹庆	卢修凤	
庆安镇中心小学	100	2972	293	711	235	235	王超	王冬梅 周前 赵侠	王超	
新城区实验学校	40	1753	0	843	116	107	袁江	孙存香	袁江	
实验小学	122	5998	895	1190	333	330	杜义超	仝周太 荣良玉 姜献辉	杜义超	
第二小学	47	2229	296	490	107	107	袁苏	梁莉 陈琳 任树松	袁苏	
城西小学	52	2459	322	586	149	135	郑宇尘	张蕊 晏祥海	郑宇尘	
第三实验小学	47	1981	221	337	99	99	凌云	许平 卜建军 梁金虎	许平	
特殊教育中心	12	109	19	18	55	40	王思军	卢志永 宋玉	王思军	
机关幼儿园	15	525	200	150	57	46	周淑玲	丁军 张莹	周淑玲	
少体校	6	118	46	38	35	31	祁秀敏	蔡裕刚	祁秀敏	

续表11-3　　单位：个、人

校名	班级数	毕业生数	招生数	在校生数	教职工数		学校领导			
					计	专任教师	校　长	副校长	书　记	副书记
新世纪中学	85	5735	2118	1600	338	289	周计祥	侯　永 王亚洲	侯　永	
文华中学	64	3354	1392	860	296	258	张成进	李　旭 姚遵来 周志虎	高国勇	
宁海外国语学校	130	6243	1974	1487	409	348	吴江河	张　跃	李长青	
树人中学	41	2092	654	659	158	136	苏学斯	王绪建 朱　飞	王绪建	
树人高级中学	26	1340	532	286	72	53	仝　辉			
菁华学校	120	5811	1692	1565	396	343	顾　雷	高玉春 高　红	刘兴国	
睢中附属学校	96	4609	1227	1269	305	277	王万军		王万军	
戚姬中学小学部	4	104	0	35	13	9	王万亮		王万亮	
北方英汉双语学校	19	737	83	122	54	39	石　峰		石启忠	
兴浦学校	11	498	0	144	20	19	许静群			
敬一中学	18	914	267	225	60	48	陈志辉		张道成	
汇文中学	28	1347	103	405	94	74	刘　忠	尤逢群 葛树华		
亚东中等专业学校	21	499	156	260	44	44	李定坤	汤荣亮	谢　鹏	

（朱玉洁）

局　长　沙之品

副局长　杜　欣　李　波　李新永　郝金春　周　卫

党委委员、纪委书记　吴宝军

党委委员　许贞宗（—3月）

【概况】 2015年，邳州市有各级各类学校252所（含民办学校、不含幼儿园），其中，初中38所，高中6所，完中6所，九年一贯制学校2所，小学196所，特教学校2所，中等职业学校2所。各级各类学校中，民办中学3所，民办小学2所。全市各级各类学校在校学生257342人（含民办学校、不含幼儿园），其中，高中22464人，初中46529人，小学181920人，特教学校在校生266人，中等职业学校在校生6163人。全市有幼儿园91所（其中民办幼儿园43所），在园幼儿62626人。义务教育阶段入学率100%，初中巩固率99.4%，高中阶段入学率97.3%，学前三年幼儿入园率97.2%。全市有教职工17882人，其中专任教师15855人。教师学历合格率高中100%、初中100%、小学100%、幼儿园100%。全市有省特级教师27人，省、市名师名校长8人，县级人民教育家后备人才培养对象10人。

2015年，全市有省三星级以上普通高中8所，省示范初中6所，省实验小学7所，省优质幼儿园39所，徐州市优质幼儿园32所，省、市模范学校1所，省、国家重点职业技术学校2所，省特殊教育现代化示范学校1所。年内，教育局先后获全国质量监测工作先进单位、江苏省促进义务教育均衡发展先进集体和徐州市六五普法先进单位称号。全年投入教育经费300029万元。

【两位教师获省青年教师基本功大赛三等奖】 1月6日，省教育厅公布2014年省基础教育青年教师教学基本功大赛获奖名单，邳州市英华实验小学王颖和特教中心张艳两位教师分别获三等奖。

【省教育厅到邳州开展“暖心行动”】 1月19日，省教育厅副厅长丁晓昌率江苏省国际教育交流中心一行到八路镇宋圩小学开展“暖心行动”主题党日活动。丁晓昌代表省教育厅向学校捐赠10万元助学金，并向家庭经济困难师生代表发放慰问金和慰问品。徐州市教育局局长张德超，邳州市委常委、宣传部长张东风，邳州市教育局局长沙之品、副局长杜欣陪同活动。

【召开党风廉政建设工作会议】 1月23日，邳州市召开教育系统党风廉政建设工作会议。会议全面总结2014年党风廉政建设工作，并对2015年廉政建设作出安排部署。局领导班子全体成员、局机关中层干部和全市中小学（幼儿园）负责人参加会议，并在会前听取市人民检察院检察官所作的预防职务犯罪的报告。

【与南师大开展联合办学】 1月28日，邳州市教育局和南京师范大学就联合办学事项达成一致意见，顺利签约。筹建的联合办学项目——南京师范大学附属小学坐落于新城区东方名郡项目一期南侧，该校依托名校的辐射带动作用，打造邳州名校，使新城区的学生在家门口就能享受到名校教育资源。副市长张祥荣、局长沙之品出席签约仪式。

【王强、陈静与偏远学校教师、贫困学生代表共迎新春】 2月10日，邳州市市委书记王强、市长陈静等市四套班子领导，与全市偏远学校教师和贫困学生代表欢聚一堂，共迎新春佳节。座谈中，王强与师生代表亲切交流，他鼓励学生自强不息，对无私奉献的教师表示了慰问。陈浩、梁龙民等6名教师代表和钟加星、陈慧等7名学生代表分别发言。市领导李继忠、胡汉军、张祥荣参加活动。

【陈静调研教育工作】 3月4日，邳州市市长陈静深入城乡部分学校，调研全市教育工作开展情况。陈静走访了邳州中等专业学校、锦江路实验幼儿园、官湖高中、开发区幼儿园、运河中学、运平路小学等校（园），对各校教育教学工作存在的问题现场交办。要求相关单位要盘活教育资源，实现全市教育工作均衡发展。市领导张东风、张祥荣参加活动。

【周建洪到邳州检查教育工作】 3月13日，徐州市人大常委会副主任周建洪一行到邳州检查《江苏省学前教育条例》贯彻执行情况。在听取相关工作汇报，并实地考察邳城镇中心幼儿园、新城幼儿园等幼儿园后，检查组认为邳州市学前教育工作在创新机制体制、扩大优质资源、提高保教质量等方面进行了有益探索和实践，富有创造性、示范性。市领导胡汉军、沙荣侠、张祥荣，局领导沙之品、周卫参加活动。

【邳州市教育工作会议召开】 3月18日，邳州市教育工作会议召开。市长陈静出席会议并讲话，他要求进一步深化教育改革，把教育事业办成“社会满意、家长放心、学生成才”的民心工程。官湖镇、运河中学、邳州中专、新世纪中学和碾庄中心小学5家单位在会上作交流发言。市领导张东风、张祥荣参加会议。

【举办小学课堂展示活动】 3月16—20日，

教研室举办小学课堂展示活动。展示活动分别在邳南、邳西、邳北、邳西北、城区各片区进行,2014年度邳州市小学各学科47名优质课一等奖获奖教师展示课堂教学,2400余名教师观摩学习。各学科结合课堂展示,进一步厘清"自主学习问题的有效设计""增强小组学习的有效性""自主学习后的有效交流互动""突出学生学习主体性与教师得当的教"等相关问题,助推"学讲计划"有效实施。

【李铁成向超时小学捐赠烈士铜像和图书】 3月27日,李铁成向超时小学捐赠烈士铜像和图书。烈士李超时将军之子李铁成携全家到碾庄镇超时小学,与学校全体师生共同缅怀先烈的光辉事迹,并向学校赠送李超时将军铜像和图书。市委常委、宣传部长张东风为烈士铜像揭幕,市领导宋彭、张祥荣、叶敏,教育局局长沙之品及学校全体师生参加活动。

【郁雪群获江苏"最美青年人物"称号】 4月16日,郁雪群获江苏"最美青年人物"称号。江苏"最美人物"发布会在邳州举行,中共江苏省委宣传部、共青团江苏省委共同授予郁雪群江苏"最美青年人物"称号。郁雪群从2005年开始,针对农村小学留守儿童较多、学生校外活动场所缺乏的状况,带领志愿者开始筹集图书,创办"向日葵读书点",以读书点为载体,开展向日葵助学活动。

【李燕到邳州调研教育工作】 4月21日,徐州市副市长李燕到邳州调研教育工作。李燕先后到东方学校、运河中学东校区、运河高师调研。徐州市政府副秘书长周广春、徐州市教育局局长张德超,邳州市市长陈静、邳州市副市长张祥荣及教育局局长沙之品参加活动。

【承办"学讲计划"推进"县县行"邳州站活动】 4月22日,邳州市教育局承办"学讲计划"推进"县县行"邳州站活动。徐州市教育局"学讲计划"推进"县县行"邳州站活动现场会在明德实验学校举行。八义集中心小学教师周晓梅和明德实验学校教师马金月分别执教了小学数学和初中语文观摩课,福州路小学教师高修军、运河中学教师高永彬和徐州市西苑中学教师朱文莲围绕"学讲环境下的学与教"主题分别发言。徐州市"学讲办"徐明与参会人员积极互动,现场解答老师们在一线教学中的困惑。邳州市教育局副局长周卫作邳州市落实"学讲计划"工作汇报。

【召开"一师一优课、一课一名师"活动推进会】 5月5日,邳州市教育局召开"一师一优课、一课一名师"活动推进工作会议。副局长周卫出席会议并作工作部署,教研室负责人对全市"优课"的学科考量标准进行解读和培训,电教馆负责人对"优课"的摄录制作、课件设计和"晒课"上传标准进行培训。全市各中小学业务副校长、信息管理员等170余人参加会议。

【召开班主任基本功大赛总结表彰会】 5月9日,邳州市班主任基本功大赛总结表彰会在明德实验学校举行。会议全面总结班主任基本功大赛开展情况,对186名获奖班主任进行表彰并部署中小学德育工作。会议还邀请著名教育专家陈宇作题为《班级阳光管理》讲座。全市中小学校长、分管德育副校长、德育主任及班主任代表580余人在主会场参会，4000多名教干和班主任在分会场参会。

【徐州市教育局“名师行”送教到邳州】 5月12—13日，徐州市教育局到邳州开展“名师行”送教活动。送教活动分学段分别在运河中学、明德实验学校、实验小学进行，送教学科为语文、数学。名师团24名专家围绕“学讲背景下高效课堂的构建”主题，精心组织18节示范课、6场学术报告和6场教师沙龙。全市中小学2400余名教师参加活动。

【举办2015年首期小学校长论坛】 5月16日，邳州市教育局举办2015年首期小学校长论坛。赴上海跟岗学习的8名小学校长作论坛交流发言，与会校长代表结合学校实际，围绕“怎样当好校长、做好学校管理”展开深入探讨和交流。局长沙之品、副局长周卫出席活动并讲话。

【开展“爱我家乡—红领巾看邳州”活动】 5月25—30日，邳州市教育局开展“爱我家乡——红领巾看邳州”活动。全市500名优秀少先队员代表，集中参加“爱我家乡——红领巾看邳州”活动，先后参观市规划馆、桃花岛公园、王杰烈士纪念馆等，切身感受家乡巨变，激发了“知家乡、爱家乡”的感情。

【举办“七彩阳光”文艺汇演】 5月26日，邳州市举办“七彩阳光”2015青少年文艺汇演暨邳州市首届“十佳美德少年”颁奖仪式。汇演集中展示了全市青少年良好的精神风貌，揭晓邳州市首届“十佳美德少年”评选结果，市委书记王强、市长陈静分别为邳州市“十佳美德少年”获奖者和提名获奖者颁奖。俞启弘、孙跃先、张东风、季伟东、卫道光、胡汉军等市领导观看了演出。

【王强检查高考准备工作】 6月3日，邳州市市委书记王强深入部分考点，检查高考准备工作。王强强调，要精心做好各项准备工作，为考生营造良好的考试环境，确保高考有序平安顺利进行。王强一行先后到明德实验学校考点、运河中学东校区考点、市招办等地指导工作，并为全市高考考生发放生活补助金31万元。市领导李继忠、张东风、胡汉军、张祥荣、张军、汤虹参加活动。

【召开全市中小学安全工作会议】 6月12日，邳州市教育局召开全市中小学安全工作会议。局长沙之品、副局长杜欣出席会议并讲话。会议通报近期全国各地出现的安全事故，反馈安全工作检查情况，要求全市各中小学（幼儿园）再次开展“横向到边、纵向到底”的安全工作大检查，发现问题及时整改，确保消除各类隐患。全市各中小学校长、局直属幼儿园园长及局机关全体人员参加会议。

【举行国赫孚学术报告会】 8月18日，邳州市教育局举行全国著名校长国赫孚学术报告会。国校长以《新课程背景下教学模式与设计》为题，从新课程背景下教师教什么、“六环节”生态高效课堂模式、如何培养元认知能力三方面介绍了新的教学模式和设计，对提高课堂教学效率有着很好的借鉴作用。局长沙之品主持报告会。全市中小学校长、教干和骨干教师代表800余人聆听报告。

【举办新教师岗前培训】 8月17—21日，邳州市举办新教师岗前培训。174名新教师聆听模范教师事迹报告，观摩优秀课堂教学，接受班主任工作和电子白板应用培训等，为上岗做必要的准备。

【衡水中学校长张文茂到邳州作报告】 8月18日，衡水中学校长张文茂应邀到邳州作学术报告。张文茂以《学校智慧管理——我是这样做校长》为题,从实施素质教育提高教学质量、如何成就教师成就学生、校长不是管理而是服务三方面,介绍衡水中学的成功管理经验。全市中小学校长、中层以上教干和骨干教师代表参加报告会。副市长张祥荣主持报告会。

【举行“圆梦行动”启动仪式】 8月26日,邳州举行“梦想的翅膀·邳州市2015圆梦行动”启动仪式。市委书记王强发表讲话,勉励学子志存高远,矢志奋斗,成就精彩人生。王强、陈静分别为2015年新录取大学生、在校大学生发放圆梦助学金,送上市委市政府、社会各界的关心和祝福。

【举行教师节庆祝表彰大会】 9月6日,邳州市举行庆祝第31个教师节暨教育教学工作总结表彰大会。市委常委、宣传部部长张东风出席会议并讲话,副市长张祥荣主持会议,教育局局长沙之品作教育工作报告。会议全面总结和部署教育工作,表彰先进教师和先进集体。各镇(区、街道)分管负责人,市教育局中层以上干部,各中小学(幼儿园)负责人,受表彰教师代表580人参加会议。

【组织新教师代表参观乡镇学校】 9月14日,邳州市教育局组织100余名新入职教师代表参观乡镇学校。新教师先后参观燕子埠镇燕南小学、中心小学、车辐山镇山南小学、四户镇中心小学、港上镇中心小学,感受乡镇学校的变化和农村教育事业的发展。在当天的座谈会上,局长沙之品表达对新入职教师们的亲切关怀和殷切希望,勉励新教师扎根乡村教育,掌握教书育人过硬本领,在平凡的岗位上成就不平凡的业绩。

【召开高中教学工作会议】 9月15日,邳州市教育局召开全市高中教学工作会议。副市长张祥荣、局长沙之品出席会议并讲话,副局长李波主持会议。会议分析2015年高考成绩,总结上一学年高中教育教学工作,并对新学期高中教育教学工作作出安排部署。运河中学、明德实验学校、邳州一中三家单位在会上作高中教学管理专题发言。全市各高中学校校长、副校长、教务主任、级组负责人等300余人参加会议。

【高中教育考察团赴赣榆等地考察学习】 9月15—17日,市教育局局长沙之品率高中教育考察团一行17人赴新沂、赣榆、东海、沭阳等地考察学习。考察团一行先后参观了新沂一中、新沂高中、海头中学、赣榆中学、东海中学、白塔中学、沭阳中学、如东中学8所学校,现场观摩几所学校的课堂教学,听取学校经验介绍。所到学校鲜明的办学特色、良好的校风学风、饱含人文气息的校园文化和优异的教学质量,给考察团成员留下深刻印象。

【徐州市校园法治宣讲团到邳州】 9月24日,徐州市教育局组织的校园法治宣传月巡回宣讲团到邳州市宣讲。徐州市人民法院少年庭副庭长、省级优秀法官、徐州市“十佳杰出卫士”杜秀兰作主题宣讲报告,她结合实际,列举了教师体罚、教师的语言暴力、教学活动中管理不善造成的伤害事故等八类典型案例,以案说法,给出法律启示和建议。副局长李新永主持报告会,全市中小学校长、副校长及教师代表200余人参加报告会。

【举行小学课堂教学分片观摩研讨活动】 9月22—25日,邳州市举行小学课堂教学分片观摩研讨活动。活动由市教育局教研室组织实施,分南片、西片、北片、西北片4个片区进行,为期2天,观摩了语文、数学、英语、品德、科学、音乐、美术7门学科。骨干教师上观摩课，学科教研员结合课例及本学科教学实际，从学讲理念和学讲操作两个层面对如何推进“学讲行动”进行辅导。全市青年教师代表、各学科中心教研组长1000余人参加观摩活动。

【徐州市幼儿园课程游戏化“园园行”活动在邳州举行】 10月23日，徐州市幼儿园课程游戏化“园园行”活动在邳州市机关幼儿园举行。局长沙之品致欢迎词，副局长周卫作全市学前教育课程游戏化工作推进情况汇报，徐州市第二实验幼儿园、机关幼儿园负责人就课程游戏化建设同与会人员进行交流，徐州市教育局基教处韩莹作总结点评发言。徐州市各县（市、区）的幼教干部、教研员、幼儿园园长等100余人参加活动。

【澳大利亚代表团到邳州考察】 10月26日，澳大利亚大丹德农市政府代表团在市长西恩·奥雷利带领下到邳州考察教育工作。代表团一行先后到英华实验小学、明德实验小学，现场观摩了孩子们的剪纸和书法创作。代表团对两校独具特色的校本课程建设表现出浓厚兴趣。副市长张祥荣、教育局局长沙之品陪同。

【海头高级中学校长刘兴发到邳州讲学】 11月14日，江苏省海头高级中学校长刘兴发应邀到邳州讲学。刘兴发围绕“办好适合师生发展的学校”主题，介绍了具有“海头高中特色”的运行体系，强化以“有效德育”为引领的素质教育，推动以“蓝色课堂”为主导的课程改革，建成以“海洋文化”为特色的省基础教育综合实践课程基地，为师生的成长搭建平台。教育局副局长李波主持报告会。全市中小学校长、教干和教师代表500余人聆听报告会。

【市委常委会调研教育工作】 11月17日，邳州市市委常委会开展教育工作集体调研活动。市委常委会围绕教育水平提升工程主题，到邳城镇城东幼儿园、邹庄镇刘沟小学、燕子埠镇中心小学实地调研。随后召开座谈会，教育局局长沙之品作工作汇报，车辐山中学代表基层学校作典型发言。市四套班子领导结合现场调研情况交流感受，针对全市教育工作的全面提升提出具体意见和建议。市长陈静参加调研。

【省教育督导组回访督导邳州】 11月27—28日，省政府教育督导组回访督导邳州市教育工作。督导组先后实地察看走访燕子埠镇中心小学、碾庄中学、明德实验学校等6所学校，查阅相关文件、资料和账册等，全方位深入了解督导意见落实整改情况。督导组对邳州教育发展取得的成果给予高度评价，希望进一步加大教育投入力度，向义务教育优质均衡发展目标迈进，全力加快教育现代化建设进程。市领导张东风、张祥荣陪同活动。

【校长高级研修班在华东师大开班】 12月1日，邳州市校长高级研修班在华东师范大学开班。副市长张祥荣出席开班仪式并讲话，50名校长在华东师大进行为期1周的脱产研修。研修内容有教育改革与校长使命、学校特色与品牌学校的创建、学校管理中的安全与法律问题研究、信息化浪潮下教与学的变革等，以专题讲座、主题研讨、教育考察、研修论坛等形式展开交流探讨。培训由市委组织部、市教育局共同组织实施。

【举办教职工乒乓球羽毛球大赛】 12月26—27日，邳州市举办首届“中国人寿杯”教职工乒乓球、羽毛球大赛。两项赛事分别设置混合团体、男子单打和女子单打三个比赛项目，全市教育系统的25支代表队、258名队员参加比赛。

（撰稿：沈庆保　花少锋　杲绍祐
审稿：杜　欣）

【运河中学7名教师获徐州市名教师等称号】 12月2日，运河中学7名教师获徐州市名教师等称号。徐州市第九批名校长、名教师和第十一批青年名教师、学科带头人、青年优秀骨干教师评选结果揭晓，龚源被评为徐州市名教师，赵瑞华被评为徐州市青年名教师，王海军、刘兆刚、张磊、汪金花被评为徐州市学科带头人，张倩男被评为徐州市青年优秀骨干教师。

【运河中学举办新年诗会】 12月25日，运河中学举办“梦回经典·咏我未来”新年新诗会。参赛选手综合运用舞蹈等多种形式诠释对新诗的理解，表达对生命的感悟、对青春的赞美、对祖国的讴歌。校领导与师生代表参加诗会。邳州广播电台节目主持人王璐对诗会作了点评。

（撰稿：赵瑞华　审稿：陈　青）

【明德实验学校英语课程基地通过省验收】 12月，明德实验学校英语课程基地顺利通过省教育厅专家组验收。省教育厅专家组对学校项目推进情况进行视导调研，对项目建设和课程实施情况给予肯定，认为课程基地推进了课程改革的深化，重构课堂生态，提升了教师的专业化水平。

（撰稿：石　杰　审稿：李宏飞）

【邳州一中东湖校区举行首届秋季田径运动会】 10月29—30日，邳州一中东湖校区举行首届秋季田径运动会。开幕式上，国旗队、彩旗队、运动员代表队、裁判员代表队等各方队依次入场，校长刘传超致开幕词，运动员、裁判员代表分别宣誓。运动会共设55个项目，860名运动员参赛，432人次获奖。运动会展现出“更快、更高、更强”的奥林匹克精神。

（撰稿：葛广辉　审稿：刘传超）

【邳州二中承办“十八岁成人礼”】 5月19日，邳州市第二中学承办邳州市“十八岁成人礼”活动。活动由激情跑操展我风采、歌唱生命感恩十八岁、行加冠礼、过成人门、成人宣誓、放飞梦想等部分组成。共青团邳州市委、市文明办、市教育局等单位联合主办，

（撰稿：王　浩　审稿：张士超）

【邳州四中省级课题获立项】 11月26日，邳州四中“中学历史培育学生核心素养的实践研究”省级课题获得立项。该课题由主任宋波、校长陈良主持研究，课题申报后，经专家评审，被江苏省中小学教学研究第十一期立项课题予以立项。

（撰稿：刘　振　审稿：陈　良）

【新城中学关工委常态化创建工作获好评】 10月27日，新城中学关工委常态化创建工作获好评。徐州市教育系统关工委主任张建勋带领各县区教育局关工委常务副主任一行26人到新城中学检查关工委常态化创建工作，听取学校工作汇报，查阅相关档案资料，对学校关工委坚持常态化创建工作给予高度评价。

（撰稿：满　倩　审稿：王新建）

【官湖高中学生省作文大赛获奖】 12月，官湖高中学生参加省作文大赛获奖。由江苏教育报刊总社主办、《江苏教育报》编辑部承办的“苏教国际杯”江苏省第十五届中学生作文大赛成绩揭晓，官湖高中有34名学生获奖，其中，吴瑶瑶参加南京现场决赛获一等奖，8人获二等奖，25人获三等奖。学校获优秀组织奖。

（撰稿：孙光波　审稿：李　飞）

【铁富高中举办青年教师基本功大赛】 12月26日，铁富高中举办青年教师基本功大赛。

参赛选手展现了青年教师扎实的基本功和良好的专业技能,孟丽、沈芳、冯仰田分获一、二、三等奖。

(撰稿:赵艳梅　审稿:王大全)

【土山高中开展"学雷锋见行动"活动】 3月,土山高中开展"学雷锋见行动"活动。学校通过校园广播、宣传栏、手抄报、E校信等宣传阵地,召开主题班会,组织学生学习雷锋先进事迹,唱雷锋歌曲。学校志愿者服务队走进社区、敬老院,将活动推向社会。

(撰稿:娄海林　审稿:刘成国)

【八义集高中获徐州市校园足球联赛一等奖】 9月27日,八义集高中获徐州市校园足球联赛一等奖。八义集高中大力开展校园足球运动,认真抓好足球队训练,以竞赛促进学校足球运动发展,取得显著效果。在徐州市中小学校园足球联赛高中组比赛中获男团一等奖第三名,教练徐志伟获"十佳教练"称号,队员曹卫国获"十佳球员"称号。

(撰稿:王　猛　审稿:胡　颢)

【高艳晴回母校宿羊山高中作励志报告】 6月5日,宿羊山高中邀请高艳晴回母校作励志报告。高艳晴是江苏信息职业技术学院学生,获2014"江苏省大学生年度人物"称号和2014年"全国高校大学生年度人物"入围奖,她身残志坚,获江苏省第九届残疾人运动会50米、全能赛事射箭2枚金牌。高艳晴激励学弟学妹们勤奋学习,顽强拼搏,迎接高考。

(撰稿:袁召波　审稿:李　永)

【车辐中专在省技能大赛中获佳绩】 12月28日,车辐中专在省技能大赛中获佳绩。在2015年江苏省职业院校技能大赛比赛中,车辐中专教师邹士英、肖群分别获得服装设计比赛金奖、铜奖,学生武恒交获中餐烹饪比赛铜奖。

(撰稿:臧启华　审稿:袁成峰)

【东方学校强化法治教育和民主管理】 年内,东方学校强化法治教育和民主管理。学校积极推进"平安校园""和谐校园"建设,推行师德考评机制,增强教师的敬业奉献精神。定期召开党员民主生活会、教代会、师生代表座谈会,倾听各方面的意见和建议,引导广大教师积极参政议政,增强民主管理意识。

(撰稿:姚夫永　审稿:闫怀林)

【运师附小评选学科骨干教师】 11月,运师附小开展首届学科骨干教师评选活动。活动经过宣传发动、个人申报、教师自评、组织评审,充分考量师德师风、教学能力、科研水平、教学业绩、示范引领5项一级指标和12项二级指标,对55名教师的申报材料进行严格审核和量化积分排序,评出刘颖等14名教师为运师附小首届学科骨干教师。

(撰稿:陈奉环　审稿:谭运明)

【实验小学"在线课堂"远程教学首播】 7月1日,实验小学"在线课堂"远程教学首次试播。邳州市首套远程教学系统建成并投入试运行,实验小学教师陈春、张金鸽分别通过该套系统在学校的主播教室给实验小学、燕子埠、港上和邢楼三镇小学分别进行远程执教,精彩的美术和音乐教学设计借助网络引导4校的学生共同学习,实时互动,展示了生动有趣的高效课堂。整套系统包括教育局监控管理平台、实验小学的主播教室和分布在燕子埠镇、港上镇和邢楼镇的接收教室。

(撰稿:王　震　审稿:陈立芳)

【明德实验小学德育活动丰富多彩】 年内,明德实验小学开展丰富多彩的德育活动。开学初,开展旨在培养卫生习惯的“弯腰行动”,成立“红领巾安全文明监督岗”和“啄木鸟”小队,引导学生在实践中体验成长;10月12日,承办邳州市“争当王杰小传人”主题队会暨一年级新生入队仪式活动;11月10日,举行“走进十岁”学生成长仪式,副市长张祥荣等领导参加活动,并给予高度评价;学期末,开展“读书之星”“感动明德小学人物”评选活动,引导学生自我总结,促进良好校风形成。

(撰稿:孔庆旭　审稿:刘　志)

【运平路小学《心向榜样》编辑出版】　10月,运平路小学校本教材《心向榜样》丛书编辑出版。丛书分低年级、中高年级两册,4万余字,图文并茂,充满儿童情趣,内容涵盖“善良”“志向”“勤奋”等十多个方面100多个经典榜样故事。通过榜样故事感染学生,引导学生心向榜样,学习榜样,成为榜样。

(撰稿:刘　辉　审稿:杜互东)

【福州路小学承办市校园科技节】　11月2日,福州路小学承办邳州市首届校园科技节。科技节由邳州市科协、教育局联合主办,以“创新 体验 成长”为主题。中国少年科学院十佳优秀导师韩仕龙应邀作题为《科技创新如何借鉴他山之石》的讲座。与会领导和师生观摩学生优秀科技作品展和学生制作的无人飞机及遥控赛车表演,参观学校科技馆,现场体验5D电影。全市各中小学科学辅导员和学生代表等200余人参加活动。

(撰稿:李　颖　审稿:韩召龙)

【英华实小剪纸课程通过省验收】　6月18日,英华实小特色课程——“邳州民间剪纸艺术传承教育”通过省教育厅专家组验收。“邳州民间剪纸艺术传承教育”获省特色文化课程建设立项后,学校完成了校本教材《剪纸课程实施方案》的制定,并编辑出版校本期刊《妙剪生花》的出版。课程采取学科嵌入式与社团活动相结合运行模式,该项目被评定为省小学特色文化建设优秀项目。

(撰稿:李修昂　审稿:孙卫胜)

【机关幼儿园被评为省课程游戏化项目建设园】　6月,机关幼儿园被评为江苏省课程游戏化项目建设园。机关园更新教师的教育观、儿童观、游戏观,弹性安排一日活动,将普适性课程、特色活动和生成活动相结合,从孩子的兴趣入手,根据孩子的需要创设适宜的游戏环境,形成“自由选择 自主游戏 合作创新 快乐体验”的办园特色。

(撰稿:刘欢欢　审稿:庄　静)

【明珠幼儿园“十二五”课题结题】　6月16日,明珠实验幼儿园“十二五”规划课题《幼儿园自主发展过程中“运动与健康”特色工程的实践研究》顺利结题。该课题历经三年的实践研究,幼儿园制定并实施了园本课程,开设轮滑、篮球、民间体育游戏等特色课程,受到孩子和家长的喜爱。徐州市教科室李燕带领评审组专家现场观摩活动、查阅资料,对课题研究成果给予充分肯定,并鼓励幼儿园申报更高级别的课题。

(撰稿:周　静　审核:温传英)

【新城幼儿园承办案例观摩研讨活动】　10月30日,新城幼儿园承办邳州市幼儿园活动整合课程案例观摩研讨活动。郭秀君、赵丽娜两名教师分别执教大班语言课“大树”、中班美术课“伞花朵朵开”。活动由市教育局基教科组织,全市幼儿园园长及骨干教师300余人参加活动。

(撰稿:李长梅　审稿:李　侠)

【青年路幼儿园开展“亲子环保时装秀”活动】　6月3日,青年路幼儿园开展“亲子环保时装秀”活动。家长和孩子们身着用各种废旧塑料袋、包装纸、纸箱、废旧光盘、扑克牌、布料等物品制作的服装,踏着音乐的节奏走上舞台。活动增强了亲子交流,使孩子们从小树立环保意识。

（撰稿:马 敏 审稿:蔡 莉）

【运河幼儿园开展区角游戏环境创设教研】 4月8—10日,运河幼儿园开展区角游戏环境创设教研活动。各班有目的、有计划地创设生活区、语言区、美工区、科学区、建构区等活动环境,投放活动材料,让幼儿自主选择活动内容、合作伙伴,引导幼儿进行交往与合作。

（撰稿:徐月侠 审稿:闫继玲）

【邳州中专特聘钟绍春为名誉校长】 12月13日,邳州中专特聘教育部数字化学习支撑技术工程研究中心主任、东北师范大学软件学院院长钟绍春教授为名誉校长。钟绍春在学校逸夫楼报告厅作了题为《信息技术支持教育变革与创新的路径》专题报告。副市长张祥荣主持报告会,徐州市各中专学校校长,邳州市中小学校长、教师代表420人参加报告会。

（撰稿:姚 峰 审稿:张传喜）

【华山路小学被评为徐州市“绿色学校”】 12月,华山路小学被评为徐州市“绿色学校”。自3月创建工作启动,学校不断加强环境教育和宣传,培养学生爱绿、护绿、环保、节能节约的可持续发展意识,投入资金3万余元,改善校园环境设施,组织教师编写环境教育校本教材。

（撰稿:汪恩明 审稿:温 岚）

【青年路小学开展创新教研活动】 12月14日,青年路小学开展创新教研活动。活动采取“人人上课、人人听课、人人评课”的方式,引导上课教师对教学设计及课堂表现,进行自我反思和评价,听课教师依据“学讲方式”课堂教学评价指标,对上课教师的课堂教学进行量化评分,实现“讲、听、评”一体化,提升教研质量。

（撰稿:娄军华 审稿:娄海清）

【天山路小学举行“学讲课堂”评比活动】 10月24—25日,天山路小学举行“学讲课堂”优质课评选活动。教导处精心组织评选,9名教师参加校级决赛,苗二亮、解清华、张波获一等奖。

（撰稿:王 彪 审稿:魏云飞）

【奚仲路小学邀请作家张之路讲学】 10月28日,奚仲路小学邀请著名儿童文学作家、剧作家张之路到学校作“阅读与写作”的主题讲座。张之路以自己的实际创作经验为例,用讲故事的方式,向同学们讲解“如何写好作文”,鼓励同学们要大量阅读,勤于积累,大胆想象,打下扎实的作文基本功。在一个多小时的讲座中,同学们听得认真,记得仔细,并不时和张老师互动,现场气氛热烈。

（撰稿:韩 光 审稿:李 峰）

【向阳小学举行《中小学生守则之歌》合唱比赛】 12月21日,向阳小学组织三、四年级学生举行《中小学生守则之歌》合唱比赛。20个参赛班级以不同的形式演唱《中小学生守则之歌》。三(5)班、四(1)班获一等奖。

（撰稿:张妍妍 审稿:朱 颖）

【特教中心承办徐州市特教教研会】 1月11—12日,邳州市特教中心承办徐州市特殊教育教研会。徐州市10所特殊教育学校的70余名领导和教师参加活动。该教研活动主题为“关注差异,促进成长”。特教中心教师展示了语文、数学、律动、体育、生活、语言、康训等19节观摩课，展示学校在听障教育、智障教育和学前康复教育方面取得的突出成绩，获得与会领导和教师好评。

（撰稿：刘　忠　审稿：李　薇）

【王杰中学开展“每日校长电话表扬学生”活动】 9月1日起，王杰中学开展“每日校长电话表扬学生”活动。学校要求各班班主任努力发现学生身上的闪光点，轮流上报一个学有进步的学生名单给校长室，由校长直接打电话给该学生的家长对其表扬。活动加强了家校联系，调动学生的积极性，促进学生健康成长。

（撰稿：张成召　审稿：季延奎）

【红旗中学承办市教学研讨现场会】 10月21日，红旗中学承办邳州市“学红中，促‘学讲’，提升初中教学管理质量”教学研讨现场会。学校为研讨活动提供7门学科共22节公开课，并作题为《教学管理的实践与思考》交流发言。现场会由邳州市教育局教研室主办。

（撰稿：张光来　审稿：刘　炜）

【铁富中学多措并举实施关爱留守儿童负责制】 9月起，铁富中学实施关爱留守儿童负责制。校长、中层干部、班主任、科任教师与留守儿童结对子，帮扶活动责任到人。通过网络资源，建立亲情视频聊天平台，为孩子与父母提供交流沟通的机会，把关爱落到实处。

（撰稿：周　翔　审稿：刘春雷）

【连防中学开展“两个习惯”教育】 11月，连防中学扎实开展“两个习惯”养成教育活动。教务处和政教处分别制定《连防中学学生良好学习习惯》《连防中学学生良好行为习惯》两个细则，通过班会、学生动员会学习、讨论细则，通过检查、整改、召开交流会评比会实施和推进细则。学生良好习惯明显提升。

（撰稿：武　富　审核：华旭光）

【官湖初中女足晋级徐州八强】 9月21日，官湖初中女子足球队在2015年徐州市“市长杯”校园足球联赛上成功晋级徐州市女子组八强。官湖初中女子足球队不畏强手，奋力拼搏，实现首次出征徐州市级比赛、榜上有名的预期目标。主教练戴广奋获得女子足球队“优秀教练员”称号，王红叶获得“十佳球员”称号。

（撰稿：冯遵将　审稿：马　跃）

【白埠中学在“陶行知教育故事”品读比赛中获奖】 11月，白埠中学在徐州市陶研会组织的首届“陶行知教育故事”品读比赛中获得优秀组织单位称号。学校以赛促学，引导广大师生品读陶行知教育故事，开展学陶师陶活动。7名师生分别获比赛一、二、三等奖。

（撰稿：胡　彬　审稿：吴鹤林）

【邳城中学借力推进“学讲计划”】 12月10日，邳城中学特邀徐州市大庙中学优秀教师到校传经送宝，借力推进“学讲计划”。大庙中学教师开设3节示范课，采用“五步三查”教学法，两校老师进行了有针对性的交流，邳城中学教师深感受益。

（撰稿：王　超　审稿：刘金龙）

【八义集初中多名教师获表彰】 年内，八义集初中多名教师获得上级表彰。学校长期坚持教研立校、教研兴校，采取多种方式帮助教师提升教育教学能力，取得可喜成果。宋平国获得邳州市青年名教师称号，孙春玲获得邳州市学科带头人称号，李进获得邳州市青年优秀骨干教师称号，李培迎获得徐州市微课比赛二等奖。

（撰稿：张卫华　审稿：杨宜敢）

【泇口中学开展“三比三看”责任教育】 5月18日，泇口中学在全体师生中开展“三比三看”责任教育活动。“三比三看”即教师“比学识、比责任、比贡献，看修养、看形象、看业绩”和学生“比学习、比勤奋、比进步，看言行、看素质、看成绩”。全体师生通过学习讨论，对照标准找差距，提高了工作和学习的积极性、主动性。

（撰稿：马　超　审稿：刘清国）

【岔河中学开展学生评教活动】 12月27日，岔河中学组织开展学生评教活动。教务处编制评教表，每班选派6名认真负责的学生代表，从师德、敬业态度、教学能力与素养、作业布置与辅导、思想教育等几个方面对各科教师分别打分，倾听学生的呼声和意见，及时与相关教师沟通，帮助教师进行整改。

（撰稿：宋伯虎　审稿：刘新宇）

【邢楼中学承办邳州市英语教学研讨会】 11月12日，邢楼中学承办邳州市英语教学研讨会。与会教师观摩了胡小增、褚林林执教的公开课，教研室史玲对活动进行总结，并就如何上好“学讲课堂”作了具体指导。全市各初中学校的100余名英语教师参加活动。

（撰稿：李宗科　审稿：王克华）

【碾庄中学举行14岁青春宣誓仪式】 6月15日，碾庄中学举行“拥抱青春 放飞梦想”14岁青春宣誓仪式。活动分为青春寄语、青春之门、青春之声、青春感恩、青春宣言、青春签名、青春展示、放飞梦想8个篇章。同学们庄重地走青春之门，作青春宣誓和青春签名。青春展示活动尽显学生多彩生活和才华，表达了对父母、老师的感恩之情。

（撰稿：徐　栋　审稿：张汉学）

【岱山中学教学综合楼落成】 12月，岱山中学教学综合楼项目建设落成。该工程施工历时6个月，总投入850万元，可容纳36个班级，集教学、实验、行政等功能于一体，提升了学校教学硬件设施水平。

（撰稿：陈　曦　审稿：王　建）

【议堂中学承办邳南片数学教研会】 12月14日，议堂中学承办邳南片数学“学讲课堂”教学研讨会。王芳、韩艳等6名教师开设“学讲课堂”观摩课，市教研室曹连防作总结点评，并就下一步教学工作提出具体意见和建议。邳南片14所初中的50余名教师参加活动。

（撰稿：曹　峰　审稿：陈立新）

【占城中学邀请学生家长参与监考】 11月11—13日，占城中学邀请家长代表参与期中检测监考活动。学校长期坚持家校联动，齐心育人，邀请家长参与学校管理。家长参与监考活动，学生们更切身感受到家庭教育和学校教育的合力。

（撰稿：佟　飞　审稿：曹兴辉）

【陆井中学教师节获3块奖牌】 9月，陆井中学在教师节表彰会上获3块奖牌。学校年度综合考评积分全市第一，中考成绩比上一年提高12个位次，进步幅度全市最大，被授予邳州市目标考核先进单位、教学工作先进单位和中考进步先进单位称号。

（撰稿：王绍飞　审稿：曹兴辉）

【新河中学召开教职工代表会议】 12月24日，新河中学召开教职工代表会议。31名教职工代表参加会议。会上，分组讨论校长石峰作的《完善制度，共创未来》工作报告。与会的31名教职工代表认真听取议案，讨论通过《新河中学教职工考勤制度及考评方法》《新河中学职评及评优评先方案》《新河中学绩效分配方案》校纪校规。会议还研究公租房使用和管理等事宜。

（撰稿：庄　鑫　审稿：石　峰）

【新集中学举行纪念抗战争胜利作文大赛】 9月2日，新集中学举行纪念抗战争胜利70周年现场作文大赛。活动由政教处和语文教研组共同组织。赛前政教处作广泛宣传发动，语文组教师进行精心的赛前指导，全体学生参加比赛。经过评委老师的认真评选，庄晶等5位同学获得一等奖，安迪等10位同学获得二等奖，韩婷等10位同学获得三等奖，七(3)班、八(2)班获得优胜班级奖。

（撰稿：蒋学尚　审稿：周之树）

【八路中学校本教材研究成绩显著】 年内，八路中学开展校本教材研究成绩显著。截至12月底，已经完成国家级课题《地域性作文素材的开发和利用》和省级课题《德育地方性课程资源》的研究任务并顺利结题。带有明显地方文化特色的《两汉文化经济》《小萝卜头精神》《岠山的持续性开发》等论文在省、市级报刊上发表。

（撰稿：徐　伟　审稿：赵　亮）

【土山初中举行疏散演练】 5月12日，土山初中举行防震减灾疏散演练。学校通过校园广播向全体师生宣讲防震减灾科普知识，明确演练的要求和注意事项。下午3时，随着警报声响起，全体师生迅速作出反应，沿着指定路线，在责任教师的指挥下迅速、有序地疏散到安全地带，整个活动仅用时59秒，达到预期效果。

（撰稿：宋　乐　审稿：魏贤东）

【薛集中学举行“校园开放日”活动】 12月18日，薛集中学举行“校园开放日”活动。家长们深入课堂，现场了解学生晨诵、课堂教学、课间活动，与班主任和任课老师交流学生在校的表现和学习情况。活动让家长全面了解学校办学情况。

（撰稿：卢鸿儒　审稿：胡争科）

【四户中学启动塑胶操场建设工程】 10月，四户中学启动塑胶操场建设工程。该工程规划设计为300米塑胶跑道，场内植人造草皮，两半圆区分设跳远区和投掷区域，计划投资100万元。

（撰稿：赵宜球　审稿：李　森）

【戴庄中学承办市初中语文课改现场会】 12月10日，戴庄中学承办邳州市初中语文课改现场会。活动以“同课异构”为形式，开设七年级的《紫藤萝瀑布》和八年级的《老王》两课，分别由翟常德、刘辉、李国华等8位教师执教。教研室李晓奎作总结点评，传达课改的先进教学理念，指出语文教学努力的目标和方向。活动由市教育局教研室主办。

（撰稿：刘　辉　审稿：王　辉）

【邹庄中学承办市初中英语教研活动】 12月18日，邹庄中学承办邳州市初中英语“学讲课堂”教研展示活动。邹庄、新城、官湖等中学的7位教师展示英语课堂教学，教研室史玲老师主持召开反馈会，与会教师就如何贯彻“学讲课堂”、如何引导学生进行自主合作探究学习等问题进行深入探讨和交流。活动由市教育局教研室主办。

（撰稿：孟凡华　审稿：宋端凯）

【赵墩中学举行拒绝有偿家教签名活动】 9月1日，赵墩中学举行拒绝有偿家教签名活动。学校组织全体教师学习各级教育主管部门对违规进行有偿家教处理的政策法规，要求全体教职工严格遵守《中小学教师职业道德规范》，教书育人，为人师表，依法从教，树立人民教师的良好形象。全体教师认真学习承诺书并郑重签名，承诺不组织、不举办任何形式的有偿家教。

（撰稿：陈前卫　审稿：李　永）

【陈楼中学承办市“落实学讲”教研会】 12月9日，陈楼中学承办邳州市初中语文“落实学讲”教研会。陈楼中学翟莉等6位教师提供研讨课，运河中学李丹老师上一节示范课，教研室李晓奎老师作总结点评，并就初中语文“学讲课堂”的实施提出指导意见和建议。研讨会由市教研室主办，市区、邳东片16所学校的60余名教师参加研讨会。

（撰稿：杜护启　审稿：车振军）

【滩上中学召开师德师风建设会议】 6月18日，滩上中学召开师德师风建设工作会议。教师代表作题为《自觉遵守师德规范》的表态发言，表示将自觉遵守师德规范及有关规章制度，不做有偿家教，不体罚学生，塑造师表风范。校长周峰强调加强师德师风建设的重要性、必要性，从爱岗敬业、廉洁从教、为人师表、关爱学生等方面对教职工的行为提出具体要求。

（撰稿：沙吉伟　审稿：周峰）

【港上中学与丰县华山初中开展教学联谊活动】 12月11日，港上中学与丰县华山初中开展教学联谊活动。华山初中校长薛志刚交流其管理心得，全国模范教师、省特级教师尹建林介绍自己的专业化发展，徐州市青年骨干教师申海良等3位教师上了3节示范课。该活动由徐州市陶研会引荐，两校结成联谊学校。徐州市陶研会副秘书长姚澄儒参加活动。

（撰稿：冯　维　审稿：娄培权）

【新桥中学开展冬季安全教育周活动】 11月9—13日，新桥中学开展冬季安全教育周活动。学校利用国旗下讲话、主题班会、宣传橱窗、校园广播等形式对全体师生进行冬季安全教育，有交通安全、用电安全、消防安全、食品安全、预防流感、校内安全、户外活动安全和防滋扰安全等。通过《致家长一封信》，对家长进行安全宣传，促进家校合作，增强安全意识和自我保护能力。

（撰稿：张德成　审稿：马全超）

【宿羊山初中获多项荣誉称号】 年内，宿羊山初中获多项荣誉称号。学校健全制度，强化管理，落实责任，教育教学质量得到较大提升。先后获邳州市目标考核先进单位、教学工作先进单位、教科研工作先进单位、中考对口单招先进单位称号。

（撰稿：潘　锋　审稿：宋　翔）

【车辐山中学实施“三双”教学管理】 9月，车辐山中学实施“三双”教学管理模式。“三双”即“双线、双控、双提”。七年级实施“双线”教学，即一边学习新知识，一边复习小学旧知识，双线并进，提升质量；八年级实施“双控”教学，即控制留生，控制两极分化；九年级实施“双提”教学，即提升优生群体，提高教学质量。

（撰稿：梁　锋　审稿：郭泾宗）

【燕子埠中学举行法制专题讲座】 6月2日，燕子埠中学举行了由市妇联、法院联合举办的“七彩助梦 法伴成长”法制知识专题讲座。市法院少年家事审判庭庭长郭海泓主讲。郭海泓以案例说法制，使全体师生受到一次深刻的法制教育。

（撰稿：王化标　审稿：王加强）

【王杰小学举行弘扬王杰精神研讨会】 3月31日，王杰小学举行弘扬王杰精神主题研讨会。山东金乡县(王杰家乡)、徐州、邳州三地六校的王杰中小学代表和驻徐部队王杰连汇集邳州市王杰小学,举行“携手同走王杰路、共做教育追梦人”主题研讨会。会后,建立定期研讨、交流机制,让王杰精神薪火相传。

(撰稿:孙　颖　审稿:吕　杰)

【经济开发区中心小学招聘专任教师】 8月,经济开发区中心小学面向社会公开招聘小学专任教师。500多名考生经过笔试、面试、体检、考察及公示5个环节,69人被招聘为专任教师。招聘工作在开发区纪工委全程监督下,坚持公开、平等、公正原则,择优录取。

(撰稿:胡　森　审稿:吴德亚)

【陈楼中心小学新建学校如期开学】 9月1日,陈楼中心小学新建袁湾、院许两所学校如期开学。袁湾小学占地0.95公顷,建筑面积1820平方米。院许小学占地0.85公顷、建筑面积2150平方米。两所新建学校的投入使用,解决了袁湾、院许等村学生上学远的困难,使学区规划更加合理。

(撰稿:孙领军　审稿:于慎华)

【铁富镇艾山后小学异地新建】 年内,铁富镇艾山后小学异地新建。铁富镇艾山后小学被列入市校安工程,异地建新校。新校区占地1.5公顷,建筑面积2779平方米,能容纳18个教学班,专用教室配备齐全,达到教育现代化学校要求。

(撰稿:孙　伟　审稿:鹿丙奇)

【官湖镇小学校长如皋跟岗学习】 10月26日,官湖镇小学校长赴如皋跟岗学习。按照市教育局安排,官湖镇中心小学选派4名小学校长赴南通如皋市安定小学、东陈小学进行为期一周的跟岗学习,围绕抓课堂、抓管理、抓质量等开展学习交流活动。

(撰稿:刘廷合　审稿:翟李春)

【邳城镇镇南小学举行诗歌朗诵大赛】 12月9日,邳城镇镇南小学举行第二届“行知杯”学生诗歌朗诵比赛活动。诗歌朗诵大赛作为诗歌教学的课外延展,学生自主选诗、读诗、诵诗、演诗,有效激发学生的兴趣,营造了校园诗歌诵读氛围。

(撰稿:万振友　审稿:杲绍俊)

【岔河中心小学开展提升教学质量研讨】 9月16日,岔河中心小学开展提升教学质量研讨活动。全体教师就“如何实施‘学讲’,提升教学质量”进行交流研讨,查找日常教学中存在的不足,并针对问题提出改进措施。各小学校长、分管教学副校长、业务主任、教研组长、学科骨干教师参加活动。

(撰稿:杜学吉　审稿:程寒然)

【邢楼中心小学推广“向日葵读书点”】 5—12月,邢楼中心小学开展“向日葵读书点”推广活动。学校发出《创建书香校园·推广向日葵读书点》倡议书,借助机关部门捐资和社会公益力量的参与,先后在范墩办学点、蒲汪办学点、大固小学创建“向日葵活动基地”,不断充实阅读资源,改善校园阅读基地环境,开展丰富多彩的校内外阅读活动。

(撰稿:黄立国　审稿:尹春雷)

【碾庄中心小学承办“未来之星”海选】 6月20日,碾庄中心小学承办江苏省人寿杯“未来之星”邳州地区海选活动。海选分为青少年组和儿童组,内容涉及音乐、舞蹈、绘画、武术等,经过2个月的比赛,评出声乐类选手3名,器乐类选手4名,书法类选手9名,舞蹈类选手12名,绘画类选手40名,其中学前组儿童

16名。获奖选手将代表邳州到徐州市参加"未来之星"半决赛。

（撰稿：章　鹏　审稿：耿　聃）

【议堂中心小学举行传统体育项目比赛】 12月30日，议堂中心小学举行一年一度的师生传统体育项目比赛。比赛有踢毽子、跳绳两个项目。毽子有左踢、右踢、连环踢；跳绳有单跳、双跳、花样跳。现场热烈，加油声、欢呼声汇成一片。

（撰稿：庄思省　审稿：卢占明）

【占城中心小学举行"开放校园"校校行活动】 12月2—24日，占城中心小学举行"开放校园"校校行活动。8所小学晒"学讲方式"下的常态课76节，136名教师晒备课、导学单以及读书学习笔记，2922名小学生晒各科各类作业。全方位开放校园，晒文化、环境以及管理资料，随机抽测1408名小学生学科双基能力，品鉴"一校一品"特色教育成果展示，召开8场报告交流会，8名小学校（园）长分别作学校工作报告。教干、教师225人次参与观摩学习与交流。

（撰稿：王　超　审稿：曹　伟）

【丁晓昌到宋圩小学开展"暖心行动"】 1月19日，江苏省教育厅副厅长丁晓昌率省国际教育交流中心一行人，到八路镇宋圩小学开展"暖心行动"。丁晓昌一行实地考察了学校的校园文化环境、基础设施建设等，并向该校捐赠10万元办学资金，向6位贫困教师发放慰问金，向30名贫困学生赠送书包等学习用品。徐州市教育局局长张德超、邳州市委宣传部长张东风、邳州市教育局局长沙之品、副局长杜欣陪同活动。

（撰稿：李　君　审稿：赵武之）

【土山中心小学召开教学质量分析会】 11月18日，土山镇中心小学召开期中教学质量分析会。教务处就测试成绩和测试中反映出来的普遍问题、典型问题及其原因分学科作深入细致地分析，并提出整改意见。校长石健作总结讲话，对后期教学工作提出具体要求。

（撰稿：韩召同　审稿：石　建）

【省教育科技工会到四户夏墩小学扶贫助学】 4月14日，省教育科技工会到四户镇夏墩小学扶贫助学。省教育科技工会副主席孙焱、陈望进等一行9人向四户镇夏墩小学捐赠篮球架、乒乓球台等体育器材，向20名贫困生赠送文具和书籍。孙焱勉励同学们勤奋学习。

（撰稿：聂绪伯　审稿：周中余）

【戴庄中心小学开展革命传统教育活动】 10月20日，戴庄中心小学开展革命传统主题教育活动。学校组织少先队员到禹王山阻击战纪念园，参观禹王山抗战纪念馆、战壕遗址和禹王园，接受革命传统教育，重温入队誓词。

（撰稿：滕兴君　审稿：冯宪铎）

【邹庄镇刘沟小学被授予省关爱留守儿童示范基地称号】 8月26日，邹庄镇刘沟小学被江苏省卫计委授予"江苏省关爱留守儿童健康促进项目示范基地"称号。学校立足实际，建成"童悦之家"，加强对留守儿童课后学业指导和生活辅导，开展心理健康培训与心理疏导，通过亲子视频缓解亲情缺失。建立"家校月沟通"制度，办好家长学校和留守儿童爷爷奶奶培训班，普及家教知识，传授教育经验，把关爱留守儿童的工作做细、做实。

（撰稿：张慎银　审稿：胡　伟）

【赵墩镇滩上小学竹马特色课程接受验收】 12月10日，赵墩镇滩上小学竹马特色文化课程建设接受省专家组评估验收。验收组听取滩上竹马文化介绍,参观校园文化布置、竹马文化馆、道具制作展室,观摩道具制作课、《竹马之歌》小合唱、鼓乐课、竹马舞步回型跑、竹马乒乓操以及千人颠球等现场表演,听取学校关于竹马特色文化课程建设情况的汇报。验收组对学校竹马文化课程建设方面取得的成绩给予肯定,对竹马文化更好的传承与发展提出建议。

(撰稿:李长征　审稿:魏建超)

【港上中心小学教师获"学讲教案"评比奖】 9月,港上中心小学13名教师在邳州市教研室组织的"学讲优案"评比中获奖。郭英、朱妍妍、刘敏、张丹、郑欣、刘凤梅、樊小秋、黄翠柳获一等奖,胡月、冯小洒、龚芹、汤慧、汤力获二等奖。

(撰稿:冯遵纪　审稿:赵　丰)

【炮车街道中心园开展感恩教育】 9月9日,炮车街道中心园开展"感恩身边的人"主题教育活动。活动通过"讲故事、现场表演、唱儿歌"等形式让孩子们知晓感恩、尊重他人。孩子们折纸绘画,巧手制作爱心卡敬献给老师、爸妈等身边的人,用力所能及的实际行动表达感恩之情。

(撰稿:刘尧才　审稿:马夫胜)

【八义集中心小学杨百里获评全国优秀辅导员】 10月13日,八义集中心小学大队辅导员杨百里被共青团中央、教育部、全国少工委评为全国优秀少先队辅导员。杨百里自担任学校少先队辅导员工作起,以"弘扬小萝卜头精神,争做三爱红孩子"为主题,组织开展了"红色阅读""红色寻访""红色梦想"等一系列红色教育活动。学校大队部先后被评为江苏省少先队先进集体、全国少先队先进集体。

(撰稿:张　磊　审稿:汪玉学)

【扬州宝应实小到徐楼小学支教】 12月18日,扬州宝应实小学陈士才名师工作室的教师一行7人到徐楼小学支教。宝应实小的教师们上了语、数、英3门学科各2节示范课,分学科就学科教育现状作讲座和交流。全镇9所小学近200名教师参加活动。

(撰稿:黄　杰　审稿:张作礼)

【车辐山中心小学师生彭城书法大赛获奖】 6月13日,车辐山中心小学师生参加彭城书法大赛获奖。车辐山中心小学教师王少华和三(2)班学生张恒畅参加2015"英詩蘭得电动车杯"第七届彭城书法大赛,分别获教师组硬笔书法一等奖、学生组硬笔书法优秀奖。学校把"写好字、做好人"作为学校特色教育工作重点,积极营造墨香校园,取得良好效果。

(撰稿:曹传民　审稿:刘念强)

【燕子埠中心小学启用"在线课堂"】 9月,燕子埠中心小学启用"在线课堂"教学模式。主讲教室设在中心小学,采取四校联动的形式,拉动燕南、燕北、黑山3所村小的课堂教学。同时学校还与邳州市名校进行对接,缓解农村小学专任教师紧缺的难题,实现优质资源共享。

(撰稿:靳庆华　审稿:刘士忠)

2015年邳州市中学和直属学校教育基本情况表

表12 单位:个、人

校名	班级数	学生数	毕业生数	招生数	教职工数		学校领导			
					总数	专任教师	校长	副校长	书记	副书记
江苏省运河中学	90	3405	1650	1000	478	448	陈　青	杨景洪 杨公伟 陆秀光 耿德伦 赵建华	陈　青	
第二中学	59	3196	610	650	281	233	张士超	张满仓(—8月) 冯文汇(—8月) 许贯中 魏广哲 刘　峰(8月—)	魏中华	
第四中学	42	2016	763	800	304	265	陈　良	赵邦友(—3月) 谭利龙(—8月) 蒋其琪(—8月) 周　腾 张宏大(8月—) 吴荣娟(8月—) 王建奇(8月—)	陈　良(12月—)	
新城中学	53	3600	140	400	230	215	王新建	刘海林(—3月) 贾传贵(—3月) 刘　峰(—8月) 吴荣娟(—8月) 张满仓(8月—) 冯文汇(8月—) 谭利龙(8月—) 石德团	刘海林(—3月) 王新建(12月—)	
明德中学	94	6189	1648	2133	421	410	李宏飞	刘广军(—3月) 李　永(—8月) 张汉学(—3月) 王浩行(—8月) 薛　雷 耿长松(8月—) 孙　伟(8月—) 郭　攀(8月—)	刘广军(—3月) 李宏飞(12月—)	
邳州中专	86	4067	1501	1130	270	236	张传喜	顾冠峰 周海燕 李　皎 殷召猛	张传喜	
特教中心	20	270		45	52	44	李　薇	庄　雷 刘桂侠	周　辉	
运河附小	69	4882	772	811	186	175	刘立新(—3月) 谭运明(3月—)	苑晓坤	刘立新(—3月) 谭运明(3月—)	苑晓坤
实验小学	62	4680	780	779	197	173	陈立芳		陈立芳	
运平路小学	55	4080	158	877	185	176	杜互东	庄文猛 刘小永	杨景刚	
英华实验小学	44	2620	218	560	61	59	孙卫胜	郁增修	孙卫胜	
福州路小学	46	3305	300	659	122	120	韩召龙		韩召龙	
明德小学	81	5600	510	800	260	260	王保春(—5月) 刘　志(5月—)		王保春(—5月) 刘　志(12月—)	张　辉

续表12-1　　单位：个、人

校名	班级数	学生数	毕业生数	招生数	教职工数		学校领导			
					总数	专任教师	校长	副校长	书记	副书记
青年路小学	42	3147	561	422	121	119	娄海清	范茹萍 李全胜 王万峰	娄海清	韩洪坤
向阳小学	46	2866	175	605	128	128	朱　颖	王　峰 刘尧峰 刘振发 吴海威	朱　颖	
奚仲路小学	20	1216	94	243	43	43	李　峰	周　芹	李　峰	
华山路小学	28	1633	53	441	76	76	温　岚	徐　云	温　岚	
天山路小学	16	913	63	261	40	38	魏云飞			
机关幼儿园	13	367	160	120	47	24	庄　静	冯　雯 张　燕	庄　静	
明珠幼儿园	22	1097	360	320	86	44	温传英	顾绍艳 韦飞艳	温传英	
新城幼儿园	16	737	260	270	64	36	李　侠	李长梅 薛　惠	李　侠	
运河幼儿园	10	472	200	186	41	20	闫继玲	徐月侠		
青年路幼儿园	11	445	267	135	43	33	蔡　莉	周晓丛	蔡　莉(12月—)	
车辐中专	62	2134	817	603	118	106	林凯军(—8月) 袁成峰(8月—)	袁成峰(—8月) 彭　川 王克伟(8月—)		
宿羊山高中	30	1790	674	510	251	241	谢高峰(—8月) 李　永(8月—)	高福周(—8月) 邹　峰(—8月) 张青松 吴昌飞 袁召波(8月—)	谢高峰(—8月) 李　永(8月—)	王其营
官湖高中	36	2045	668	600	330	218	黄继勇(—8月) 李　飞(8月—)	孙　伟(—8月) 张　普 张　永 高福周(8月—)	黄继勇(—8月) 李　飞(8月—)	孙光波
铁富高中	28	1080	450	600	223	180	张希营(—8月) 王大全(8月—)	孙刚善(—3月) 袁召波(—8月) 王继磊 邹　峰(8月—) 李　涛(3月—)		
八义集高中	32	1452	612	400	161	147	胡　颢	汤庆飞(—8月) 曹兆锦 王新年 王登标(8月—)	周玉龙(—3月)	
土山高中	26	894	302	260	116	91	刘成国	吴　刚 王登标(—8月) 汤庆飞(8月—)	刘成国	
邳州一中	79	4512	1550	1550	520	380	刘传超	刘发吉(—8月) 郭　攀(—8月) 蒋其琪(8月—) 王道峰 陈　辉 王浩行(8月—)		
邳城中学	18	818	120	380	111	96	刘金龙(3月—)	王云帆(—7月)		

续表12-2　　单位:个、人

校名	班级数	学生数	毕业生数	招生数	教职工数		学校领导			
					总数	专任教师	校长	副校长	书记	副书记
八路中学	12	650	150	250	123	116	丁其驹(—3月) 赵　亮(3月—)	杲先旺	丁其驹(—3月) 赵　亮(3月—)	
红旗中学	34	1802	425	510	131	122	刘　炜	刘新宇(—3月) 李广伟 藤　跃(7月—)	刘　炜	
铁富中学	26	1046	305	420	145	135	刘春雷	王继强	刘春雷	
港上中学	23	1070	330	372	106	95	娄培权	曹恩华(—3月) 杨柏柱(—7月)	娄培权	
邢楼中学	29	1426	647	491	82	70	王克华	吴传海(7月—)		
碾庄中学	30	1812	535	590	121	118	张汉学(3月—)	薛桂春(7月—) 李修兵(7月—)	张汉学(3月—)	
王杰中学	12	386	92	103	72	59	季延奎	井广喜(—3月) 何若东(7月—)	季延奎	
陈楼中学	19	986	216	500	161	106	车振军(3月—)	王　闻(7月—)	车振军(3月—)	王世文
官湖初中	50	3127	561	619	229	173	马　跃(3月—)	王云帆(7月—) 李春宝(7月—)		
白埠中学	16	908	160	268	92	86	王继然(—3月) 吴鹤林(3月—)	刘清国(—3月) 朱洪平(7月—)	王继然(—3月) 吴鹤林(3月—)	
洳口中学	4	135	30	66	31	23	刘清国(3月—)	滕　跃(—7月)		
赵墩中学	20	698	160	235	134	115	李敬迎(—3月) 李　永(3月—)	赵　亮(—3月) 薛　韬 杨柏柱(7月—)	李敬迎(—3月)	
滩上中学	16	670	130	400	83	76	王绪林(—3月) 周　峰(3月—)	刘家松	王绪林(—3月) 周　峰(3月—)	
岱山中学	18	702	222	220	82	58	王　建	刘金龙(—3月)	王　建	
宿羊山初中	19	1060	286	380	98	92	宋　翔	高洪波	宋　翔	
徐楼中学	20	912	298	240	78	70	张　胜	王加强(—3月)	张　胜	
八义集初中	8	420	140	170	102	89	杨宜敢	宋平国		
新桥中学	12	559	124	161	59	52	马全超	吴振江(—7月)	马全超	
议堂中学	18	692	230	218	116	104	陈立新	陆　磊	陈立新	
土山初中	9	252	82	116	70	58	魏贤东	李修兵(—7月)	魏贤东	

续表12-3

单位:个、人

校名	班级数	学生数	毕业生数	招生数	教职工数		学校领导			
					总数	专任教师	校长	副校长	书记	副书记
薛集中学	12	563	120	156	67	61	王　辉(—3月) 胡争科(3月—)	王　瑾(—7月)	王　辉(—3月) 胡争科(3月—)	
占城中学	15	477	158	162	76	72	车振军(—3月) 曹兴辉(3月—)	张海峰	车振军(—3月) 曹兴辉(3月—)	
陆井中学	6	127	42	38	21	16	曹兴辉		曹兴辉	
新河中学	15	758	212	243	66	62	石　峰	袁大鹏 董　坤	石　峰	
新集中学	9	347	113	126	72	61	周之树	张益忠 赵　明	周之树	
连防初中	18	950	230	270	70	58	汤相普(—11月) 华旭光(11月—)	韩洪波 马　钰	华旭光	
邹庄中学	20	1158	365	433	83	65	宋端凯	胡争科(—3月) 朱洪平(—3月) 王广鹏(7月—)	宋端凯	
岔河中学	24	856	272	320	100	96	郭泾宗(—3月) 刘新宇(3月—)	吴鹤林(—3月) 谭海龙(7月—)	郭泾宗(—3月) 刘新宇(3月—)	谭海龙 (7月—)
四户中学	23	1150	198	324	82	77	李　森	王玉生 陈士永	李　森	
戴庄中学	18	1068	306	435	72	68	韩永玲(—3月) 王　辉(3月—)	谭海龙(—7月) 王克伟(—8月)	韩永玲(—3月) 王　辉(3月—)	
车辐山中学	24	1386	408	501	98	87	吴玉强(—3月) 郭泾宗(3月—)	李　永(—3月) 衡思全 梁　峰(7月—)	吴玉强(—3月) 郭泾宗(3月—)	
燕子埠中学	14	698	184	243	65	48	周迎生(—3月) 王加强(3月—)	张传尧(7月—)	周迎生(—3月) 王加强(3月—)	
东方学校	15	1115	1113	1115	65	56	闫怀林	高修惠	徐振新	徐学金

(沈庆宝)

2015年邳州市乡镇小学、幼儿园基本情况表

表13　　单位：个、人

单位	小学					幼教	教职工数		学校、园领导				
	学校数	班级数	学生数	毕业生数	招生数	学生数	总数	专任教师	中心小学校长	中心小学常务副校长	中心小学教科室主任	中心园园长	支部书记
运河中心小学	7	92	5331	649	919	310	250	250	吕　杰	董慧平 吕修华	王克强 彭松林	娄　艳	王克强
八路中心小学	6	59	2472	219	365	1128	132	124	赵武之	韩召亚	夏春宇（代）	韩　琳	赵武之
开发区中心小学	8	139	8152	840	1580	1960	297	261	吴德亚	戴志海（代） 王丙强（代）	张长林 王丙强	朱　玲 刘志恒	吴德亚
港上中心小学	8	145	7656	731	1607	3115	221	202	赵　丰	冯　超	冯遵纪	胡月梅	赵　丰
八义集中心小学	14	132	6124	769	1138	2388	266	258	汪玉学	王海燕	翟新伟	姜　磊 张　瑞	汪玉学
四户中心小学	9	98	5514	550	1147	1704	166	161	周中余	徐平礼	李　佩	白　姣	周中余
炮车中心小学	7	83	4252	382	1389	316	215	198	马夫胜	陆　浩（代）	刘尧才	李　梅	马夫胜
陈楼中心小学	8	100	5517	502	1126	520	244	230	于慎华	汤　欣	尚修明	于秀兰	于慎华
官湖中心小学	12	233	15240	1411	2824	4986	457	457	翟李春	陈学建	李　刚 刘廷合	张艳梅 蒋庆梅	翟李春
邳城中心小学	9	149	7104	607	1408	3108	343	229	杲绍俊	闫自永 周　伟	万振友 石荣国	陈　颖 刘中华	杲绍俊
赵墩中心小学	11	143	6877	753	1411	3067	27	25	魏建超	曹耀平 张　华	曹传沛	蒋桂叶 张　玲	魏建超
碾庄中心小学	16	148	8670	837	1729	4562	342	326	耿　聃	吴　洋（代） 靳贺信	耿　焱	李　莉	姚君彦
宿羊山中心小学	9	140	8551	740	1650	3360	279	278	张作礼	季延东	侯宜伟	靳永春 张　凤（—10月） 赵全英（10月—）	张作礼
议堂中心小学	10	65	2832	325	575	266	203	172	卢占明	周　升	庄思省	周爱莲（代）	卢占明
土山中心小学	9	79	3607	390	663	289	201	186	石　健	陈　涛	朱恩东	黄　颖 吕　娟	石　健
占城中心小学	7	65	3144	273	662	1056	164	146	曹　伟	沈东凡 张迎春	王　超	王　娟（代）	曹　伟

续表13-1　　单位：个、人

单位	小学					幼教	教职工数		学校、园领导				
	学校数	班级数	学生数	毕业生数	招生数	学生数	总数	专任教师	中心小学校长	中心小学常务副校长	中心小学教科室主任	中心园园长	支部书记
新河中心小学	8	94	4764	512	986	1786	193	186	赵成军	程　立	罗怀玉	魏贤春（代）	赵成军
铁富中心小学	18	203	11610	1159	2255	3979	370	322	鹿丙奇	孙庆永（代）冯仰才	马庆光	冯　君 包志梅	鹿丙奇
邹庄中心小学	9	85	4204	491	824	1309	168	166	胡　伟	刘明春（—8月）孟庆佳（代，8月—）	赵　昂 张可辉	赵雪梅	胡　伟
岔河中心小学	7	81	3960	461	880	1780	157	152	程寒然	邹园园	徐兆成	戴伊平	程寒然
戴庄中心小学	8	85	5287	478	952	1896	181	168	冯宪铎	曹　冬	宋　超	辛芝梅	冯宪铎
车辐山中心小学	5	104	5672	493	1170	2271	176	167	刘念强	曹传民	王光远	陈　琳	刘念强
邢楼中心小学	12	109	5806	506	1156	1623	91	12	尹春雷	胡艳秋	黄立国	孙守彦	尹春雷
燕子埠中心小学	6	51	2540	256	597	952	115	109	刘士忠	李奎彦	王会久	张　平	刘士忠

（沈庆宝）

局长、党委书记　王学伦
副局长、党委委员　徐　洪
主任科员、党委委员　孙守卫
副局长、党委委员　刘　亮
副局长、新沂广播电视大学校长　陈长兵
副局长、党委委员　王兆友
副局长、党委委员　周士堡
纪委书记、党委委员　郑强松
市教育局督导团
办公室副主任、党委委员　房树仲

【概况】 2015年，新沂市有各级各类学校136所（不含幼儿园），其中，初中25所，高中5所，完中4所，九年一贯制学校2所，小学97所，特教学校1所，教师进修学校1所，中等职业学校1所，民办中学1所。全市各级各类学校在校学生149991人（不含幼儿园），其中，高中11104人，初中20272人，小学114163人，特教学校在校生256人，中等职业学校在校生4196人。全市有幼儿园45所（其中民办幼儿园16所），在园幼儿56301人。义务教育阶段入学率100 %，初中巩固率99.33%，高中阶段入学率97.01%，学前三年幼儿入园率97.2%。全市有教职工9058人，其中专任教师7995人。教师学历合格率高中（研究生）4.3 %、初中（本科）85 %、小学（专科）88 %、幼儿园（专科）96 %。全市有省特级教师8人，省、市名师名校长14人。

2015年，全市有省三星级以上普通高中4所，省现代化初中学校13所，省实验小学16所，徐州市实验小学18所，省、市优质幼儿园44所，省、国家重点职业技术学校1所，省特殊教育现代化示范学校1所。全年新建学校14所。年内，获教育部基层教育关工委优秀网站称号、关工委工作常态化建设巩固提高奖。

【评选教育十件大事】 12月，新沂教育局开展教育十件大事评选活动。经过微信及网站投票、局党委评议，中、高考成绩稳居徐州前列、省义务教育现代化学校创建取得新突破、“新教育实验”拉开大幕、师德师风建设取得新成效、社会各界支持教育热情高涨、“名师成长工程”引领师培再上新水平、校舍建设投入创新高、课程基地建设方兴未艾、关工委工作获省级表彰、万人关注“新沂教育”微信平台,被评为2015年新沂教育十件大事。

【实施公务用车改革】 2015年,教育局实施公务用车改革。按期封存、移交裁减公车4辆,妥善安置驾驶员,并对过渡期车辆加强管理、严格限定使用范围。

(撰稿:蔡启宏　审稿:孙守卫)

【创新区域教研活动机制】 3月,新沂市教育局创新区域教研活动机制。制订《新沂市学区教研联盟章程》,组建初中学区教研联盟5个、小学学区教研联盟5个,旨在“盘活优质教育资源,打通优质学校和薄弱学校间的发展通道,联盟共享、发展共进,实现区域教育水平的整体提升”。学区教研联盟活动通过课堂教学研讨、教学论坛、名师引领、专家讲座、教学质量分析等形式锤炼教师技能,开阔教学视野,提升教学效益。

【打造教师发展高端平台】 7月,新沂市政府和省教育学会合作共建“新沂名师成长工程”培训项目,为骨干教师专业成长搭建高端平台。组建全市中小学语文、数学、英语三个学科骨干教师培训班6个,组建中学教干、青年教师高级研修班各1个。8月,市教育局组织“新沂名师成长工程”项目首次集中培训暨暑期中小学教师全员培训活动,省教育学会、省教研室领导、高研班导师等共50位专家开设专题讲座。41位高研班学员陆续到导师所在学校跟班学习一周。

【构建常规管理新常态】 2015年,市教育局积极构建教学常规管理新常态。规范、完善教师业绩档案建设,依照“教师自评—学校审核—教育局考核”的程序将全市中小学教师的教学业绩按学期统一评估入档,全市100余名校长和7000余名教师建立了个人业绩档案。

(撰稿:鲁志强　审稿:陆保明)

【迎接省级诗词城市验收】 4月,省“诗词之市”验收工作组到新沂市验收。验收工作组到新安小学、钟吾中学现场查看诗词教育活动情况,对两校开展的活动给予肯定。又随机查看窑湾镇庄林小学。工作组表示要把庄林小学的做法向全省推广。

【徐州市青少年科技创新大赛获佳绩】 12月,徐州市第11届青少年科技创新大赛新沂教育局获佳绩。北沟中心小学、第一中学的科技小发明获徐州市一等奖,科技小论文一等奖1人、二等奖3人、三等奖9人,少年儿童科学幻想一等奖3人、二等奖19人、三等奖16人。科技小发明和科技小论文一等奖被推荐参加省级竞赛。

【广玉小学创建省特色学校】 7月,马陵山镇广玉小学被评为江苏省“十二五”期间第四批省科学教育特色学校。马陵山镇广玉小学是100所省级科学教育特色学校中唯一一所村级小学,获得省补资金8000元。该校以当地蔬菜大棚种植、花卉大棚栽培为切入点,因地制宜、就地取材,开展以“农业科技”为主的特色教育。

【特殊教育康复项目工程获财政支持】 10月,新沂特殊教育康复项目工程获国家、省财政支持。特殊教育学校的特殊教育康复项目工程得到国家、省财政100万元的资金扶持,城关小学的特殊教育资源教室得到省财政10万元的资金扶持。徐州市教育局基础教育处为新沂市特殊教育工作开展专项指导。

【64所学校通过省现代化学校验收】 12月,新沂市64所学校通过省现代化学校验收。

徐州市教育局、省现代化学校验收专家组,对新沂市义务教育阶段52所小学、12所初中进行现场评估,从办学条件、课堂教学、特色展示、档案资料、创建汇报五大方面,全面评估学校创建工作。

(撰稿:金永梅　审稿:王兆友)

【推出规范发展民办园新举措】 年内,新沂市教育局推出规范发展民办幼儿园新举措。从新园准入、有证园退出、无证园取缔三个方面着手,引领全市民办幼儿园规范发展。新办园必须达到省优质园硬件配备标准后才允许招生,保教管理规范后才予以发证;利用年检手段对办园条件简陋、保教水平较低的不再发证,如下一年年检时仍整改不到位就取消招生资格;通过不断扩充公办资源,扶持民办园优质发展,加大无证园危害性宣传等措施,加大查处取缔无证园力度,对存在安全隐患的无证园坚决依法取缔。

(撰稿:李荣宜　审稿:朱少飞)

【创建乡村教育家读书会】 4月,新沂市教科所创建乡村教育家读书会群,开展教师读书会活动。至年底,吸纳优秀教师近百人。读书会主题为“春之童话”课程,“夏之歌咏”古典诗歌课程,“秋之哲思”课程《中国哲学简史》,“冬之讲述”课程。

(撰稿:杨采涓　审稿:王兆友)

【网络晒课活动多人获奖】 2015年,教育部组织“一师一优课、一课一名师”教师网络晒课活动,新沂市多人获奖。4月17日,新沂市教育局正式启动“一师一优课、一课一名师”活动,各校认真开展网络晒课活动,晒课总数达1.2万节次,无论是晒课数量还是“晒课率”均居徐州市之首。共有15人获评部级优课,40余人获评省级优课,12家单位获评徐州市先进集体,15人获评徐州市先进个人。

(撰稿:吴小雷　审稿:王兆友)

【企业家张开元、利民公司设立教育奖励基金】 2015年,新沂籍企业家张开元出资1200万元设立“卓越教育奖励基金”。每年出资100万元,分别奖励卓越教师和卓越学子。新沂利民股份有限公司每年出资50万元设立“利民名优教师奖励基金”,奖励名优教师。年内,共奖励卓越教师10名,卓越学子50名,名优教师317名。

(撰稿:李夫春　审稿:刘体猛)

【开展在职教师有偿家教专项整治】 2015年暑假,新沂市教育局开展在职教师有偿家教专项整治工作。教育局成立专项督察小组,对教师个人有偿家教行为和在职教师在教育培训机构违规任职行为,加大查处力度。督察组先后开展明查暗访50余次,对市区教育培训机构排查摸底11次,共有12名在职在编教师因从事有偿家教被处理,其中,6名城区教师被调离、1名教干被免职,14名聘用教师因从事有偿家教被辞退。

(撰稿:陆信敢　审稿:郑强松)

【新沂市教育工会召开第七次代表大会】 6月25日,中国教育工会新沂市委员会第七次会员代表大会召开。大会经无记名投票表决,差额选举产生第七届委员会、第七届经费审查委员会和第七届女职工委员会,同时选举产生第七届委员会主席、副主席和第七届经费审查委员会主任。

(撰稿:马敬义　审稿:孙守卫)

【职业教育快速发展】 2015年,新沂市职业教育快速发展。新沂中专校加大实训基地和品牌专业建设力度,一期工程建设的6幢实训楼全部投入使用,其中,4幢用于电商产业园，另外2幢用于服装、电子、汽车和机械4个专业实训基地。服装设计与工艺专业通过省级品牌专业验收。新沂市电商产业园被省商务厅认定为首批省级电子商务人才培训基地。

（撰稿：毕宜帅　审稿：刘　亮）

【四大重点工程顺利实施】　2015年，新沂市教育局四大重点工程顺利实施。四大重点工程分别为：三中迁建工程、九中新建工程、中专校二期工程、时集小学迁建工程。至年底，中专校二期工程前期手续办结，并与住建局对接。三中迁建工程、九中新建工程前期手续也办结，建筑方案完成，土地及附着物赔偿、失地农民安置工作顺利解决，正进行土地勘察。时集小学迁建工程在进行教学楼及综合楼主体施工，教学楼四层封顶，综合楼一层在施工中。

（撰稿：王松军　审稿：郑强松）

【4万名学生得到政府资助】　2015年，新沂市4万学生得到政府资助。共发放政府助学金2353.57万元，资助家庭经济困难学生40087人；筹集社会资金185.1万元，资助家庭经济困难学生1143人；为3812人办理生源地助学贷款2780万元。新沂市全面建立家庭经济困难学生资助体系。

【雷浦、李小杰被评为励志典型】　2015年，新沂学生资助管理中心开展励志成才成长优秀学生典型评选活动，两名学生被评为励志典型。阿湖镇黑埠中心小学雷浦被评为徐州市励志成才成长优秀学生典型，新沂中等职业学校李小杰被评为徐州市励志成才成长优秀学生典型提名人物。资助中心配合新沂电视台将他们的事迹拍成短片，在电视台播放，取得良好的社会效果。

【资助工作获省绩效评价优秀等次】　9月，新沂市学生资助中心在省2014年度绩效考核中获优秀等次。新沂市学生资助中心通过建立困难学生精准档案、完善贫困学生精准认定、开展资助育人实践活动、提升助学贷款服务质量、保障助学资金精准发放等有效措施，落实各项助学政策，确保没有一个学生因贫失学。

（撰稿：李　旭　审稿：周士堡）

【校舍建设投入创新高】　2015年，新沂市校舍建设资金投入创新高。全市实施校安工程项目19个，建筑面积6.32万平方米，概算投资1.1376亿元。中专校二期、三中迁建、九中新建、时集小学迁建被列入市政府重点建设工程，总投资额4.78亿元，2015年完成投资1.68亿元。

（撰稿：王松军　审稿：郑强松）

【关工委工作获省级奖励】　9月，新沂市教育局关工委工作获省教育系统2015年度“关工委工作常态化建设巩固提高奖”。自2011年市教育局被评为省“首批关工委工作常态化建设合格县（市）教育局”起，教育局关工委全力抓好校外辅导站，抓实关爱工程，加强家长学校建设。一些创新做法先后被《中国火炬》《关心下一代》（教育部关工委主办）“中国经济网”“江苏教育新闻网”《江苏关工》《江苏教育报》等十余家媒体刊发或转载。

（撰稿：刘　健　审稿：赵　敏）

【举办首届市中专校职业技能大赛】　11月16日，新沂市举办首届中专校职业技能大赛。大赛由新沂市政府主办、中专校承办，历时2天。设职工组和学生组2个组别，普通车工、装配钳工、叉车驾驶员和焊工4个工种。47名师生参加大赛，30人次获奖。

（撰稿：谭玮力　审稿：柳　松）

【中专校服装专业通过省品牌验收】 6月8日，中专校服装设计与工艺专业通过省品牌专业验收。省教育厅组织开展2015年全省职业学校品牌专业和特色专业认定工作，经学校申报、各市推荐、网络评审、实地视导，新沂中等专业学校“服装设计与工艺”专业被认定为中等职业教育品牌专业。

（撰稿：宋振虎　审稿：柳　松）

【建立“新教育萤火虫”新沂分站】 11月16日，“新教育萤火虫”新沂分站正式建站。“新教育萤火虫”新沂分站是一个交流亲子阅读话题、传播家庭教育理念、推广阅读的平台，是一个公益性专业QQ群。“新教育萤火虫”新沂分站群（102073735）建立后，将通过开展线上、线下公益活动，吸引众多父母和孩子一起参与，打造教师、学生、家长“三位一体”的教育共同体。

【启动2015年教师全员远程培训】 6月5日，新沂市启动2015年教师全员远程培训。远程培训由教师进修学校和“全国中小学教师继续教育网”联合实施。培训采取网络研修与校本研修相结合、专家引领与辅导答疑相结合、网上交流研讨与岗位工作实践相结合的形式开展，通过过程性考核和终结性考核相结合的方式对学员进行考评。考评合格，由“全国中小学教师继续教育网”颁发培训结业证书，认定县级以上培训36学时。全市2000余名教师参加培训并顺利结业。

（撰稿：刘圣军　审稿：徐洪熙）

【徐、连两市高三数学复习研讨会在新沂一中举行】 3月19—20日，由徐州、连云港两市教研室联合举办的高三数学复习研讨会在新沂一中举行。研讨会旨在加强两市教学交流，解决高三第二轮复习中急需解决的一些难题，探讨高考复习策略。徐州、连云港两市300多名高中数学教师参加活动。

（撰稿：徐　峰　审稿：郭振京）

【市三中实施24小时全程管理】 2015年，新沂市第三中学实施校园24小时全程值班管理。学校位于城乡结合部，车辆多、流动人员多、交通隐患多，周边环境较为复杂，全程值班管理尤显重要。学校领导全员参与值班，分早中晚时段，按早读、上课、自修、三餐、就寝及校内外安全等分项检查，发现问题及时汇总德育处，分交责任科室处理。

（撰稿：韩春雷　审稿：何振华）

【高级中学成功申报省课程基地】 4月28日，新沂市高级中学借助“‘三美’语文”成功申报2015年江苏省课程基地。在申报中，新沂市教育局和学校分别成立指导和实施小组，依托新沂市“三美”（“美读、美书、美行”）教育实践经验和新高中“三美”课程建设基础，着眼学校特色发展和学生素质提升，挖掘“三美”课程的丰富内涵，规划“三美”课程的建设目标，撰写“三美”课程的详细材料，顺利通过省教育厅现场答辩。

（撰稿：叶大伟　审稿：丁金华）

【高级中学课外实践基地成立】 11月2日，新沂市高级中学课外实践基地在马陵山风景区成立。课外实践基地为新沂高级中学学生开展生物物种考察和地质考察活动提供场所，老师结合实例具体讲解，学生采集样品，制作标本，丰富知识，提升实践能力。

（撰稿：叶大伟　审稿：丁金华）

【高流中学举行国庆合唱活动】 9月30日，新沂市高流中学举行“庆国庆”爱国歌曲合唱活动。为庆祝祖国66周年华诞，学生精心准备，用不同的歌声向祖国母亲致以真切的祝福。

（撰稿：胡　芳　审稿：张志诚）

【第八中学被评为市"关工委常态化建设合格单位"】 5月，新沂市第八中学被徐州市关心下一代工作委员会评为"关工委常态化建设合格单位"。第八中学一直关注贫困生、孤儿、留守儿童、低保户家庭子女等特殊学生的学习和生活，学校建立特殊学生档案，坚持定期家访和心理访谈制度，实时跟踪了解他们的学习生活情况，及时给予他们生活上关心和资助。年内，除了上级拨付的资助资金外，学校共拿出1.2万余元对30余名特殊学生予以帮助。

（撰稿：陈秀桓　审稿：张长新）

【实验学校成立小学生足球队】 1月，实验学校成立小学生"验翔"校园足球队。从三至六年级学生中选拔出50名队员，7月，再从低年级学生中选拔出13名队员，形成较为完善的足球运动员梯队。10月23日，该校足球队首次参加2015年"市长杯"新沂市中小学足球比赛，经过3天比赛，获得新沂市小学甲组冠军。

【实验学校成立谭长存名师工作室】 5月22日，新沂市实验学校"谭长存名师工作室"成立。工作室以江苏省特级教师谭长存为领衔，有18名工作室成员，工作室确定两项主要任务：一是学科教学，以小学数学学科为突破口，致力于新课程改革背景下的"学讲课堂"教学研究，定期开展理论学习、教学研讨、课堂观摩、课题研究等活动，提高教师研课、磨课、观看、议课、品课、评课的水平；二是专业阅读，以阅读为契机，以书香论坛为载体，不定期组织读书沙龙、读书征文竞赛等活动，定期举行读书交流会，促进教师阅读，让他们在读书中成长。

（撰稿：谭长存　审稿：周树飞）

【城岗中学建设文化长廊】 12月，城岗中学精心设计建设一条长110米的文化长廊。文化长廊位于学校中心路两侧，正面分为六个板块，分别是"按照方针办学、依据法规治校""感恩'玻'爱文化，培养师生美德""落实'学讲计划'，提高课堂实效""践行'新教育'，提升幸福感""评选'四美明星'、学习'四美榜样'""总结过去工作、展望美好愿景"。背面为"名人教育文化"，展示古今中外的教育家、文学家、科学家的励志故事。

（撰稿：王新响　审稿：高行军）

【港中通过省教育现代化学校验收】 12月18日，江苏省义务教育现代化标准化学校评估小组对港头中学的创建工作进行评估验收。验收组通过现场考察、随堂听课、听取汇报、查看资料、民主测评等方式对该校教育现代化创建工作进行评估。评估考察后，验收组对港头中学的现代化学校创建情况作现场反馈，肯定该校在现代化学校创建工作中所取得的成绩。

（撰稿：孙继领　审稿：胡小宁）

【棋盘中学评选首席教师】 6月，棋盘中学开展首席教师评选活动。首席教师需师德突出，业务能力强，能牵头学科教学，教育教学成绩突出，深受同行肯定，学生喜爱。首席教师任期3年。评出首届首席教师6名，分别为语文、数学、英语、地理四个学科的教师。

（撰稿：刘建辉　审稿：刘东升）

【四中开展"母校，我想对你说"活动】 10月28日，四中开展"母校，我想对你说"教育活动。活动邀请该校毕业的刚升入高一的学生写给母校一段话，并配有学生照片，标题为"母校，我想对你说"。主要谈对母校生活的热爱，对老师关心的感激，对同学之情的回忆，对学习方法的感悟，还谈对自己成长过程的困惑和思考，以各自的经历、经验启迪学弟学妹。

（撰稿：周瑞奇　审稿：徐言军）

【阿湖中学组建留守学生“临时家庭”】 9月25日，阿湖中学召开“临时家庭”留守学生会议，组建临时家庭。阿湖中学地处两省三市交界处，较为偏远，学生父母多外出务工，留守学生家庭教育缺失。学校经调研，制定《阿湖中学组建留守学生“临时家庭”工作方案》，为每一名留守学生配备“代理家长”，尽可能解决留守学生遇到的困难，让留守学生感受到“临时家庭”的关爱和温暖。

（撰稿：米云雁　审稿：何大超）

【草桥中学通过省“生态语文”课程基地验收】 12月9日，草桥中学顺利通过江苏省“生态语文”课程基地验收。年内，该校投入资金100余万元，建成国学室、民俗室、生态家乡室、课本剧表演室、教师之家、名师工作室，征集各种材料2000多件（套、个），新购图书2万册，配置电脑60台，开展生态语文实践活动，带动学校发展。

（撰稿：张满居　审稿：张　军）

【高流初级中学获评徐州市师德先进集体称号】 9月14日，高流初级中学获评徐州市师德建设先进集体称号。高流初级中学有市骨干教师5人，中学高级职称教师34人。学校秉承“办人民满意的教育，做人民满意的教师”的办学理念，以师德建设为切入点，打造一支师德高尚、业务精良、素质过硬的教师队伍。

【高流初级中学踢毽跳绳队再创佳绩】 12月26日，高流初级中学代表徐州市参加江苏省第二届中小学生跳绳踢毽锦标赛，再创佳绩。跳绳踢毽锦标赛在太仓举行，全省60多家代表队近800名运动员参加花样跳绳、磕踢、绷踢三个大项中10个小项的比赛。高流初级中学获中学组团体二等奖。

（撰稿：孙　鲁　审稿：李月武）

【黑埠中学社区教育中心通过省级验收】 11月，黑埠中学社区教育中心通过省专家组的验收。黑埠中学把社区活动作为建设社会主义新农村的一项重要工作，加大资金与政策倾斜，努力提高社区居民的思想素质和专业技能，走出一条专业化与多元化相结合的特色发展之路。社区教育中心的阵地建设及培训工作开展情况受到省级验收专家组的充分肯定。

（撰稿：王夫阳　审稿：何立柱）

【高塘中学通过省红十字示范校验收】 6月24日，高塘中学通过“省红十字示范学校”验收。年内，高塘中学红十字办公室积极开展学生应急救护知识培训和救助知识讲座，得到上级领导认可。

（撰稿：王孔云　审稿：侍孝敬）

【六中28名教师无偿献血弘扬“红十字”精神】 年内，新沂六中28名教师参加无偿献血，2名教师造血干细胞配对成功。全校师生大力弘扬红十字会“人道、博爱、奉献”的人道主义精神。

（撰稿：王立奎　审稿：仲维生）

【芦墩中学“鱼文化”建设彰显特色】 9月，新沂市芦墩中学“鱼文化”建设彰显特色。学校围绕“鱼”字建设主题文化，建成“鲤鱼跳龙门”和“姜太公钓鱼”雕塑，寓意逆流前进，奋发向上；悬挂带“鱼”字的诗句名言，营造主题氛围，鼓励学生弘扬逆流而上的拼搏精神。

（撰稿：张金永　审稿：陈都亚）

【窑湾中学建成抗日英雄纪念园】 9月3日，窑湾中学建成抗日英雄赵存祯烈士纪念园并举行开园仪式。学校充分发挥校园内的新沂市级爱国主义教育基地——抗日英雄赵存祯烈士纪念碑亭的德育功能，对碑亭进行规划，修建文化墙,介绍烈士事迹,题写纪念诗词,编写校本教材《光荣岁月》,清明节组织学生祭扫烈士墓,利用该基地对师生进行革命传统教育。

(撰稿:张维坤　审稿:于金友)

【棋盘初中获赠锦旗】 12月11日,徐州市划船运动训练基地领导赠送棋盘初中"精英的沃土,成长的摇篮"锦旗。棋盘初中先后向徐州市划船运动基地输送了臧哈、李来福、丁乐、李先会等优秀赛艇运动员,丁乐、李先会在全国赛艇锦标赛获得金牌,臧哈、李来福在亚洲赛艇锦标赛上获得金牌,年内,在国家队备战2016年里约奥运会。

(撰稿:唐　飞　审稿:周士航)

【启明中学实施分层教学与抽考制度】 年内,启明中学实施分层教学与抽考制度。启明中学根据学情,对学生进行分层教学,让不同层次的学生都能听得懂、学得会,以期提高教育教学质量。通过实施抽考制度,教师及时发现"教"与"学"中存在的问题和不足,改进教学。

(撰稿:马　金　审稿:徐东杰)

【邵店中学开展"学讲"培训】 11月6日,邵店中学开展案例"学讲"培训。培训由校教科室牵头组织,6位老师上了"学讲"示范课。学生自主学习、小组合作探究、质疑拓展3个教学环节的设计引起听课教师的兴趣,引发对3个环节如何再提高的讨论。会后全校88名教师分别写了心得体会。

(撰稿:王明文　审稿:吕恩伯)

【第十中学青少年集邮示范基地挂牌】 5月28日,新沂市第十中学举行青少年集邮示范基地挂牌仪式。新沂市委宣传部、市文明办和市邮政局的领导参加挂牌仪式,第十中学校长致欢迎词。

(撰稿:王建民　审稿:闫　刚)

【踢球山中学表彰"一师一优课"先进个人】 12月29日,踢球山中学表彰在"一师一优课,一课一名师"活动中表现突出的先进个人。该活动开展以来,各教研组积极准备,教师们认真上课、听课、评课,按照"晒课"和"优课"要求,创新课堂模式,优化教学方法。

(撰稿:郝新社　审稿:高捍东)

【瓦窑中学加强社团建设】 9月,瓦窑中学推进社团建设,开展丰富的社团活动。通过组建书法社、合唱团、女子礼仪队、武术队、文学社、足球队、校园环保志愿者服务队等社团,彰显学生个性,丰富校园生活。

【瓦窑中学成为农村省级书法等级考试考点】 2015年,瓦窑中学被设为徐州市唯一一家农村省级书法等级考试考点。书法教育为学校主要特色项目之一,编写了专用书法校本教材,每周所有班级均开设一节书法课,定期举办诸如"陶花杯"书法比赛等活动。学校还引领学生积极参加省考试院组织的书法等级考试及市级各种书法比赛、规范汉字书写大赛。

(撰稿:陈明勇　审稿:季景华)

【王楼中学10名教师获评市、县名优教师】 5月、12月,王楼中学10名教师获评市、县名优教师,获奖人数在新沂市农村中学中名列前茅。学校重视教师队伍建设,关心教师成长和发展,通过评课、赛课、交流、研讨等多种形式,给教师提供发展平台,努力建设一支高素质的教师队伍。

【王楼中学范娃获评第三届江苏省“百名美德少年”】 9月，王楼中学初三(2)班学生范娃获评第三届江苏省“百名美德少年”。学校围绕主题为“红”的校园文化建设，开展“每月一事”主题教育活动，加强革命传统教育，成效凸显，四年内推出两名江苏省“百名美德少年”。

（撰稿：王　宁　审稿：桂　彬）

【第五中学强化行为习惯养成教育】 2015年，第五中学强化行为习惯养成教育。学校以学习《中学生守则》《中学生日常行为规范》为重点，结合“八礼四仪教育”，不断规范学生的行为习惯。学生在校能做到不吃零食，不乱丢垃圾，教室和校园无需每天打扫，良好行为习惯初步形成。

（撰稿：张恒梅　审稿：葛明永）

【时集中学迎接省义务教育现代化学校验收】 12月16，江苏省现代化标准化学校评估小组到时集中学，进行义务教育现代化学校评估验收。验收组成员先后进行实地考察、随堂听课、查看资料、民主测评、听取专题汇报。验收后现场进行反馈，肯定学校在现代化学校创建工作中的积极准备，同时对学校未来的发展规划提出希望。

（撰稿：晏　慧　审稿：张　磊）

【唐店中学完成食堂扩建】 2015年，唐店中学食堂完成扩建工作，改善基础设施。唐店中学新食堂增扩面积350平方米，改善了配套设施，可同时容纳1000名师生就餐，餐厅于11月2日正式运营，师生共同参与管理，较大改善了师生的就餐条件。

（撰稿：高　岭　审稿：陈学军）

【小湖中学广泛开展教学交流】 年内，小湖中学围绕“学讲计划”广泛开展教学交流活动。1月6日，贾汪区教育代表团一行近70位教育专家、教干在贾汪区教师发展中心的组织下到该校交流“学讲”；1月21日，钟吾中学到该校交流“学讲”和“省现代化学校”创建工作经验；3月10日，新沂市草桥和新店中心小学150多位教干教师在新沂市教育局领导的带领下到校交流“学讲”；4月14—15日，新沂市第四中学全体科任教师分两批次到校交流“学讲”；4月29日，新沂市教育局领导、新沂市教师进修校20多位专家到校调研“学讲”；12月29日，新沂市城岗中学部分教师到校交流“学讲”。

（撰稿：于　建　审稿：王九军）

【堰头中学举办情景法制教育报告会】 9月29日，堰头中学邀请该校法制副校长及相关警官为全校师生举办了一场法制教育报告会。警官们根据社会和校园周边治安状况，对学生应有的法制责任以及如何提高自身的法律意识、安全素质等问题进行详细讲解，用生动鲜活、触目惊心的青少年犯罪案例，联系实际，以案释法，以法论事，告诫同学们必须引以为戒。警官和该校学生一起以小品的形式演绎一台法治情景剧。报告会让学生进一步明白应该怎样规范自己的言行、怎样预防犯罪。

（撰稿：伏　杰　审稿：任　伟）

【马陵山中学获省红十字示范校称号】 12月，马陵山中学被授予江苏省红十字示范校称号。学校积极开展省红十字示范校创建活动，通过班会、板报、宣传栏、文艺演出等多种形式宣传红十字精神，把创建工作落到实处。该校有18位教师加入造血干细胞捐髓库，年内参加无偿献血达30余人次。11月，该校顺利通过江苏省红十字示范校验收。

（撰稿：盛培海　审稿：邹以标）

【新店中学毽球队创佳绩】 年内，新店中学毽球队创佳绩。毽球队在2015年新沂市秋季比赛中男女队分别获第一名。毽球正成为新店中学的特色项目。

(撰稿:徐为东　审稿:葛冬子)

【八一实验学校迎接全国双拥模范城验收】 10月15日,八一实验学校迎接全国双拥模范城验收。验收组先后参观校园内的国防教育文化走廊,观看驻军部队部分官兵与学生文娱互动表演,察看学校国防教育展室等。验收组通过八一实验学校看到市教育系统扎实的国防教育措施及双拥工作成果。

(撰稿:王大号　审稿:陆其浩)

【新安小学成立家庭教育研究所】 2015年,新安小学成立家庭教育研究所,开展家庭教育研究工作。该研究所致力于家校之间沟通的研究,以期发挥家庭教育在学校教育中的重要作用。对家长进行3次培训,在家长与教师中举行"教子有方"征文,收集到文章200余篇。该研究所申报的课题"家长学校在家庭教育立德树人中的作用研究"被教育部关工委立项,该校的家长学校被江苏省教育厅评为示范性家长学校。

(撰稿:王夫龙　审稿:孙先锋)

【新安小学林小场名师工作室揭牌】 2月,由徐州市教育局授牌的新安小学林小场名师工作室揭牌。年内,工作室成员面向全市开展教学研讨活动2次,读书交流2次。名师"学讲"课堂乡镇行,走进4个乡镇开展活动。

(撰稿:林小场　审稿:孙先锋)

【新华小学开展"挑战自我"活动】 9月,新华小学开展"挑战自我"活动。该活动充分发挥学生自主能动性:校红领巾广播站,让红领巾自己组稿、编辑、播出;"月月演月月看"活动,由学生自己编导、演出、主持,以年级为单位推出"自导自编自演一台戏"。广大同学积极参与。

【新华小学开展"深度磨课"活动】 12月,新华小学开展"深度磨课"活动。"深度磨课"活动历时一个月,中间经过备课、说课、听课、评课和教学反思5个环节。执教老师对同课异构作教学说明,其他教师从不同的视角作出评价,真正做到教学理念的碰撞和实践的融通。名师对课的亮点和存在问题作点评,并对各类课文的教材特点、教学目标、教学模式作总结。

(撰稿:郭广辉　审稿:孙国庆)

【城东小学"新教育实验"启动】 10月,新沂市城东小学举行"新教育实验"启动仪式。为实践新教育"过一种幸福完整的教育生活"的教育理念,学校组织全体教师共读朱永新教授《致教师》等新教育书籍,进行读书交流;全校开展"晨诵—午读—暮省"读书活动,营造书香校园氛围;邀请国学讲师到家长学校作题为《学父母规,育成才子》公益讲座,发动家长进行亲子共读活动。

【城东小学为生病同学捐款】 12月,城东小学师生踊跃捐款,帮助陆宣润及其家人度过难关。四年级学生陆宣润被诊断为急性早幼粒细胞白血病,学校发出"爱·就在我们身边"倡议书,全校师生纷纷献出爱心,捐款1.3万余元。12月29日,校长和师生代表赶到徐医附院,看望慰问陆宣润,并将捐款送到其父母手中。

(撰稿:何继刚　审稿:王荣江)

【春华小学安装直饮水机】 2015年暑期,春华小学实施学校直饮水工程。该校投入资金

10多万元,安装直饮水机44台,解决了学生饮用水困难的问题。

(撰稿:夏 斌 审稿:刘朝明)

【鸣九小学开展红色教育】 9月,阿湖镇鸣九小学开展红色教育活动。该校是以革命烈士任鸣九姓名命名的学校。围绕了解烈士事迹,学习和弘扬烈士精神,学校开展红色教育主题系列活动:组织学生对任鸣九烈士的子女进行专访,学生通过书籍、网络收集并展示红色文化故事、红色名言,学生创作红色教育题材手抄报、黑板报,各年级进行红色主题演讲比赛、辩论赛,各班开展班会主题活动,开展与红色教育相关的活动。

(撰稿:王洪艳 审稿:张晓东)

【时集镇三所学校通过现代化验收】 1月7日,徐州市教育现代化学校评估验收专家小组对时集中心小学、踢球山小学、山东小学三所学校进行评估验收。专家组通过查阅学校电子档案资料、观看校容校貌和深入课堂听课、考察课外活动、个别访谈师生等方式,全方位评估三所学校现代化办学水平,充分肯定学校在软硬件建设、教育教学管理等方面取得的成绩,顺利通过验收。

(撰稿:高 岩 审稿:高维迎)

【北沟中心小学开展“学讲计划校校行”活动】 9月,北沟中心小学开展“学讲计划校校行”活动,历时一个月。校长和教研组3人深入全镇各个校园,查看各校的“学讲计划”实施情况,听学讲研讨课50节。上课教师精心准备,每节课均能突出“自主学习、合作学习”的学讲理念,展现高效的课堂生态。

【北沟仲庄小学举行“同课异构”教研活动】 11月25日,北沟仲庄小学联合新安小学开展“同课异构”教学观摩活动。研讨活动分为三个环节:新安小学和仲庄小学3位教师分别执教四年级数学教材《射线、直线和角的认识》;新安小学名师工作室林小场对3节课进行点评;徐州市名教师相辉作题为《在数学教学过程中实现学生知识的自我建构》的讲座,在场教师受益匪浅。

(撰稿:张苏北 审稿:乔汉泉)

【城西小学“经典诵读”结硕果】 7月17日,城西小学师生表演的诗朗诵《永不忘却的纪念》在江苏省第五届农民读书节上产生震撼,江苏新闻网等数十家媒体进行报道。该校连续三年获新沂市教育系统诵读比赛第一名,并获徐州市首届校园诗歌朗诵大赛一等奖。

【城西小学“足球梦之队活动案例”获全国奖】 2015年,城西小学“足球梦之队活动案例”获首届“小哥白尼杯”全国红领巾小社团活动优秀案例。小足球是城西小学传统特色项目,学校将小足球运动蕴含的智慧、顽强、合作、永不言弃的精神,延伸到学校各类活动中。

【国奥队队长石柯回母校城西小学】 11月26日,国家奥林匹克足球队队长石柯回母校城西小学,上了一堂足球课。石柯是城西小学1999级的学生,曾任93年龄段国青、国奥队长。

(撰稿:杨 梅 审稿:李 江)

【港头镇4所小学通过省现代化验收】 12月,港头镇港头小学、付庄小学、大营小学、史圩小学4所小学通过江苏省教育现代化验收。在创建过程中,学校的办学理念、办学水平、校园文化、课堂教学等方面得到全面提升。

(撰稿:袁海波 审稿:徐士宝)

【高流小学打造“润”文化】 2015年，高流小学以“润泽人生，启智成长”的理念设计、培育、营造校园“润”文化。学校把朱永新教授的“过一种幸福完整的教育生活”作为“润”文化的牵引，以润文化为核心内涵进行校园布置，积极推崇“润智、润德、润雅”的办学理念，打造“每月一事”和“悦读人生”“润悟书屋”等文化活动平台，给全校师生以潜移默化的影响，形成独具特色的校园文化风格。

【高流小学异地重建顺利搬迁】 8月，高流镇中心小学顺利完成异地重建及搬迁工作。为适应教育现代化发展需求，2011年8月，高流小学新校址重新规划，经过4年多的工程建设，占地4公顷多，建筑面积达9980平方米的新校园竣工。新校园校舍充足，各室齐全，设施齐备，面貌焕然一新。

（撰稿：胡道山　审稿：孙敬酋）

【李庄小学并入八一实验学校】 8月，新安街道办李庄小学并入八一实验学校。原李庄小学地理位置偏僻，办学条件较差，学生人数不足，师资严重匮乏。李庄小学并入八一实验学校，改善了李庄村儿童的就读条件，扩大了八一实验学校的办学规模。

（撰稿：王大号　审稿：陆其浩）

【市现代化学校创建推进会在陈楼小学召开】 12月30日，新沂市第三批创建省教育现代化学校推进会在马陵山镇陈楼小学召开。参会人员参观学校的校园文化、基础建设、设施设备、学校管理、档案资料，特色项目等，召开校长座谈会，校长们为教育现代化建言献策。年内，马陵山镇5所村级小学全部通过江苏省义务教育现代化验收。

（撰稿：李先军　审稿：吕宣杰）

【马陵山镇广玉小学获评省科学教育特色学校】 6月3日，马陵山镇广玉小学获江苏省科学教育特色学校称号。学校以科学特色建设为抓手，引导学生学科学、爱科学、用科学，让孩子们健康快乐成长。

（撰稿：李先军　审稿：吕宣杰）

【庄林小学迎接省“诗词之乡”专家组验收】 4月28日，省“诗词之乡”专家验收组到窑湾镇庄林小学，对该校诗教工作进行检查验收。验收组专家在校长的引领下，实地查看学校诗词走廊等具有浓厚诗词氛围的场所。专家随机抽取三年级至五年级的部分学生，并随机抽取古诗词，让学生现场背诵。诗词诵读是庄林小学的特色教学项目，学校开展诗词考级进段活动，通过“读、找、背、赛、赏、展、写、演”等生动活泼的学习形式，在尽情吟诵中，润泽心灵。

（撰稿：李先锐　审稿：孔令平）

【桥口小学举办首届毽球艺术节】 6月1日，桥口小学举行首届毽球艺术节系列活动。开幕式上，进行学校自编的毽球操和个人毽球技能表演；开幕式后，各班级运动员进行“十人踢毽接力”“一分钟踢毽”“一次性踢毽”等不同项目的比赛。学校自2014年起就将毽球作为学校的特色打造，要求学生人手一毽，每天大课间，各班都在指定的地点由班主任组织毽球活动。学校在此基础上成立毽球队。

（撰稿：沙志强　审稿：葛树广）

【时集小学新建工程启动】 7月14日，时集小学新建工程奠基仪式启动。新校占地4.86公顷，建筑面积1万平方米，市政府投资1800万，设有48口教室，配套用房30口，可容纳2400名学生。预计2016年秋季时集小学搬入新校上课。

（撰稿：胡　月　审稿：高维迎）

【邵店小学师生共写随笔】 10月，邵店小学以故事《石头汤》作引，推进“新教育师生共写随笔”活动。首先，在“教育在线”网站“新教育儿童阶梯阅读”栏目上创建“阅读实验教室”班级主题帖；其次，各班级选择主题帖中优秀作品自办主题小报；再次，组织优秀稿件向各个杂志投稿，让孩子体验作品发表的乐趣；最后，从各班历次班级小报中选取精华文章印制成册，发至学生手中，让孩子体验拥有“著作”的自豪与喜悦。

（撰稿：朱善春　审稿：叶书权）

【合沟镇中心小学综合楼建成投入使用】 9月1日，新沂市合沟镇中心小学教学楼竣工并投入使用。合沟镇中心小学综合楼建筑面积3414平方米，总投资560万元，设舞蹈房、音乐室、美术室、微机室、图书室、阅览室、教职工会议室等功能室，改善了合沟镇中心小学师生工作和学习环境。

（撰稿：吕　素　审稿：张学武）

【唐店3所小学接受省教育现代化验收】 12月，唐店街道唐店小学、马场小学、双城小学先后迎接省教育现代化验收。唐店中心小学按省一类标准，先后投入300余万元，为全街道小学所有班级配备多媒体，为每校各功能室配齐器材、配足图书。各校在硬件达标的基础上，提升办学理念，规范学校管理，着力打造学校特色。验收组对3所小学的创建情况给予充分肯定，并建议各校加强名师打造、落实塑胶跑道建设。

【唐店二幼通过徐州市优质园验收】 9月，徐州教育局正式批准唐店二幼为市优质幼儿园。5月，唐店二幼接受徐州市评估组验收，评估组通过察看园所环境、半日活动、访谈教职员工和在园幼儿、查阅创建资料，对幼儿园的保教队伍、办园条件、安全卫生、保教水平方面进行综合评定，通过了徐州市优质园验收。唐店二幼2014年2月开工建设，工程主体投资294万元，附属工程及配套设施投入近50万元，2015年2月交付使用。

【唐店中心小学启动新教育实验】 9月18日，唐店中心小学举行新教育实验启动仪式。市教育局领导，全街道校长、中层教干、参加新教育实验的全体教师近百人参加仪式。为保证新教育实验顺利开展，唐店中心小学制定“五个一”的具体措施，即一个QQ群，一个主题帖，每周一次随笔诵读，每月一次读书沙龙，每学期一次随笔结集印制。

（撰稿：闫仕祥　审稿：胡松年）

【特教中心多措并举改善办学条件】 5月，特教中心多措并举改善办学条件。学校成功申报省特殊教育发展工程项目、残疾人职业技能培训项目，获奖补资金60万元；申请中央专项资金拨付50万元，用于添置残疾儿童康复器材、多感官统合训练室配备，改善校园环境。

（撰稿：高媛媛　审稿：李士超）

【华沂小学启动读写童诗谣活动】 5月6日，草桥镇华沂小学启动“读写童诗谣，展梦新教育”活动。活动以“读写童诗童谣”形式，书写教育梦想，展望教育未来，激发教育热情。

（撰稿：朱　永　审稿：吴　潜）

【瓦窑镇中心小学养成教育启动】 9月7日，瓦窑镇中心小学举行“伸伸手弯弯腰，我让校园更美好”主题教育启动仪式。学校利用升旗仪式、主题班（队）会、组建管理小组、在倡议书上签字等活动形式，对全体师生进行养成教育，大力倡导和建设美好校园。

（撰稿：李继刚　审稿：房建国）

【郑沟小学获“优秀专业阅读学校”称号】 10月,新店镇郑沟小学获新沂市《乡村教育家》“优秀专业阅读学校”称号。郑沟小学以读书会为平台,开展每人每月读一本教育专著,开展一次读书交流会,撰写一篇读书心得等活动,使读书成为一种习惯。

【新店镇小湖中心幼儿园搬迁】 10月8日,新店镇小湖幼儿园完成搬迁。新园占地面积0.8公顷,建筑面积3500平方米,幼儿户外活动场地面积3200平方米,绿化面积3200平方米。该园教学楼为框架结构,局部三层,按照3轨9个教学班设计。各配套用房均按省优质园标准设计,能容纳400余名幼儿入园,总投资370万元。

(撰稿:佟士龙　审稿:孙守玉)

【乐天集团捐建希望小学】 9月17日,乐天集团在新沂市棋盘镇举行新沂市棋盘镇乐天希望小学捐建签约仪式。棋盘镇乐天希望小学坐落原泉子小学,占地面积0.77公顷。该工程项目于2014年12月立项,2015年2月开标,4月动工建设,11月底完成教学楼主体建设,预计投入资金300万元。建成后可以接纳泉子村及周边部分村庄适龄儿童就近入学。

(撰稿:王建举　审稿:孙圣先)

【新安幼儿园启用门禁】 3月,新安幼儿园进一步加强安全管理,启用门禁系统。家长接送幼儿必须刷卡入园,无卡者禁止入内。幼儿园召开家长委员会会议,说明门禁卡使用及注意事项,维护正常的教学秩序,规范家长的接送管理。

【新安幼儿园举办金秋果实博览会】 10月19日,新安幼儿园在幼儿园户外场地举行“金秋果实博览会”。博览会展出家长和孩子共同采摘、收集秋天的水果、蔬菜、农作物等近80种,2000多件。家长和孩子走进大自然感受秋天的美景,体验收获的快乐,并把采摘收集的果实精心制作、布置,组成一幅幅秋天的图画。

(撰稿:叶惠东　审稿:王　坤)

【机关幼儿园举办课程游戏化“园园行”现场会】 10月23日,新沂市机关幼儿园举行徐州市幼儿园课程游戏化“园园行”现场会。徐州市幼教专家、五县(市)六区幼儿园园长、业务园长、骨干教师计200余人参加活动。机关幼儿园向与会人员展示户外游戏、创造性游戏、区域游戏、幼儿园的室内外环境、动物养殖区、种植园地、课程资源库等。与会幼教专家给机关幼儿园今后课程游戏化发展方向提出意见和更高的要求。

(撰稿:张玉梅　审稿:王雪梅)

【机关幼儿园构建教育资源库】 2015年,新沂市机关幼儿园构建教育资源库,实现教育资源整合共享。幼儿园把教育资源库的建设当成省课程游戏化建设项目的重要组成部分,把幼儿园信息化资源、物质资源、社区资源等纳入资源库建设中,发动家长、幼儿、教师、社会等多方面力量,加强各类资源的搜集和分类储备,进一步提高幼儿园资源的利用率,实现教育资源在更大范围内的共享。

(撰稿:马　慧　审稿:王雪梅)

【妇联幼儿园师生绘画获嘉奖】 1月,新沂市妇联幼儿园师生在全国第十四届“多多杯”幼儿主题绘画比赛中获嘉奖。66名幼儿获得一、二等奖,14名老师获得优秀指导老师一、二等奖。

【妇联幼儿园幼儿舞蹈获市一等奖】 5月,新沂市妇联幼儿园编排的幼儿舞蹈《能干的小手》,参加徐州市庆六一第二届“快乐的童年”幼儿园艺术节活动,获一等奖。

(撰稿:许　芳　审稿:张玲)

【黑埠中心幼儿园新园投入使用】 12月16日,黑埠中心幼儿园新园投入使用。新园位于黑埠街林头河畔,建筑面积2700平方米,绿化面积1600平方米,各种设施齐全。在园教职工14人,幼儿152人。

(撰稿:王洪艳　审稿:张晓东)

2015年新沂市各级各类学校基本情况表

表14　　单位:个、人

校　名	班级数	在校生数	毕业生数	招生数	教职工数		学校领导			
					计	专任教师	校长	副校长	书记	副书记
钟吾中学	68	3778	1271	890	280	249	陈晓慧	马光喜 刘普洲 阮祥德	陈晓慧	
教师进修学校					48	36	徐洪熙	栗玉宝 许先宝 赵庆雷	徐洪熙	
新沂市中等专业校	76	4196	1357	2335	301	196	柳　松	陈长兵 张同军 徐艳秋 鲍善冬	柳松	杨顺成
第一中学	60	2882	954	800	374	286	郭振京	党建久 蔡墩传 张统卫 姚　松 张　莉	郭振京	党建久
第二中学	33	1780	550	650	105	90	晏景松	史孝栋 陈兆武		
第三中学	47	2420	780	640	285	244	何振华	李学勇 杨家斌 王建东 徐长征	何振华	朱一龙
第四中学	19	710	230	280	188	155	徐言军	江美萍 陈晓东 程春叶	徐言军	
第五中学	18	293	113	99	137	126	葛明永	段彩安 马敬义	葛明永	
第六中学	19	855	158	170	162	120	仲维生	张广州 李增报	仲维生	
第八中学	12	426	148	149	101	72	张长新	石启胜 王　勇	张长新	
第十中学	21	798	294	254	134	87	闫　刚	戴风暴 纪传舒 王建民	闫刚	
实验学校	79	6546	426	1356	203	193	周树飞	姚　蒙 尹　刚		
八一实验学校	24	1218	120	226	118	112	陆其浩	扈向礼 田传银 孙　浩 姚月品 徐洪康	陆其浩	
高级中学	42	1842	705	640	214	186	丁金华	徐　惠 晏良江 马贤坤 沈中良	杨顺成	
棋盘中学	21	674	283	240	96	76	刘东升	朱克勇 刘玉刚	刘东升	王秀峰
王楼中学	27	979	276	355	176	172	桂　彬	王明刚 袁增军		王明刚
瓦窑中学	42	1983	386	507	269	195	滕　清	黄绍谦 季景华 王　珂	滕　清	季景华

续表14-1 单位：个、人

校名	班级数	在校生数	毕业生数	招生数	教职工数		学校领导			
					计	专任教师	校长	副校长	书记	副书记
高流中学	18	686	204	200	113	93	张志诚	徐延华 李明奎	张志诚	徐延华
高流初级中学	33	972	278	386	145	136	李月武	王建斌 刘以波 张春鹏	李月武	张春鹏
唐店中学	25	1466	266	596	154	122	陈学军	黄梅 高行平 王延刚	陈学军	
邵店中学	9	445	163	135	88	75	吕恩伯	冷风 张小春 陈玉莲	曹银虎	
时集中学	11	590	198	260	101	95	张磊	曹军 周新军	张磊	
高塘中学	19	906	188	267	97	67	侍孝敬	吴晨 尹加金 尹福建	侍孝敬	
合沟中学	28	1416	342	362	123	120	高印行	孙继军 王峰 高云合	高印行	
小湖中学	9	436	103	105	54	45	王九军	戈威 张立 吴学智	王九军	
踢球山中学	9	327	63	57	52	36	高捍东	马广学 郝茂翠	高捍东	
阿湖中学	7	330	112	153	74	43	何大超	胡连军	何大超	
黑埠中学	7	334	92	158	65	53	何立柱	沈昕泽 薛松	何立柱	
草桥中学	14	690	119	232	115	90	张军	巩绪坤 张城 李锋云	张军	
窑湾中学	10	453	147	162	76	67	于金友	张洪亮	于金友	
堰头中学	12	524	108	168	86	75	任伟	王永元 张健	任伟	
芦墩中学	3	62	15	25	28	27	陈都亚	赵跃	陈都亚	赵跃
新店中学	14	615	135	238	86	64	葛冬子	张涛	葛冬子	张涛
城岗中学	12	436	90	210	45	35	高行军	夏仲军	高行军	
马陵山中学	30	1126	306	485	189	149	邹以标	陈晓柱	邹以标	
港头中学	21	1088	255	302	132	101	胡小宁	王远树 戴嘉庆	胡小宁	
棋盘初级中学	13	654	195	262	80	52	周士航	葛坤 胡长芝	周士航	
启明中学	34	1198	540	254	74	61	邹其坤	朱登	邹其坤	李良善
新安小学	60	4559	598	855	186	173	孙先锋	赵寿诚 李新红 叶守迎	孙先锋	赵寿诚

续表14-2 单位：个、人

校名	班级数	在校生数	毕业生数	招生数	教职工数		学校领导			
					计	专任教师	校 长	副校长	书 记	副书记
新华小学	56	4382	550	844	146	144	孙国庆	王其华 张培华 陈国宪 郭广辉	孙国庆	
春华小学	57	4365	352	782	132	127	刘朝明	卢海兵 池春华 王长远 马 敏	刘朝明	卢海兵
特教中心	16	156	10	20	72	48	李士超	高志强 徐春喜	李士超	
新安中心小学	112	6385	602	1400	270	252	李江	李 玲 吴 健	李 江	
棋盘镇中心小学	163	7542	448	1369	294	290	孙圣先	孙敬龙	孙圣先	
港头镇中心小学	117	5472	352	1045	187	172	徐士宝	孟 远	徐士宝	
合沟镇中心小学	95	5169	601	872	218	213	张学武	陈汉坡	张学武	
瓦窑镇中心小学	80	4223	225	765	154	151	房树旭	房建国	房树旭	
窑湾镇中心小学	108	5806	433	958	217	210	孔令平	张 亮	孔令平	
唐店中心小学	110	5826	297	1042	212	218	胡松年	陈 伟	胡松年	
邵店镇中心小学	70	3005	345	586	147	145	周 辉	叶书权	周 辉	
时集镇中心小学	130	6877	823	1227	251	251	高维迎	陆 波	高维迎	
北沟中心小学	65	3446	435	609	174	173	乔汉泉	蔡伟争	乔汉泉	
高流镇中心小学	126	6203	737	1017	206	199	孙敬酉	张兴山	孙敬酉	梁 勇
双塘镇中心小学	87	4315	308	786	157	157	臧其科	何书锋	臧其科	
马陵山中心小学	78	5124	293	1038	212	202	吕宣杰	陆敬平	吕宣杰	
阿湖镇黑埠中心小学	168	7523	320	1416	252	252	张晓东	陈 赛	张晓东	王夫平
新店镇小湖中心小学	78	4133	356	857	189	184	孙守玉	孟建国	孙守玉	
草桥镇周嘴中心小学	123	5963	345	1156	232	220	吴 潜	黄金新	吴 潜	朱 永
桥口小学	50	3414	210	735	129	128	葛树广			
城关小学	37	2800	171	603	80	80	任云婷	耿明星 夏新成	任云婷	
城东小学	19	1108	76	218	65	53	王荣江	卓 然 何继刚	王荣江	
机关幼儿园	20	878	268	270	47	40	王雪梅	张 为 王 凯 吴晓琴	王雪梅	
妇联幼儿园	8	286	112	156	32	16	张 玲			
新安幼儿园	18	760	280	220	76	36	王 坤		王 坤	

（张 玲）

局长、党委副书记 吴　亮
党委书记 孙　震
副局长、党委委员 徐善之
党委副书记 徐文婷（女）
副局长、党委委员 何　勇　卜宪锋　蔡冬梅（女）　孙景启　孙晓红（女）
工会主席、党委委员 鲍成彩
副主任科员、党委委员 刘　明

【概况】 2015年，铜山区有各级各类学校（不含幼儿园）182所，其中，初中33所、普通高中7所、小学139所、中等职业学校2所、进修学校1所。各级各类学校中，民办高中1所，民办初中4所，民办小学1所。全区中小学在校学生170428人，其中，高中13559人、初中27684人、小学115697人，中等职业学校在校生13488人。全区有幼儿园102所，其中公办园78所。义务教育阶段入学率100%，初中巩固率99.6%，高中阶段入学率98.3%，学前三年幼儿入园率为98%。全区有教职工13662人，其中专任教师10903人。教师学历合格率高中100%，初中100%，小学100%，幼儿园82%。全区有省特级教师12人，省、市名师名校长60人。

2015年，全区有省三星级以上普通高中6所，省示范初中22所，省实验小学11所，省、市优质幼儿园93所，省市模范学校22所，省、国家重点职业技术学校2所。年内，获江苏省综合治理先进区、江苏省资助工作先进单位、江苏省深化学前教育体制改革试点区、江苏省促进义务教育均衡发展先进集体、江苏省责任督学挂牌督导创新区称号。全年投入教育经费23.56亿元。

【"三严三实"教育活动】 年内，区教育局党委扎实开展"三严三实"专题教育活动。通过"学理论、讲忠诚、正自身、敢担当"系列活动，切实做到真学真信真懂真用。集中学习开出"三张清单"，力争"三个确保"，即定制"学习清单"，确保内容不虚；梳理"问题清单"，确保学习不空；对照"改革清单"，确保落实不偏。

在制约区域教育可持续发展的瓶颈问题上，通过教师校干交流轮岗、集团化办学、加强督学队伍建设等手段，逐步推进区域教育高位均衡优质发展。

【学前教育快速优质发展】 年内，铜山区学前教育快速优质发展。新建、改扩建幼儿园10所，全区共有幼儿园102所，其中公办园78所，占比率达76%，学前三年入园率达98%以上，实现每1.2万人口1所幼儿园的目标。11所幼儿园接受省优质园验收，省优质园达到73所，占比率达到72%；8所幼儿园接受市优质园验收，市优质园20所。

【创建省教育改革发展示范区成效显著】 年内，铜山区创建省级义务教育改革发展示范区成效显著。全区义务教育阶段中小学均通过徐州市办学条件标准化验收，达到省标准化建设要求。全区创建江苏省教育现代化学校76所，其中，初中21所、小学55所。加强对中小学校园文化、功能室建设、师生精神面貌、教育教学管理等方面的检查和督导。积极推进“改薄”工程，缩小了城乡、校际差距。

【职业培训8000余人次】 年内，铜山区两所中专学校开展各类社会培训成效显著。两所中专学校在搞好学历教育的同时，发挥师资、设备优势，举办蔬菜种植、大棚葡萄栽培、蚕桑养殖、花卉园艺、烹饪、家政服务和退役士兵职业技能、新型农民等社会培训8000余人次，发放科技资料6000册，取得显著社会效益和经济效益。

【职业技能大赛成绩优异】 年内，学校参加职业技能大赛成绩优异。区教育局重视职业教育工作，强化技能教学，师生参加技能大赛获国家级金牌1枚，省级金牌4枚，银牌7枚、铜牌15枚。

【助学金足额发放】 2015年，铜山区足额发放助学金。资助各级各类学校学生56606人次，共发放资助金4607.85万元。办理大学生生源地信用助学贷款2956人，贷款金额1988万元。高校毕业生在铜山区基层就业学费补偿资助353人，学费补偿金额240.7万元。铜山区各类学校政府资助金全面实现社会化打卡发放。

【教学质量稳步提升】 年内，铜山区教育质量稳步提升。区教育局深入推进“学讲计划”，强化校长“抓教学、提质量”责任意识，开展教学视导、常规评估、质量监测。2015年，高考二本上线人数2400人，上线率36.9%，比上一年高出5.5个百分点。

【多名体育教师获部、省、市奖】 年内，铜山区体育教师获多个奖项。铜山区三堡小学秦银桂获教育部“一师一优课”评比一等奖，柳新实验小学姜秀获江苏省小学体育评优课一等奖，郑集中心中学李亚获全国体育教学案例特等奖，吕梁学校徐影获省初中教学案例评比一等奖。柳新实验小学姜秀、伊庄小学刘淮北、何桥小学唐宇获徐州市小学体育教师基本功竞赛一等奖，郑集中学赵晴、侯集中学高艳、黄集中心中学卢娟获徐州市体育优质课一等奖。

【体育教学成果显著】 年内，铜山区体育教学成果显著。铜山中学获省啦啦操比赛高中组自选动作单项第一名和团体一等奖，启星中学获省啦啦操比赛初中组一等奖，黄集中心小学获省啦啦操比赛小学组一等奖。何桥小学女子足球获得徐州市“市长杯”足球比赛U9组冠军，张集小学男子足球获徐州市“市长杯”足球比赛U11组亚军。棠张中学女子排球队向国家青少年队、省青少年队输送队员5名。

【师资培训】 年内，铜山区分层次多渠道开展师资培训。组织各级各类培训17272人次，教师参培率达100%以上，教师人均接受非学历培训平均72学时以上。其中，各级各类校干培训1132人次，教师培训16140人次。省级及以上培训1816人次，参加国培18人次，出国及引智培训113人次。

【举办第十一届教师读书峰会】 4月29日，铜山区教育局举办区第十一届教师读书峰会。会议主题为“阅读，跃起的力量”，邀请浙江大学客座教授谢永能作《国学智慧与人文修养》专题报告。直接参与读书峰会活动的教师达2000余人次。

【承办市教科研工作推进现场会】 12月25日，铜山区教育局承办徐州市教科研工作推进现场会。会议由徐州市教育局主办，铜山区柳新镇小学中心校协办。会议全景式展示教育科研在推进课程改革、促进教师发展、提升教育质量方面的价值，着力推动教育科研成果的转化。上海师范大学教育学院院长夏惠贤、江苏师范大学教授代建军、徐州市教育教学研究室主任何振国、铜山区教育局副局长何勇以及全市各县（市、区）教科研管理者及教科研骨干代表共计240余人参加观摩、研讨活动。

【公开招聘小学幼儿教师】 4—8月，铜山区公开招聘小学幼儿教师。区教育局、人社局、编办、监察局，共同成立招聘工作领导小组，坚持公平、公开、公正的原则，公开择优招聘在编教师146名，合同制幼儿园教师25名。

【进一步推进绩效工作改革】 10月，铜山区教育局进一步推进绩效工作改革。区教育局制定《徐州市铜山区中等及以下学校绩效考核改革指导意见》，进一步细化、优化绩效考核内容和标准，严格考核程序，强化考核监督和管理，明确考核责任。凸显多劳多得，优劳优酬原则，科学、合理的拉开薪酬之间的差距，进一步激发广大教师的工作积极性和创造潜能。

【奖励名优教师】 11月，铜山区教育局奖励名优教师。区教育局按照《徐州市铜山区优秀教育人才奖励与引进实施意见》规定，全年共奖励218名教师，奖励金额共计131.9万元。其中，名特优教师111名，奖励金额101.1万元；综合奖励97名，奖励金额14.8万元；名师工作室7个，奖励金额12万元；学历提高5名，奖励金额4万元。

【教师轮岗交流】 8月，铜山区教育局实施教师轮岗交流。铜山区教育局出台《关于推进义务教育学校教师校长交流工作的指导意见》《关于开展2015年义务教育阶段学校教师轮岗交流工作的通知》，全区1078名教师（初中488名、小学590名）参与支教交流。

【评选名特优教师】 年内，区教育局组织评选名特优教师。组织徐州市第九批名教师、名校长和第十一批青年名教师、学科带头人、青年优秀骨干教师评选工作。全区评选徐州市名优教师37人，其中，徐州市名校长2人，徐州市名教师4人，徐州市学科带头人16人，徐州市青年名教师3人，徐州市青年优秀骨干教师12人。同时组织铜山区名优教师评选，评出铜山区名优教师286人。

【改善办学条件】 2015年，区教育局大力推进校安工程和薄弱学校改造工程，改善办学条件。全年建设项目共计36个，其中，校安工程项目33个，包括中小学校舍23个和合格幼儿园10个，投资1.224亿元，总建筑面积6.8万平方米；薄弱学校改造项目3个，建筑面积

5216平方米，投资884万元。添置课桌凳2.57万套、仪器柜400个、图书架400个、餐桌1000张、空调105台；添置多媒体905套、计算机3400台、多媒体讲台1200个、备课仪535台、推拉绿板1200块。

【"责任督学挂牌督导创新县(市、区)"省级验收】 10月20日，江苏省教育评估院验收组对铜山区创建"全国中小学校责任督学挂牌督导创新县(市、区)"工作进行评估验收。验收组先后听取区教育督导工作的汇报，现场督察铜山中学、铜山中专、清华中学、大彭镇中心中学、张集实验小学、张集镇孙湾小学6所学校，对区教育督导工作给予充分肯定并提出指导意见。

【举办第九届科技文化艺术节】 5月，区教育局举办第九届科技文化艺术节。活动主题是"体验、快乐、成长"，以科技制作、艺术表演、艺术作品三大类引导师生参与活动，展示特长，有软硬笔书法作品5800余件，儿童画、素描作品1068幅，科技制作463件，表演类节目736个，参与师生48360人。主会场在区会议中心，另设郑集实小、张集实小、单集实小、茅村实小，刘集中学、清华中学6个分会场。

【接受"两参一改"评议】 12月7日，区教育局接受"百姓办事零障碍两参一改"工作评议。会议邀请社会代表和服务对象各10人参与评议。评议代表观看铜山区教育局关于《推进百姓办事零障碍 建设教育强区结硕果》的视频短片，听取区教育局局长吴亮关于《转作风，强素质，除顽疾，努力办好人民满意的教育》的工作报告。与会人员现场提问教育系统热点难点问题，教育局领导和相关科室负责人当场解答。群众满意度测评，满意率为100%。

【开展幼儿课程游戏化培训】 5月13日，铜山区开展幼儿课程游戏化培训。活动邀请南京市第二幼儿园园长陈学群、南京市幼教教研组长彭云为全区幼儿教师进行课程游戏化专题培训。培训以案例分析的方式展开，展示课评析和"课程游戏化"专题讲座，进一步明晰课程游戏化实施路径与办法。

【召开艺术教育推进会】 1月6日，区艺术教育工作推进会在清华中学召开。副局长何勇传达《铜山区教育局关于加强中小学艺术教育工作的指导意见》，局长吴亮对学校艺术教育提出要求。清华中学展示素描、剪纸、机器人制作等50多个活动。市教育局体卫艺处处长王胜勇、区教育局班子成员、部分科室负责人及各中小学校长、业务校长、艺术学科教师300余人参加会议。

【市教育局授牌名师工作室】 9月30日，市教育局为铜山区名师工作室授牌。铜山区有6个名师工作室被授牌，分别是：姚焕成特级教师工作室、王刚特级教师工作室、铜山区品质教学工作室(张敬义)、边鼓边舞教育工作室(王勇)、中学生物袁茂坤工作室、多元智能刘治富工作室。

【扎实推进安全管理】 年内，区教育局扎实推进安全管理。建立预防机制，坚持把创建平安校园与抓好社会治安综合治理结合；把创建平安校园与抓好安全管理结合；把创建平安校园与抓好教育系统精神文明建设结合。全区创建市级平安校园26所，区教育局被评为2015年度徐州市平安创建先进单位。局安保科被评为徐州市内保先进集体。

【召开中小学师德建设大会】 8月4日，区教育局召开中小学师德建设大会。局长吴亮总结近几年区师德建设取得的成绩，指出师德建设面临的新情况和新挑战，就进一步加强区中小学师德建设提出八点意见：一是充分认识新时期加强师德师风建设的重要意义；二是明确责任，健全师德师风建设的组织保障体系；三是着力防范，切实解决师德师风建设中的突出问题；四是重视教育，健全师德师风建设学习培训制度；五是创新举措，深入开展师德师风教育实践活动；六是强化宣传，形成全社会尊师重教的良好氛围；七是建立健全教师职业道德监督、考核、奖惩机制；八是保障教师合法权益，促进教师健康成长。全区中小学校长和教育局中层以上干部参加大会。

【发挥教育资源优势精准扶贫】 年内，区教育局发挥教育资源优势精准扶贫。区教育局对口帮扶单集镇庙山村。局委会专题调研确定帮扶项目，创建庙山村民学校，拨付8万元帮扶资金，添置120套桌椅、10台电脑和一套投影仪。组织各类培训126学时、6350人次，转移剩余劳动力367人。为该村小学新添桌椅200多套、电脑30多台、多媒体5套、仪器设备100多套，新建综合楼基本完工。

【举行“仪式教育”现场观摩会】 5—6月，区教育局举行“仪式教育”现场观摩会。以10岁成长仪式、14岁青春仪式、18岁成人仪式为重要节点，分别在张集实验小学、利国镇中心中学、棠张中学举行全区现场观摩会。

【多名铜山少年获“美德”荣誉】 4—6月，铜山区多名少年获得“美德”荣誉。铜山区实验小学刘泽萍等58名同学获铜山区“美德少年”称号。其中，大许中学的谢旭分别获得徐州市“美德少年”称号和江苏省“美德少年”称号，同时被评为2015年“感动徐州”十大人物。利国镇中心中学的王醇营获2015年度全国“美德少年”称号。

【开展优秀志愿者评选活动】 4—6月，区教育局开展优秀志愿者评选活动。孙浩然等74名同学被授予“铜山区优秀学生志愿者”称号。

【开展“城管进校园 文明伴我行”主题教育活动】 5月20日—6月10日，区教育局与区城市管理局联合开展“城管进校园 文明伴我行”主题教育活动。活动共收到“从我做起 争当城市小主人”主题征文482篇、“我为城市管理出份力”主题班会影像资料100余件、“城管进校园 文明伴我行”手抄报362份，在铜山区实验小学、新区实验小学、行知实验小学举行城市管理法律法规知识讲座。张集镇小学中心校等12家单位获得优秀组织奖，周燕等80名教师获得优秀征文指导老师称号。

【评选优秀德育工作者】 9月，区教育局评选优秀德育工作者。授予张忠坡等10人“十佳德育校长”称号、葛德学等10人“十佳德育工作者”称号、张克让等10人“十佳班主任”称号、郭艳梅等11人“十佳心理健康教育教师”称号，同时对王静等225名优秀班主任、郭翠荣等92名优秀德育工作者、朱红侠等57名优秀心理健康教育教师、李涛等222名“责任教育”工作先进个人进行表彰。张忠坡等15人被推选为徐州市“责任教育”工作先进个人。

【举行班主任基本功大赛】 4月，区教育局组织举行铜山区中小学第一届班主任基本功大赛。大彭镇小学中心校的张盈盈等92名教师分获大赛一、二、三等奖。张盈盈、董金萍、李培喜3名教师代表铜山区参加徐州市班主任基本功大赛，分别获得市级一、二等奖。

【举办心理健康教育观摩课活动】 11月10日，区教育局在大彭镇中心中学举行全区中小学心理健康教育观摩课活动。与会教师观摩2节心理健康教育课,参观该校心理咨询室。

【开展“践行社会主义核心价值观”校歌合唱比赛】 4月,区教育局组织开展“践行社会主义核心价值观”校歌合唱比赛。张集镇小学中心校等42家单位获优秀组织奖,张集实验小学等12所学校获表演类特等奖,利国实验小学等42所学校分获表演类一、二等奖,许晓刚等52名教师创作的校歌分获创作类一、二、三等奖,许晓刚等32名教师获辅导类特等奖,何楚秀等111名教师分获辅导类一、二等奖。

(撰稿:张春恩　审稿:吴　亮)

【铜山中学《走进新课堂》出版发行】 12月10日,铜山中学新书《走进新课堂》由光明日报出版社出版发行。《走进新课堂》全面介绍了铜山中学课堂改革的历程,全书分《序言》《理论篇》《实践篇》《教师课堂实录选编》《活动概览》5个部分,共42万字。该书采用理论和实践相结合、说明与案例相结合的方式,介绍了“以学为本,问题导引”自主学习基本教学模式的构建及相关的操作规范、操作策略、操作要求和教师的实践感悟。

【铜山中学获三门球比赛省高中男子组亚军】 11月13—15日,在省第十六届中学生三门球比赛中铜山中学代表队获高中男子组亚军。比赛由江苏省教育厅、江苏省体育局联合主办,江苏海安县曲塘中学承办。共有39支代表队参赛,分为高中组、初中组、小学组,400多名运动员参加比赛。

(撰稿:李盛典　审稿:丁再远)

【大许中学家长学校获评省优秀家长学校】 年内,大许中学家长学校被江苏省关工委评为优秀家长学校。大许中学家长学校有相对稳定、素质较高的专兼职教师队伍,各项管理制度齐全。教学做到“四有”“四定”,即有目标、有计划、有教材、有教案,定时间、定地点、定师资、定内容。利用学校网站、QQ群、微信群等媒体,向家长传授先进的教育理念,听取家长对学校的建议,增进家校沟通。

(撰稿:张　永　审稿:李玉新)

【大许中学谢旭被评为江苏省好青年】 2015年,大许中学高三(5)班学生谢旭被评为江苏省好青年。2012年9月,高一新生张驰患肌肉萎缩症,无法独立行走。谢旭主动承担起照顾张驰生活、学习的重任。 三年里,谢旭每年有200多天背着张驰,从宿舍到教室、食堂,帮他穿衣洗漱,坚持到高中毕业。2015年,谢旭先后被评为“感动徐州十大人物”,入围徐州“好人园”2016年塑像入园者正式候选人。在团省委开展的“我们身边的好青年”评比活动中,获“最乐奉献·每周一星”、江苏省好青年称号,入选“中国好人榜”,2015年暑假后就读于南京化工学院。

(撰稿:张　永　审稿:李玉新)

【棠张中学承办全国中学生排球联赛】 7月31日,由中国中学生体育协会主办,中国中学生体育协会排球分会协办,江苏省徐州市铜山区棠张中学承办的2015年全国中学生排球联赛圆满结束。联赛共有86支队伍、1200余人参赛,棠张中学精心严密的组织筹备,细心周到的服务,确保比赛顺利进行,得到大赛组委会的赞许。

【棠张中学通过省节水型学校验收】 11月5日,省市区教育和水利主管部门组成的联合检查组对棠张中学的江苏省节水型学校创建工作进行验收。检查组查看浴室、蓄水池塘、操场管网等节水设施和现场,查阅学校节水方面的相关档案资料，听取“强化节水意识，建设节约型校园”专题汇报。验收组宣布棠张中学以高标准通过“江苏省节水型学校”验收。

（撰稿：孙永平　审稿：薛振利）

【郑集中学被授牌“南航民航招飞基地”】　3月9日，南京航空航天大学民航招飞基地授牌仪式在郑集中学举行。宾主双方签订订单式人才培养协议书，学生录取后将分配至中国东方航空公司、海南航空公司、厦门航空公司、四川航空公司、春秋航空公司、上海吉祥航空公司、深圳航空公司、顺丰航空公司等。

【郑集中学举行“兼职教授”聘任仪式】　12月21日，郑集中学举行“兼职教授”聘任仪式。聘任徐州市教育局教研室、铜山区教育局教研室部分教研员和铜山区部分正教授级高级教师、特级教师为学校兼职教授。常务副校长邢长军为兼职教授颁发聘书。

【郑集中学举办“教学开放日”活动】　12月29日，郑集中学面向全市普通高中举办“教学开放日”暨徐州市“走乡村”——“真教研、真学习”课堂教学观摩活动。学校为活动开放三个年级所有课程，展示“四环节”课堂教学模式建设和“学讲计划”推进的阶段性成果。全市各区县教育局、教研室领导和教研员、兄弟学校教师600余人应邀参加活动。

（撰稿：鹿　飞　审稿：吴　亮）

【茅村中学多途径提高学生文明素养】　年内，茅村中学采取多种途径提高学生整体素质。学校针对不同层次学生，开展养成教育，利用主题班会、国旗下讲话等形式，培养学生文明意识、安全意识、责任意识；通过举办“文明礼貌月”、校园文化艺术节、学生业余党校、纪念“一二·九”运动校园红歌赛、金秋学习竞赛、四操比赛等系列活动，促进学生文明素质养成。

（撰稿：张邦瑞　审稿：王廷权）

【夹河中学强化教师培训】　年内，夹河中学强化教师专业培训。学校投入30余万元，邀请省内专家和知名学者到校开讲座，外派干部教师300余人次赴省内外名校参观学习，使全体干部教师都得到轮训学习与提升。

（撰稿：郭云宾　审稿：王广帅）

【茅村镇中心中学艺术节开幕】　6月2日，茅村镇中心中学第二届文体艺术节开幕。艺术节为期2天，有文艺汇演、书法展演、“圆盘·圆梦”设计作品展、学科知识竞赛、美术展、体育运动会等项目。

（撰稿：吴庆芳　审稿：张　坤）

【大许中心中学公开选聘中层干部】　7月9日，大许镇中心中学举行公开选聘中层干部竞聘演讲大会。学校本着公开、公平、公正的原则，以公开竞聘的方式选聘3名中层干部，11名符合条件的教师参与竞选。通过竞聘演讲、群众民意测评、教育教学获奖三项积分，高者入选。朱友瑞、李秀丽、张海侠入选中层管理岗位。

（撰稿：绍　峰　审稿：陈　刚）

【“区长杯’校园足球联赛决赛在郑集镇中心中学举行】　12月26日，铜山区政府、铜山区教育局、铜山区足球协会在郑集镇中心中学举行铜山区中小学生“区长杯”校园足球联赛决赛。该足球联赛决赛有77个队，近1000名中小学生参赛。

（撰稿：朱　琳　审稿：黄玉岷）

【铜山中专省技能大赛连创佳绩】　2015年，铜山中专省技能大赛连创佳绩。3月，铜山中专在2015年江苏省职业学校技能大赛中取得1金3银8铜的好成绩。12月，在江苏省职业学校技能大赛中，该校26名选手参加5大类10个项目的比赛，共获得2金3银8铜奖牌，位居全市中职前列。

【铜山中专"校园心语"工作室被认定省名师工作室】 5月18日，铜山中专"校园心语"（郭艳梅）工作室被江苏省教育厅认定为江苏省职业教育名师工作室。江苏省职业教育首批认定50个重点建设的名师工作室。"校园心语"（郭艳梅）工作室是全省唯一一个心理咨询名师工作室。工作室首批成员10名，国家二级心理咨询师、高级讲师、徐州市未成年人指导中心核心组成员郭艳梅为带头人。

（撰稿：高　露　审稿：闫怀春）

【张集中专省技能大赛获佳绩】 12月，张集中专师生在省级职业学校技能大赛中获佳绩。孙娜获蔬菜嫁接学生组金牌，杨翠君获蔬菜嫁接教师组金牌，张红梅获家禽剖解教师组金牌。该校师生还获得4枚银牌和7枚铜牌。

【张集中专接受国家中职改革发展示范校省级验收】 5月12日，张集中专接受国家中职改革发展示范校省级验收。专家组通过听取汇报、察看实训设备设施、查阅档案资料、访谈专业负责人等方式对学校的示范校建设工作进行全面检查。专家组在肯定学校建设成果的同时，对资料建设方面提出具体的整改意见。

（撰稿：李为勋　审稿：王慕启）

【团中央领导到大彭镇中心中学调研】 11月10日，团中央宣传部新闻处处长陈竹在团省委、团区委及大彭镇有关领导的陪同下，到铜山区大彭镇中心中学开展团队建设工作专题调研。陈竹视察团队阵地建设情况，与校团总支书记及校长进行座谈，倾听基层团队的心声，了解存在的困难，解答工作中的困惑。校团总支书记孙慧慧就学校团队建设、管理及活动开展等情况作详细汇报。

【省督学到大彭镇中心中学检查指导】 10月20日，江苏省督学专家组一行到铜山区大彭镇中心中学，对责任督学工作开展情况进行督导检查。专家组观看学校泥塑室，书法、美术教室，师生的书法绘画作品，对大彭镇中心中学艺术教育给予肯定。

（撰稿：刘永刚　审稿：高　翔）

【张集镇中心中学接受省收费工作专项检查】 10月22日，江苏省教育厅收费工作检查专家组在铜山区教育局局长吴亮的陪同下到张集镇中心中学检查收费工作。专家组通过听取汇报、调阅资料、走访问卷等方式重点检查教辅征订、食堂账目、有偿补课等收费情况。经过检查，专家组对张集镇中心中学的收费工作给予好评。

（撰稿：贺广军　审稿：张启喜）

【奎屯市教师代表团到房村镇中心中学考察交流】 5月14日，新疆奎屯市教师代表团到房村镇中心中学考察交流。代表团一行30多人在区教育局王勇陪同下参观校园，了解学校发展规划，以及自主管理、自主学习经验和学讲进课堂的举措。两地教师进行教研活动和互动交流。

【房村镇中心中学组织紫藤文学社采风活动】 2015年，房村镇中心中学组织"紫藤文学社"成员外出采风。紫藤文学社注重社员社会实践活动，年内，两次组织成员外出采风。先后到淮海烈士纪念塔，缅怀先烈遗志。走进风景秀丽的彭园，感悟春天的美景。参观徐州博物馆，体会徐州悠久的文明，探访先贤的足迹和智慧。到邳州小萝卜头纪念馆、李超时纪念馆、土山古镇，了解“小萝卜头”宋振中、李超时先烈的事迹。采风活动为学生提供丰富的写作素材。

（撰稿：马伏刚　审稿：刘　强）

【柳新镇中心中学开展纪念抗战胜利70周年活动】9月，柳新镇中心中学开展系列活动纪念中国人民抗日战争暨世界反法西斯战争胜利70周年。9月1日，组织国旗下讲话，牢记伟大的抗战精神；9月3日，全校同学在家长的陪伴下，通过电视观看盛大的阅兵式；9月6日，观看中国抗日战争胜利70周年图片展《不屈的江淮 伟大的胜利》；出一期以“铭记历史、缅怀先烈、珍爱和平、开创未来”为主题的黑板报。

（撰稿：李　静　审稿：杨　枫）

【马坡镇中心中学举办校园文化艺术节】 6月12日，马坡镇中心中学举办首届校园文化艺术节。同学们展示了书法、歌舞、相声、小品课本剧、经典朗诵等多种形式的艺术作品，赢得师生赞誉。

（撰稿：刘元东　审稿：李　强）

【单集镇中心中学通过省绿色学校验收】 12月，单集镇中心中学顺利通过江苏省绿色学校验收。学校积极开展绿色学校创建活动，先后组织绿色班级创建评比、一日两扫活动、植绿护绿活动、环保进社区活动、环保进课堂活动、环保作文大赛、环保论文竞赛等系列活动，广大师生环保意识、节约意识明显加强。

（撰稿：周发洪　审稿：路　军）

【何桥镇中心中学开展校园足球活动】 2015年，何桥镇中心中学积极开展体育教学和校园足球工作。学校高度重视学校体育工作，开展丰富多彩的校园足球活动，打造足球文化，有力推动学校阳光体育活动的开展。

（撰稿：曹　军　审稿：杜文超）

【利国镇中心中学举办14岁青春仪式】 6月12日，利国镇中心中学举办14岁青春仪式。学校329名八年级学生，和爸爸妈妈一起走过红毯，走进“青春之门”，让学生在活动中感受成长，让父母感受责任。

（撰稿：杜文斌　审稿：李　勇）

【柳泉镇中心中学录播教室启用】 11月20日，柳泉镇中心中学录播教室经过几个月的装修、安装、调试，正式启用。录播教室由铜山区教育局出资兴建。设备具有人工导播、全自动录制和自动跟踪、网上直播、点播等多种功能。为教育教学提供良好的资源共享平台。

（撰稿：吴　耀　审稿：秦　峰）

【清华中学获市排球比赛冠军】 11月29日，清华中学在全市中小学生排球比赛中获2项冠军。比赛在铜山实小教育集团举行，全区各小学、初中的近60支男女球队，约720余名运动员参加比赛。清华中学初二年级男子硬排球代表队、初一年级气排球代表队分获冠军。

【清华中学市、区优质课获奖】 2015年，清华中学教师参加市、区优质课评比获得多个奖项。在2015年徐州市教师优质课比赛评选中，徐艳梅、王雪玲获一等奖，余书海、李后玲、王庆明、高颂民、王玲获二等奖。在铜山区教师优质课比赛评选中，18名教师参赛，其中，14人获一等奖，4人获二等奖。

（撰稿：王雪玲　审稿：宋成伟）

【杨屯中学扎实推进“学讲计划”】 2015年，杨屯中学扎实推进“学讲计划”。学校深入开展“学讲五步”课堂教学模式，注重课堂细节，实施自主、合作、探究学习，取得较好的教学效果。

(撰稿:李伦勇　审稿:周计文)

【太山中学举行50周年校庆活动】 12月28日，太山中学举行50周年校庆活动。老校长、老教师、各届校友重返太山中学，参观学校发展历程展板、学生创办的纪念50周年手抄报，并对太山中学的未来发展献言献策。

(撰稿:张文超　审稿:张林涛)

【新星学校“阳光体育”结硕果】 年内，新星学校阳光体育活动结硕果。新星学校注重阳光体育运动的组织与开展。在铜山区广播操、五禽操、特色操、眼保健操“四操”比赛中获得一等奖，在徐州市体育局、徐州市教育局举办的“铜山实验小学教育集团杯”中小学排球赛中男、女队双获亚军，获得铜山区“区长杯”足球比赛U11组亚军，获得铜山区阳光冬季长跑第一名。

(撰稿:赵延辉　审稿:徐　坤)

【沿湖学校教师节召开表彰会】 8月28日，沿湖农场党工委和沿湖学校在农场会议室召开第31个教师节表彰大会。大会表彰“十佳师德模范”10名，每人奖励笔记本电脑1台；考取四星级重点中学的“优秀学子”6名，每人发放奖学金1000元；被二本以上本科院校录取的大学生15名，每人奖励便携式笔记本电脑1台。

(撰稿:高　冬　审稿: 王全成)

【刘集镇中心中学“阳光体育”取得丰硕成果】 2015年，刘集镇中心中学阳光体育运动取得丰硕成果。学校坚持开展阳光体育运动，特色操、武术操、啦啦操、教职工广场舞在区局比赛中分获一等奖，四操比赛、师生冬季长跑分获二等奖。学校特色操“扇子舞”，融合太极扇、韵律操和现代舞蹈元素，全体师生参与，深受师生欢迎。

(撰稿:蔡正洪　审稿:王　岭)

【伊庄镇中心中学物理课程基地迎接省级验收】 12月8日，伊庄镇中心中学物理课程基地迎接省级验收。伊庄镇中心中学是江苏省薄弱初中质量提升工程项目学校，选择物理课程建设作为重点，学校成立多个物理兴趣小组，开展多次竞赛活动；3个实验室增添设施设备；针对初中物理特点，编印《趣味物理探究》《生活中的物理》《八年级物理校本教材》《九年级物理校本教材》4本校本教材。省教育厅验收组观看学生实验、听课、查阅资料，给予高度评价。

(撰稿:张海军　审稿:董列民)

【铜山区实验小学成立教育集团】 8月28日，铜山区实验小学成立教育集团。铜山区实验小学教育集团，由海河路校区(原铜山区实验小学)、行知校区(原行知实验小学)、桥上校区、焦山校区4所小学以及辖区内37所民办幼儿园组成。教育集团的成立将为铜山教育的优质均衡发展作出努力。

【铜小教育集团“集邮文化进课堂”】 12月15日，铜山实小教育集团开展“集邮文化进课堂”活动。活动以集邮知识教学和集邮展览为主轴，让铜小的孩子们“受教育于课堂之外，长知识于邮乐之中”。

(撰稿:李　娟　审稿:杜庆峰)

【何桥小学女足获足球赛冠军】 4月30日—5月2日，铜山区何桥镇中心小学女足代表队参加徐州市首届“市长杯”中小学校园足球联赛获冠军。足球赛在徐州高级中学举行，全市有14个队参加U9组女子足球赛。8月，学校女足代表队参加江苏省“省长杯”青少年校园足球联赛总决赛获三等奖。

（撰稿：侯新蕾　审稿：刘　军）

【“音乐种子”春蕾助学行动走进何桥小学】 2015年，“音乐种子”春蕾助学行动走进何桥小学。活动是江苏音乐广播、江苏省儿童少年福利基金会共同举办的公益活动，用音乐、歌声帮助50名留守、贫困儿童，让歌声放飞梦想，深受师生好评。

（撰稿：朱孝芝　审稿：刘　军）

【程庄小学举行“感恩”教育活动】 9月10日，程庄小学举行“不花一分钱，感恩教师节”活动。学校号召同学们以优异的学习成绩、良好的学习习惯表达对老师的节日祝福。

（撰稿：胡　贺　审稿：马礼民）

【汉王实验小学被授予省全民阅读基地】 6月8日，铜山区汉王实验小学被江苏省全民阅读中小学指导委员会授予江苏省全民阅读活动——中小学书香校园阅读基地。

（撰稿：谢　如　审稿：王　建）

【汉王镇刘庄幼儿园竣工投入使用】 9月1日，汉王镇刘庄幼儿园新园竣工投入使用。新园总投资500多万，建筑面积2000平方米，园内各项设施设备先进齐全，能容纳9个班300名幼儿。新学年已有126名幼儿入新园。

（撰稿：刘建利　审稿：王　建）

【刘庄小学张紫晴同学获国家级大奖】 11月22日，汉王镇刘庄小学五年级学生张紫晴赴北京参加全国“星耀中华杯”小主持人风采展示大赛，获全国三等奖。

（撰稿：房前程　审稿：王　建）

【刘集实小开展家长文明宣传活动】 10月19日，刘集实小开展面向家长的文明宣传活动。小学大队部印发致家长的一封信，由少先队员向家长发放宣传单，引导家长警醒自己的言行，杜绝在校门口接送孩子时出现的不文明现象，对家长进行文明劝导。活动得到家长一致认可和好评。

（撰稿：杨秀菊　审稿：赵玉朋）

【新庄小学开展“校园无痕”活动】 4月，房村镇新庄小学开展以“魅力新小，校园无痕”为主题的环保系列活动。活动的主要形式为“节能低碳，精彩兑换”。兑换一：用完的作业本按保存和使用情况，分为A、B、C档进行奖励，共3635人次成功兑换。兑换二：废电池换新，各班共上交2000余节废旧电池。学校与环保局取得联系，对收缴的废旧电池进行回收处理，降低因废电池处理不当造成的环境污染。

（撰稿：孙　微　审稿：朱殿波）

【房村中心小学为留守儿童筑建爱的家园】 3月，铜山区房村中心小学启动“守爱之家”工程，为275名留守儿童筑起爱的家园。大队辅导员和班主任担任家长，根据孩子实际制定学期培养计划，建立“学生成长导师制”“学生成长伙伴制”。举行“家长”访谈爱心沙龙4次；搭建孩子们与父母之间爱的桥梁——“真情信箱”，收发信件603封。成立“爱心基金”委员会，202人得到社会各界爱心人士的捐赠，合计人民币约5000元。在“守爱之家”的呵护下，78.8%的留守儿童品学兼优，发展全面。

（撰稿：刘正权　审稿：朱殿波）

【利国镇小学开展“最美教师”评选活动】 10月，利国镇小学中心校在全镇范围内开展“寻找身边最美教师”评选活动。各校高度重视，广泛听取意见，民主推举，集体讨论，择优推荐。通过评选活动广泛宣传“最美教师”事迹，塑造人民教师形象。

（撰稿：马厚海　审稿：樊孔亮）

【单集实验小学参加省创作大赛获奖】 2月18日，单集实验小学参加2015年江苏省中小学“我家幸福年”体验创作大赛获奖。大赛由江苏省文明办、江苏省教育厅主办，学校有28名同学参赛，其中，李子轩、黎芳伊、张森杰3人获一等奖，15人获二等奖，学校获优秀组织奖。

（撰稿：占景才　审稿：王庆春）

【寿山小学市排球比赛创佳绩】 5月24日，单集镇寿山小学参加徐州市小学生排球比赛创佳绩。寿山小学长期开展排球运动，建立一支训练有素的小学生排球队，代表单集镇小学参加比赛取得村小组男、女排冠军。

（撰稿：王　凯　审稿：王庆春）

【柳泉镇小学举行教学比赛】 11月17—19日，柳泉镇小学教师教学比赛在柳泉实验小学举行。比赛分11个学科，有40余名教师参加。邀请郑集实验小学、利国实验小学、茅村实验小学的18名省、市、区名优教师担任评委工作。

（撰稿：李　冬　审稿：张建刚）

【后象小学气排球比赛获冠军】 11月，柳泉镇后象小学参加徐州市“铜山实验小学教育集团杯”气排球比赛获冠军。该校女子气排球队经过层层角逐，获得小学村小女子组冠军。

（撰稿：吴　寒　审稿：张建刚）

【苏家小学承办徐州市教科研现场会】 12月25日，柳新镇苏家小学承办徐州市教育科研工作推进现场会。会议由徐州市教育局主办，铜山区教育局承办，铜山区柳新镇小学中心校协办。苏家小学展示教育科研在推进学校文化建设、课堂改革、课程研发、促进教师发展、提升教育质量等方面的做法和成果。上海师范大学教授夏惠贤、江苏师范大学教授代建军及全市各县（市、区）教科研管理者、教科研骨干280余人参加观摩、研讨。

（撰稿：刘　晴　审稿：崔伟堂）

【七圣小学创建市绿色学校】 11月，棠张镇七圣小学通过徐州市绿色学校创建验收。该校自教学点恢复完小首次参加学校创建工作，学校依托原生态，努力在学科渗透、课程开发、活动引领、习惯养成、文化熏陶等方面体现绿色环保、节能节约的办学理念，学校有较大的发展。

（撰稿：聂金影　审稿：张建刚）

【“助力工程”培训班走进棠张实小】 11月4日，江苏省农村小学校长“助力工程”培训班的150余名小学校长走进铜山区棠张实验小学参观交流。棠张实小汇报学校情况，展示学生五禽操、排球操、师生阅读汇报和夏凤娟老师的语文“学讲”示范课，受到来宾称赞。

（撰稿：夏登峰　审稿：张建刚）

【伊小成立青年教师发展团队】 9月，铜山区伊庄实验小学成立青年教师发展团队。成立青年教师发展团队旨在培养青年教师成长。通过青年教师汇报课、达标课和过关课等途径，使青年教师得到锻炼。团队成员26人。

（撰稿：卢兴群　贺会书　审稿：陈海港）

【马坡实小举行支教教师汇报课活动】 12月22日，马坡实小举行支教教师汇报课活动。马坡镇中心中学到马小支教的9位教师分别执教1节汇报课，学校统一安排听课和交流活动。全体校干连续3天参与听课和交流活动，对教师业务进行考核。

（撰稿：袁廷顺　审稿：董维阳）

【三堡中心园承办市学前教育课题论证会】6月2日，三堡中心幼儿园承办“十二五”规划学前教育专项课题开题论证会。会议由区教科所主办，三堡中心园和铜山实验幼儿园分别宣读开题报告，市教育科学规划办公室对课题进行指导和论证。区其他立项的学前教育专项课题主持人、部分参与人员及三堡中心园的部分教师参加论证会。

（撰稿：秦　玲　审稿：张万清）

【大许镇小学中心校推行教育新模式】2015年，铜山区大许镇小学中心校正式推行“合格+特长”教育新模式。让学生在基础知识和基本能力双达标的基础上，开展特长教学，全镇对教育新模式实施规范进行考核。全镇各校成立排球、足球、篮球、朗诵、写作、课本剧、电子百拼、啦啦操、舞蹈、声乐、器乐演奏、软硬笔书法等社团或兴趣小组共120多个。

（撰稿：卢道伟　审稿：李　锋）

【市妇联“向日葵读书点”授牌仪式在孙湾社区举行】11月9日，徐州市妇联在孙湾社区广场举行“向日葵读书点”授牌仪式，并捐赠图书。市妇联通过慰问走访、举办互动活动，积极组织引导社会各界重视、参与贫困儿童帮扶救助活动，关注留守流动儿童成长，努力为留守流动儿童营造健康成长的环境。

（撰稿：韦　文　审稿：刘吉永）

【魏集实验小学足球队员去北京深造】4月7日，张集镇魏集实验小学足球队员王宇翔等4名同学去北京深造。王宇翔等4名同学酷爱足球运动，刻苦训练，表现突出，多次参加省级、国家级青少队邀请赛，获得优异成绩，被北京大羽足球俱乐部选中。

（撰稿：刘尧丽　审稿：刘吉永）

【铜山实幼实施课程游戏化项目】11月，铜山实幼“绿色阳光游戏化课程”项目省级立项，开始实施幼儿园课程游戏化建设。幼儿园课程游戏化旨在引导幼儿教师树立正确的儿童观、游戏观和课程观，以游戏为基本活动，将教学游戏化，为幼儿提供平等表现机会，培养幼儿在游戏中探索、成长的能力。

（撰稿：朱　薇　审稿：张　莉）

【茅村实验小学开展特色活动】2015年，茅村实小大力推进素质教育，开展特色活动。学校坚持开展书法、手工、美术等活动，激发兴趣，帮助学生们把爱好变成特长，取得成效。

（撰稿：聂文娟　审稿：李道云）

【黄集实小被授予区非遗传承基地】12月4日，黄集实验小学被铜山区文广新体局、铜山区教育局授予非物质文化遗产传承基地。黄集实验小学以面塑特色课程建设基地为契机，坚持开展丰富多彩的面塑实践活动，课程内容逐步完善，孩子们动手动脑能力、审美情趣、文化意识得到有效提升。

【黄集实验小学啦啦操省赛获佳绩】5月22日，黄集实验小学啦啦操队赴南京交通职业技术学院参加江苏省啦啦操锦标赛，获得省啦啦操锦标赛小学组技巧（二级）规定动作第一名，小学组自选动作第三名。辅导员王红莲获得江苏省优秀教练员称号。

（撰稿：耿亚东　审稿：乔治国）

【郑集实小开展“请进来、走出去”教研活动】年内，郑集实小开展“请进来、走出去”教研活动。先后举行“作文,从心开始”主题研讨活动,河南名师于淏慧和山西《新作文》主编聂闻与一线教师共同研讨,与学生面对面交流、互动。学校陆续派出近50人次到杭州、上海、南京等地参观学习。

（撰稿:耿广东　审稿:韩　烨）

2015年铜山区各级各类学校基本情况表

表15　　单位:个、人

单位	班级数	在校生数	毕业生数	招生数	教职工数 计	教职工数 专任教师	校长	副校长	书记	副书记
郑集高级中学	50	2680	980	1020	276	276	吴　亮	邢长军 孙兆安 陈宝学 吴书亮	吴　亮	孙兆安
郑集高级中学城区校区	45	2323	689	756	191	184	孙　震	武长宽 王永强 侯庆宇 时效锋	王永强	侯庆宇
棠张中学	50	2112	880	668	252	237	薛振利	吴　巍 张忠坡 王先廷	薛振利	
夹河中学	43	1635	848	526	192	179	王广帅	端祥福 付化冰 张学礼	王广帅	端祥福
大许中学	44	2026	738	635	214	176	李玉新	周广密 李中福 张本锋 郭春喜	李玉新	周广密
茅村中学	30	1553	460	498	174	151	王廷权	杨绪新 支乾松 时　敬 孟庆国	王廷权	杨绪新
铜山中学	42	2180	860	626	289	220	丁再远	李志良 耿广建 闫怀平 刘宏伟	姚焕成	丁再远
张集中等专业学校	63	1893	1055	730	209	195	王慕启	姚桂东 张黎明 杨作林 韩琳琳	王慕启	张黎明
铜山中等专业学校	89	2943	1398	819	301	256	闫怀春	滕道明 时淑敏 孟振中 丁向阳 倪彩菊	滕道明	闫怀春
教师进修学校					40	33	孟宪刚	石大军 赵保东	孟宪刚	石大军
铜山区清华中学	62	3600	1150	1260	300	260	宋成伟	张继军 李宝山 经志芹 吴继林	孙景启	宋成伟
何桥镇中心中学	20	822	160	226	121	109	杜文超	刘春亮 曹　磊 袁龙猛 李　翔	杜文超	
马坡镇中心中学	22	496	162	218	137	118	李　强	赵阶峰 魏先泰 秦允常	李　强	
黄集镇中心中学	16	545	242	192	151	129	李炳涛	张　彬 孟祥虎	李炳涛	
郑集镇中心中学	50	2678	530	735	207	198	黄玉岷	韩方芹 朱海军 郭凤祥	黄玉岷	张明国
柳新镇中心中学	57	1940	417	500	327	234	杨　枫	雍世武 何　龙 张茂永 单增义 闫文生 周　建 江庆柱	杨　枫	雍世武

表15-1　　　　单位：个、人

校名	班级数	在校生数	毕业生数	招生数	教职工数		学校领导			
					计	专任教师	校长	副校长	书记	副书记
沿湖学校	31	1132	140	195	88	74	王全成	王崇昌 高　冬	王全成	孙继科
刘集镇中心中学	47	1676	364	537	247	221	王　岭	倪巧华 李洪春 张敬平 王　振 丁云峰 石　岩	王　岭	李洪春 张敬平
大彭镇中心中学	48	1819	231	361	256	236	高　翔	李仁兴 陈昌龙 王永强 王启东 冯如远 刘太良 刘世岗	高　翔	王启东
汉王镇中心中学	16	545	178	236	139	91	刘　峰	周桂生 张德旭 黄　华	刘　峰	
三堡镇中心中学	18	634	312	220	96	78	刘宏亚	杨　凯 周　强 王玉柱	刘宏亚	
棠张镇中心中学	36	1462	298	404	172	115	滕道忠	薛　艳 陈思远 胡　晟 沙丙文	沙丙华	
张集镇中心中学	24	1008	201	294	150	115	张启喜	朱　军 余光锦 刘正果 郑诗林	张启喜	李　超
张集镇魏集中学	10	355	133	108	75	41	张明义	姚焕普 肖长举	张明义	
房村镇中心中学	26	1112	212	568	180	155	刘　强	唐　建 殷召敏 薛宇刚 张其新	刘　强	马伏刚
房村镇郭集中学	17	605	161	139	81	73	刘永明	孟庆龙		
伊庄镇中心中学	11	459	119	193	74	61	董列民	张海军 权太东 丁海科	董列民	张海军
伊庄镇吕梁学校	26	876	44	136	52	49	周明生	周进春 刘自德	周明生	赵　松
单集镇中心中学	18	926	157	227	95	64	路　军	单昌安 孟昭亚 周发洪 孙景东	路　军	
单集镇吴桥中学	6	236	63	64	50	35	张海朋	周继强	张海朋	
大许镇中心中学	25	974	315	368	140	108	陈　刚	刘学章 张　飞 陈新廷 刘　永 耿乙卫	陈　刚	马文元 沈振祥
大许镇太山中学	17	825	129	237	88	65	张林涛	张　强 张文超	张林涛	
茅村镇中心中学	21	818	274	301	210	176	张　坤	张廷春	张　坤	朱兴权
柳泉镇中心中学	23	1025	204	255	128	75	秦　峰	武善勇 杨永利	秦　峰	武善勇

表15-2 单位:个、人

校名		班级数	在校生数	毕业生数	招生数	教职工数		学校领导			
						计	专任教师	校长	副校长	书记	副书记
利国镇中心中学		20	898	256	302	134	81	李勇	杨军 徐响	李勇	孙明峰
拾屯教育中心校	杨西小学	18	808	49	148	35	34	周计文	李玉良	周计文	李伦勇
	武屯小学	17	572	38	91	23	23		孙从良		李刚
	中学	7	295	56	76	58	54		李伦勇		孙从良
铜山实小教育集团		120	7081	760	1470	291	286	杜庆峰	刘艳梅 徐星华 赵丹 李怀刚 孙晋刚 杨峰	高庆斌	
何桥镇小学中心校		80	3079	291	782	149	145	刘军			
马坡镇小学中心校		65	3397	310	881	185	183	董维阳			
黄集镇小学中心校		88	3405	269	754	193	187	乔治国		乔治国	
郑集镇小学中心校		129	5440	529	1052	209	204	韩烨		韩烨	
柳新镇小学中心校		100	5018	501	1316	230	205	崔伟堂		杨元杰	
刘集镇小学中心校		102	5132	433	1204	220	197	赵玉朋			
大彭镇小学中心校		106	5622	357	1189	228	224	马礼民		马礼民	
汉王镇小学中心校		71	3114	285	638	143	142	王建		王建	苏建国
三堡街道办事处小学中心校		50	2760	223	631	109	102	张万清		张万清	
棠张镇小学中心校		94	4561	456	1288	186	177	王修刚			
张集镇小学中心校		159	7599	643	1554	290	283	刘吉永			
房村镇小学中心校		133	6320	459	1342	257	242	朱殿波		朱殿波	
伊庄镇小学中心校		66	2793	226	522	119	118	陈海港		陈海港	
单集镇小学中心校		104	5059	459	981	210	206	王庆春		王庆春	
大许镇小学中心校		135	7411	630	1514	287	283	李锋		李锋	

表15-3 单位：个、人

校名	班级数	在校生数	毕业生数	招生数	教职工数		学校领导			
					计	专任教师	校长	副校长	书记	副书记
新区街道办事处小学中心校	71	3845	311	931	143	142	李磊	刘建民	李磊	
茅村镇小学中心校	137	6625	478	27	238	232	李道云			
柳泉镇小学中心校	87	4750	483	1124	166	163	张建刚		张建刚	
利国镇小学中心校	111	5957	500	1343	232	227	樊孔亮			
铜山区实验幼儿园	41	1371	422	396	170	97	张莉	焦杰		

（张春恩）

贾汪

局长、党委书记 张先州

主任科员 丁淑萍(女) 刘金山

副局长 单海峰 朱 涛 刘继华

纪委书记 师厚宏

教师发展中心主任(正科) 李振营

【概况】 2015年,贾汪区有各级各类学校69所(含民办学校,不含幼儿园),其中,初中12所,高中3所,九年一贯制学校1所,十五年一贯制学校1所,小学50所(包含4所办学点),特教学校1所,中等职业学校1所。全区中小学在校学生54469人,其中,高中6069人,初中9544人,小学38093人,特教学校在校生105人,中等职业学校在校生658人。全区有幼儿园51所(其中民办幼儿园10所),在园幼儿19304人。义务教育阶段入学率100%,初中巩固率99.3%,高中阶段入学率96.46%,学前三年幼儿入园率96%。教师学历合格率高中、初中、小学、幼儿园均100%。全区有省特级教师6人,省市名师3人,名校长3人,青年名教师1人,学科带头人14人,青年骨干教师23人。

2015年,全区有省三星级以上普通高中3所,省示范初中6所,省实验小学6所,省优质幼儿园38所,市优质幼儿园11所,省、市模范学校6所,省重点职业技术学校1所。新建学校项目5个,新建幼儿园11所。年内,获江苏省学前教育改革发展示范区、2012—2014年度徐州市文明行业称号,签约全国新教育实验区。全年投入教育经费75660万元。

【接受省学前教育改革发展示范区验收】 1月19日,以省教育厅副巡视员步锦昆为组长的省评估组一行,对贾汪区申报的省学前教育改革发展示范区创建工作进行现场评估验收。市教育局局长张德超、区长李淑侠、副区长陈贻龙出席汇报会。省评估组在听取贾汪区创建工作汇报后,深入7个乡镇(办事处)37所幼儿园,通过翻阅资料、现场查看、走访座谈等形式,对学前教育发展情况进行全面检查评估,给予高度评价。

【130名新聘校园专职保安上岗】 1月23日，130名新招聘的校园专职保安正式上岗执勤。该批次校园保安招聘工作于2014年12月22日启动，经过笔试、面试、政审、公示、岗前培训等环节，择优录用130名，年龄均在18至55周岁间。由用人学校、属地派出所共同考核。

【召开2015年度教育工作会议】 3月12日，2015年度贾汪区教育工作会议召开。副区长陈贻龙出席会议并讲话，区教育局局长张先州作教育工作报告。会议确立2015年教育工作九大目标、六项任务、十九条重点工作。大泉和耿集办事处、城投公司、徐州七中、青山泉中学、大吴教育中心校6家单位交流发言。各镇（办事处、功能区）相关部门分管领导、区教育局班子成员、局机关科室中层、全区中小学校长、中心园园长参会。

【市“学讲计划”县县行走进贾汪】 3月20日，市教育局“学讲计划”推进“县县行”贾汪站活动在师大附校举行。5名教师开设“学讲”研讨课，专家和教师们进行交流互动。区教育局副局长刘继华汇报全区落实“学讲计划”的做法，市“学讲”办专家对在贾汪的巡课情况作详细的数据分析，市教育局副局长李运生总结讲话。市教研室、区教师发展中心及全区教育系统500余人参加活动。

【副市长李燕调研贾汪教育】 4月3日，副市长李燕在市教育局局长张德超、副局长李运生等陪同下，到贾汪调研教育工作。李燕一行参观徐州七中校史展览馆、煤炭开采史料陈列馆，了解师生人数、高考升学率、教育教学情况。随后到师大附校参观学校社团风采展示区，询问学生们的学习情况，并和国际部外籍教师进行交流。在听取全区教育工作汇报后，李燕就理顺教育体制、建设高水平教师队伍、抓好校舍加固和校园安全工程等提出要求。区长李淑侠，副区长陈贻龙，区教育局局长张先州等陪同调研。

【举行“职业教育活动周”展示】 5月18日，市首届职业教育活动周贾汪中专站展示活动举行。相关部门领导、100余名家长代表、全区中学校长、幼儿园园长和300余名初三学生，观摩贾汪中专的名师课堂、社团活动、学生作品展，参观校园和实训实习车间。随后，在江苏师范大学贾汪校区礼堂，观看贾汪中专2012级幼师专业学生的歌舞、乐器、舞蹈、诗朗诵等才艺表演，各幼儿园园长与70余名学生签订就业协议。

【接受省对县级政府履行教育职责考核】 7月1日，省督学、苏州大学副校长袁银男率省政府教育督导组一行，对区政府履行教育工作职责情况进行考核，区领导曹志、朱连芹、吕宣瑞陪同。督导组一行听取教育发展概况、自评工作汇报，与区财政、教育部门负责人进行深度访谈，分组召开区政协委员及人大代表、校（园）长代表、教师代表座谈会，查阅相关台账资料，并实地察看师大附校、徐州七中、城西幼儿园，给予充分肯定。

【加盟“全国新教育实验区”】 7月12日，全国新教育实验第十五届研讨会上，贾汪区成功加盟“全国新教育实验区”。副区长陈贻龙，区教育局局长张先州、副局长刘继华及部分新教育实验学校校长一行12人出席会议，聆听朱永新的《拓展生命的长宽高》年会主题报告，观摩金堂实验区新教育成果展演，并实地考察金堂县中小学新教育实验开展状况。张先州与新教育研究院代表签约，贾汪正式成为“全国新教育实验区”。

【新聘99名教师接受岗前培训】 8月26日，99名新招聘教师在区教师发展中心接受岗前专业培训。培训内容涉及“新教师怎样备课”“如何适应自主合作的学习方式”“上好第一堂‘学讲’课”。暑期，贾汪区面向社会公开招聘100名中小学新教师。通过网上报名、资格初审、笔试、说课、现场答辩（专业加试）、体检等环节，共录取99名新教师（一岗位因报名人数达不到开考比例，取消该岗位）。其中60名教师分配到偏远农村学校任教。

【民进中央主席严隽琪到贾汪调研】 9月7日，全国人大常委会副委员长、民进中央主席严隽琪到贾汪区师大附校调研。省人大常委会副秘书长唐健、市人大常委会主任刘忠达、江苏师范大学党委书记徐放鸣一同调研。区领导曹志、李淑侠、陈贻龙、杨锐陪同调研。严隽琪一行到师大附校，听取相关负责人关于该校工作情况汇报，现场查看教学设施设备，了解师资配备情况。

【举行第31个教师节颁奖庆典】 9月9日，区政府举行第31个教师节颁奖庆典大会。活动以“学身边榜样，做合格教师”为主题，将先进集体、师德典型事迹介绍和表彰颁奖有机融合。二重唱《阳光路上》、舞蹈《润物无声》等13个节目表达对教师的问候，5个VCR从不同层面展现先进典型风采。会上，15个区级教育工作先进集体、95名优秀教育工作者、46名师德先进个人、39名学生最喜爱的教师、82名第四批名师名校长受到表彰。

【区委书记曹志教师节走访慰问】 9月10日，区委书记曹志、副区长陈贻龙率区委办、教育局等部门负责人深入学校走访慰问。曹志一行先后到徐州七中、大泉中心小学、团结幼儿园，与学校负责人交谈，听取关于学校教育教学工作的汇报，了解学校硬件设施建设、办学特色和生源情况，代表区委、区政府向广大教育工作者致以节日的问候和感谢，赠送5万元至30万元不等的慰问金，用于改善学校的办学条件和教师的教学环境。

【两项主题教育提升师德水平】 年内，贾汪区教育局开展两项主题教育活动，提升师德水平。4—7月，在全体教职员工中开展“守纪律讲规矩、强师德正师风”主题教育活动。9月份起，开展“规范行为，做一名合格教师”主题教育活动。围绕“师德失范的事、师风不正的人”，梳理清单56份，整改问题22项，提升师德水平。

【召开区家长学校讲师团培训会】 9月17日，区家长学校讲师团培训工作会议召开。局关工委、区家长学校讲师团成员，城区各小学、幼儿园德育主任参会。省家庭教育讲师团讲师董吉升作“中国家庭教育现状”和“如何解决学生上网瘾的问题”的主题报告，从过分溺爱等八个方面对中国家庭教育现状进行论述，围绕学生网瘾的问题，结合案例分析，为解决青少年网瘾提供指导。

【首届“读书月”活动启动】 10月13日，徐州市“阅读经典，丰富人生”阅读论坛活动在贾汪举行，区首届“读书月”活动启动。区教育局将每年4月和10月定为“读书活动月”。首届“读书活动月”以“畅享悦读 共同成长”为主题，开展书香校园建设、图书漂流、“五个一”、读书评比、读书成果展示系列活动。

【接受全国挂牌督导创新区省级考核】 10月20日，贾汪接受全国中小学校责任督学挂牌督导创新区现场督导考核。省督导组听取副区长陈贻龙创建工作情况汇报，并就有关问题提问。督导组分两组实地走访徐州七中、新新小学等责任督学挂牌督导学校，集中剖析大吴中心小学一日挂牌督导工作，访谈部分学校和局机关科室负责人，查阅责任督学与学校工作台账，认为贾汪挂牌督导工作扎实有效。

【组织首届校园足球联赛】 11月8日，区教育局在徐州七中体育场组织首届校园足球联赛。全区各校的11支小学组代表队、13支初中组代表队、4支高中组代表队参赛，经过80场比赛，团结小学、师大附校、建平中学分别夺得小学组、初中组、高中组第一名，10支代表队、4名最佳射手、8名优秀教练员受到表彰。

【获省学前教育改革发展示范区称号】 11月19日，贾汪区获省学前教育改革发展示范区称号。三年内，该区幼儿园建设投入1.2亿元，每0.83万常住人口配建一所幼儿园，发放各类奖补资金2058.5万元，省优质幼儿园占有率为74.5%，学前三年幼儿入园率超过96%，基本满足群众对优质学前教育的需求。

【举办首届美术教师乡土写生作品展】 11月21日，区教育局举办首届美术教师“乡土美术家乡行”写生作品展。2011年起，区教育局每年组织一批美术骨干教师，开展“乡土美术家乡行”系列采风写生活动，积累一批优秀作品。活动集中展出30余名中小学美术教师的70余幅乡土美术作品，推动全区中小学美术教师专业化水平的提升。

【区委书记曹志调研教育工作】 11月27日，区委书记曹志调研教育工作，破解制约教育发展难题。曹志听取教育工作汇报，对教育教学质量提升、师资队伍建设、学校（幼儿园）建设、城乡教育均衡发展等作出部署，区各相关部门负责人分别提出破解方案。区教育局领导班子成员参与座谈交流。

【组织36名村小校长跟岗培训】 11月30日—12月11日，区教育局组织36名村小校长赴泉山区和鼓楼区的6所学校跟岗培训。36名校长通过参加行政例会、参与各类活动策划与管理、深入课堂听课、实施同课异构、开展课堂教学研究等方式，全面学习市区小学的管理理念、管理方法和办学特色。12月21日，在区跟岗培训汇报会上，他们从学习、借鉴、创新三个维度和“我看到的”“我想到的”“我准备学习的”三个层面，提出本校管理的新思路、新举措。

【举办新教育成果展】 12月1日，2015年新教育成果展在江苏师大附校举行。500余名中小学教师，参观首批17所实验学校设计的展台和展牌，在师生随笔集、读写绘、书法、绘画、泥塑、电子百拼、手工科技等展台前驻足。随后，观看实验学校的师生们表演的器乐合奏、诗歌诵读、社团展示、舞蹈、课程叙事、情景剧、童话剧、课本剧等。12家新教育实验先进集体和书香校园，30名新教育实验先进个人及读书先进个人受到表彰。

【对2所中小学开展集中督导】 11—12月，区教育局局长张先州带队，对紫庄中心小学、塔山中学进行集中督导。区政府教育督导室、督学责任区片区总督学、相关责任督学、区教育局相关科室长、教研员等26人，通过听取汇报、校园巡视、随机听课、查阅资料、座谈访谈、问卷调查等方式，对学校的教育教学工作进行全方位督导诊断，帮助学校理性分析优劣势，整改存在问题。

【刘鹏名辅导员工作室通过省级认证】 12月23日，省首批“名辅导员工作室”“贾汪区少先队工作研究——刘鹏名辅导员工作室”通过认证（授牌）。省“名辅导员工作室”是通过基层推荐、资料审核、领衔人现场主题阐述及现场答辩等程序，经省少工委专家综合评审后产生。刘鹏名辅导员工作室有成员10名，他们将新教育“十大行动”融入工作室建设中，构建“以人为本、以课程为本、以体验为本”的“三本教育”模式，致力于研发“幸福色彩”少先队活动课程。

【召开“两参一改”评议会】 12月30日，区教育局邀请社会代表、学生家长代表25人，对“百姓办事零障碍”工程实施情况进行评议。评议会共征集社会代表和学生家长代表现场建议8个、书面意见10个，涉及改善办学条件、强化安全管理、规范办学行为、加强家校沟通四个方面。局班子成员面对面听取代表们的批评意见，并作出公开承诺。评议会现场还进行无记名民主测评。（“两参一改”即社会代表和服务对象参与评议；对服务对象提出的意见和建议进行整改。）

（撰稿：李　龙　　审稿：刘金山）

【徐州七中两大艺术馆建成开馆】 12月25日，“青门收藏馆”和“何柳生艺术馆”在徐州七中校园建成开馆。“青门收藏馆”得到徐州七中退休教师邵国宝的倾力相助，无偿捐献了毕生收藏，其中有众多名家的书画作品。“何柳生艺术馆”收藏的是徐州七中校友、国家著名版画家何柳生无偿捐献的部分作品。

（撰稿：索志豹　　审稿：李文星）

【贾汪中学师生赴海安中学学习交流】 10月，贾汪中学78名师生赴南通海安中学学习交流。学习交流为期一周，学生被分到各班上课，教师进入课堂随机听课。2011年，贾汪中学与海安中学结成联谊学校，双方在办学理念、教学研究、师资培训、管理者交流等方面，多次开展交流合作。

（撰稿：马志强　　审稿：魏哲奎）

【建平中学举行十八岁成人仪式】 10月12日，建平中学2016届十八岁成人礼仪式启动。区教育局团委书记刘鹏、校领导及全体高三学生参加活动。仪式在诗朗诵《十八岁的畅想》中开启，校领导送上祝福和期望，并为学生颁发成长纪念册和纪念徽。学生相互佩戴纪念徽，面向国旗庄严宣誓。

（撰稿：陈宜锋　　审稿：程　颢）

【贾汪中专开展读书节活动】 10月19日，贾汪中等专业学校举行首届读书节系列活动。读书节活动以“让读书成为习惯，让书香溢满校园”为主题，为期3个月，包括读书征文比赛、手抄报评比、集体诵读比赛、汉字听写大赛、计算机打字比赛、书香班级和读书之星评选等系列活动。

（撰稿：蒯兴刚　审稿：郭夫忠）

【师大附校承办全国中学生夏令营】 7月28日，以"两汉文化"为主题的第十七届全国中学生国学夏令营，在江苏师范大学附属实验学校开营。该届国学夏令营活动由中国教育学会高中教育专业委员会和江苏师范大学附属实验学校联合主办，台湾素书楼文教基金会协办。全国18个省市及香港、台湾等地的20所名校200余名高中学生，采取研读经典和实地考察的形式，聆听辛意云、凌启鸿、傅可畅、徐放鸣、李昌集等专家的专题报告，走访徐州博物馆、汉文化景区、中国胡琴博物馆、云龙山、云龙湖、潘安湖、茱萸寺、督公湖等地，感受汉文化的历史渊源和发展脉络。

（撰稿：吴登运　审稿：薛　刚）

【英才中学举行建校十五周年庆典】 7月20日，英才中学在区群众文化活动中心举行建校十五周年庆典。区委、区政府、区政协、各委办局、各学校领导及教师、学生、学生家长共1000余人参加庆典活动。副区长陈贻龙代表区委、区政府向英才中学十五周年校庆表示祝贺，希望英才中学全体教职工再接再厉，为贾汪教育做出更大贡献。英才中学师生及毕业生进行了汇报演出，分《情满校园》《桃李芬芳》和《再创辉煌》三个篇章。

（撰稿：吴　杰　审稿：苏振堂）

【青山泉中学物理课程建设获省立项】 5月，青山泉中学"四维物理课程建设"获2015年江苏省义务教育学校课程建设立项。"四维"物理，就是通过"生活中的物理与实验"校本课程资源的开发、实验探究课堂教学模式的构建、社团与综合实践活动的开展、物理特色校园文化的打造四项策略，完善提升基础设施，促进教师的专业化成长，发展学生的个性特长，提高教学活动实效，实现物理学科教学方式的彻底转变和教学质量的稳步提升，全面落实素质教育。

（撰稿：苏　红　审稿：胡　辉）

【大吴中学承办区教研观摩活动】 12月29日，大吴中学承办区"创新教研方式，激活集体备课"为主题的教学研究和培训活动。大吴中学、师大附校、江庄中学的6位教师分别就语文、数学、英语和物理4个学科，开展同课异构、再构和新模式下的备课研课活动，市学讲办专家全程观看学科活动并点评。徐州十三中两名教师作《有效教研——校本教研（网络）的实践和思考》的报告。全区120名初中教师参加活动。

（撰稿：王兆飞　审稿：吴　瑞）

【求知中学开展主题健身活动】 11月，求知中学开展"阳光课间队列跑操"主题健身活动。每天上午大课间，600余名师生排着整齐的方阵，踏着节奏鲜明的步伐，随着口号响亮、鼓点清晰的音乐进行队列跑操。学校对各班级跑操进行检查评比。

（撰稿：蒋兴凡　审稿：王桂忠）

【"关爱困难儿童计划"在紫庄中学启动】 4月15日，由中国网络媒体联盟、中国当代书画家网、徐州市梦公益联盟等7家单位联合主办的"汇聚爱心 圆梦成长"关爱困难儿童计划在紫庄中学启动。徐州市的张孝徵、陈墨昂、张强、燕蕾、张伯斗等十余名书画家挥毫泼墨，为活动奉献爱心。徐州地区部分知名企业家、众多志愿者协会等爱心团体向20名品学兼优的贫困留守儿童代表赠送书籍、书包等慰问品。

（撰稿：刘慎田　审稿：杨守才）

【贾庄中学课程建设项目通过省验收】 3月21日，贾庄中学“五彩语文课程建设项目”通过省专家组现场评估验收。专家组通过实地察看场馆建设，听取创建汇报，查阅台账资料，观摩师生活动等形式，进行全方位考核，认定该课程项目立意新颖，工作扎实，成果显著，给予“优秀”等第。

（撰稿：高本安　审稿：鹿守奎）

【塔山中学建成悬浮拼装地板篮球场】 8月30日，塔山中学悬浮拼装地板篮球场地建成投入使用。悬浮式拼装地板具有质优价廉、色泽纯真、防水防火、经久耐用的特点。区、镇两级政府将其作为一项民生工程，多方筹措资金18万元建成。

（撰稿：吴新平　审稿：张芝祥）

【汴塘中心中学举行“抗战故事我来讲”大赛】 9月25日，汴塘中心中学举办纪念抗日战争暨世界反法西斯战争胜利70周年“抗战故事我来讲”校园主持人大赛。活动由校团委组织，全体师生参与活动，活动旨在纪念抗日战争暨反法西斯战争胜利70周年，丰富校园文化生活，展现学生青春风采，锻炼学生实践能力。

（撰稿：王兴龙　审稿：陈体新）

【无锡仓下中学到耿集中学交流】 9月7日，与耿集中学结对帮扶的无锡仓下中学一行到耿集中学考察交流。来宾参观校园，听取办学情况介绍，了解开展走班制分层教学情况。深入课堂实地观摩数学、英语学科的分层教学，一致认为走班制分层教学是薄弱农村初中教学质量提升的有效途径。

（撰稿：段云海　审稿：耿庆银）

【区初中数学送课到新集中学】 11月18日，区初中数学送课活动在新集中学举行。全区东片的七、八年级数学教师30余人参加活动。区教师发展中心数学教研员徐倩和区学讲名师李克侠分别上了展示课，她们以导学单方式引领学生自主学习，注重教师导学、学生互学，当堂检测。徐倩组织评课，并作题为《抓基础，重落实》的讲座。

（撰稿：阚久丽　审稿：李克杰）

【工业园学校迎来“作家进校园”】 10月29日，由区作协组织的“作家进校园”活动走进工业园学校，并捐赠书刊杂志200册。作家许洪武用回忆录的方式，讲述了他的学生——著名作家、编剧周梅森少年时代刻苦学习、勤奋写作的感人故事，教育学生要养成观察生活、勤于思考的好习惯。作家张洪才以“能为他人着想，世间第一学问”为主题，教育学生在和同学发生矛盾时，从自我找原因，学会宽容。

（撰稿：吴边疆　审稿：王廷彦）

【江庄中学推出“学讲”争先创优活动】 9月，江庄中学推出“学讲”争先创优活动。创优活动每两周举办一期“学讲论坛”，引导青年教师探讨交流，鼓励青年教师积极参加市、区级的“学讲”公开课、教研活动等，积分评优，表彰奖励。

（撰稿：郑　强　审稿：徐立民）

【泉旺头小学刘菲晨《草孩子》获首届全国少儿诗会一等奖】 8月8日，泉旺头小学学生刘菲晨创作的《草孩子》获“童心里的诗篇”中国·江苏首届全国少儿诗会一等奖，教师陈辉获优秀辅导奖。首届少儿诗会由江苏省委宣传部、省文明办、省教育厅、团省委、省作协、省广电总台主办，参与范围覆盖全国31个省市区的2万余所中小学校，内容包括创作大赛、结集出版、颁奖典礼、朗诵巡演、专家讲座等，共征集4.5万首作品。

（撰稿：庄　伟　审稿：薛玉祥）

【区课程游戏化观摩活动在团结、玉龙湾幼儿园举行】 5月7日，区课程游戏化观摩户外活动在城区团结幼儿园、玉龙湾幼儿园举行。全区各幼儿园园长、主任、骨干教师200余人，观摩两所幼儿园的晨间活动、律动和器械操、区域游戏、户外游戏等，开设6节集体教学展示活动，进行交流互动，两名园长介绍课程游戏化经验和做法。

（撰稿：徐海燕 颜召维　审稿：薛玉祥）

【区完美教室现场会在青山泉中心小学召开】 4月14日，区新教育"缔造完美教室生命叙事"现场会在青山泉镇中心小学召开。17所新教育实验学校的分管校长和骨干教师近180人，观摩了该校阅读、珠心算、书法和快乐小足球4节"构筑理想课堂"公开课，参观了"完美教室"缔造及社团活动情况，参加"时忆九六班""向日葵班""海洋班""阳光班"的叙事，听取学校关于"缔造完美教室，创造生命奇迹"的解读。副局长刘继华对全区新教育实验工作提出要求。

（撰稿：孙　静　审稿：韩盛芳）

【区书香校园现场会在大吴中心小学召开】 4月24日，书香润泽童年——2015年贾汪区营造书香校园现场会在大吴中心小学召开。160名与会人员分别观摩了2节读写绘指导课、3节阅读指导课，参观学校的社团活动和"完美教室"建设，听取大吴西北联小关于"阅读，引领师生成长"的专题汇报，区教育局新教育研究室主任阚东海作总结发言。

（撰稿：董　方　审稿：詹　辉）

【紫庄中心校组织"学讲校校行"】 12月1—15日，紫庄教育中心校组织"学讲校校行"活动。中心校业务主任带队，各小学校长、教导主任及教师代表40余人参加活动。观摩2节教学活动，开展分组研讨交流，翻阅教师备课与作业批改等，了解全镇各校"学讲计划"实施情况。

（撰稿：贾　莉　审稿：曹金明）

【塔山二幼重建工程竣工投入使用】 9月1日，由区教育局投资改建的塔山镇第二幼儿园竣工投入使用。该工程于6月启动，将原有旧校舍推倒重建，按照省优质幼儿园的标准规划建设。累计投资近160万元，新建教学用房1000余平方米，新校舍可满足200余名适龄儿童入园。

（撰稿：王培东　审稿：彭　永）

【瓦房小学合唱团放歌市音乐厅】 5月31日，耿集瓦房小学在徐州音乐厅举行的市首届庆六一国际青少年合唱节上演唱歌曲。合唱节有全市的7个合唱团和美国佐治亚男童合唱团参加，瓦房小学合唱团是唯一参加本届活动的农村小学合唱团。

（撰稿：赵士胜　审稿：赵　浩）

【汴塘镇成立"民间教育促进协会"】 9月19日，汴塘镇"民间教育促进协会"成立大会举行。汴塘镇相关负责人和企业家代表、乡贤代表、全镇教职工共600余人参加。协会筹集基金100余万元，用以补充政府办学和教育均衡发展。

（撰稿：阚春英　审稿：王训波）

【大泉石榴基地接受省级验收】 12月14日，大泉优质石榴高水平农科教结合富民示范基地项目接受省级验收。省验收组通过听取汇报、查看资料、与农户座谈、现场考察，全方位考核评估，区教育局局长张先州、大泉办事处主任张兵陪同验收。

（撰稿：陈　冲　审稿：张　腾）

【江庄中心小学在市科技大赛中获佳绩】 12月6日，江庄中心小学在徐州市第十一届青少年科技创新大赛中获佳绩。经过评审委员会评审，该校学生付馨瑶在国际数棋比赛中获第二名；在科技模型各类项目比赛中，该校2名学生获一等奖，7名学生获二等奖，10名学生获三等奖；在科学幻想画比赛中，该校2名学生获一等奖，20名学生获二等奖，25名学生获三等奖。

（撰稿：刘福华　审稿：朱信智）

【实验小学举行“双拥共建”助学仪式】 6月10日，实验小学与驻徐某部举行“双拥共建”助学仪式。活动主题为“军星闪耀助学行动”，驻贾汪部队资助20名贫困生并向学校捐赠价值5000余元图书。区领导与驻徐某部首长询问受助学生生活、学习情况，并鼓励他们树立远大目标，勤奋学习。区领导曹志、李淑侠、陈健、施兴程出席助学仪式。

（撰稿：王　涛　审稿：褚召东）

【特教中心获省级“发展工程”项目学校】 5月4日，区特殊教育中心学校获2015年“特殊教育发展工程”项目学校。项目获得100万元资金支持，采购20台联想电脑、8套多媒体教学系统，为学生宿舍新安装3台柜式空调，在学生宿舍门口新修约200平方米平台，周边进行绿化，并安装8套休闲联椅，改建传达室，校容校貌得到改善。

（撰稿：张林松　审稿：张林松）

2015年贾汪区各级各类学校基本情况表

表16　　单位：个、人

单位	班级数	在校生数	毕业生数	招生数	教职工数		学校领导			
					计	专任教师	校长	副校长	书记	副书记
徐州七中	40	1878	714	526	215	185	姚焕永	常　林 贾传喜 李文星	姚焕永	
贾汪中学	43	2351	753	650	243	219	魏哲奎	周永健 宋兆杰	魏哲奎	
建平中学	32	1535	646	496	137	117	程　颢	时振琢 仝　永	程　颢	
贾汪中专	19	658	512	373	117	83	郭夫忠	王玉华 盛　君 薛　波	郭夫忠	
江苏师范大学附属实验学校	92	3310	187	1187	317	310	周　慰	李　丹	朱景坤	李　丹
英才中学	34	1591	872	499	201	187	李明海	吕春侠 王胜永 杨洪涛 鹿华伟	李明海	
青山泉中学	18	787	216	306	94	80	孙更生	陈公京 时超齐 胡　辉	陈公京	
大吴中学	20	653	270	230	103	84	吴　瑞	王龙海 李照明	李照明	张　宁
求知中学	11	553	205	133	62	58	王桂忠	吴　明 魏德民	王桂忠	李亚敏
紫庄中学	10	463	146	201	59	49	杨守才	朱士记 高立学	杨守才	

续表16-1 单位：个、人

校名	班级数	在校生数	毕业生数	招生数	教职工数		学校领导			
					计	专任教师	校　长	副校长	书　记	副书记
贾庄中学	10	437	198	145	55	50	鹿守奎	马　涛 贺广军 蔡可生	高本安	
塔山中学	12	535	174	185	62	55	张芝祥	王　峰 胡明华	张芝祥	
耿集中学	19	910	302	331	118	109	耿庆银	刘汉忠 李　杰 戚大庆	刘汉忠	耿庆银
汴塘中心中学	9	352	144	126	41	35	陈体新	高长志 周　浩 肖　磊	彭清坤	陈体新
新集中学	9	376	125	144	46	43	李克杰	黄桂立	李克杰	黄桂立
工业园学校	30	1111	156	222	75	72	王廷彦	刘兴刚	王廷彦	
陶圣中学	10	463	278	77	62	44	姚　建	骆文岭	薛　梅	于　娜
江庄中学	11	411	128	161	46	44	徐立民	林茂飞	徐立民	
贾汪实验小学	40	2284	316	458	126	125	褚召东	吴庆祝 刘长永	褚召东	吴庆祝
特教中心	9	105	15	12	32	32	张林松	高春民	高春民	张林松
城区中心校	99	4620	486	883	290	284	薛玉祥	赵　辉 魏垂建	薛玉祥	
青山泉中心校	86	3652	306	821	199	198	韩圣芳		韩圣芳	杨玉慧
大吴中心校	147	5895	543	1370	339	334	赵学元	吴兴斌		
紫庄中心校	106	4083	333	977	232	226	曹金明	王广启 乔德国	曹金明	
塔山中心校	64	2754	239	540	163	156	马书峰	王　永	马书峰	
耿集中心校	85	3659	477	650	234	231	赵　浩	赵士胜 孙茂永	赵士胜	
汴塘中心校	102	4360	340	988	242	241	王训波	刘　飞	王训波	
大泉中心校	67	2448	282	471	169	159	张　腾	郑春礼	张　腾	
江庄中心校	57	2235	208	498	128	128	朱信智	田　枚	朱信智	

（李　龙）

云龙

局长、党委书记　王　艳(女)
党委副书记、纪委书记　张绪营
党委委员、督导室主任、副局长　曹　璟(女)
党委委员、副局长　闫井会
副主任科员　杜红雷　周玉强

【概况】 2015年,云龙区有各级各类学校21所,其中,初级中学3所,九年一贯制学校1所,小学16所,特殊教育学校1所。全区中小学在校学生32272人,其中,初中1604人,小学30613人,特教学校在校生55人。全区有幼儿园42所(其中民办幼儿园26所),在园幼儿10239人。义务教育阶段入学率100%,初中巩固率100%,学前三年幼儿入园率99.8%。全区有教职工1816人,其中专任教师1746人。教师学历合格率初中、小学、幼儿园均为100 %。全区有省特级教师5人,省、市名师名校长等76人。

2015年,全区有省实验小学8所,省义务教育现代化学校16所,省、市优质幼儿园42所,省特殊教育现代化示范学校1所。年内,接收新元小学,新建云兴小学城东分校、潘塘中心小学校区(惠民校区)投入使用。年内,获全国教育信息化创新应用典范区域优秀实践奖、江苏省公共体育服务体系示范区、江苏省青少年校园足球试点区、江苏省第五届中小学生艺术展演活动优秀组织奖、徐州市社会治安综合治理先进集体、徐州市“六五”普法中期先进单位称号。全年投入教育经费3.53亿元。

【教育部副部长刘利民督察开学工作】 9月14日,教育部副部长、教育部总督学刘利民对云龙区开学工作暨“护校安园”行动落实情况进行督导检查。督导组听取解放路小学汇报,实地察看校园环境和学生阳光体育运动、社团活动情况,了解“护校安园”工作。江苏省教育厅副厅长苏春海,徐州市教育局局长张德超,云龙区区长方正华、区委副书记王晓松、副区长康宁陪同。

【迎接中央电教馆调研】 9月15—16日,中央电教馆馆长王珠珠到云龙区专题调研教育信息化工作。调研组参观云龙区教育信息化成果展示,观摩展示课,观看青年路小学教育集团校际网络教研展示及8家单位的案例展示,进行调研座谈。江苏省教育厅电教馆馆长尤学贵,徐州市教育局副局长李运生,云龙区委副书记王晓松、副区长康宁陪同调研。

【省政府教育督导】 5月25日,江苏省政府义务教育发展基本均衡督导组对云龙区进行省级督导评估。督导组由省政府督查室主任邹宁华带队,听取徐州市和云龙区义务教育基本均衡情况的汇报,查阅有关资料和数据,进行座谈交流,实地查看云龙区6所学校。

【省教育评估院调研】 3月11日,江苏省教育评估院院长陆岳新调研云龙区教育现代化工作。调研组观看云龙区教育现代化建设专题片,实地查看青年路小学新城区分校、潘塘中学、云兴小学土山寺分校和翠屏教育幼儿园,对教育现代化指标进行问询与核对。

【省考核责任督学挂牌督导工作】 10月22—23日,江苏省申报"全国中小学责任督学挂牌督导创新区"督导考核组对云龙区进行现场督导考核。督导组在省督学、南京晓庄学院院长许承明带领下,通过听汇报、查阅资料、现场考察、访谈师生等形式督导检查,并进行反馈。云龙区委副书记王晓松、副区长康宁陪同。

【区委书记韩冬梅调研教育工作】 9月10日,云龙区区委书记韩冬梅调研教育工作。韩冬梅先后到解放路小学教育集团新元小学、青年路小学绿地商务城分校、徐师一附小教育集团经十路小学、潘塘中心小学分校、公园巷小学李庄分校现场调研,向教职员工致以教师节问候。区委副书记王晓松、副区长康宁陪同。

【区长方正华调研学校改扩建工程】 5月4日,云龙区区长方正华调研学校改扩建工程。区长方正华、副区长康宁带领消防、安监、建设等部门人员,查看云兴小学、黄山中心小学、民富园小学、华润小学、张屯分校、惠民二小等改扩建工程建设工地,听取工程建设情况介绍,查看周边环境,现场对工程建设问题进行会商。

【区人大视察教育现代化工作】 10月15日,云龙区人大副主任汪永思、边大庆及部分人大代表视察云龙区教育现代化工作推进情况。人大代表们先后视察徐师一附小教育集团经十路小学、公园巷小学李庄分校、青年路小学绿地商务城分校、云兴小学城东分校,召开教育现代化建设工作座谈会。副区长康宁陪同。

【云龙区文化教育体育局更名】 2月,云龙区文化教育体育局更名为云龙区教育体育局。按照《云龙区人民政府职能转变和机构改革方案》,云龙区文化教育体育局更名为云龙区教育体育局,将文化行政管理职责划入区文化旅游局。

【《人民教育》采访云龙教育】 5月19日,人民教育杂志社专题采访云龙区教育现代化工作。由《人民教育》杂志副总编赖配根带领的采访组,在徐州市委教工委副书记杜耀东、市教育局宣传处处长李保军陪同下,实地调研云兴小学土山寺分校、翠屏教育幼儿园、解放路小学,与云龙区教育体育局领导班子、科室科长及部分校长进行座谈。

【获全国教育信息化优秀实践奖】 1月,云龙区获"全国教育信息化创新应用典范区域优秀实践奖"。该奖项评选活动由中国教育技术协会与中国教育报刊社联合举办,全国共30个县(区)获此奖项。

【获省首批青少年校园足球试点区】 5月13日，云龙区被省教育厅、省体育局确定为江苏省首批青少年校园足球试点区。云龙区将校园足球作为学生阳光体育运动的重要抓手，广泛推进校园足球运动，区内津浦西路小学等9所学校被教育部认定为2015年全国青少年校园足球特色学校。

【3所新学校投入使用】 9月1日，云龙区3所新学校投入使用。经十路小学由市教育局交由云龙区办学，成为徐师一附小教育集团经十路小学；惠民二小建成使用，成为潘塘中心小学校区；华润小学建成使用，成为云兴小学城东分校。

【完成1.66万平方米校安加固工程】 暑期，云龙区教体局完成1.66万平方米校舍安全加固工程。全年投入1700余万元，完成青年路小学、公园巷小学、徐师一附小、解放路小学、津浦西路小学、新城实验学校6所学校及分校校安加固任务，确保顺利开学。

【召开教师节表彰大会】 9月9日，云龙区召开庆祝第三十一个教师节表彰大会。区委副书记王晓松、人大副主任单树华、副区长康宁、政协副主席赵传伟出席会议。会议表彰一批先进单位和先进个人，向区首批名师工作室进行授牌。优秀教师代表作典型发言，宣读“践行师德强师风、争做‘四有’好教师”倡议书。

【组建9个名师工作室】 9月，云龙区教体局组建首批9个名师工作室。工作室分别以叶斌、黄晓迪、冯丹、郑晓薇、吕岩、王凤云、张保勇、王晓倩、孟敏9位首席名师命名，涉及语文、音乐、英语、思品、数学、幼教6个学科，吸纳工作室成员、学员93名。

【召开干部集体廉政约谈会】 7月24日，云龙区教体局召开干部集体廉政约谈会。局领导班子成员、各科室科长、各校校长、书记、直属单位负责人共计60余人参会。会议传达云龙区基层纪委体制改革的意见，列举教育系统内发生的违法违纪典型案例，落实党风廉政建设“两个责任”的要求。

【召开学校精细化管理现场会】 6月12日，云龙区教体局召开学校精细化管理观摩现场会。局领导班子成员、各科室科长、直属单位负责人、各中小学校长60余人参会。民富园小学和潘塘中心小学作为观摩现场，展示管理资料、班级文化及精细化管理成果，并作主题发言。

【奎屯10名教师到云龙区学习交流】 8月30日，奎屯市10名教师到云龙区进行一学期的学习交流。按照云龙区政府与奎屯市政府签订的《关于基础教育领域人才培养合作协议》安排，奎屯市10名教师到云龙区进行为期一学期的学习交流，分别安排在青年路小学、公园巷小学、徐师一附小和云龙区教育实验幼儿园。

【开展家庭教育进社区活动】 春节前夕，云龙区教体局组织开展家庭教育进社区系列活动。全局600余名在职党员进入18个社区与家长交流家庭教育工作，宣传教育方针政策。共举办专题讲座22场，接待群众现场咨询3000余人次。

【组织教师参加学历提升考试】 年内，云龙区教体局组织102名教师参加本科学历提升考试。云龙区教体局与徐州工程学院成教院合作办学，提升教师本科学历，组织102名教师参加学历提升考试学习。

【承办全市主题队日活动】 10月13日，青年路小学新城区分校承办徐州市“我们是共产主义接班人”主题队日活动。活动表彰市级“三爱红孩子”、十佳辅导员、十佳少先队员，少先队员们举行“十岁成长”仪式。共青团徐州市委书记陈婕对全市少先队员寄语，市委副秘书长周天文讲话。

【举行“学讲优质课”竞赛】 3月8—9日，云龙区教体局教研室举行小学11个学科的“学讲优质课”竞赛。全区600余名教师参加学讲赛课，40名选手获一等奖，58名选手获二等奖。

【开展幼教优质课比赛】 11月19—20日，云龙区教体局开展2015年云龙区幼儿教师优质课评选。评选将课程游戏化引进幼教课堂。比赛过程分为集体教学部分和区域活动设计部分。53名幼儿教师获奖。

【举办“云龙大讲坛”】 年内，云龙区教体局举办10场“云龙大讲坛”惠民讲座。区教体局以“云龙大讲坛”讲座为平台，聘请专家，开设家庭教育、养生保健、安全急救、精神传承等方面的惠民讲座10场，累计参与居民1700余人次。

【启动中小学生课外阅读考级活动】 4月27日，云龙区教体局教研室启动中小学生课外阅读考级活动。云龙区在中小学全面推进课外阅读行动，制定《云龙区中小学课外阅读行动项目实施意见》，召开推进会布置中小学生课外阅读工作。

【《走在教育优质均衡路上》编辑成册】 12月，云龙区教体局编辑成册《走在教育优质均衡路上——云龙教育系统宣传汇编》。该书由局长王艳担任主编，分为重要宣传报道、系列宣传报道和各校优秀宣传报道3部分，共135篇文章，约25万字。

【举办“洪雨露工作室”学习汇报会】 3月26日，云龙区教体局举办“上海市特级校长特级教师洪雨露工作室”成员上海学习成果汇报会。云龙区委副书记王晓松、上海市特级校长特级教师洪雨露出席会议。工作室成员展示在上海跟岗培训2周的学习成果，介绍在办学理念、课程建设、学校管理、特色办学等方面的感悟与思考。

【引入财评制度】 年内，云龙区教体局基建、维修项目引入财评制度。基建、维修项目先进行立项审批，再按照资金来源进行财评，根据财评价格组织招标。2015年由教体局委托第三方进行的财评项目总计44项，送评金额507万元，核减42.09万元，核增14.23万元，核减率5.5%。

【举办校园足球联赛启动仪式】 3月26日，2015年度云龙区“区长杯”校园足球联赛启动仪式在解放路小学举办。徐州市教育局局长张德超，徐州市体育局局长李跃华、副局长佟京扬，云龙区区长方正华、区委副书记王晓松、副区长康宁、教体局局长王艳，上海市向阳小学校长洪雨露出席。

（撰稿：乔　雷　审稿：王　艳）

【三中云龙实验学校举办“学讲”研讨活动】 4月9日，三中云龙实验学校举办“学讲”研讨交流活动。授课教师将“学讲”内涵贯彻到常态课堂教学中，体现自主学习和合作学习。徐州树人中学、徐州三中实验学校、潘塘中学、新城实验学校、沛县鹿楼中学近百名校干和老师参加研讨。

（撰稿：徐　维　审稿：胡学文）

【潘塘中学开展课堂达标活动】 9月20日，潘塘中学开展“学讲课堂达标”活动。活动以教师先上课，再分组评议，上课教师说课，听课教师们结合听课谈感受的形式进行。学校教师人人参与活动，接受学讲课堂达标检测。

（撰稿：贯祥梅　审稿：李　鹏）

【新城实验学校被评为市依法治校示范校】 5月，新城实验学校被评为徐州市依法治校示范校。学校围绕“强化法治文化建设、构建和谐校园”主题，推进校园法治建设，开展法治宣传教育，建设校园文化，有序开展法治工作。

（撰稿：张　影　审稿：段学良）

【青年路小学举办百年校庆】 12月18日，青年路小学举办百年校庆活动。徐州市副市长李燕、云龙区委书记韩冬梅致辞，市教育局局长张德超出席大会。社会各界人士、各届校友、家长代表和全体师生观看浓缩学校百年风雨历程的校史剧《足迹》、MV《我要回家》等文艺节目。

（撰稿：宋　梅　审稿：陈红艳）

【公园巷小学启动网上阅读检测平台】 4月，公园巷小学阅读冲浪系统暨网上阅读检测平台开始运行。平台包含阅读题库管理、阅读内容检测、学生测试数据统计、学生阅读档案跟踪、论坛留言五大功能，对学生读书情况进行自动检测，为学校提供数据分析。

（撰稿：张春华　审稿：郭爱英）

【徐师一附小承办数字化学习研讨会】 4月22—23日，徐师一附小承办2015华东地区数字化学习研讨交流会暨华东地区小学数字化学习（电子书包）试点学校联盟成立大会。北师大教授李玉顺和华东师范大学教授钱冬明分别作专题报告，徐师一附小、上海嘉定实小等学校展示10节课，徐师一附小等10余个联盟学校代表进行经验交流。

（撰稿：辛跃武　审稿：叶　斌）

【解放路小学开展文明倡议活动】 12月7日，解放路小学在全校师生中开展“小手拉大手，做文明人，创文明城”倡议活动。会上，学生代表宣读倡议书内容，全校2000余名队员齐诵社会主义核心价值观24字，并邀请家长代表发言。

（撰稿：谢晓静　审稿：朱晓梅）

【云兴小学迎接市人大视察】 12月8日，徐州市人大代表云龙团到云兴小学城东分校视察集团化办学。市人大常委会主任刘忠达、云龙区委书记韩冬梅等参加活动。代表们实地查看校园环境、设施设备、教学情况，听取云兴小学工作汇报。

（撰稿：张　旋　审稿：刘　婷）

【民富园小学在中国小学校长大会作主题报告】 10月13日，民富园小学在第四届中国小学校长大会上作主题报告。报告主题是“发挥校务委员会民主管理功能，建构新型学校家庭社会关系”。民富园小学以校长负责制为中心，以教职工代表大会和校务委员会为辅助决策系统，推进现代学校制度建设。

（撰稿：张保勇　审稿：陈桂云）

【黄山中心小学召开教学研讨会】 12月3日，黄山中心小学召开“记忆策略在学讲课堂中的运用”教学研讨会。徐州市“学讲”办、云龙区教体局教研室及各校共计100余人参加研讨。黄山中心小学iPad班开设语文和英语2节观摩课，会后专家点评，对工作开展提出建议。

（撰稿：原　媛　审稿：王保健）

【津浦西路小学成功申报省特色文化项目】 5月，津浦西路小学以全省第二名的成绩成功申报江苏省小学特色文化建设项目。学校以“校园足球 伴我成长”为主题，参加项目申报，结合30多年足球工作基础和育人特色，树立“小足球大文化”理念，通过建设足球物型文化，构建足球课程体系，凝聚足球精神文化，形成校园足球文化特色。

（撰稿：乞晓煜　审稿：王　锦）

【和平桥中心小学开展“城市秀”活动】 3月，和平桥中心小学开展“天南地北话年俗 城市名片我来秀”主题活动。和平桥中心小学结合外来务工人员子女较多的情况，要求学生们春节回到家乡，了解家乡的年俗、历史文化、风土人情等，在开学典礼上进行介绍。

（撰稿：吕　岩　审稿：陈书强）

【汉桥小学开展社团活动】 年内，汉桥小学广泛开展社团活动。学校通过外聘专家和校内自荐相结合的方法，聘请28名专业教师辅导社团活动。在每周五下午开设足球、篮球、英语剧场、书法、合唱等26个社团，全校学生100%参与。

（撰稿：杨国霞　审稿：王永秋）

【王杰小学通过省特色文化项目验收】 12月15日，王杰小学“英模精神伴我行”德育特色文化建设项目顺利通过省级考核验收。专家组通过参观德育长廊、观看德育专题片及社团活动、深入课堂等对学校进行全面考察。

（撰稿：刘昕鑫　审稿：孟　敏）

【绿地小学被评为市民族团结进步宣传教育基地】 4月30日，绿地小学被评为徐州市民族团结进步宣传教育基地。绿地小学开展民族团结进步宣传教育，建设民俗印象主题墙及民族文化长廊，开发民族团结校本教材，编导民族舞及民歌表演，开展学生民俗手工制作、沥粉画、手抄报等民俗文化展示，营造民族团结氛围。学校在徐州市民族团结宣传月启动仪式上，被授牌并作发言。

（撰稿：李欢欢　审稿：高　勇）

【潘塘中心小学寻访抗战足迹】 10月10日，潘塘中心小学开展寻访抗战足迹活动。学校少先队员代表到贾楼村采访抗战战地记者吴登荣。吴登荣讲述抗战的历史以及亲身经历和见闻，为少先队员题词“少年立志强，永为五星旗”。少先队员们观看照片、阅读书籍，了解抗战英雄事迹，体会幸福生活来之不易。

（撰稿：申雪冰　审稿：陈思明）

【两山口小学迎接责任督学督导】 12月28日，两山口小学迎接责任督学钱薇、曹淑敏的随机督导。两名责任督学听取学校“阳光体育运动”开展情况汇报，深入课堂进行听课，并对督导情况进行反馈。

（撰稿：魏　华　审稿：石　杰）

【塘坊小学开展心理健康教育月活动】 4月13日，塘坊小学开展心理健康教育月活动。学校以“关爱生命、健康成长”为主题，举办心理健康教育月启动仪式，对工作开展进行布置，学生代表表态发言。

（撰稿：范学东　审稿：康进才）

【特教中心承办市特教优质课比赛】 12月4日，云龙区特殊教育中心承办徐州市特殊教育学校培智专业优质课比赛。全市5所特教学校的5名教师参加比赛，徐州市教育局基教处赵锡安和市教育局教研室王建军等担任评委。

（撰稿：蔡　朋　审稿：盛淑琴）

【教育实验幼儿园推进课程游戏化】 年内，云龙区教育实验幼儿园推进课程游戏化建设。学校将游戏活动作为教育手段，融入到特有的阳光课程中，引导幼儿自由选择游戏主题、材料和伙伴进行游戏，增进幼儿间的相互交往与合作。学校成功申报了江苏省幼儿园课程游戏化建设项目，申报市级课题“幼儿园阳光课程游戏化的研究”。

（撰稿：黄婉娟　审稿：王凤云）

2015年云龙区各级各类学校基本情况表

表17　　单位：个、人

学校名称	班级数	在校生数	毕业生数	招生数	教职工数		学校领导名单			
					总计	专任教师	校长	副校长	书记	副书记
三中云龙实验学校（二十九中、三十中）	20	748	177	301	75	66	胡学文	王绍峰 孔令明 陈士刚 方　强		
潘塘中学	19	649	226	207	62	53	李　鹏	韩启明 魏天兵	孟宪文	李　鹏
新城实验学校	26	938	74	47	65	57	段学良	曹　锋 曹玉林	段学良	靖广清
青年路小学	104	4901	406	948	258	258	陈红艳	宋　梅 王济红 王光辉 申晓辉 张忠艳	陈红艳	宋梅
公园巷小学	47	2029	363	342	109	107	郭爱英	程　午 张春华 卓　宁 张继红	郭爱英	
徐师一附小	43	1890	305	489	114	113	叶　斌	辛跃武 张红霞 邱　黎（8月～）	叶　斌	
解放路小学	73	3227	430	617	171	169	朱晓梅	刘淑艳（8月～） 罗吉波 张毅蕾 王存义（8月～） 曹秀茹（8月～）	朱晓梅	谢红如
云兴小学	74	3415	405	909	182	175	刘　婷	赵　莉 郑晓薇 王效胜	刘　婷	
民富园小学	52	2492	376	466	133	128	陈桂云	张保勇 李正山 李常伟	陈桂云	张保勇
黄山中心小学	60	2857	428	473	152	148	王保健	董昌民 孙孝惠 黄　利 赵　琦（8月～）	王保健	
津浦西路小学	12	483	81	90	28	27	王　锦	邓正兰 张　建（8月～）	王　锦	
和平桥中心小学	17	718	93	120	40	35	陈书强	吕　岩	陈书强	
汉桥小学	18	862	127	143	47	47	王永秋	唐红莲 杨国霞	王永秋	
王杰小学	24	1079	181	179	57	56	孟　敏（8月～）	孟　敏（～8月） 刘淑艳（～8月） 于冬梅	孟　敏（8月～）	孟　敏（～8月）

表17 单位:个、人

学校名称	班级数	在校生数	毕业生数	招生数	教职工数		学校领导名单			
					总计	专任教师	校长	副校长	书记	副书记
绿地小学	45	2109	0	413	111	104	高 勇	权继平 赵红光 杨 进(8月～)	高 勇	
潘塘中心小学	60	2719	282	595	144	134		陈思明(主持) 刘红梅(～8月) 李永君 王建忠 曹秀茹(～8月)		陈思明
两山口小学	6	159	23	36	19	19	石 杰		王新光	
塘坊小学	15	668	53	138	36	35	康进才	张朝廷	范学东	
云龙区特殊教育中心	6	55	0	12	13	13	盛淑琴		盛淑琴	
云龙区教育实验幼儿园	10	281	83	90	40	20	王凤云	黄婉娟 付袁明 邢传峰	王凤云	
云龙区幼儿园	7	202	78	67	30	14	周 泓			

(乔 雷)

鼓楼

局长、党委副书记 刘永光
党委书记 权运太
党委副书记 张 文
纪委书记 李 政
党委委员、副局长 刘文琪 赵智红

【概况】 2015年，鼓楼区有各级各类学校21所（不含幼儿园），其中，初中3所，九年一贯制学校1所，小学16所，特教学校1所。全区中小学在校学生27601人，其中，初中2595人，小学24896，特教学生110人。全区有幼儿园33所，其中民办幼儿园25所，在园幼儿8019人。义务教育阶段入学率100%，初中巩固率100%，学前三年幼儿入园率100%。区属在职教职工1545人，其中专任教师1512人。教师学历合格率高中100%、初中100%、小学100%、幼儿园100%。全区有省特级教师8人，省、市名师名校长13人。

2015年，全区有省示范初中1所，省现代化学校20所，省、市优质幼儿园28所，省、市模范学校3所，省特殊教育现代化示范学校1所。全年投入教育经费3.65亿元。

【举办首届幼儿教师基本功大赛】 4月15—16日，鼓楼区举办首届幼儿教师基本功大赛。比赛项目设通用技能与专业技能，其中，通用技能包括写字、语言表达、教育活动设计和教育活动组织4项，专业技能包括专业基础理论、键盘弹唱和舞蹈、绘画3项。通过预赛、复赛、决赛，8名优秀幼儿教师获一等奖。

【侯集高级中学鼓楼实验学校挂牌】 7月16日，侯集高级中学鼓楼实验学校挂牌。侯集高级中学鼓楼实验学校是原二十四中学由侯集高级中学托管办学，侯集高级中学选派优秀管理团队进行全面管理，努力提高教育教学质量。

【教师培训学时认定和登记管理】 8月，《鼓楼区教师培训学时认定和登记管理办法》制定并下发。教师培训学时认定和登记按照“统筹规划、按需实施、注重实效、改革创新”的原则分层组织实施,对学时认定对象、教师培训的主要形式、年度培训任务、个人研修成果获取学时的折算方法、学历提高学时认定、网上学习认定及培训学时认定和审核、网络登记等予以明确规定,使教师培训工作做得有规可依。

【接受全国中小学挂牌督导创新区省级督导】 10月21—22日,全国中小学“挂牌督导创新区”省级督导检查专家组对鼓楼区中小学挂牌督导创新区工作进行督导检查。检查组通过查看档案、召开汇报会、现场督察、召开反馈会,对鼓楼中小学挂牌督导工作进行全面检查。

【协办全国名校长高峰会议】 10月30—31日,鼓楼区文教体局协办第十一届中国名校长高峰会议。民主路小学承担课堂观摩分会场工作。与会代表观摩学校7节课堂教学研讨课,听取吉林省延边珲春市第一小学校长的点评。鼓楼区文教体局局长刘永光和副局长、民主路小学校长赵智红分别作题为《区域课改推进策略与方法》《民主路小学课改特色》经验介绍,不同省份、不同地域的4名优秀校长代表以“认识儿童与重建课堂”为主题进行讨论与交流。会议由《中国教师报》主办,徐州市教育局承办。

【参加全国督导改革会议并发言】 12月11日,鼓楼区参加全国深化教育督导改革工作会议并发言。会议在上海召开,鼓楼区作为全省唯一一家单位在会上作《互联网+360教育督导,构建教育督导新常态》交流发言。鼓楼区重点介绍鼓楼教育督导网、微信群、移动外勤APP、智能督导巡课系统、棒棒哒人人通空间平台,形成“四位一体”的督导信息化平台,为探索中小学责任督学挂牌督导提供新路径。这些创新做法得到国家督导办、省督导办的肯定。

【启动“1+N名师成长联盟”】 2月,鼓楼区启动“1+N名师成长联盟”,加快名特优教师培养。“1+N名师成长联盟”是根据全区7名在岗特级教师的学科分布情况,按照本校带本校、本学科带本学科的原则,与22名骨干教师进行签约,实行“特级教师+骨干教师”的培养模式。《鼓楼区1+N教师专业发展三年规划》明确了年度工作任务。

【举办首届课程改革博览会】 12月30日,鼓楼区文教体局举办首届课程改革博览会。课改博览会通过听课、学校课程改革成果展示、名特优教师教学成果研究交流、专家引领点拨等,展示各校优秀教师“学讲”课堂成果以及校本课程的开发与建设。全区300余名校干、骨干教师参加活动。市教育局局长张德超、副局长李运生带领市教研室、学讲办的负责人到会指导。

【学校工程建设扎实推进】 年内,鼓楼区文教体局学校工程建设扎实推进。万科城民主学校、实验幼儿园教学楼主体建设完工,北辰小学、白云山小学、崇信学校、煤港路小学教学楼开工建设,尚贤学校、幸福家园小学建设前期工作正积极推进。完成“义务教育薄弱学校改造”项目6个。

【制订“十三五”期间发展目标任务】 12月,鼓楼教育制订“十三五”期间发展改革目标任务。任务明确,到2020年建成基础教育强区,实现教育现代化,公办幼儿园比率达50%以上,省优质幼儿园比率达90%以上,学前三年教育毛入学率达98%以上。完成义务教育“改薄工程”,建成中小学校8所;信息技术和教育教学深度融合;实现"区管校用"教师管理制度。小学教育继续优化集团化办学模式,初中教育继续探索办学新模式。特殊教育基本普及残疾儿童少年15年免费教育。2020年,义务教育达到省定优质均衡标准。

(撰稿:曹　健　审稿:刘永光)

【二十四中学开展消防演练活动】 11月9日,二十四中学师生开展消防演练活动。在第24个消防日来临之际,学校邀请消防大队官兵进校开展知识讲座、消防器材展示、官兵与师生互动等宣传工作,举办消防演练,增强师生消防安全意识。

【二十四中学"阳光体育"见成效】 年内,二十四中学开展"阳光体育"工作见成效。学校坚持跑操制度,全面开放体育场地与器材,鼓励学生积极参与体育活动,学校获徐州市区第一届学生"阳光体育"运动会身体素质类初中组一等奖、市环城长跑优秀组织奖。

(撰稿:陈　新　审稿:李德梓)

【二十六中举办"智慧家长课堂"系列活动】 年内,二十六中学全面开展"智慧家长课堂"系列活动。学校抽调专门人员,为家长举办"如何读懂孩子的心理""怎样才是爱孩子""如何教育好孩子""赏识与赞扬孩子的区别"等专题讲座,引导家长关注孩子成长。讲座受到家长的热烈欢迎。

【二十六中"优教通"电子教学设备启用】 5月,二十六中学"优教通"电子教学设备全面启用。学校与徐州市联通公司合作,投资100余万元,建成"优教通"多媒体教室35口,各教室及功能教室全面实现"液晶电视+云平台"的信息化教学,取代传统课堂上"黑板+粉笔"形式。"优教通"的使用改变了教师教育观念和教学方式。

(撰稿:刘　起　审稿:王彦飞　姜夕伟)

【三十八中推行励志教育】 年内,徐州市第三十八中学推行励志教育。学校坚持德育以励志为主导,从道德认知、道德情感和道德行为三个层面进行养成教育,每天通过"读""思""行"三个环节,持续三个月强化学生良好行为习惯的养成。

(撰稿:王士军　审稿:王秀敏)

【朱艳丽微课作品获省一等奖】 5月16日,徐州市第三十八中学朱艳丽老师的微课作品《记叙文写作指导》获省一等奖。由江苏省教育厅举办的江苏省2014年中小学教师微课竞赛活动历时半年,全省有5540所学校、22643名教师参与,共上传作品21484件,评出一等奖66件。

(撰稿:朱艳丽　审稿:王秀敏)

【九里山实验学校通过省初中质量提升工程建设校验收】 12月8日,徐州市九里山实验学校顺利通过江苏省初中质量提升工程建设学校的验收。省课程建设验收组听汇报,实地察看建设项目内容、建设进度和建成使用情况,对九里山实验学校课程建设工作给予肯定,并提出建设性意见。

【九里山实验学校教职工慰问贫困学生】 2月7日,徐州市九里山实验学校开展"师生情,一家亲"慰问活动。全体教职工自发捐款购买慰问品,走访慰问贫困学生家庭。学校高度重视和关心贫困学生的生活状况,多种渠道帮助贫困家庭的学生解决困难,每年定期走访慰问贫困家庭的学生,帮助他们安心学习、健康成长。

(撰稿:拾　岩　赵建云　审稿:杜文建)

【民主路小学接受国家民委"互观互检团"检查指导】 7月1日,民主路小学接受国家民委"互观互检团"检查指导。国家民委东部沿海城市民族团结创建“互观互检团”，到徐州考察民族团结进步创建工作，民主路小学现场展示“民族故事我来讲、民族服饰我绘制、民族知识我了解、民族歌舞我来演”等特色教育活动，汇报与西藏、青海、新疆等少数民族地区学校开展结对帮扶活动，与少数民族地区小朋友“手拉手、心连心”活动等，赢得领导专家一致好评。

（撰稿：任　炎　王　芬　审稿：赵智红）

【鼓楼小学学生获青少年科技创新奖】　5月14日，鼓楼小学学生获徐州市首届青少年科技创新“市长奖”。在徐州市首届青少年科技创新大赛中，鼓楼小学学生石秋晨获“市长奖”（全市3人获奖），4名学生获“市长奖”入围奖。

【鼓楼小学启用“棒棒哒”点赞系统】　年内，鼓楼小学启用“棒棒哒”点赞系统促进学生良好习惯养成。鼓楼小学将每个学生的身份证号生成二维码，制作成徽章，挂在学生胸前。老师对学生的点赞通过微信扫一扫进行积分量化，家长可以上传孩子在家表现的照片，与老师进行实时在线交流。同学之间也可以相互观摩学习。“棒棒哒”点赞系统激发学生“我很棒，我还要更棒”的成长心理，有效促进学生良好行为习惯的养成。

（撰稿：刘雪红　高　波　审稿：周　娅）

【省体育局到大马路小学调研】　10月15日，省体育局副局长颜争鸣到大马路小学调研武术特色教育工作。颜争鸣一行听取学校武术进校园工作汇报，观看学生武术操、太极拳和武术社团段位制套路及八极拳的展示，参观学校武术馆和综合训练馆，对学生良好的精神面貌、规范的武术动作给予赞扬。大马路小学是江苏省武术传统项目学校，低年级开设武术校本课程，高年级开设体育选修课程。

【大马路小学承办省陶研会小学年会】　12月3—4日，大马路小学承办省陶研会小学年会。江苏省陶行知研究会小学教育专业委员会2015年年会在大马路小学举行，全省各地的陶研会员百余人参会。年会的主题是“当代生活场景下的教学做合一新探索”，大马路小学展示了“学讲”课堂，并作工作汇报，与会人员参观了大马路小学。年会还举行专家讲座和大会交流等活动，共同探讨新形势下的行知之路，对进一步开展学陶师陶作出规划。

（撰稿：高乃国　审稿：张　艳）

【中山外国语实验学校开展思维导图研究】年初，中山外国语实验学校英语学科开展思维导图研究。英语学科通过在教学过程中的不同环节绘制、使用思维导图，鼓励学生自主先学、质疑拓展、合作交流，在实践中总结出思维导图“会学乐讲”三部曲：1.课前预习，自绘导图。2.自主探究，补充导图。3.小组讨论，完善导图。使用QQ和papa社交平台，让思维导图更好地助力“学讲”，实现信息技术与学讲课堂的深度融合。研究成果作为典型案例在省、市、区不同范围内交流。

（撰稿：陈　娟　审稿：曹红梅）

【八里小学开展汉文化传承教育活动】　年内，八里小学开展汉文化传承教育活动。八里小学立足徐州地域文化，以“汉文化传承教育”为特色，不断探讨校本化教育课程建设，为学生个性化学习提供多样性选择。

【八里小学强化师生国防意识】　9月18日，八里小学以全省首个纪念“九一八”事变和试鸣防空袭警报为契机，强化师生国防意识。学校开展纪念日活动，向学生介绍“九一八”

事变的经过、组织全体少先队员宣誓、在“铭记历史 勿忘国耻 奋发学习 圆梦中华”的大型条幅上签名及防空袭疏散演练等，进一步强化全体师生的国防意识。

（撰稿：宋　蓓　范业鹏　审稿：袁国丽）

【星源小学成立“国学国球少年学堂”】 11月28日，星源小学成立“国学国球少年学堂”。星源小学国内首家“国学国球少年学堂”开馆，国家、省、市、区各级有关领导出席开馆仪式。毛泽东的女儿李讷和女婿王景清为学堂揭牌，著名书画家程振铎、何满宗现场向乒乓球队和星源小学赠送书画作品。中央电视台等主流媒体进行报道。

【星源小学开发“活力·乒乓”主题课程】 年内，星源小学开发“活力·乒乓”主题课程，推动学校课程改革。“活力·乒乓”主题课程围绕学校独特的乒乓文化进行深入挖掘，通过学科活动引领学生感受乒乓文化、乒乓历史及乒乓精神，力求构建充满生命张力的校本课程体系。主题课程通过语文板块——多彩阅读润童年，数学板块——我的乒乓数据库，英语板块——Act and Enjoy，音乐板块——“乐动星源”器乐争霸赛，科学板块——小银球大智慧学科竞赛，美术板块——爱乒乓绘童年，美食板块——舌尖上的星源，体育板块——我是乒乓小能手，开展丰富多彩的活动，让学生成为自己发展的主人。

（撰稿：满田田　审稿：郑　虹）

【东华小学科技社团活动丰富多彩】 年内，东华小学科技社团活动丰富多彩。东华小学科技制作社团是最受学生喜爱的社团组织，每周三下午，科学探究室里的学生们都是热情洋溢地投入各种科技小制作活动，废弃的饮料瓶制作水火箭，废报纸制作纸桥，冰糕棒制作笔筒和小房子，用植物油、香料、色素制作色彩鲜艳、形态各异的手工香皂，还制作出热胀冷缩演示器、蒸汽轮机等科技制作活动丰富多彩，学生们享受着实践操作的快乐，分享着合作探究的喜悦。

（撰稿：邹　凯　审稿：张志刚）

【兴北小学举办“阳光体育”展示活动】 12月21日，兴北小学举办“阳光体育”展示活动。展示活动以班级为单位，独轮车，滚铁环、踩高跷、打腰鼓尽显风采；以家庭为单位参加的拍球接力、合体跳绳、踢毽子等活动。

（撰稿：孙　蕾　审稿：王　晶）

【下淀小学举行足球节活动】 12月10日，下淀小学举行“梦想从这里启航”足球节活动。活动历时2周，各班开展“我的足球梦从这里启航”主题队会，大队部举行“快乐足球”手抄报比赛，五、六年级制作足球宣传展板，社团围绕足球主题举行展示活动，有足球操表演、校足球队足球表演，三至六年级举行班级足球联赛，一二年级表演趣味足球，校园呈现出浓郁的足球文化氛围。2015年下淀小学被评为国家级足球特色学校。

（撰稿：史小千　审稿：孙　敏）

【王场小学被评为徐州市文明单位】 10月10日，王场小学被徐州市精神文明建设指导委员会评为2014—2015年度徐州市文明单位。

（撰稿：陆　巍　审稿：于冬梅）

【祥和小学女足获“市长杯”校园足球赛亚军】 6月15日，祥和小学女子足球队在“市长杯”校园足球比赛中获亚军。

（撰稿：马家纯　审稿：赵芳侠）

【生态园小学微电影获奖】 12月20日，生态园小学报送的微电影《荷之韵》获中国青少儿短片艺术大赛最佳作品奖。首届中国青少儿短片艺术大赛，自2014年10月启动，在为期2个月的征集期间，大赛组委会共收到各省市以及海外的短片作品300多部，111部制作精良的作品入围。颁奖典礼在北京举行。

【生态园小学市青少年科技竞赛获第一名】 12月12日，鼓楼生态园小学获市十一届青少年科技竞赛系列活动小学综合团体第一名。第十一届青少年科技竞赛系列活动由徐州市科学技术协会、市文明办、市教育局、市科学技术局联合举办，鼓楼生态园小学在科技模型竞赛中获七巧科技、火箭装助推滑翔机、遥控直升机、四驱车、遥控车等7个单项一、二等奖，并获综合团体第一名。

（撰稿：宋　娜　审稿：刘起化）

【煤港路小学获市师德建设先进集体称号】 年内，煤港路小学获2015年度徐州市师德建设先进集体的称号。学校始终坚持把加强教师的师风师德建设摆在突出地位，致力于建设一支师德高尚、精于教书、勤于育人的教师队伍。学校秉承“爱众亲仁 乐学笃行”之校训，形成“以爱育爱 引领生命和谐成长”的办学理念，实践“和心灵愉悦对话”的育人方式，形成“感恩教育”德育品牌，用执着和爱心为学生铺就成功之路，赢得社会赞誉。

（撰稿：朱冰娟　审稿：李芙蓉）

【民主实验学校获市阳光体育运动会大绳冠军】 10月27日，民主实验学校获市首届徐州市中小学生阳光体育运动会大绳冠军。由32名学生组成的民主实验学校大绳队以5分钟跳大绳932次的绝对优势获得冠军。学生集体跳大绳是学校阳光体育运动的特色活动之一，深受学生喜爱。

（撰稿：董佩佩　审稿：杜亚平）

【闫窝小学开展“书香关爱行”活动】 年内，闫窝小学开展“书香关爱行”活动。闫窝小学邀请江苏师大的青年志愿者开展“书香关爱行”活动，青年志愿者向学生赠送书籍和学习用品，走进班级，走进课堂，指导学生开展读书交流，建立班级图书角，丰富课余生活。

（撰稿：于清涛　审稿：李　伟）

【兴东实验学校“阳光体育”获佳绩】 年内，兴东实验学校阳光体育获佳绩。学校扎实开展阳光体育活动，学生身体素质得到显著提升，学校获徐州市第一届阳光体育运动会跳长绳比赛小学组一等奖、徐州市第一届中小学生羽毛球比赛“最佳风采奖”、鼓楼区跳长绳比赛第一名、鼓楼区体质健康标准检测比赛第一名。

【兴东多元智能课程促进学生个性生长】 年内，兴东实验学校实施多元智能课程，促进学生个性生长。兴东实验学校积极构建适宜学生生长的多元智能课程体系，在学科课程、活动课程的基础上，根据季节的特点、年级特点和学科特点构建多学科参与的主题研究课程，在同一主题下，不同学科开展不同层面、不同方向的研究活动。此类课程的设置，打破了泾渭分明的学科界限，拓展了学生多视角、多层面思考问题的能力，引领学生多元发展、个性成长。100余名学生在省内各类比赛中获奖，500多名学生拿到书法等级证书，学校获各类组织奖5个。

（撰稿：唐忠阳　车炼红　审稿：黄宏珍）

【玉潭实验学校引智提升博雅教育】 年内，玉潭实验学校引智提升博雅教育。玉潭博雅教育是玉潭实验学校精心打造的以“博雅”为特色的校本教育。学校聘请江苏师范大学、市教育局、市教研室有关专家学者担任博雅教育体系建设顾问，规划以“博雅汉韵”“博雅课程”为基本框架的“博雅”教育体系。围绕“博雅”教育理念建设开展基础课程、拓展课程、研究课程，研发编写了德育、语文、数学、英语博雅校本教材。

【玉潭实验学校开展校园足球运动】 年内，玉潭实验学校开展校园足球运动。学校不断创新校园足球工作，普及足球教学，组织足球教练和体育教师合作研发学校足球校本教材——《快乐足球》，开设足球大课间活动，组建梯队足球运动社团，不断提高足球社团竞技水平。

（撰稿：拾莉娜　审稿：李令军）

【牌楼培智学校举行“小厨神”技能展示活动】 5月22日，牌楼培智学校举行“小厨神”技能展示暨家长开放日活动。学生们分组拿起工具熟练地制作元宵、凉皮、葱油饼、三明治、果冻布丁、水果沙拉和饮料等美食。展示活动让家长们对学校的教育教学有了更进一步的了解，培养学生的生存技能，为学生融入社会生活，减轻社会、家庭负担奠定基础。

（撰稿：吴振宇　审稿：周明侠）

【实验幼儿园获省科学教育特色学校称号】 6月10日，鼓楼区实验幼儿园获得江苏省科学教育特色学校称号。徐州市鼓楼区实验幼儿园以“贴近生活、科学启蒙”为主旨，力求在“科学集体教学上”有新突破，在“科学教育与幼儿园游戏活动的融入上”有新突破，在“科学教育特色活动的开展上”有新突破，被江苏省教育厅、江苏省科学技术协会授予江苏省科学教育特色学校称号。是全市幼教系统唯一获奖的幼儿园。

（撰稿：孙　磊　审稿：郭　婷）

【朱庄中心幼儿园学前教育宣传进社区】 5月28日，朱庄中心幼儿园学前教育宣传走进社区。朱庄幼儿园在祥和公园广场举办办园成果展示演出活动，小朋友唱歌、跳舞、器乐演奏、器械韵律操等吸引了社区居民。活动彰显了幼儿园、家庭、社区三位一体的办园理念。

（撰稿：刘　静　审稿：李玉侠）

【下淀幼儿园实施游戏化课程】 年内，下淀幼儿园积极实施游戏化课程项目。下淀幼儿园立足园本实际，把游戏观察、资源挖掘作为一日常态工作，尝试幼儿合作游戏、亲子师生互动等，让幼儿的一日生活充满自由、自主、创造、愉悦的游戏精神。

（撰稿：车远侠　审稿：孔　苒）

2015年鼓楼区各级各类学校基本情况表

表18　　单位：个、人

校名	班级数	在校生数	毕业生数	招生数	教职工数		学校领导			
					计	专任教师	校长	副校长	书记	副书记
二十四中	12	363	118	130	65	58	李德梓	师忠雷 单劲松		周　伟
二十六中	28	1101	249	376	113	106	王彦飞	相裕周 李　东	姜夕伟	
民主路小学	62	3096	416	548	143	141	赵智红	梁玉华 李　萍 裴心莲 任　焱 刘　彤	张学营	
鼓楼小学	62	3125	485	495	136	136	周　娅	王晓红 王兆梅 刘雪红 张　婷	肖素萍	
大马路小学	52	2576	331	433	123	123	张　艳	吴　蕾 蒋　杰 黄春娟 杨　晶 卢海燕(副校级工会主席)	孙荣平	
中山外语学校	30	1301	194	231	76	72	曹红梅	王　霞 唐媛媛 陈　娟 刘媛媛(校长助理)	杨晓红	
星源小学	42	1693	242	279	77	72	郑　虹	满田田 王　莹 赵小艳	秦　强	
兴北小学	15	539	77	98	42	31	王　晶	张宗彦 张　勇 彭　莉		
下淀小学	18	706	81	143	34	34	孙　敏	孟淑凤 孙昌明 孟桂芹	赵继平	
王场小学	20	833	91	144	37	35	于冬梅	汪桂荣 于桂斌 陆　巍 张　东 李敬瑾	蒋福长	
祥和小学	27	1218	141	234	41	43	赵芳侠	王曼丽 周　亚 张　倩	马家纯	
东华小学	14	485	78	100	36	32	张志刚	周　伟 高慧娟 徐　玮 邹　凯	刘红艳	
煤港路小学	24	1014	81	216	34	35	李芙蓉	袁　勇 夏红刚 陈锦营	朱冰娟	
八里中心小学（含阎窝分校）	26	1089	135	205	32	48	袁国丽 （李　伟）	许永慧 郑　军 宋　蓓 马夫玲 宗　新	刘金伟	
大马路小学生态园分校	44	2138	178	358	89	81	刘启化	徐　真 王　勇 郑苏楠	夏雪梅	
民主实验学校	25	968	30	256	32	35	杜亚平	刘　冰 吴蒙蒙 乔　晶 石　岩	张保卫	
兴东实验学校	24	920	148	184	37	37	黄宏珍	车炼红 唐忠阳	陈　艳	
牌楼培智学校	9	110	14	10	25	22	周明侠	张延珍 张宜刚	林春丽	

续表18 单位:个、人

校名	班级数	在校生数	毕业生数	招生数	教职工数		学校领导			
					计	专任教师	校长	副校长	书记	副书记
三十八中学	20	795	413	250	187	185	王秀梅(8—)	王秀敏 惠正义 吴继峰 孟 杰	王大明	
九里山实验学校	41	1601	156	346	62	68	孙从旭	戚丽丽 吴 峰	杜文建	
玉潭实验学校	41	1930	186	300	72	66	李令军	杨曙光 侯 平 陈 亚	张洪卫	
实验幼儿园	10	355	160	90	20	20	郭 婷	张 晶 孙 磊		
朱庄幼儿园	11	376	120	98	18	17	李玉侠	刘 静	史诚明	
下淀幼儿园	7	240	80	60	14	15	孔 苒	车远侠		
合计	664	28572	4204	5584	1545	1512				

(曹 健)

局长、党委书记　王　建
党委副书记、纪委书记　张广建
区政府教育督导室副主任　杨友明　陈　湘
副局长　程晓燕　周少华　郑旭言　傅惠文
教育工会主席　常　雨
监察室主任　张　军

【概况】　2015年,泉山区有公办各级各类学校29所,其中小学25所,九年一贯制学校1所,初中学校2所,特教学校1所。全区中小学在校学生32429人,其中小学生31565人,初中生749人,特教学生115人。全区有幼儿园54所,其中民办幼儿园34所。在园幼儿14734人,学前三年幼儿入园率99.8%。义务教育阶段入学率100%,初中巩固率100%。

全区有教职工1757人,其中专任教师1710人。教师学历合格率初中100%,小学100%,幼儿园100%。全区全国优秀教师1人,省特级教师8人,省市名师名校长53人。2015年,全区学校全部通过省义务教育现代化学校验收。有省实验小学8所,省市优质幼儿园54所,省特殊教育现代化示范学校1所。新建投入使用学校3所。2015年,泉山区财政教育经费投入36341.88万元。11月,在全省教育现代化建设监测中,基本达到教育现代化示范区建设标准。获得全国义务教育发展基本均衡区、江苏省公共服务体系示范区称号。通过"全国中小学校责任督学挂牌督导创新区"省级现场考核。

【省教育现代化建设再创佳绩】　2015年,泉山区省教育现代化建设再创佳绩。省教育现代化建设检测进入第二年,区局印发《通知》,召开协调、推进工作会议。各部门进一步细化责任,层层落实。11月,全区中小学均通过教育现代化学校验收,获得90.63分,连续两年保持徐州第一、苏北第一的领先地位。在促进学前教育优质发展、省义务教育学校现代化学校达标等方面在全市领先。

【开辟集团化办学道路】　2015年,泉山区文教体局深化教育综合改革,开辟集团化办学道路取得新进展。实施名校办分校、引进品牌联合办学等方式，放大优质教育资源。推进新学校建设，8所学校建设列入市重点工程。8月底，房产集团建设的开元学校、碧水湾小学建成开学，姚庄小学迁入新址。开元学校成为光荣巷小学校区，碧水湾小学办成星光分校，汇文中学与徐州三中联办成立徐州三中泉山实验学校，西苑教育集团正式成立。新建学校招生良好，赢得家长普遍认可。

【西苑教育集团成立】 10月22日，西苑教育集团在矿山路小学举行成立揭牌仪式。市区教育部门领导、万科房地产公司代表及西苑地区4所中小学教师和部分家长参加。

【学前教育优质发展】 2015年，泉山区着力打造学前教育，以推进《3—6岁儿童学习与发展指南》实验区（苏北唯一）建设为主线，努力实现学前教育优质发展。全区54所注册园，其中省优质幼儿园45所，占83.3%。创省级课程游戏化基地2个。

【师德师风建设取得显著成效】 2015年，区教育工会将“劳模精神进校园”活动融入到师德建设中，形成良好风尚。9月7日，教育工会承办徐州市教育系统“劳模精神进校园”事迹报告会，以专题片展示“劳模精神进校园”成果，劳模代表、优秀青年教师代表介绍经验，大会表彰13个先进集体，50名先进个人。教育工会被江苏省教育科技工会授予巾帼文明岗称号。

【少先队活动获奖率创新高】 2015年，泉山区少先队活动获奖率创历史新高。局团委以纪念抗战胜利70周年为契机，强化青少年思想道德教育。少先队员65名被评为“江苏好少年”，150名被评为徐州市“三爱红孩子”，1名被评为“徐州市十佳少先队员”，287名被评为区“三爱红孩子”。淮西、求是、汇文小学获江苏省优秀少先队集体称号，奎山大队辅导员被评为省优秀少先队辅导员，少华街小学成牧阳被评为省优秀少先队员。在省少年儿童研究会上，星光小学苏旋设计的活动案例、湖滨小学李启兰的论文均获特等奖；奎山小学郭伟、少华街小学胡莉莉设计的活动案例、论文分别获一、二等奖。同时在全国、省、市比赛中30多项活动获奖。

【实施“健康惠民”计划】 2015年，泉山区文教体局把开展全民健身活动作为“健康惠民计划”抓手，全区居民参与达10万人以上。先后举办“首届全民健身运动会”“迎新春元旦环湖走”“武术进社区”“工间操”培训等大型活动28场。培训三级社会体育指导员1000人，校园足球教练员、裁判员150人。为10个社区安装健身器材。组织参加区、市两级小学生足球联赛均获得优异成绩。

【关工委常态化建设获得省表彰】 2015年，局关工委常态化建设获得省表彰。2014年完成市级“常态化建设合格学校”13所，2015年举办全区“常态化建设”现场会，制定创建计划，开展自查、申报。3月，21所学校申报市级“常态化建设合格学校”，全部通过市级合格校验收。9月，局关工委获得省“关工委工作常态化建设巩固提高奖”。

（李　涛　李世明）

【少华街小学获评全国中小学节约型校园示范校】 2015年，少华街小学被评为全国中小学节约型校园示范校。学校始终坚持“精细管理，节约水电，降低能耗，降低办学成本”原则，动员全校师生家长积极参与创建活动，成立创建小组，制定实施方案，加强节能减排宣传，开展节约教育，加强节约管理等，推动学校形成勤俭节约的文明风尚。

（撰稿：张　红　审稿：蒋　洁）

【星光小学与韩国大邱东都小学缔结友好学校】　11月4日，星光小学与韩国大邱东都小学缔结友好学校签约仪式隆重举行。星光小学校长乔文雯，韩国大邱东都小学校长崔炳浩、行政部长许俊豪等200余人出席签约仪式。两校校长就学校发展历史、办学理念、教育成果等作介绍，两国学生分别表演传统文艺节目。星光小学19个家庭分别接待到访的韩国小客人。

（撰稿：李　丽　审稿：乔文雯）

【淮西小学成立“博爱教育中心”】　11月，淮西中心小学成立徐州市首家集家校合作、教育指导、心理建设于一体的“博爱教育中心”。“中心”面向全市，构建学校、家庭、社会、受教育者四维教育网络，通过组织“父母学堂”、网上家长学校、家教咨询热线、家庭教育微信公众号、“相约星期六”等多种平台进行多样化家庭教育指导，为家教解困，使学生获得心理辅导。

（撰稿：吴梅　张秋敏　审稿：崔明琳）

【国家督导组到求是小学检查】　6月2日，国家义务教育发展基本均衡区督导检查组到求是小学检查督导。检查组在市、区、局联络员的陪同下，听取校长朱霄均衡教育情况汇报，查看专用室的功能、使用情况，观看学校综合课程开发以及学生表演活动。对学校均衡办学理念、均衡办学条件和实施情况给予肯定。

（撰稿：梅　梅　审稿：朱　霄）

【光荣巷小学与开元公司合作办学】　4月16日，光荣巷小学开元校区移交暨签约仪式在开元名都大酒店举行。泉山区委、区政府、区文教体局领导，开元房产集团总经理，光荣巷小学校领导出席，开元公司总经理致辞。区文教体局与开元徐州公司共同签定合作办学协议。学校领导表示尽快将开元校区办成精品。

（撰稿：宋　娟　审稿：吴高峰）

【湖滨小学学科竞赛月活动结束】　11月27日，湖滨中心小学学科竞赛月结束。每年11月为湖滨中心小学的学科竞赛月，语文学科为百字竞赛，数学学科为计算比赛，英语学科为口语演讲比赛，各个学科均设立比赛主题。教师精心组织，学生积极参与。数百名先进个人获得表彰。

（撰稿：颜　拓　审稿：陈万云）

【西苑二小更名为科技实验小学】　4月20日，西苑第二小学举行更名仪式，更名为徐州市科技实验小学。西苑二小坚持开展科技活动，在省市科技活动比赛中多次获奖，积淀了浓郁的科技文化氛围，形成科技教学的特色。更名仪式上，泉山区文教体局局长王建宣读市教育局文件，泉山区副区长孙统贤为学校揭牌，校长张启云阐述学校今后特色办学的思路。同时，学校第三届校园科技节开幕。

（撰稿：胡　艳　审稿：张启云）

【永安小学校本教材获好评】　5月28日，永安街小学涂翠华工作室开发的特色校本教材《蓝调数学探密》获好评。该教材一改传统校本教材模式，把名师微课资源以二维码的形式编到书本中，学生只要利用手机微信端“轻轻扫一扫”功能，就可以获取生动直观的微课。它既是学生自主学习的好资源，又是学生家长的好帮手，实现校本教材的新跨越，受到省、市专家的高度评价。

（撰稿：涂翠华）

【段庄一小开展缅怀英烈教育活动】 10月28日，段庄一小组织学生开展“缅怀英烈，自强不息”教育活动。全校师生参观淮海战役纪念馆，瞻仰烈士遗物，学习烈士英勇事迹。各班开展班队会，引导学生铭记历史、缅怀先烈，自强不息，做有理想、全面发展的好学生。

（撰稿：朱　黎　审稿：王　雷）

【段庄二小市特色操比赛获奖】 10月28日，段庄二小“弓箭特色操”在徐州市特色操比赛中获一等奖。学校自2002年创建射箭特色学校起，在各级比赛中屡获佳绩，培养出众多人才，输送到国家和省级射箭队。该特色操是由教师创编的校本课程。

（撰稿：刘　真　审稿：满瑞敏）

【矿山路小学扎实开展教研活动】 10月，矿山路小学围绕“学法习得”教研主题，扎实开展教研活动。各年级学科组依据操作手册，开展组内研讨磨课、现场上课、随堂监测、面评切磋、在线跟帖评价和教后反思等教研环节，开设22节教研课，引领教师开展教学实践活动。

（撰稿：杜　冉　审稿：乔永智）

【风化街小学强化学校特色】 年内，风化街小学以“端端正正写字，堂堂正正做人”为主题，强化学校特色。风化街小学是书法特色学校，通过写字教学、书法教育、师生书法等途径，彰显学校特色文化。以课堂为主阵地，积极探讨有效写字教学模式，分学段进行集体备课、观摩课。利用现代技术教育手段把微课应用于写字教学。

（撰稿：郭友真　审稿：苑永辉）

【区“走乡村”调研活动在奎山小学举行】 12月25日，区文教体局在奎山小学举办“走乡村——真教研，真学习”学讲调研观摩活动。江苏师大、区教研室专家及兄弟学校百余名教师参加活动。奎山小学通过公开课，围绕“真”字落实“学讲计划”，用真落实，真行动破除满堂灌传统教学模式，推进“学讲计划”，获得好评。

（撰稿：周　燕　审稿：乔振银）

【奎园小学足球活动获佳绩】 年内，奎园小学实施“足球进校园”活动获佳绩。5月，奎园小学足球男队获“区长杯”联赛亚军，女足在徐州市“市长杯”足球联赛中进入前八强。奎园小学足球社团活动形式多样，促进了学校阳光体育运动的健康开展。

（撰稿：张　颖　审核：汪宜平）

【专家视导姚庄小学教研活动】 4月23日，省3位教育专家杨九俊、彭钢、董林伟在市、区教育部门领导陪同下，到姚庄小学参加徐州市“学讲计划”现场教研活动。由陈荣芳老师执教三年级数学课，市教育局副局长李运生做专题工作汇报，老师与各位专家进行现场交流，最后省教育专家进行点评，对姚庄小学的课改工作给予高度评价。

（撰稿：陈荣芳　审稿：刘金珠）

【中央电教馆专家组到西苑小学专题调研】 9月，中央电教馆专家组到西苑小学进行“学讲”课堂专题调研。西苑小学代表泉山区承接专家组的调研活动，青年教师杨舒执教苏教版五年级语文课，充分运用信息技术推进“学讲”课堂。专家组对西苑小学在教学中广泛应用信息技术给予高度评价。

（撰稿：谢　磊　审稿：胡新龙）

【太山小学在全民经典阅读大赛中获奖】 5月，太山小学在市“书香徐州”全民经典阅读大赛中获奖。在市教育局、市文明办等五家单位联合举办的2015“书香徐州”全民经典阅读大赛中,太山小学获优秀团体奖、最佳组织奖。学校有160多人参赛,其中两个集体项目、21个个人项目进入决赛。太山小学把经典诵读作为学校管理抓手,开展亲子共读、师生共读、生生共读,促进师生广泛深入阅读,建设读书型家庭,取得良好效果。

(撰稿:李　曼　审稿:冯文武)

【徐州三中泉山实验学校在汇文学校揭牌】 6月15日,徐州三中泉山实验学校在汇文学校揭牌。经徐州市教育局和泉山区委、区政府批准,徐州三中托管泉山区汇文学校初中部,成立徐州三中泉山实验学校,实现优质教育资源和科研成果共享。泉山区政府、市教育局及徐州三中领导分别致辞,表示共同协作,不断提升教育质量,打造徐州西部名校。市教育局局长张德超、泉山区区委书记赵兴友共同为学校揭牌。

(撰稿:焦　阳　审稿:祁元祥)

【明诚小学药香文化建设见成效】 年内,明城小学药香特色文化项目建设初见成效。明诚小学是省教育厅批准的首批特色文化学校创建示范校。校园走廊布置20块师生用本草制作的粘贴画,每层楼梯口都有介绍药用价值及本草文化的宣传图版。学校编印校本教材《药香诗韵》,举办与本草有关的故事、诗歌朗诵会等,与推行"学讲计划"有机融合,收到良好的教育效果。

(撰稿:陈广顺　审稿:孟召华)

【苏山小学表彰"学讲"优秀学生】 9月7日,苏山小学教导处对"学讲"课堂上表现优秀的学生和学习小组进行表彰奖励。开展"学讲"活动半年多,各班根据学校制定的标准评选出优秀学习小组、优秀小组长和学讲先进个人共192人。学校通过表彰奖励,引导学生人人争做会学习、善合作、敢质疑、勇发言、乐帮人的"学讲小能人"。

(撰稿:郑慧娴　审稿:魏新梅)

【汇文小学与英国圣詹姆斯艾曼纽学校缔结友好学校】 6月2日,汇文小学举行"泉山区中英友好学校缔结——汇文小学站"校际友好交流活动,与英国圣詹姆斯艾曼纽学校签署友好学校协议。两校教师进行英语同课异构教学交流活动。

(撰稿:黄兴民　审稿:张　强)

【王新庄小学获区校园足球重点学校称号】 4月,王新庄小学获得泉山区"校园足球重点学校"称号。王新庄小学将足球运动与体育课程相融合,积极开展"足球进校园"系列活动。学校成立足球兴趣小队,举办"校长杯"校园足球比赛,在泉山区"区长杯"足球比赛中成绩优异。

(撰稿:张　影　审稿:殷冬冬)

【张小楼小学获市科技教育特色学校称号】 12月,张小楼小学获徐州市科技教育特色学校称号。学校以科技教育为抓手,广泛开展小发明、小创作比赛和科技知识竞赛等活动。年内,多名学生获得省市"金钥匙"大赛一、二等奖,学校获优秀组织奖。

(撰稿:周广庆　审稿:赵　安)

【史庄小学安全教育系列活动】 3月30日,史庄小学以"珍爱生命,安全自护"为主题开展安全教育系列活动。学校通过国旗下讲话、各班举行"安全在我心中"主题班队会、邀请警官进行"安全伴我行"安全教育讲座、举行防火紧急疏散演习等活动,教育和引领学生提高自我保护意识和能力。

(撰稿:解朝峰　审稿:胡光芹)

【火花学校举行青少年活动基地揭牌仪式】 11月6日,中国火花收藏协会徐州青少年活动基地揭牌仪式在火花学校举行。全国火花收藏协会会长夏志诚、南京博物院原院长徐湖平等20多名专家学者出席揭牌仪式。专家们为学校火花博物馆赠送珍贵的火花藏品，参观“抗战胜利火花展”，举办知识讲座。2014年起，学校成立火花博物馆，开展火花收藏活动，丰富校园文化生活，取得良好效果。

（撰稿：张　伟　审稿：吴学政）

【城北中学开展学习经验介绍活动】　11月，学校开展“共青百家小讲坛——学习经验介绍”活动。校德育处、团委精心筹备，班主任大力配合，以共青团员为主，选派优秀学生到各个年级和班级，进行学习经验介绍，引导学生取长补短，分享、学习有效的学习方法和策略。

（撰稿：于跃进　审稿：韩彦西）

【省厅领导到星光二幼调研指导】　1月21日，省教育厅领导在市、区教育局领导陪同下，到星光第二实验幼儿园进行《3—6岁儿童学习与发展指南》试验区的调研工作。泉山区是苏北唯一的《指南》实验区，省教育厅处长殷雅竹一行调研幼儿园实施课程游戏化方面的具体措施，现场察看办园环境、设施设备、区域及户外游戏的开展情况，对幼儿园在落实《指南》促进学前教育均衡发展方面所作的工作给以高度评价。

（撰稿人：张光辉　审稿：张　莉）

【教工幼儿园开展“走进孩子心灵”活动】　9月起，教工幼儿园开展“走进孩子心灵”系列研讨活动。幼儿园围绕课程游戏化，引领教师明确观察目的，借助扫描观察、定点观察、追踪观察等方法，以“玩伴”角色观察、解读幼儿的行为和幼儿心理发展特征，提升教师的教育和管理水平。年内，幼儿园成功申报12项市级课题，80余篇论文、案例获省、市级一、二等奖；5篇文章在省、市级刊物发表。

（撰稿：王　莹　审稿：张　晴）

【机关幼儿园开展幼儿三项技能竞赛】　年内，机关幼儿园开展幼儿三项技能竞赛活动。为更好地落实《3—6岁儿童学习与发展指南》健康领域目标，机关幼儿园以幼儿三项技能竞赛活动为引领，通过技能竞赛活动提升幼儿动作协调能力。活动内容包括穿珠子、拍球、跳绳，竞赛形式以幼儿练习、班级选拔、年级组赛逐级进行。活动得到家长大力支持与配合。

（撰稿：金　玫　审稿：刘　颖）

【奎山中心幼儿园通过市节水型学校验收】　10月16日，市水利局、教育局等专家组成的验收组，对奎山幼儿园创建徐州市节水型学校工作进行验收检查。检查验收组认真听取创建工作汇报，查看节水设备设施，查阅资料，对幼儿园节水宣传教育工作给予充分肯定。

（撰稿：王　月　审稿：邱　琳）

【苏山幼儿园承办市课程游戏化现场会】　9月29日，苏山幼儿园承办市课程游戏化现场会。苏山幼儿园以江苏省课程游戏化项目建设园为契机，积极探索和创设课程游戏化环境。现场会上，展示了户外自主游戏活动、班级环境创设、自主进餐、资源库等建设成果，得到专家和同行的肯定。市、区局基教处领导以及市各幼儿园园长、骨干教师100余人参加现场会。

（撰稿：王　微　审稿：蒋晓雯）

【星光幼儿园改扩建工程竣工】　12月1日，星光实验幼儿园改扩建工程竣工并投入使用。区政府及文教体局投资120万元，于6月对园舍实施改扩建，增设科普活动等专用教室，为幼儿园发展提供保障。

（撰稿人：陈洪波　审稿：陈　巧）

【特教中心与英国彼克特学校签定友好协议】 6月3日,区特教中心校长李冀湘与彼克特特殊教育学校(Pictor school)代表签订缔结友好学校协议书。彼克特特殊教育学校(Pictor school)代表观看了学校专题片介绍,参观校园环境及学校各功能教室,参与一对一康复训练课与制作课,对特教学生活动能力给与肯定,对学校教育给予高度评价。

(撰稿:张丽斌　审稿:李冀湘)

2015年泉山区各级各类学校基本情况表

表19　　　　单位:个、人

校名	班级数	在校生数	毕业生数	招生数	教职工数		学校领导			
					计	专任教师	校长	副校长	书记	副书记
少华街小学	37	1839	294	302	102	102	蒋　洁	韩　兵 王　利 茆守明 李冀晖 吴媛媛	蒋　洁	韩　兵
求是小学	47	2281	286	403	108	102	朱　霄	刘　涛 孙海鹰 赵　月	田永军	陈春萍
星光小学	67	3092	463	630	139	137	乔文雯	晁家奎 曹可凡	滕晓颂	吴　湘
光荣巷小学	52	2447	343	539	117	117	吴高峰	张好然 朱　勇	樊迎春	
风化街中心小学	16	544	107	82	38	38	苑永辉	徐艳秋 赵吕莉	苑永辉	刘雅平
永安街小学	15	562	68	120	43	41	涂翠华	张浩然 徐艳秋	王怀平	
湖北路小学										保留
段庄第一小学	17	685	120	118	41	41	王　雷	谢慧芳 沈志明 张　薇	吴敬圣	
淮海西路中心小学	38	1534	194	354	74	74	崔明琳	孟淑君 韦晓东 蒋建中		郭蕴玉
西苑小学	38	1976	300	317	97	97	胡新龙	叶咏梅 张　霞 刘　静 谢　磊	李学勤	潘艳玲
科技实验小学	36	1824	195	295	90	90	张启云	彭　皓 吴　珂 古松萍	蒋厚平	
湖滨中心小学	28	1459	181	267	77	77	陈万云	颜　拓 徐　辉 沈　宁	周　易	
段庄第二小学	29	1289	165	190	78	78	满瑞敏	陈　慧 王芙蓉 韩　磊	郝祥彦	
矿山路小学	38	1494	129	301	94	93	乔永智	张　敏 赵祥君	阎兆斌	龚春旭 张艳红
奎山中心小学	27	1042	144	180	53	52	乔振银		周兴伟	

续表19　　单位：个、人

校名	班级数	在校生数	毕业生数	招生数	教职工数		学校领导			
					计	专任教师	校长	副校长	书记	副书记
奎园小学	22	1005	141	174	50	50	汪宜平	张甫军 于文涛		张甫军
姚庄小学	20	784	72	238	50	50	刘金珠		高洪波	
泰山小学	18	717	96	137	37	36	冯文武	王　海 邢淑兰 张　艳	陈红光	
汇文小学	28	990	81	207	60	58	张　强			
火花九年制学校	35（23+12）	1267（914+353）	108+99	144+103	55+45	53+45	吴学政	刘银松 周廷达		
明诚小学	19	728	68	168	61	58	孟昭华	杨　彪	孟召华	
史庄小学	19	786	60	149	50	50	胡光芹	刘文亮	郑帮民	刘文亮
苏山小学	34	1326	154	261	75	75	魏新梅	郑慧娴 张　静	完永湘	
王新庄小学	19	894	47	209	53	26	殷冬冬	李　建 周贤梅	罗传明	
张小楼小学	8	285	198	68	21	21	赵　安	周广庆	赵　安	
城北中学	6	151	38	31	47	39	韩彦西	王玉琪 阎承强	王兴仁	
三中泉山实验学校	9	251	24	108	30	29	祁元祥	祁锦山	朱　艳	
机关幼儿园	6	185	64	69	31	12	刘　颖		彭传香	
教工幼儿园	8	261	76	90	45	23	张　晴	房　萍	张　晴	
奎山幼儿园	6	180	46	56	30	12	邱　琳	张秋云	邱　琳	
星光幼儿园	16	447	158	136	73	32	陈　巧	甘宜芬	陈洪波	
星光第二幼儿园	12	336	89	100	53	34	张　莉			
火花幼儿园										保留
苏山幼儿园	6	180	70	70	28	26	蒋晓雯	刘会珍		
泉山区特教中心	9	116	12	8	23	23	李冀湘		葛桂琴	
黄河新村小学										

（李世明　韩　梅）

教育局局长　韦　敏
副局长　王根华　王　伟
局长助理　尚爱勇
教育工会主席　郭　冰

【概况】　2015年,徐州经济技术开发区各级各类学校22所(含民办学校,不含幼儿园),其中,初中学校7所,高中1所,九年一贯制学校1所,小学12所,中等职业学校1所。各级各类学校中,民办中学1所。全区中小学在校学生39429人(含民办学校),其中,高中1153人,初中8742人,小学28992人,中等职业学校在校学生 542 人。全区有幼儿园28所(其中民办幼儿园 19所),在园幼儿7019人。义务教育阶段入学率100%,初中巩固率100%,高中阶段入学率99.8%,学前三年幼儿入园率99.82%。全区有教职工3112人,其中专任教师3001人。教师学历合格率高中100%,初中100%,小学100%,幼儿园100%。全区有省级特级教师2人,省、市名师名校长5人。

2015年,全区有省三星级以上高中1所,省示范初中5所,省实验小学2所,省、市优质幼儿园28所,省、市模范学校2所,省、国家重点职业技术学校1所。年内,获国家、省、市4项荣誉称号。全年投入教育经费5.8亿元。

(杨浩然)

【开发区学前教育学会成立】　3月2日,开发区学前教育学会成立大会暨第一届理事会召开。学前教育学会是连接政府、市场、幼儿园三方的新平台,学前教育将获得更多的服务和指导,在更加规范和科学的轨道上健康发展。

(撰稿:马玉荣　审稿:王根华)

【开发区启动学生综合素质评价改革】　11月12日,开发区教育局举行学生综合素质评价改革专家论证会,全面启动学生综合素质评价改革。全区9所中小学先期试点改革,通过学生综合素质评价"秀平台"建设,学生可以更清晰地看到自己的成长足迹,找到自己的兴趣点和薄弱点,在自我评价、自我认识、自我调整的基础上，利用大数据进行精确测量、个性化诊断和智能指导，最终达到自我提高。

（撰稿：张运桥　审稿：王根华）

【启动家校合育模式】　11月21日，开发区教育局在徐州经济技术开发区高级中学举行“区域推进现代家校合作教育模式”启动仪式。市、区教育局领导，各中小学教师和家长代表近800人参加活动。全区18所中小学和24所幼儿园同时启动家校合作教育模式实验，通过班班成立家庭教育指导委员会，配合班主任引导带动全班家长学习家庭教育知识，每月组织一次家长读书沙龙活动等形式，全面提升家长、教师的自身素养和育人水平。

（撰稿：王震君　审稿：王根华）

【全市“走乡村”首场观摩活动在开发区举行】　12月4日，徐州市首场“走乡村——真教研、真学习”观摩活动暨“学讲理论与实践——苏沪两地网络教研活动”在开发区举行。市教育局局长张德超、副局长李运生，市教研室主任何振国，市电教馆馆长周岩，区教育局局长韦敏，市直属学校及开发区各校校长、业务副校长、部分骨干教师1000余人分别在刘湾小学主会场，上海嘉定区南翔小学、开发区教师发展中心、侯集实验小学、西朱小学、李庄小学5个分会场参加活动。

（撰稿：王震君　审稿：王根华）

【获“师陶杯”教科研论文评比优秀组织奖】12月26—28日，开发区获2015年度“师陶杯”教科研论文评比优秀组织奖。颁奖及系列学术活动在苏州市举办，活动以“科研推动教育创新”为主题。开发区是徐州市唯一获此奖项的单位。

（撰稿：王震君　审稿：王根华）

【中小学体质健康名列市前列】　据市教育局《2014年中小学生体质健康状况蓝皮书》发布，开发区在全市中小学生体质健康监测合格率、优秀率综合排名位居全市各县（市、区）前列。开发区实验小学、黄山外国语学校位居小学组、初中组综合均分第一名，开发区高级中学位居高中组综合均分第四名。

（撰稿：武　勇　审稿：王根华）

【区“阳光体育”运动获佳绩】　2015年，开发区中小学生阳光体育运动获佳绩。10所学校获身体素质类一等奖：开发区实验学校小学部、开发区实验小学（北校区）、侯集实验小学、徐庄小学中心校、开发区实验小学（南校区）、开发区实验学校中学部、开发区中学、西朱中学、徐庄中学、黄山外国语学校；4所学校获跑操一等奖：开发区高级中学、开发区中学、毛庄中学、大庙中学；开发区实验学校中学部、西朱中学获特色操一等奖。足球联赛中，侯集实验小学获女子U9组一等奖，男子U11组二等奖；大黄山实验小学获男子U9组一等奖，男子U11组二等奖。

【中央电教馆馆长王珠珠到开发区调研】　6月26日，中央电教馆馆长王珠珠、研究部主任黄天元，省电教馆馆长尤学贵一行到开发区调研教育信息化工作。徐州市教育局局长张德超、副局长李运生，开发区纪工委书记陈明陪同调研。调研组一行就区域教育信息化平台应用情况、网络教研开展情况、数字资源建设情况三个方面进行调研，对开发区“二维码数字资源”建设、区域网络教研开展工作表示了浓厚的兴趣与肯定。

（撰稿：任永跃　审稿：王根华）

【开发区举办名家讲坛活动】　4月23日，开发区举办“阅读经典、滋养人生”——名家讲坛系列活动。全区各中小学、幼儿园骨干教师约400人参会。活动旨在通过专题讲座,以名师阅读经验交流引领,带动师生共读,共享经典,品味书香,滋养人生,打造书香校园,培养师生"爱读书、读好书"的良好习惯,促进学校文化发展。

(撰稿:王震君　审稿:王根华)

【改革学校年度目标管理考核方式】　2015年,区教育局进一步完善学校年度目标管理综合督导考核方案。改变过去单一的现场考核评估为网上评估、随机督导、常规督导和责任督学评价相结合的综合督导评估方式。该项改革更加注重过程性评价,使考核评估更加科学化,极大地减轻学校年终迎接验收的负担。

(撰稿:张云亮　审稿:王根华)

【特级教师蔡明到开发区高中指导教学】　3月10—11日,江苏省首批教授级中学语文高级教师、著名特级教师、江苏高考作文阅卷专家组成员蔡明到开发区高中进行了为期2天的作文指导教学。蔡明根据自己多年的作文教学经验,立足新课程、新高考,全面审视高考作文存在的典型问题,深入剖析,为中学作文教学应该关注什么、从哪里做起、如何阅读、如何积累等问题提出独到的见解 。

【开发区高中实施班型多元化办学】　2015年,开发区高中在新一届高一年级实施班型多元化办学。开发区高中根据学生实际,精心设计出多种升学途径的教学班级:理科综合实验班、文科综合实验班、国际高考课程班、艺体特长班、单招强化班、普职联办班。在外语教学方面,除了英语外,学校还引进日语课程,旨在为学生提供更多的选择机会。

【台湾三民高级中学校长到开发区高中参访】　11月26日,台湾新北市立三民高级中学校长沈美华到开发区高中参访。沈美华参观学校校容校貌,听取校领导对校园文化、社团活动、学生自主管理委员会的介绍,实地考察各类功能室建设使用情况,深入课堂了解学生学习情况,并与学生们合影留念。两校校长互相交换纪念品。

(撰稿:李智梅　审稿:牛树超)

【工业学校"'136'课堂模式"研究获省立项】　2015年,工业学校课堂改革研究获省教育科学研究院立项。工业学校通过不断探索、实践,逐步形成公共基础课和专业理论课的"136"课堂模式,专业技能课的"任务驱动法"课堂模式。经过"建模"定型、"入模"实践,逐步"脱模"成型,形成特色教学模式。学校申报的"中职校公共基础课'136'高效课堂模式构建与实践的研究"课题,被江苏省教育科学研究院立项为江苏省教育科学"十二五"规划2015年度课题。

【工业学校省、市级技能大赛获奖】　2015年,开发区工业学校师生参加省、市级技能大赛获奖。12名师生代表徐州市参加江苏省级大赛,秦雪老师获液压与气动系统装调与维护项目的银牌、李晓昕老师获电动机装配与运行项目的铜牌。11名师生参加市级技能大赛获奖,其中,秦雪、李晓昕老师和朱雨、李文政、李晴同学获一等奖,薛书平、柳良成、张明园老师和胡腾、王禹琦、董建华同学获二等奖。

(撰稿:李　新　审稿:刘道清)

【实验学校成立家庭教育工作指导委员会】　11月22日,开发区实验学校成立家庭教育工作指导委员会。学校向积极支持家校合作的110名家庭教育工作指导委员会成员代表颁发聘书,邀请上海市家庭教育专家顾晓鸣为家长和老师们作题为《不输在家庭教育上》的讲座，部分家长和教师400多人聆听讲座。

（撰稿：周楷博　审稿：王　伟）

【开发区中学书香校园建设结硕果】　年内，开发区中学书香校园建设结硕果。学校积极创造条件开展书香校园建设，构建校园阅读文化。3月，11名教师在徐州市读书征文评比中获奖；6月，开发区中学经典诵读节目《莲之韵》参与市“聆听国学、品味经典”大型活动演出受好评；7月，学校青年教师武建强创作的《书生县长顾永田》在第五届江苏书展参加新书发布会；11月，在第十五届“七彩语文杯”中学与社会作文大赛中王晓菲、王小林晋级江苏省决赛并获江苏省作文大赛一等奖。

【开发区中学被评为市学讲行动先进单位】　12月，开发区中学被推选为徐州市学讲行动先进单位。开发区中学深入推进学讲计划行动方案，大力开展“学讲”公开课研讨活动，9月，学校获开发区学讲行动优秀成果奖。

【刘亚莉获全国信息技术优质课一等奖】　11月，开发区中学教师刘亚莉获全国信息技术优质课一等奖。由中国教育技术协会信息技术教育专业委员会主办、湖南省常德市教育科学研究院承办的“萝卜圈杯”第四届全国初中信息技术优质课展评活动于常德外国语学校举行，全国27个省、市、自治区及新疆建设兵团的100余名选手参赛。刘亚莉代表江苏省参加比赛并获得一等奖。

（撰稿：汪静华　审稿：谭　永）

【大庙中学化学实验装置获省创新特等奖】　年内，大庙中学初中化学实验装置获省基础教育教学创新特等奖。在2015年首届江苏省基础教育教学成果评比中，以李为才为首的学科组自制的化学教具“初中化学实验20套”获得创新类特等奖。

（撰搞：墨晨晨　审稿：刘厚安）

【大黄山中学新建运动场投入使用】　9月，大黄山中学东扩运动场正式投入使用。新运动场占地2公顷，300米环形跑道、篮球场、足球场等给学校增添活力，让学生们享受运动的快乐。

【大黄山中学通过省级绿色学校复查】　11月16日，大黄山中学顺利通过市环保局、市教育局对学校进行的省级绿色学校复查。自2011年大黄山中学获得江苏省绿色学校起，一直认真对照评估标准，不断提升绿色学校的建设品位，还辐射带动学校周边创建文明家庭、绿色社区，取得显著社会效益。

（撰稿：蒋立信　审稿：解树生）

【黄山外国语学校学生再获美德少年称号】　5月，黄山外国语学校李阳获徐州市第四届“美德少年”称号。之后，李阳又被评为“江苏省第三届美德少年”。继尹越、岳珂、郑昊冉之后，黄山外国语学校学生已连续四届获全国、省、市“美德少年”称号。

（撰稿：刘　利　审稿：王宝玉）

【西朱中学“阳光体育”显特色】　10月28日，在徐州市阳光体育运动会上，西朱中学特色操——广场舞串烧获初中组特色操比赛一等奖。西朱中学大力开展武术操、广场舞、推铁环等阳光体育活动，既丰富了体育课堂教学的内容，又极大地激发了学生体育锻炼的兴趣，彰显学校体育特色。

【西朱中学赛课活动结硕果】　2015年，西朱中学赛课活动结硕果。西朱中学开展“学讲计划”下的“同课异构”赛课活动，评选出一批

"学讲"课改先进教师。4月28日,刘小伟老师参加在广州举行的中国陶行知教学研究会(讲学稿)赛课活动,获得专家及同行的高度评价;陈杰和李培林老师在"一师一优课,一课一名师"活动中,获省级优质课一等奖。

(撰稿:刘大庆　审稿:高发亮)

【徐庄中学获评市赛课活动先进单位】 2015年,徐庄中学获市"一师一优课,一课一名师"活动先进单位称号。徐庄中学鼓励45周岁以下的教师积极参加赛课、评课活动,全校参赛教师62人,1人获市优质课一等奖,1人获江苏省优质课一等奖,5人获区优质课二等奖。

【徐庄中学获青年教师培养先进单位称号】 9月,徐庄中学获得徐州市青年教师培养先进单位称号。徐庄中学重视青年教师的培养,鼓励青年教师积极参加各级各类培训。郭小娟在江苏省青年教师基本功竞赛中获优质课一等奖,同时获得徐州市骨干教师称号。邵珠权、张培、李殿军获得区基本功竞赛一等奖。

(撰稿:吴永春　审稿:张兆行)

【毛庄中学学生助人为乐受采访】 12月,毛庄中学学生张海龙、黄洪潮助人为乐,媒体对他们进行了采访。张海龙、黄洪潮两位同学主动照顾残疾同学夏明,夏明自幼小儿麻痹,不能站立,不能走路,张海龙和黄洪潮每天把夏明从宿舍背到教室、背到餐厅,从一楼背到三楼,从初一背到初三,事迹感人,徐州电视台经济生活频道《第一百姓》栏目,《彭城晚报》《现代快报》分别对他们进行了采访。

(撰稿:马　艳　审稿:詹怀盈)

【侯集实小"松石印社"获全国国学小社团称号】 2015年,由团中央学校部、全国学联秘书处、全国少工委联合举办的第一届中华学子青春国学荟评选中,侯集实验小学"松石印社"被评为全国优秀红领巾国学小社团。6月,学校 成功申报省教育厅义务教育学校课程建设项目——"篆刻特色文化建设工程"。

【侯集实小送教帮扶到邳州】 4月,侯集实验小学"刘晓慧名师工作室"的全体成员以及"侯小名师班"的部分成员,一行30余人,到邳州市陈楼中心小学开展送教帮扶活动。

(撰稿:刘晓慧　审稿:姚向芹)

【开发区实小成为泥塑传承基地】 7月,开发区实验小学成为泥塑传承基地。校泥塑特色课程开设于2014年3月,已拥有较专业的泥塑教室及较完善的泥塑设备,专业特长生30余人。省文化厅审核通过学校申报的"江苏省非物质文化遗产—泥塑传承基地"项目,成为徐州市仅有的2所泥塑传承基地之一。

(撰稿:孟　静　审稿:孟宪君)

【大黄山实小迁新校】 3月,大黄山实验小学迁新校区。新校区占地3.3公顷,按照8轨48个教学班设计,建筑面积12279平方米,包括教学用房、办公用房、专用教室、配套用房,配有300米环形跑道、体育看台等,总投资2800多万元。

【大黄山实小获全国青少年校园足球特色学校称号】 8月21日,大黄山实验小学被教育部首批认定并命名为全国青少年校园足球特色学校。11月27日,被徐州市教育局、体育局评为市级足球特色学校和足球活动学校。

(撰稿:佟光路　审稿:孙庆太)

【刘湾小学被评为省书法教育特色校】 5月,刘湾小学被评为江苏省书法教育特色学校。刘湾小学把写字课列入学校的校本教学计划,全校推进。年内,已有百余名学生在区市各级各类书法比赛中获奖，每年有200余人通过江苏省硬笔书法等级考试。

（撰稿：杨成盾　审稿：孙西娟）

【后姚小学成立青年教师成长工作室】 2015年，后姚小学成立青年教师成长工作室，大力推进教科研工作。年内，申报的课题“小学作文回归儿童本位——语文实践活动创设的策略研究”被批准为徐州市规划课题。同时，有多个市级个人课题被批准立项。

（撰稿：戴　美　审稿：蒋　波）

【后姚小学学生参加全国少儿国庆演出】 9月，后姚小学3名学生参加全国少儿国庆演出。后姚小学3名学生经过选拔，获得赴北京参加全国少年儿童“庆国庆”文艺晚会音乐剧的演出。

（撰稿：刘　飞　审稿：蒋　波）

【荆山小学教科研工作结硕果】 11月，荆山小学教科研工作获得丰硕成果。“农村小学基于绘本漂流阅读的英语系列活动研究”获得省“十二五”规划课题立项。李季老师的个人课题“戏剧编演在小学高年级英语教学中的实践研究”获得徐州市“十二五”规划课题立项。另外2个区级个人课题立项，3个市级个人课题结题。学校教师在各项论文评比中35人次获奖，占学校教师总数的近70%。

（撰稿：于芳芳　审稿：黄书彬）

【李庄小学通过省级资源教室验收】 11月，李庄小学通过省级资源教室验收。李庄小学在“教育必须面向每一个儿童，促进每一个儿童在原有水平上的发展”理念指导下，创建资源教室，为32名特殊学生提供资源教学，取得良好效果。

（撰稿：王姜玲　审稿：李华山）

【大湖小学获汉画特色学校称号】 1月4日，大湖小学顺利通过开发区教育局一校一品验收，获汉画特色学校称号。验收活动中，学校开展百米长卷绘制活动，全体学生按照班级和组别对汉画作品进行创意性的创作。

（撰稿：唐二伟　审稿：姚　远）

【城东实小开展结对送教活动】 12月10日，徐州市城东实验小学一行9人赴邳州市戴庄中心小学，开展结对学校送教活动。送教活动为城乡教师搭建一个互相学习、互相切磋、互相借鉴、共同提高的平台。

（撰稿：伏　浩　审稿：陆建豪）

【新兴小学校舍改建竣工并使用】 9月1日，新兴小学改建工程竣工并投入使用。区教育局投资300多万元，对新兴小学教学楼加固，运动场、食堂、厕所实施改建工程。学校面貌焕然一新，办学条件得到改善。

（撰稿：王志田　审稿：王继田）

【开发区老年大学被授予省示范老年大学称号】 12月28日，在泰兴市召开的全省老年大学年会上，开发区老年大学被江苏省老年大学协会授予江苏省示范老年大学称号。这是继开发区老年大学2012年被评为徐州市示范老年大学之后，取得的又一办学成果。

【王吉廷获“全国孝亲敬老之星”称号】 2015年，开发区社区教育中心校长王吉廷获“全国孝亲敬老之星”称号，并接受全国老龄办、民政部、教育部等七部委联合颁发的金质奖章。王吉廷多年积极推进开发区老年教育工作，努力办好老年大学、开发区老年快乐驿站以及其他养老、助老项目，取得显著成绩。

（撰稿：王继峰　审稿：王吉廷）

【蟠桃社区教育中心通过省级验收】 10月底，蟠桃社区教育中心顺利通过省级社区教育中心校验收。蟠桃社区教育中心负责东环办事处10个社区约3.5万人的教育工作。中心校校舍面积2526平方米，功能室6间，藏书8000余册，开办了老年大学军乐班、合唱班、书画班、民族舞班、形体训练班等。

（撰稿：张　雷　审稿：王　平）

【副市长李燕到一幼调研】 3月12日，徐州市副市长李燕到开发区一幼调研《江苏省学前教育条例》贯彻情况，了解学前教育五年行动计划的推进工作。调研组观看了幼儿园大班孩子的建构活动、中班孩子的绘本文字游戏，了解开发区一幼的课程游戏化建设，并到幼儿园富有徐州特色的游戏区“小吃一条街”，和孩子们进行购物游戏的互动交流。

（撰稿：任丹丹　审稿：单秀丽）

【蟠桃花园中心幼儿园成功申报市级规划课题】 1月，蟠桃花园中心幼儿园收到徐州市教育科学规划办公室“徐州教育科学‘十二五’规划学前教育专项课题”立项通知书，“礼仪教育渗透于幼儿一日生活中的实践研究”成功立项。

【蟠桃花园中心幼儿园创建市级课程游戏化基地】 2015年，蟠桃花园中心幼儿园与金桥艺星幼儿园携手创建徐州市课程游戏化基地。4月1日，幼儿园通过市课程游戏化基地创建答辩，被立项为市级课程游戏化基地建设园。

（撰稿：杨　帆　审稿：孙振东）

2015年经济技术开发区各级各类学校基本情况表

表20　　单位：个、人

校名	班级数	在校生数	毕业生数	招生数	教职工数		学校领导			
					计	专任教师	校长	副校长	书记	副书记
开发区实验小学	78	3528	295	760	203	185	孟宪君	尚　海　孙海英	孟宪君	
刘湾小学	38	1522	108	312	99	92	孙西娟	杨成盾　刘西凤	孙西娟	
侯集实验小学	69	2897	352	460	195	181	姚向芹	刘晓慧	姚向芹	
后姚小学	21	903	49	126	54	53	蒋　泼		蒋　泼	
城东小学	48	1963	191	346	137	119	陆建豪	朱景礼　姚成光	陆建豪	
大湖小学	13	478	49	81	37	35	姚　远			
李庄小学	30	1359	81	198	90	83	李华山	王大良	李华山	
大黄山实验小学	36	1567	127	283	102	93	孙庆太	魏家清　佟光路	孙庆太	
西朱小学	23	1035	85	184	62	59	郭　亮	冯　伟 王艳强	郭　亮	
荆山小学	22	983	77	182	62	57	黄书彬	夏志强	黄书彬	

续表20-1　　单位：个、人

校名	班级数	在校生数	毕业生数	招生数	教职工数		学校领导			
					计	专任教师	校长	副校长	书记	副书记
新兴小学	19	729	50	118	49	48	耿道松	王继田 陈　鸿	耿道松	
徐庄镇小学中心校	141	6163	791	1243	339	333	王永锋		王永锋	
开发区实验学校	129	5956	589	1391	369	351	王　伟	王兆丰 杨　平 苗　刚	王　伟	
开发区中学	36	1661	532	570	136	130	谭　永	王学东 刘宗果	谭　永	
大黄山中学	26	987	303	368	113	107	解树生	蒋首峰 吴启虎	解树生	
西朱中学	13	405	158	145	68	66	高发亮		高发亮	
大庙中学	40	1539	567	525	186	174	刘厚安	赵启科 邹文治	刘厚安	
徐庄中学	28	1450	204	473	106	101	张兆行	吴永春 刘思建 王青春	张兆行	
毛庄中学	19	805	129	296	92	91	詹怀盈	张玉峰 王　崇	詹怀盈	张荣伟
黄山外国语学校	30	1804	552	604	75	75	李桂树	王宝玉 蒋海潮 张寒冬 王惠世	顾艳松	皮居陆
高级中学	30	1153	398	353	133	123	牛树超	李坚庚 沈兴伟	牛树超	
工业学校	19	542	217	251	141	132	刘道清	梁兴义	刘道清	
开发区成教					11	11	王吉廷	王继丰	王吉廷	
大黄山成教					10	10	杨冰松	王文会	杨冰松	
大庙成教					13	13	王伟才	陈昌龙	王伟才	
蟠桃成教					6	6	王　平	张　雷	王　平	
大黄山中心幼儿园	15	502	140	180	69	30	胡慧芳	夏友玲		
大黄山实验幼儿园	8	224	71	70	35	16	杨恩元	王　琳		
大庙镇中心幼儿园	7	236	100	100	32	14	胡媛媛	张伟丽		
开发区第一幼儿园	12	376	108	103	58	24	单秀丽			

续表20-2 单位:个、人

校名	班级数	在校生数	毕业生数	招生数	教职工数		学校领导			
					计	专任教师	校长	副校长	书记	副书记
开发区第二幼儿园	8	243	105	80	33	16	田素萍			
蟠桃花园中心园	8	270	103	72	28	16	孙振东			
大庙实验幼儿园	11	249	140	60	38	22	李　敏			
东环幼儿园	15	497	161	110	58	31	闫　环			

(许雪松)

(责任编辑 付　国)

荣誉录

先进集体

徐州市“师德建设先进集体”

江苏省丰县中等专业学校
丰县欢口育英初中
丰县首羡镇中心校
丰县赵庄镇中心学校
沛县第二中学沛县初级中学
沛县杨屯中学
沛县正阳小学
江苏省郑集高级中学
铜山区房村镇中心中学
铜山区实验小学
铜山区实验幼儿园
睢宁中学南校高三年级部
睢宁县姚集中学
睢宁县实验小学美术教研组
睢宁县邱集镇王林小学
邳州市四户镇董塘小学
邳州市占城镇中心小学
邳州市车辐山中学
邳州市特殊教育中心
新沂市第一中学
新沂市马陵山中学
新沂市草桥镇周嘴中心小学
新沂市邵店镇中心幼儿园
徐州市第七中学
贾汪区青山泉镇求实小学
贾汪区塔山镇葛湖小学校
贾汪区大吴中心幼儿园
徐州市公园巷小学
徐州师范学校第一附属小学
徐州市云兴小学
徐州市津浦西路小学
徐州市大马路小学
徐州市煤港路小学校
徐州市下淀小学
徐州市九里山实验学校
徐州市明诚小学
徐州市科技实验小学
泉山区机关幼儿园
星光第二实验幼儿园
徐州经济技术开发区李井小学语文组
徐州经济技术开发区西朱中学
徐州经济技术开发区刘湾小学
徐州经济技术开发区大黄山中学
徐州市第一实验幼儿园
徐州市第三十三中学
徐州市三中实验学校初一年级组
徐州市第三十五中学高二年级组

先进个人

徐州市优秀教育工作者

茌月芹　丰县首羡镇中心小学
陈宗哲　丰县欢口中学
刘红卫　丰县首羡镇和集初级中学
孙厚芹　丰县顺河大圣小学
丁秀娟　丰县人民路小学
李高峰　丰县梁寨镇梁寨初级中学
魏　秀　丰县欢口镇育英初级中学
李德栋　丰县欢口镇后大营小学
邓　薇　丰县华山镇套楼初级中学

孙维龙　丰县大沙河镇李寨初级中学
邱　艳　丰县赵庄镇赵庄初级中学
郜　恒　丰县梁寨镇黄楼初级中学
杨艳丽　丰县实验初级中学
渠美玲　丰县机关第二幼儿园
程　森　丰县初级中学
王厚华　丰县华山镇史店初级中学
张春梅　丰县中等专业学校
王秋菊　丰县王沟镇王沟希望小学
李　健　丰县宋楼中学
张　倩　丰县范楼镇黄村集小学
孙建强　丰县孙楼镇孙楼孙楼初级中学
马敬华　丰县机关幼儿园
申海良　丰县华山镇华山初级中学
王　玉　丰县特殊教育中心
丁午君　丰县宋楼镇宋楼初级中学
耿秀梅　江苏省丰县中学
齐艳敏　丰县孙楼镇中心学校
李　浩　丰县王沟中学
崔　文　丰县华山镇华星小学
单国华　丰县凤城镇张五楼初级中学
徐　萍　丰县实验小学
黄　德　沛县教研室
卢大根　江苏省沛县中学
刘常虹　沛县第二中学
孟昭清　沛县歌风中学
宋兴杰　沛县体育中学
刘保伟　沛县中等专业学校
冯素梅　徐州保安职业技术学校
袁龙强　沛县教师进修学校
吴沛峰　沛县初级中学
吴秀英　沛县第五中学
张尊瑞　沛县第三中学
郑培栋　沛县朱寨镇闰集中学
方代学　沛县魏庙中学
刘春艳　沛县河口中学
渠慎云　沛县张双楼矿校
曹　越　沛县汉源中学
韩　磊　沛县张寨镇唐楼中学
周培培　沛县安国中学
周广泉　沛县朱寨中学
王　艳　沛县龙固中学
赵　伟　沛县大屯镇郝寨中学
杨素玲　沛县鹿楼中学
张学森　沛县安国镇朱王庄中学
刘忠山　沛县五段中学
谢丽成　沛县实验小学
朱小平　沛县歌风小学
程天敏　沛县正阳小学
李秀根　沛县树人小学
李　敏　沛县曙光小学
王　敏　沛县特殊教育中心
尚　兴　沛县歌风中学
张海风　沛县汉源生态幼儿园
魏传刚　江苏省郑集高级中学城区校区
端祥福　铜山区夹河中学
孙海军　铜山区茅村中学
李玉新　铜山区大许中学
焦　杰　铜山区实验幼儿园
杜文超　铜山区何桥镇中心中学
田传锋　铜山区区黄集镇中心中学
王　锋　铜山区马坡镇中心中学
黄　华　铜山区汉王镇中心中学
沙丙文　铜山区棠张镇中心中学
刘年辉　铜山区张集镇中心中学
孟现宇　铜山区房村镇中心中学
孟庆龙　铜山区郭集中学
丁海科　铜山区伊庄镇中心中学
周明生　铜山区吕梁学校
孔祥玲　铜山区单集镇中心中学
朱晓伟　铜山区大许镇中心中学
李加运　钢山区柳泉镇中心中学
宋　旭　铜山区利国镇中心中学
杜　萍　铜山区沿湖学校
耿亚东　铜山区黄集实验小学
赵　刚　铜山区郑集实验小学

朱桂珍　铜山区大彭实验小学
陈　波　铜山区棠张实验小学
赵　庭　铜山区伊庄实验小学
周美华　铜山区茅村实验小学
李　敏　铜山区新区实验小学
王　炜　铜山区实验小学
赵婷婷　铜山区杨西小学
李　艳　铜山区汉王实验小学
徐宗敏　江苏省铜山中等专业学校
魏哲伟　睢宁县官山中学
吴荣永　睢宁县黄圩中学
王万青　睢宁县桃园中学
董　金　睢宁县双沟第二中学
黄　彧　睢宁县亭集中学
孙存香　睢宁县城西小学
杨　洋　睢宁县特殊教育中心
倪　艳　睢宁县职工子弟小学
姚莲蒂　睢宁县第二小学
王玉芬　睢宁县睢城镇中心小学
王红艳　睢宁县实验小学
姚向洲　睢宁县少年儿童业余体育学校
张　红　睢宁县南门中学
王　龙　睢宁县新世纪中学
孙晓艳　睢宁县第二中学
李　春　江苏省睢宁中等专业学校
魏　杰　江苏省睢宁高级中学北校
薛金贵　徐州市田家炳中学
尹　力　睢宁县宁海外国语学校
刘亚平　江苏省睢宁高级中学南校
高　睛　睢宁县苏塘中学
吕　军　睢宁县朱集中学
陈　亮　睢宁县邱集中学
陈　露　睢宁县下邳中学
周红永　睢宁县高集中学
杨　静　睢宁县刘圩中学
王万金　睢宁县龙集中学
沈言海　睢宁县王集镇中心小学
索　静　睢宁县姚集镇中心小学
王　建　睢宁县李集镇中心小学
王金花　睢宁县凌城镇中心小学
赵　玲　睢宁县双沟镇中心小学
杜　铭　睢宁县庆安镇中心小学
苗惠荣　睢宁县古卸镇中心小学
徐　微　睢宁县沙集中学
龚雨莉　睢宁县庆安中学
张明志　睢宁县菁华学校
汪玉学　邳州市八义集镇中心小学
邹文恩　邳州市岔河镇中心小学
孙领军　邳州市阵楼镇竹园小学
陈秀敏　邳州市碾庄镇岱山小学
彭贵刚　邳州市炮车镇中心小学
刘宗仁　邳州市邳城镇洳北小学
曹　苗　邳州市铁富镇中心小学
花海艳　邳州市土山镇中心小学
罗怀玉　邳州市新河镇中心小学
季先胜　邳州市宿羊山镇中心小学
庄思省　邳州市议堂镇中心小学
王　金　邳州市赵墩镇滩上小学
赵　昂　邳州市邹庄镇中心小学
张　东　邳州市经济开发区中心小学
王克强　邳州市运河镇中心小学
吕　荣　江苏省运河高等师范学校附属小学
胡汉华　邳州市福州路小学
娄海清　邳州市李口小学
丁大秋　邳州市明篇实验小学
吴荣安　邳州市实验小学
韩　光　邳州市奚伸路小学
李　君　邳州市向阳小学
薛　伟　邳州市英华实验小学
夏树奎　邳州市运平路小学
杜彩侠　邳州市特殊教育中心
韩艳秋　邳州市机关幼儿园
顾绍艳　邳州市明珠实验幼儿园
徐景景　邳州市新城幼儿园
孙　伟　邳州市官湖高级中学
李宏飞　邳州市明德实验学校

庄元奋　邳州市明德实验学校
王明亮　邳州市炮车中学
谭振英　邳州市炮车中学
李玉梅　邳州市第二中学
陈　刚　邳州市第四中学
韩　鹏　邳州市新城中学
卢　宁　江苏省运河中学
魏中堂　江苏省运河中学
薛艳坤　江苏省运河中学
刘拥军　江苏省邳州中等专业学校
郑　杰　邳州市教育局教学研究室
韩海玲　邳州市高等学校招生委员会办公室
高福新　邳州市教育局
刘　磊　新沂市唐店中心小学
王其华　新沂市新华小学
郭春艳　新沂市新安小学
李朝霞　新沂市北沟桥口小学
臧松刚　新沂市实验学校
李　玲　新沂市新安中心小学
孙先茹　新沂市港头镇史圩小学
盛秀梅　新沂市特殊教育中心学校
李仲梅　新沂市合沟镇界沟小学
张婵媛　新沂市春华小学
张迪晓　新沂市新店中学
张桂梅　新沂市第四中学
杨　宁　新沂市钟吾中学
张艳红　新沂第五中学
朱克梅　新沂市第六中学
赵楠楠　新沂市八一实验学校
吴海艳　新沂市第八中学
刘　楠　新沂市芦墩中学
吴爱姣　新沂市堰头中学
李　芹　新沂市第十中学
高　岭　新沂市唐店中学
徐　琳　新沂市踢球山中学
鲁志强　新沂市教研室
操时良　新沂市第三中学
曹元娟　江苏省新沂中等专业学校
张天军　新沂市第一中学
黄金豆　新沂市教师进修学校
邓　莹　徐州市青年路小学
曹　梅　徐州市公园巷小学
冯　丹　徐州市解放路小学
郑　辉　徐州市和平桥中心小学
金　晶　徐州市绿地小学
邓　清　徐州市塘坊小学
蒋金玲　徐州三中云龙实验学校
张　平　徐州市潘塘中学
郑晓薇　徐州市云兴小学
李常伟　徐州市民富园小学
都　铮　徐州市云龙区教育体育局教研室
唐怀栋　徐州三中云龙实验学校
张金伟　徐州市新城实验学校
彭德正　鼓楼区文化教育体育局教研室
郑　军　徐州市八里中心小学校
姚媛媛　徐州市鼓楼小学饺
李　伟　徐州市中山外国语实验学校
彭晓静　徐州市星源小学
蒋　蕾　徐州市民主路小学校
王彦飞　徐州市第二十六中学
刘　利　徐州市朱庄中心幼儿园
陶　蕾　徐州市玉潭实验学校
潘　雷　徐州市祥和小学校
陈雯雯　徐州市大马路小学校
唐　娟　徐州市九里山实验学校
乔振银　徐州市奎山中心小学校
冯现奇　徐州市汇文学校
张　锐　徐州市求是小学
陈洪波　徐州市星光实验幼儿园
张　红　徐州市少华街小学
张满意　徐州市张小楼小学
谢慧芳　徐州市段庄第一小学校
韩　磊　徐州市段庄第二小学校
李　丽　徐州市西苑小学
张艳红　徐州市矿山路小学校
杨建文　徐州市火花学校

蒋晓雯　徐州市泉山区苏山中心幼儿园
黄　艳　徐州市太山小学
梁　静　徐州市光荣巷小学
何淑静　贾汪区建平中学
刘　芳　江苏省贾汪中等专业学校
周仕银　贾汪区江庄中学
窦万振　贾汪区紫庄中学
朱继娜　贾汪区英才中学
王　锋　贾汪区陶圣中学
姚　轶　江苏师范大学附属实验学校
潘　晴　贾汪区实验小学
陈英明　贾汪区贾汪镇中心小学
杨晓娟　贾汪区紫庄镇徐台小学
孙　敏　贾汪区耿集瓦房小学
阚红兰　贾汪区塔山镇大李庄小学
王月琴　贾汪区汴塘镇高庄小学
徐海燕　贾汪区团结幼儿园
李　方　贾汪区教育局
张传侠　徐州市开发区实验小学
郑邦而　徐州经济技求开发区实验学校
高晓琪　徐州市侯集实验小学
姜军龙　徐庄镇小学中心校
赵庆存　徐州市开发区中学
刘小伟　徐州市西朱中学
李士东　徐州经济技术开发区工业学校
单秀丽　徐州开发区第一幼儿园
霍伟东　徐州市第二中学
周　强　徐州市第三中学
窦月玲　徐州高级中学
王　敏　徐州市第五中学
李颖华　徐州市第八中学
倪绍刚　徐州市第十中学(徐州三中实验学校)
李　蕾　徐州市第十三中学
吴　瑾　徐州市王杰中学
闫　励　江苏省徐州市中等专业学校
扈成儒　江苏模特艺术学校
董中梅　徐州市科技中学
孙　涛　徐州市西苑中学
耿兴连　徐州市第三十一中学
杜黎明　徐州市第三十二中学
李　跃　徐州市第三十三中学
许继霞　徐州市第三十五中学
张兴涛　徐州市第三十六中学
张　军　徐州市第三十七中学
胡献钊　徐州市候集高级中学
高　阳　徐州市东苑中学
姜　南　徐州高等师范学校
叶慎花　运河高等师范学校
鲍红安　徐州市特殊教育学校
袁冰楠　徐州市第一实验幼儿园
方红娣　徐州市公园巷幼儿园
卢　雅　徐州市第二实验幼儿园
王　波　徐州市教育教学研究室
郭风清　徐州市自学考试指导委员会办公室
上官敬芝　徐州工程学院
张　威　江苏省徐州财经高等职业技术学校
贺　峰　徐州生物工程职业技术学院
曾晓娟　江苏省徐州机电工程高等职业学校
张格余　江苏省徐州经贸高等职业学校
徐剑媚　徐州幼儿师范高等专科学校
王　惠　中国矿业大学附属中学
鲍　斌　徐州能源工业学校

2015年徐州市农村优秀园丁名单

于宁宁　丰县欢口中学
肖娜娜　丰县范楼镇京庄初级中学
刘志强　丰县顺河镇青年路小学
赵新凤　丰县首羡镇首羡初级中学
刘玉梅　丰县赵庄镇张土城小学
邓红秀　丰县大沙河镇李寨初级中学
丁际国　丰县赵庄镇赵庄初级中学
陈　芬　丰县梁寨镇黄楼初级中学
徐　敏　丰县华山镇史店初级中学
杨素英　丰县师寨镇希望小学
马冬梅　丰县常店镇凤苑小学
孙艳英　丰县顺河镇顺河初级中学

王后才　丰县梁寨镇中心小学
李云成　丰县王沟镇赵庄小学
赵　永　丰县宋楼中学
杨端云　丰县范楼镇蒋湾小学
赵树全　丰县华山镇华山初级中学
邱兆雪　丰县华山中学
刘冰心　丰县王沟镇单楼初级中学
李世玮　丰县常店镇马楼初级中学
黄　慧　丰县宋楼初级中学
李素萍　丰县宋楼中心小学
李　军　丰县梁寨中学
徐淑芹　丰县大沙河中心小学
孙　颖　丰县常店镇常店初级中学
李雪峰　丰县华山镇苇子坑小学
孙　松　丰县师寨镇东渡希望初级中学
李爱营　丰县范楼镇金陵初级中学
胡淑贞　丰县梁寨镇梁寨初级中学
杨继梅　丰县欢口镇陈大庄小学
谢　娟　沛县张寨中学
刘永清　沛县湖西中学
独艳华　沛县鸳楼中学
张同刚　沛县杨屯中学
张裕慧　沛县胡寨中学
周　剑　沛县沛城镇鹿湾中学
宋海侠　沛县大屯中学
戚红娥　沛县敬安中学
王　庆　沛县河口镇孟庄中学
王　芳　沛县湖西农场中学
陈明锋　沛县张寨镇中学
葛传宝　沛县张庄中学
胡春艳　沛县崔寨中学
吕爱华　沛县栖山中学
袁振龙　沛县栖山镇王店中学
渠　璐　沛县张庄镇中心小学
张红梅　沛县张寨镇张寨中心小学
陈玉梅　沛县河口镇中心小学
韩　梅　沛县胡寨镇中闸小学
刘运华　沛县安国镇前王庄小学
张心侠　沛县龙固镇三里小学
白　洁　沛县五段镇中心幼儿园
赵　影　沛县魏庙镇中心小学
丁晓晴　沛县大屯镇花园小学
何光俭　沛县杨屯镇中心小学
武　略　沛县敬安中心小学
王　灿　沛县栖山镇中心小学
刘　梅　沛县沛城镇鹿湾小学
孙后月　沛县鹿楼镇团结小学
孙厚瑾　沛县朱寨镇中心小学
徐　勇　沛县三河尖中学
张文英　大屯矿区第一中学
孙　永　江苏省徐州市张集中等专业学校
郝敬华　铜山区大彭镇中心中学
耿洪波　铜山区郑集镇中心中学
闫文生　铜山区柳新镇中心中学
聂忠果　铜山区刘集镇中心中学
苏士光　铜山区魏集中学
刘永明　铜山区郭集中学
周继强　铜山区吴桥中学
李为响　铜山区太山中学
王全成　铜山区沿湖学校
陈　梅　铜山区何桥镇朱楼小学
占忠慧　铜山区黄集镇王岗集小学
赵永生　铜山区马坡镇九段小学
许　伦　铜山区郑集镇卢楼小学
胡琼为　铜山区刘集镇李庄小学
刘祥涛　铜山区大彭镇雁群小学
高　晴　铜山区汉王镇虎腰小学
杨　永　铜山区棠张镇夏湖小学
魏淑芹　铜山区张集镇魏集实验小学
潘慈奎　铜山区房村镇新庄小学
李荣侠　铜山区单集镇寿山小学
赵　颖　铜山区大许镇太山小学
杨　贺　铜山区茅村镇梁山小学
徐　伟　铜山区柳泉镇铙山小学
王　丽　铜山区利国镇万庄小学
李翠平　铜山区吕梁学校

彭德梅　睢宁县李集镇中心小学
彭　芳　睢宁县庆安镇中心小学
高　飞　睢宁县凌城镇中心小学
李明书　睢宁县魏集镇中心小学
范新丽　睢宁县王集镇中心小学
李　甜　睢宁县梁集镇中心小学
王志刚　睢宁县姚集镇中心小学
王　莉　睢宁县沙集镇中心小学
蒋　波　睢宁县邱集镇中心小学
杜春艳　睢宁县官山镇中心小学
葛　飞　睢宁县岚山镇中心小学
王　鹏　睢宁县古邳镇中心小学
薛侠辉　睢宁县高作镇中心小学
朱绍扬　睢宁县桃园镇中心小学
邢玉芹　睢宁县双沟镇中心小学
张　旋　睢宁县凌城中学
田　甜　睢宁县王集中学
王　宝　睢宁县双沟中学
李海青　睢宁县李集中学
花　娓　睢宁县古邳中学
魏云雷　睢宁县姚集中学
吕凤科　睢宁县官山中学
杨晓芹　睢宁县王集第二中学
姜海玲　睢宁县李集二中
张　曼　睢宁县桃园中学
薛小红　睢宁县凌北中学
吴春雨　睢宁县双沟第二中学
邱智博　睢宁县王林中学
袁金华　睢宁县岚山中学
刘　彭　睢宁县浦棠中学
赵　顾　睢宁县梁集中学
刘欣嘉　邳州市八路镇中心小学
陈　琳　邳州市车辐山镇中心小学
祁桂光　邳州市戴庄镇山头小学
冯遵纪　邳州市港上镇中心小学
李　刚　邳州市官湖镇中心小学
周中才　邳州市官湖中心小学
杜晓娟　邳州市碾庄镇中心小学
聂绪伯　邳州市四户镇中心小学
翟希玲　邳州市铁富中心小学
朱卫明　邳州市邢楼镇中心小学
孙中然　邳州市燕子埠镇燕北小学
曹　伟　邳州市占城镇中心小学
冯艳荣　邳州市邹庄镇中心小学
张允江　邳州市岔河初级中学
梁　锋　邳州市车辐山中学
魏宇亭　邳州市戴庄中学
崔　跃　邳州市官湖镇初级中学
张秀花　邳州市红旗中学
李　成　邳州市连防中心中学
夏逢逢　邳州市碾庄中学
翟秀芳　邳州市四户中学
张　杰　邳州市新河中学
徐艳会　邳州市邢楼中学
孙井武　邳州市宿羊山初级中学
杜高吉　邳州市宿羊山镇徐楼中学
王　林　邳州市燕子埠镇中心初级中学
赵爱玲　邳州市议堂中学
沈海舰　邳州市占城中学
孟守勤　邳州市邹庄中学
靳彩玲　邳州市八义集高级中学
戴成楠　邳州市铁富高级中学
王修东　邳州市土山高级中学
刘进喜　邳州市宿羊山高级中学
臧启华　江苏省车辐中等专业学校
周江华　新沂市高流镇中心小学
梁　莹　新沂市窑湾镇王楼小学
张　惠　新沂市邵店中心小学
苗广芳　新沂市棋盘镇中心小学
庄东阳　新沂市阿湖镇黑埠中心小学
胡　月　新沂市时集镇时集小学
司广梅　新沂市新店小学
李　娜　新沂市草桥镇周嘴中心小学
王洪梅　新沂市双塘镇徐塘小学
王　莉　新沂市马陵山镇钟吾小学
蔡　璨　新沂市瓦窑镇新世纪小学

张　媛　新沂市窑湾中学
张贻莲　新沂市小湖中学
王丽娟　新沂市王楼中学
汪利颖　新沂市马陵山中学
张慧英　新沂市阿湖中学
胡小宁　新沂市城岗中学
陆裕仲　新沂市邵店中学
鲍宜慧　新沂市高流初级中学
杨高峰　新沂市港头中学
孙　芬　新沂市高塘中学
刘　凯　新沂市合沟中学
盛雪芹　新沂市时集中学
王明娟　新沂市棋盘初级中学
王松苗　新沂市黑埠中学
戴良蕊　新沂市草桥中学
宋军阳　新沂市棋盘中学
晁丰成　新沂市高级中学
闰　晗　新沂市高流中学
姚礼华　新沂市瓦窑中学
王苏梅　贾汪区建平中学
徐　艳　贾汪区青山泉中学
李秀梅　贾汪区大吴中学
窦万庆　贾汪区贾庄中学
段　慧　贾汪区塔山中学
段云海　贾汪区耿集中学
吴琼琼　贾汪区大吴中心小学
杨玉慧　贾汪区青山泉镇中心小学
张　薇　贾汪区塔山镇中心小学
王　敏　贾汪区汴塘镇中心小学
孔　静　贾汪区紫庄镇旗山小学
吴　丹　徐州市工业园学校
周厚勇　徐州市荆山小学
魏利平　徐州经济开发区大庙小学
张龙梅　徐庄实验小学
马　伟　徐庄镇毛庄中学
周海荣　徐庄镇徐庄中学

徐州市十佳师德模范

宋　倩　丰县梁寨镇中心小学
吕后军　沛县湖西中学
秦银桂　铜山三堡实验小学
朱　振　睢宁县第二中学
刘训侠　江苏省车辐中等专业学校
杨雪松　贾汪区青山泉中学
王晓红　徐州市鼓楼小学
郑　昕　徐州市光荣巷小学
张　玲　徐州市开发区中学
马逸群　徐州市第十三中学

徐州市师德先进个人

孙红娟　丰县中学
张海智　丰县宋楼中学
朱广科　丰县初级中学
赵尊海　丰县欢口初级中学
路　慧　丰县张五楼初级中学
李喜文　丰县大沙河镇中心校
张明珠　丰县顺河中心小学范楼初中
时　洪　丰县机关第二幼儿园
李　兰　沛县初级中学
卞希莲　沛县杨屯中学
魏　新　沛县中等专业学校
王　艳　沛县龙固中学
刘　梅　沛县沛城镇鹿弯小学
何光连　沛县实验小学
张红侠　沛县敬安镇中心小学
黎素梅　沛县龙固镇中心小学
李海彬　铜山区棠张中学
张　凤　江苏省郑集高级中学
丁向阳　江苏省铜山中等专业学校
靖艳平　铜山区清华中学
王　振　铜山区刘集镇中心中学
黄桂红　铜山区大彭镇中心中学
王　东　铜山区柳泉镇实验小学
张　果　铜山区柳新实验小学
侯霜娟　睢宁县双沟镇中心小学
魏　莉　睢宁县官山镇中心小学
邢峥峥　睢宁县机关幼儿园

吴继凤　睢宁县姚集镇中心小学
王　维　睢宁县睢宁中学北校
张新风　睢宁县魏集镇中心小学
沙俊文　江苏省睢宁中等专业学校
张　娜　睢宁县特殊教育中心
王　敏　江苏省运河中学
王莉梅　邳州市红旗中学
包文礼　运河市碾庄中学
刘　娜　邳州市新城幼儿园
冯小凤　邳州市港上镇中心小学
郁佩佩　邳州市八义集镇新桥小学
薛海洋　邳州市新河镇中心小学
周　敏　邳州市燕子埠镇中心小学
李　雷　新沂市马陵山中学
陆　琳　新沂市第五中学
许瑞玲　新沂市窑湾镇中心小学
刘尧敏　新沂市棋盘镇中心小学
佟士平　新沂市新店中学
王远树　新沂市港头中学
冯金法　新沂市时集镇中心小学
朱克征　新沂市第三中学
张红波　新沂市瓦窑中学
朱冠男　徐州市第七中学
赵　刚　江苏省贾汪中学
耿素梅　贾汪区大吴中学
张媛媛　贾汪区贾庄中学
王彩艳　贾汪区耿集柳元小学
闫　贺　贾汪区江庄镇中心小学
张　辉　贾汪区青山泉镇中心小学
王朝华　贾汪区塔山镇殷庄小学
郑　辉　徐州和平桥中心小学
林　静　徐州解放路小学
张丽丽　徐州师范附属第一小学
张媛媛　云龙区特殊教育中心
付袁明　云龙惠民实验幼儿园
李红梅　徐州市潘塘中学
林　红　徐州市青年路小学
李　晶　徐州市民富园小学
郭晓丽　徐州三中云龙实验学校
崔香峰　徐州市王场新村小学
杨爱萍　徐州市第三十八中学
王　珏　徐州市第二十四中学
马鸿雁　徐州市兴北小学
张　敏　徐州市牌楼培智学校
王爱丽　徐州市下淀中心幼儿园
叶　梅　徐州市九里实验学校
陈福萍　徐州市东华小学
李　昕　徐州市星光小学
张　锐　徐州市求是小学
孙　妍　徐州市少华街小学
张文姬　徐州市永安街小学
王芙蓉　徐州市段庄二小
韩冬梅　徐州市火花学校
祁锦山　徐州市汇文学校
张　强　徐州市张小楼小学
刘　飞　开发区后姚小学
王　丽　徐州市城东小学
陈　磊　开发区实验学校
李晓梅　开发区大湖小学
张　黎　开发区实验小学
孙彩红　开发区高级中学
黄　颖　大黄山实验幼儿园
吴亚男　徐州市第三中学
李颖华　徐州市第八中学
曹红梅　徐州市侯集高级中学
邓艳平　徐州市王杰中学
李　楠　江苏模特艺术学校
陈继辉　徐州市第二十二中学
成　萍　徐州市第三十六中学
张　丽　徐州市九里中学

徐州市第九批名校长

乔文雯　徐州市星光小学
董继荣　沛县曙光小学
王绍侠　丰县机关第二幼儿园
吴学政　徐州市火花学校

徐剑媚　徐州幼儿师范高等专科学校幼儿园
滕道忠　铜山区棠张镇中心中学
孙先锋　新沂市新安小学
任云婷　新沂市新安城关小学
赵　庭　铜山区伊庄实验小学
张宜兴　沛县杨屯中学

徐州市第九批名教师

苗　颖　江苏省沛县中学
王新才　新沂市钟吾中学
李世伟　铜山区魏集中学
朱爱玲　铜山区实验小学
王广阔　铜山区新区实验小学
云　肖　睢宁县凌城中学
沈　瑜　徐州市第三十一中学
徐　沛　沛县歌风中学
张　明　邳州市第二中学
龚　源　邳州市江苏省运河中学
贾保柱　睢宁县第二中学
杨　伟　铜山区郑集实验小学
张　军　睢宁中学
王凤席　睢宁县李集中学
刘　芳　丰县教育局教研室
李　永　徐州市第七中学
张宜厚　沛县中等专业学校
彭德正　鼓楼区教研室
惠大超　丰县民族中学
王运思　徐州市第五中学
朱荣武　邳州市英华实验小学
倪科技　徐州市第一中学
王　玲　徐州市公园巷幼儿园
孟　敏　徐州市王杰小学
蔡晓梅　徐州市第十三中学
于高峰　丰县实验小学
薛　莉　睢宁县实验小学
吴　湘　泉山区星光小学

徐州市第十一批青年名教师

拾景玉　徐州市民主路小学
李　贺　徐州高级中学
高　敏　睢宁高级中学南校
彭苏华　徐州市大马路小学
段　波　徐州市王杰中学
徐　瑾　徐州市科技中学
李红蕾　徐州市公园巷幼儿园
胡殿均　徐州市职成研究室
赵瑞华　江苏省运河中学
杜厚娴　新沂市草桥镇周嘴小学
孙巧玲　徐州市求是小学
史志亚　丰县实验初级中学
刘艳梅　铜山区实验小学
冷　永　睢宁县庆安中学
乔秀艳　贾汪区大吴中心小学
刘　薇　徐州市民主路小学
刘　松　开发区徐庄镇中心小学
高媛媛　新沂市特殊教育中心
靳慧娴　徐州市第八中学
渠春华　丰县示范幼儿园
姚　凯　铜山中学
兰　颖　徐州高级中学
刘维维　徐州市解放路小学
满田田　徐州市星源小学
王永臻　徐州市第三十六中学
马艳秋　沛县正阳小学
雍世伟　铜山区郑集镇中心中学
孟宪明　贾汪区大吴中心小学
胡　杨　徐州市第三中学
曹　蕾　徐州高级中学

徐州市第十一批学科带头人

马逸群　徐州市第十三中学
李培颖　徐州市侯集高级中学
王　波　徐州市教育教学研究室
袁　剑　徐州市王杰中学
徐　敏　徐州市第一中学
李　宁　徐州市第五中学
王健宁　徐州市第一中学

王于松　徐州市中等专业学校
徐　杨　徐州市第三中学
林　岩　徐州市第一中学
张　咏　徐州市第三中学
张　蕊　徐州市第二实验幼儿园
侯福海　徐州市第二中学
张二君　徐州市侯集高级中学
杨　洋　徐州市第三十五中学
曹红梅　徐州市侯集高级中学
郭　颂　徐州市第一实验幼儿园
肖　琨　徐州市第一实验幼儿园
赵文萱　徐州高等师范学校
张以民　徐州市第三十七中学
徐宗敏　铜山区教育科学研究所
师　辉　江苏省丰县中等专业学校
张　萍　丰县教研室
梁雪娥　铜山区大彭镇东风小学
刘兆刚　江苏省运河中学
王海军　江苏省运河中学
梁会成　徐州市铜山区单集镇中心中学
汪金花　江苏省运河中学
张　辉　贾汪区青山泉镇中心小学
王运颖　新沂市春华小学
王成金　铜山区大许中学
陈修侠　贾汪区汴塘镇许阳小学
王雪玲　铜山区清华中学
张赛清　新沂市新安小学
王　侠　睢宁县睢城镇中心小学
丁海科　铜山区伊庄镇中心中学
朱信明　铜山区清华中学
刘　慧　铜山区郑集实验小学
张　松　徐州市青年路小学
赵婷婷　铜山区杨西小学
李海洋　铜山区实验小学
王艳秋　睢宁高级中学南校
李秀芝　丰县实验小学
李　莉　邳州市碾庄镇中心小学
宋明山　铜山区大许中学

王娇玉　睢宁县城西小学
张靖华　大屯矿区第二小学
庄自伟　铜山区大许中学
余　娜　睢宁县特殊教育中心
张晓莉　邳州市明德实验小学
李宏飞　邳州市明德实验学校
王　斌　新沂一中
姚媛媛　徐州市鼓楼小学
姚君娟　徐州市生态园小学
孙　猛　徐州市侯集实验小学
朱　垚　睢宁实验小学
王　怡　邳州市英华实验小学
李晓飞　睢宁县古邳镇古邳小学
李　伟　徐州市中山外国语实验学校
刘玉荣　丰县大沙河镇李寨初级中学
孙凤英　丰县顺河初级中学
唐　萍　沛县大屯镇安庄小学
祖庆丽　铜山区棠张实验小学
王行升　睢宁县职业高级中学
周　雨　睢宁县第二小学
倪　刚　邳州市第四中学
刘照梅　邳州市实验小学
张桂梅　新沂市第四中学
段宝敏　新沂市新安小学
张文娟　贾汪区实验小学
张　锐　徐州市求是小学
付军玲　徐州市民主路小学
张　磊　江苏省运河中学
张海燕　云龙区教研室
吴媛媛　徐州市少华街小学
张海朋　铜山区吴桥中学
刘　洪　沛县实验小学
刘红梅　新沂市春华小学
刘　艳　徐州市星光第二幼儿园
王德强　沛县杨屯中学
赵希娟　邳州市实验小学
袁　方　新沂市实验学校
罗　璇　徐州市青年路小学

鲁智娟　睢宁实验小学
朱淑梅　沛县二中
于秀兰　邳州市陈楼镇中心幼儿园
单秀丽　开发区第一幼儿园
黄新元　睢宁县城西小学
许　瑜　邳州市运河高等师范学校附属小学
李　超　沛县实验小学
李　红　铜山区大彭实验小学
邢长君　江苏省郑集高级中学
周晓梅　邳州市八义集中心小学
杜彩侠　邳州市特殊教育中心
张　婧　新沂市机关幼儿园
刘　强　邳州市赵墩中学
史翠丽　丰县人民路小学
史桂香　睢宁县高作镇中心小学
郑可可　睢宁县睢城镇中心小学
张含军　沛县中学
郑冬梅　徐州市第三十四中学
高乃国　徐州市大马路小学
庄后伟　江苏省郑集高级中学
卢松梅　铜山区伊庄镇实验小学
刘　荧　徐州市青年路小学
徐　栋　邳州市碾庄中学
李　锋　睢宁县李集中学
刘　艳　开发区侯集实验小学
魏崇启　丰县中学
任敬华　新沂市第六中学
李　锋　沛县中学
杜　伟　邳州市第二中学
商友保　开发区大庙中学
余荣兴　新沂市窑湾中学
李　红　徐州市公园巷小学
朱艳丽　徐州市第三十八中学
陈超群　丰县中学
权　洁　徐州市鼓楼小学
于宗善　新沂市中等专业学校

徐州市第十一批青年优秀骨干教师

任英丽　中国矿业大学附属小学
钱　骏　徐州高级中学
丁　曼　徐州高级中学
侯自玲　徐州市第十三中学
梁　燕　徐州市中等专业学校
程丽丽　徐州市侯集高级中学
孟文娣　徐州高级中学
苗　娜　徐州市第三十一中学
伍　娜　徐州高等师范学校
徐　建　徐州市第三十六中学
陈小祥　徐州市侯集高级中学
甘　磊　徐州市第三十二中学
张　婷　徐州高等师范学校
马艳林　徐州市第三十六中学
宋冬冬　徐州市第一中学
刘琳琳　运河高等师范学校
丁玲杰　徐州市第三十六中学
王　治　徐州市王杰中学
王海燕　徐州市第三十一中学
王　莉　睢宁县实验小学
姚　蕊　徐州市民主路小学
孟　红　沛县初级中学
张　凤　江苏省郑集高级中学
闫　颖　邳州市福州路小学
王　艳　睢宁县邱集镇中心小学
崔媛媛　新沂市特殊教育中心
朱学东　江苏师范大学附属实验学校
徐翠梅　贾汪区紫庄中学
王　燕　丰县中学
董天佑　江苏省郑集高级中学
贺　卫　铜山区张集实验小学
房晓兰　睢宁县双沟镇中心小学
孙翠微　丰县初级中学
潘雪梅　徐州市张集中等专业学校
陈仪刚　睢宁县王集中学
仝淑秋　睢宁县实验小学
潘珍玲　新沂市第一中学
曹久爱　贾汪区英才中学

张　娟　泉山区机关幼儿园
桑树林　江苏省睢宁高级中学
武喜莲　沛县杨屯镇西安庄小学
池云珠　睢宁县苏塘中学
孟小红　徐州市星光小学
张　晨　沛县大屯矿区第二中学
厉　剑　江苏省郑集高级中学
杨友智　江苏省郑集高级中学
赵留英　开发区高级中学
踪　红　沛县张庄镇田楼小学
查林森　新沂市王楼中学
王玉荣　新沂市实验学校
杨晓晓　贾汪区紫庄中学
曹耀清　沛县张寨中学
孔德潜　沛县中学
王红艳　睢宁县实验小学
戈艳艳　新沂市新华小学
张红侠　沛县敬安镇中心小学
李　侠　丰县中学
刘　军　丰县赵庄初级中学
王晓路　沛县中学
孔祥玲　铜山区单集镇中心中学
张倩男　江苏省运河中学
阚海燕　贾汪区贾汪中学
徐兴燕　沛县杨屯中学
张　莉　新沂市第四中学
张　影　徐州市新城实验学校
常正颖　丰县实验小学
卢大根　沛县中学
燕　勇　沛县中等专业学校
张雪辉　江苏省郑集高级中学
李　红　江苏省郑集高级中学城区校区
陆学玲　邳州英华实验小学
高　艳　邳州市运平路小学
范学贤　邳州市第四中学
孙春玲　邳州市八义集初级中学
鲍　辉　睢宁县高级中学北校
李　甫　睢宁县庆安中学
孙红梅　睢宁县第二中学
王红顺　睢宁县邱集中心小学
吴玉章　新沂市第一中学
姚　宁　沛县第二中学
耿淑慧　江苏省郑集高级中学

（责任编辑　严国年）

年度教育人物

第三批江苏人民教育家培养工程培养对象

徐州市公园巷幼儿园园长　　李艺然

李艺然，1965年出生，中共党员，南京师范大学学前教育专业毕业、本科学历，中学高级教师，江苏省特级教师，江苏省三八红旗手，徐州市五一巾帼标兵，徐州市名校长，徐州市拔尖人才，徐州市公园巷幼儿园园长，第三批江苏人民教育家培养工程培养对象。

李艺然从事幼教工作30余年，怀着对幼教工作的深爱和孜孜不倦的追求，获得了自己的成长，带动了团队的成熟，发挥着对幼教事业的示范与引领作用。李艺然有自己独特的教育思想。打造包括"合宿""家园周末游""幼儿游戏体验"等特色课程，提出"生活即学习，学习即游戏"的契合《3—6岁儿童学习与发展指南》精神的教育思想。这些教育思想与成果形成《幼儿园管理导读》一书，于2012年面向全国幼教同行发行；同年，撰写《名幼儿园江苏卷·凝聚文化力将爱进行到底》，以数万字的篇幅详尽介绍幼儿园文化创建的思路；2014年，编写录制介绍幼儿园文化创建与管理的网络课程《以文化力推进幼儿园可持续发展》，面向全国幼儿园骨干教师推行。

李艺然在幼儿园管理方面，注重不断提炼幼儿园文化精髓。确立"爱心无限"的工作主题，设计完善幼儿园形象识别系统，将幼儿园园徽、吉祥物以及"文化精髓十条"以生动活泼的形式推荐给幼儿、家长、社会。以"要做就做最好"打造幼儿园精益求精的工作作风；以"无劣评定赏识激励"打造教职工队伍；以"各有所长、优势互补"建设人才梯队；以"以点带面群体互动"铸就园风；以"保教并重全面发展"呵护幼儿；以"朋友相待共同成长"相处家长。通过环湖游、登山乐、园庆沙龙、COSPLAY跨年度晚会等丰富多彩的文化活动，引领教职工崇真、求善、尚美，感受幼儿园对她们的"爱"，并将"爱"传递给每一位家长和幼儿，赢得社会的普遍赞誉。

李艺然于2000年做园长，幼儿园取得辉煌的成就。从一个只有七八个班级的幼儿园，拓展为东西南北各有一个分园的"人之初"学前教育集团。延伸教育年龄，创办孕婴园，让孩子在妈妈的肚子里就开始接受正规教育。每所分园都保持着良好的办园品质，而且各具特色，被评为省优质园，东区园还有自己的卫星园。整个集团近几年一直对外输出管理，帮扶农村以及民办幼儿园等。十多年，从这里走出了几十个园长，李艺然也经常代表幼儿园给国培班、园长培训班上课，以及幼儿高等师范和师范大学的学前教育的学生上课，把研究和经验带到更加广阔的天地中。2004年，公园巷幼儿园被确定为徐州市唯一一所三星级甲等省示范性实验幼儿园。先后获得全国百强特色学校、省文明单位、省三八红旗集体，省文明学校、省现代化教育技术示范学校、省艺术特色学校、省平安校园、市幼儿教育先进集体、市模范学校、市巾帼文明岗、市三八红旗集体标兵等称号。幼儿园每年为幼儿举办一台大型演出或展示活动，让每个孩子得到成长与展示的平台，得到家长的好评。幼儿园生源爆满，发展为现在的8个校址、50个班级、2000余名幼儿，涵盖孕前至六岁婴幼儿的学前教育机构。

李艺然除了做好公园巷幼儿园的管理工作，还用大量的精力从事公开课、示范课等公益教学活动。作为受邀专家，以《幼儿园课程建设》《以文化力推进幼儿园可持续性发展》《合宿教育活动指导》《幼儿园文化建设与品牌创建》等为题，将公园巷幼儿园在文化、管理、课程、师资等方面的经验无私分享给全国、省、市幼教同行。为国培班进行培训4次，省培班培训14次，市培班培训3次，受益学员超万人。

第三批江苏人民教育家培养工程培养对象

徐州市第二中学校长　李桂强

李桂强，1967年出生，教育硕士，教授级中学高级教师，先后获得江苏省特级教师、第三批江苏人民教育家培养工程培养对象、江苏省“333工程”培养对象、江苏省中小学优秀班主任、徐州市优秀专家、徐州市名教师称号。先后被聘为省政府教育督导团专家组成员、江苏师范大学研究生导师、省教育学会教育管理专业委员会常务理事、市教育学会常务理事、市数学学会常务理事。先后在6所中学、1个乡镇工作，历任教务处主任、副校长、镇党委副书记，为中共徐州市第十一次代表大会代表，现任徐州市第二中学校长、党委副书记。

李桂强忠诚于党的教育事业，作风正派、为人谦和、治学严谨。自参加工作以来，大多数时间在薄弱学校工作，无论从事教育教学工作，还是从事学校管理工作都恪守职责，任劳任怨，顾大局、讲团结，以身作则，深受教职工、学生和家长的好评。

在数学教育方面，李桂强勤于钻研、敬业奉献，教学实绩突出。教学中，不断学习和运用教育教学的新思想、新方法，积极进行课堂教学改革实践，教学风格独具特色，并逐步形成“问题引导、自主探究、思维共享”的教学模式，在市中学数学界产生较大影响。曾获市教学基本功比赛一等奖、省优秀课评比二等奖。

在教育及管理方面，李桂强具有较为丰富的实践经验和较突出的业绩。曾连续10年担任班主任工作，所带班级多次被评为校、市级先进班集体。2000年8月起，任市科技中学分管教学工作的副校长，工作期间与领导班子其他成员一起奋发图强、励精图治，把一个办学基础非常薄弱的学校办成省教育现代化示范初中，受到社会的广泛好评。2004年2月—2005年2月，被市委组织部选派到丰县农村工作，任师寨镇党委副书记，工作中克服诸多困难，倾情尽力做好扶贫工作，受到上级领导和当地群众的好评。2005年9月—2006年8月，担任徐州五中分管教学工作的副校长，徐州五中也是一所办学基础比较薄弱的学校，李桂强积极主动协助学校校长，和全体教职工一起，扎实有效地做好学校的教学管理工作，学校的教学工作发生积极的变化，学校的社会影响力有较大提升。2006年8月，担任市王杰中学校长，在充分挖掘“王杰精神”内涵的基础上确立“弘扬王杰精神，践行励志教育，培养报国志才”的办学理念，带领全校师生顽强拼搏，学校于2009年晋升为省三星级高中，教育教学质量三年前进三大步。2013年8月，担任徐州二中校长，由于种种原因，该校发展面临空前的压力。李桂强在认真调研的基础上，明确提出“建设一所优秀传统文化与现代文明相融合，有特色，高质量的江苏省四星级高中”的办学目标。同时确立“以围棋为抓手，弘扬优秀传统文化，打造‘儒雅教育’品牌”的特色化办学思路。2014年6月，学校开发的围棋文化课程成为省级课程基地，同年11月，学校高水平通过省四星级高中现场评估，并获得徐州市文明单位称号。

李桂强具有较强的教科研能力。曾主持省中小学教学研究第四期立项课题“初中分层教学”的实验研究，研究成果获得省二等奖。先后在省级及其以上刊物上发表学术论文40余篇，其中，《符号意识：学生基本的数学素养》被收录于《著名特级教师教学思想录（中学数学卷）》，《学校发展的“BPR”理论研究》《函数概念教学的新特点》分别获得徐州市第七届、第八届哲学社会科学优秀成果奖，现主持全国教育信息技术研究“十二五”规划课题1项，参与研究国家级课题2项。

第三批江苏人民教育家培养工程培养对象

徐州市第一中学生物学科主任　郭军英

郭军英，中学教授级高级教师，江苏省特级教师，徐州市第一中学生物学科主任。郭军英在26年的从教生涯中，始终保持共产党员的先进性，忠诚党的教育事业，具有崇高的职业道德和奉献精神。被评为江苏省中小学校优秀共产党员标兵、江苏省“333高层次人才培养工程”中青年科学技术带头人、徐州市优秀专家、徐州市青年名教师、首届“徐州市十大女杰”、基础教育课程改革徐州市先进个人。先进事迹先后被《徐州日报》《都市晨报》、徐州电视台报道，并拍摄15分钟的专题片《空谷幽兰香溢远》在江苏省教育电视台展播。2015年，被评为第三批江苏人民教育家培养工程培养对象。

郭军英倾心育人，树立“以学生为主体、以学生发展为本”的教育思想，创新课堂教学模式，构建基于学案的高效互动的生物课堂教学模式，力求让学生在轻松愉快的学习中有高效收获。关心爱护每一个学生，尊重每一个学生的人格，努力发现和开发每一个学生潜在的优秀品质，深受学生的喜爱，每次评教，学生满意率都高达98%以上。教育教学成绩突出，高考成绩在徐州地区名列前茅，辅导的蔡晓雨、李明昊、单曦、王晔等7名学生获得全国中学生生物学联赛一等奖并获得高考保送资格，谢光宇、李立帅、刘柏平等20多名学生获得省一等奖，并获得高考加分资格，另有近100名学生获省二、三等奖。

郭军英坚持研读教育教学理论书刊，积极参加各级各类教师培训班，注重学习，善于研究，具有较高的教育理论素养。在践行新课程新理念，积极投身新课程改革的教科研活动中，她主持结题1项省级课题、2项省级课题的子课题、2项市级课题，参与1项省级重大课改课题已经开题。近年来，先后在《生物学教学》《中学生物学》《中学生物教学》《教学仪器与实验》《中国多媒体学报》《新高考》等刊物上发表论文十多篇，参编《著名特级教师教学思想录（中学生物卷）》《中学理科实验教学指导——高中生物分册》等多部图书，作为主编、作者，编撰教辅资料7部。连续三年参加江苏省考试院组织的江苏省普通高中学业水平测试（必修）的命题、征题工作。2008年，代表江苏省参加华东六省一市评优课，获得一等奖。

郭军英担任生物学科组负责人18年，长期承担高三教学任务，组织生物竞赛辅导，编写修订教学案，每天工作时间长达十多个小时。五年时间里，她开设市级以上的讲座、公开课20余次，最长的一次连续讲2天。她被聘为新教材培训专家，利用暑假在陕西渭南、江苏宿迁、扬州、贵州黔西南布依族苗族自治州和毕节、广西柳州等地区作教师新教材培训讲座，被江苏师范大学聘为教育硕士生导师和2010、2011、2015年"国培计划"的主讲教师，参加"名师在线""名师讲堂"的录制，并在徐州电视台播出。

一花独放不是春，万紫千红春满园。郭军英善于团结同志，帮助和指导青年教师共同进步，顾全大局，在群众中享有很高的威信。她一直坚持共享教学资源，各类活动打团体战，带领青年教师上观摩课，分工合作开展竞赛辅导，帮助青年教师修改论文。生物学科组先后被命名为省、市级青年文明号，市三八红旗集体。

第三批江苏人民教育家培养工程培养对象

江苏省睢宁高级中学副校长　李本松

李本松，1987年大学毕业，同年8月分配到睢宁县李集中学工作，1995年调入江苏省睢宁高级中学。1993年被国家教委、人事部联合表彰为全国优秀教师。1994年受睢宁县人民政府晋级奖励。1996年被县团委、县教育局表彰为县"十佳青年教师"。1997年被共青团徐州市委、市教育局表彰为市"十佳青年教师"，破格晋升为中学高级教师。2002年9月被评为江苏省特级教师、徐州市名教师。2003年11月被评为江苏省"333工程"培养对象。2003年和2007年先后两次被评为徐州市拔尖人才。2009年10月被评为江苏省"333高层次人才培养工程"第二批中青年科学技术带头人。2015年被评为第三批江苏人民教育家培养工程培养对象。江苏师范大学兼职教育硕士专业学位硕士生导师，江苏省教育学会高中教育专委会理事会理事，江苏省教育学会中学政治教学专业委员会委员，徐州市高中政治学科教研基地中心组成员，徐州市科技拔尖人才，徐州市人民政府兼职督学，睢宁中学副校长。

李本松作为共产党员，始终吃苦在前，享乐在后；作为教师，教书育人，为人师表，具有良好的职业道德。2000年4月，竞聘出任睢宁中学教导处主任，2005年8月，被聘任为副校长，2008年8月，又被公推直选为睢宁中学南校区校长。多年来，工作勤勤恳恳，任劳任怨，团结带领广大教师深化课堂教学改革，在教学管理过程中，注重坚持以人为本，注意调动全体教师的积极性。特别关心青年教师的成长，努力把青年教师推向前台，为青年教师施展才华搭建平台。任现职以来，先后和5名青年教师结对，悉心指导他们从事教育教学和教研工作。这5名教师全部成为学校的教学骨干，有的在县、市、省的各类比赛中获奖。

任现职以来，李本松始终坚持在教学一线，努力进行教法改革、学法指导和考法研究，力求把知识性、趣味性和艺术性融于一体，把启发式、讨论式、演讲式、自主探究式等多种形式运用到政治课教学中，极大地调动学生学习思想政治课的积极性。所带班级教学成绩在全市名列前茅，先后获市、县教学成果奖12次，2011年，获徐州市中小学教师评优课一等奖。

李本松坚持利用课余时间自学教育教学理论。先后学习《高效课堂22条》《做一个聪明教师》等近20部教育教学专著，并写下近10万字的读书笔记。2000年10月—2001年10月，参加在华东师范大学举办的骨干教师国家级培训，2011年9月－2012年10月，在华东师范大学参加由教育部中学校长培训中心承办的第二期长三角中小学名校长培训。多次应陕西师范大学《中学政治教学参考》编辑部、北京师范大学《思想政治课教学》编辑部、江苏师范大学、阜阳师范学院政法学院、江苏省和徐州市中小学教学研究室等邀请，在全国或省市县范围内开设公开课和讲座，扎实的基本功和精湛的教学艺术，深受广大同行的好评。多次参与江苏省青年教师基本功大赛的评委工作，先后4次担任江苏省特级教师评审委员会的评委。《睢宁党建》《徐州日报》《徐州党建》《中学政治教学参考》等媒体先后对李本松事迹进行宣传报道。

李本松认真搞好教科研工作。先后在省级以上刊物发表论文120余篇，其中在核心期刊发表20余篇，被中国人民大学《中学政治及其他各科教与学》全文转载3篇，并先后有5篇论文在省级以上（含省级）论文评比中获二等奖。先后参与《中学班主任学》《小学班主任学》《最新高考政治能力50讲》《新高考全科总复习》等20余部教育教学专著和教辅资料的编写工作，其中《中学班主任学》《小学班主任学》被不少师范院校作为教材。和丁双六老师主编的《中小学有效教学导论》一书，2010年6月由光明日报出版社出版并在全国发行，该书在2011年12月江苏省第三届教育科学优秀成果评比中获理论创新奖二等奖，成为获得此类奖项的唯一一部由中学教师主编的专著。李本松先后主持或参与5个市级课题和3个省级课题的研究工作。参与江苏省“十一五”教育科学规划课题“有效教学的个性化行动研究”的研究工作，该课题于2012年12月结题。作为课题研究成果《打造高效课堂　走出五大误区》等多篇论文在核心期刊《中学政治教学参考》发表，《探讨高效课堂的基本路径》还被收录于江苏省《著名特级教师教学思想录》。李本松是江苏省教育科学“十二五”规划重点自筹课题“关于高中作文训练体系构建的研究”第二主持人，主要负责“哲学原理在高中生作文中的运用”的研究工作，该课题于2013年12月结题。作为课题研究成果，《多一些哲思方能意蕴境幽》发表于《高考》2013年9月刊。

第三批江苏人民教育家培养工程培养对象

徐州市铜山区夹河中学教科室副主任　王刚

王刚，中国民主同盟会成员，大学本科学历，徐州市铜山区夹河中学地理教师、教科室副主任，中学正高级教师，省特级教师。2004年被评为徐州市青年优秀骨干教师，2009年被评为徐州市教育系统优秀教育工作者，2012年被评为江苏省特级教师，2011年获徐州市优质课一等奖，2012年获徐州市课题一等奖，2014年被评为徐州市拔尖人才，2012年、2015年获全国优秀指导教师一等奖、全国优秀科技辅导员称号，2014年被评为全国中小学优秀班主任、被推荐为江苏省“最美乡村教师”候选人，2015年被评为第三期江苏人民教育家培养工程培养对象。

王刚从教25年来，一直奋斗在乡村学校教育教学第一线，担负着繁重的教学、管理、科研等工作。管理上，坚持实践与科学研究相结合，到岗到位，尽职尽责。关爱后进生，注重信念教育和激励教育。经常用典型事例教育学生，培养学生良好的学习意志，深受学生喜爱。以所主持的“十二五”省规划重点课题为契机，专心研究学生管理工作中遇到的难题，并参与年级部研讨相应的管理对策。

教学上，践行核心素养新理念。多数学期课时量超过全校人均水平。课堂教学中，面向后进生编写“学案型”教材，创立并推广运用“三级学生活动”的理念，将多媒体与传统媒体结合起来。经常开设区级及以上的公开课向同行示范。教学成绩屡超同类学校。多年来，组织和指导数百名学生参与全国地理科技竞赛，数十名获奖学生享受高校提前单招免试或加分资格。参与过高考审题、命题以及“小高考”征题工作。

科研上，倾注心血，痴心不改，以校为家，科研不分上下班时间。近几年发表论文30多篇，其中在核心期刊上发表论文10多篇；主持省级课题2项、市级课题2项，作为核心成员参与4项省级课题和2项市级课题研究，结题8项。主编与参编多部校本教材、乡土教材和九年制义务教育教材。首先提出的“多媒体地图”“黑板学案”“高考能力大纲”等全新的概念和教育教学理念，影响较大。作为学校教科研干部，2014年，创立校刊《夹中教科研》，主编多期，为全校教师发表论文200余篇，积极组织全校教师参与各级各类教科研活动。2015年，指导教师申报的省市级课题立项数量，在全区高中和职中学校中居于前列。

辅导青年教师，敢担责任。义务开设50余次教育教学讲座和公开课，大范围培训教师。搭建三级培训团队平台，主持徐州市名师工作室“王刚特级教师工作室”，担任铜山区兼职教科研员和教科研管理者体验式培训班导师，组建校级“夹中课题畅想团”，使一批年轻教师得到锻炼和提高，迅速成长为全区、全市、全省名特优教师。

热心公益事业。王刚发表的多数新闻稿件，均与社会捐助学生有关，将稿费转为书款，捐助贫困学生。主动献血30次。

多年的辛勤付出终获丰厚的回报。王刚的事迹和相关活动先后多次被徐州电视台、徐州广播电台、徐州教育网(彭城视窗)、《彭城晚报》《现代快报》江苏教育新闻网、铜山电视台、铜山教育网、《中学地理教学参考》《地理教育》《教育园地》等多家媒体广为宣传报道。

(责任编辑　严国年)

附：徐州市教育局2015年重要文件目录

序号	文件编号	标题
1	徐教〔2015〕7号	关于推进义务教育学校教师校长交流工作的意见
2	徐教〔2015〕15号	关于进一步加快特殊教育事业发展的意见
3	徐教〔2015〕36号	关于徐州市九里中学与徐州京师未来实验学校合作办学的意见
4	徐教〔2015〕45号	关于确定孙志刚等10人为拉萨江苏实验中学援藏教师的通知
5	徐教〔2015〕47号	关于实施第二期学前教育五年行动计划的意见
6	徐教〔2015〕48号	关于表彰徐州市优秀教育工作者的决定
7	徐委教〔2015〕1号	关于印发《徐州市教育系统2015年党建工作要点》的通知
8	徐委教〔2015〕2号	关于表彰徐州市优秀教育工作者的决定
9	徐委教〔2015〕3号	关于表彰2015年徐州市“十佳师德模范”“师德先进个人”、“师德建设先进集体”的决定
10	徐委教〔2015〕7号	关于调整领导成员分工的通知
11	徐教党〔2015〕4号	关于开展“守纪律讲规矩”主题教育活动的意见
12	徐教党〔2015〕12号	市教育局党委关于在县处级以上领导干部中开展“三严三实”专题教育的实施方案
13	徐教党〔2015〕18号	关于扎实推进“三严三实”专题教育的通知
14	徐教党〔2015〕21号	关于在“三严三实”专题教育中扎实开展专题调研的通知
15	徐教党〔2015〕37号	关于开展全会精神宣传教育进校园活动的通知
16	徐教党〔2015〕39号	关于调整领导成员分工的通知

序号	文件编号	标题
17	徐教规〔2015〕1号	徐州市2015年高中阶段学校招生工作意见
18	徐教规〔2015〕2号	2015年徐州市区高中阶段学校招生实施办法
19	徐教规〔2015〕3号	徐州市2015年义务教育阶段学校招生工作意见
20	徐教规〔2015〕4号	徐州市2015年市区初中学校招生工作意见
21	徐政教督办〔2015〕1号	关于开展2014-2015年度直属学校目标管理综合督导考核的通知
22	徐政教督〔2015〕1号	关于开展四星级普通高中素质教育督导和教学视导的通知
23	徐政教督〔2015〕2号	关于公布2013－2014年度直属学校综合督导考核结果的通知
24	徐教办〔2015〕4号	关于印发2015年局“零障碍”服务全程协办值班的通知
25	徐教办〔2015〕5号	关于启用“徐州市教育教学研究室”印章的通知
26	徐教办〔2015〕9号	关于印发《徐州市教育局2015年重点工作目标任务分解》的通知
27	徐教办〔2015〕19号	关于印发《2016卷<徐州教育年鉴>编纂方案》的通知
28	徐教办〔2015〕20号	关于表彰2015年徐州教育年鉴工作先进集体和先进个人的决定
29	徐教财〔2015〕23号	关于公布全市基础教育系统2014-2015年度内部审计项目质量评审结果的通知
30	徐教人〔2015〕4号	关于表彰徐州市教育人事工作先进工作者的决定
31	徐教人〔2015〕9号	关于开展2015年教师资格认定网上报名、现场确认工作的通知
32	徐教人〔2015〕19号	2015年徐州市教育局直属义务教育学校教师交流工作实施方案
33	徐教人〔2015〕28号	关于规范事业单位工作人员享受中小学教师工资待遇有关问题的通知
34	徐教信〔2015〕5号	关于开展“一师一优课、一课一名师”活动的通知

序号	文件编号	标题
35	徐教信〔2015〕6号	关于公布徐州市基础教育信息化建设特色项目评审结果的通知
36	徐教信〔2015〕7号	关于推广彭城课堂徐州电教等平台应用的呕吐年改制
37	徐教信〔2015〕9号	关于举办“我的责任我的梦”第十一届徐州市校园电视比赛的通知
38	徐教信〔2015〕12号	关于举办2015年徐州市“领航杯”信息技术应用技能大赛的通知
39	徐教信〔2015〕15号	关于开展“2015年徐州市中小学校优秀校园网站评比”活动的通知
40	徐教信〔2015〕21号	关于公布我市“2015年江苏省中小学电脑制作活动”电脑制作作品评选结果的通知
41	徐教信〔2015〕22号	关于公布“领航杯”徐州市第十四届中学生英语口语电视比赛结果的通知
42	徐教信〔2015〕25号	关于表彰2015年度“一师一优课、一课一名师”活动先进集体和先进个人的决定
43	徐教信〔2015〕26号	关于公布2015年徐州市“领航杯”信息技术应用技能大赛比赛结果的通知
44	徐教信〔2015〕30号	关于公布2015年徐州市“一师一优课、一课一名师”活动市级优课的通知
45	徐教体〔2015〕2号	关于做好2015徐州市区初中毕业生体育中考工作的通知
46	徐教体〔2015〕4号	关于公布徐州市2014年学生体质健康监测结果的通知
47	徐教体〔2015〕6号	2015年徐州市区普通高中体育艺术特长生招生报名的通知
48	徐教体〔2015〕8号	关于公布徐州市“市长杯”校园足球联赛〔小学组〕比赛结果的通知
49	徐教体〔2015〕12号	关于深入开展中小学健康促进学校创建工作的通知
50	徐教体〔2015〕15号	关于转发《省教育厅关于转发<教育部印发中小学生艺术素质测评办法等>三个文件的通知》的通知
51	徐教体〔2015〕17号	关于公布2015年徐州市“市长杯”校园足球联赛〔初中组、高中组〕比赛结果的通知
52	徐教体〔2015〕18号	关于公布2015年徐州市区第一届学生阳光体育运动会比赛结果的通知

序号	文件编号	标题
53	徐教纪〔2015〕4号	关于印发《徐州市教育局警示教育活动方案》的通知
54	徐教基〔2015〕4号	关于成立徐州市改善义务教育薄弱学校办学条件领导小组及办公室的通知
55	徐教基〔2015〕7号	关于在全市中小学开设心理健康教育课程的通知
56	徐教基〔2015〕12号	关于组织中小学生开展清明祭扫活动的通知
57	徐教基〔2015〕18号	关于表彰2015年徐州市普通中学三好学生、优秀学生干部和先进学生集体的决定
58	徐教基〔2015〕19号	关于公布2014年度义务教育现代化学校的通知
59	徐教基〔2015〕21号	关于进一步加强徐州市义务教育学校控辍工作的意见
60	徐教基〔2015〕23号	关于进一步加强各类幼儿园质量监管的通知
61	徐教基〔2015〕35号	关于印发《徐州市幼儿教师队伍建设发展规划》的通知
62	徐教基〔2015〕38号	关于表彰徐州市中小学“责任教育”工作先进个人的通知
63	徐教基〔2015〕42号	关于在全市中小学、幼儿园广泛开展少年儿童行为习惯养成教育的意见
64	徐教基〔2015〕48号	关于公布徐州市2015年上半年市优质幼儿园验收结果的通知
65	徐教团〔2015〕2号	徐州市教育局团委二〇一五年工作意见
66	徐教团〔2015〕3号	关于开展“社会主题核心价值观主题宣传月”活动的通知
67	徐教团〔2015〕13号	关于对直属学校共青团工作进行量化考核的通知
68	徐教工〔2015〕1号	关于组织参加“书香茉莉——彭城女职工读书节”活动的通知
69	徐教关〔2015〕1号	关于印发《徐州市教育系统关心下一代工作2015年工作要点》的通知

序号	文件编号	标题
70	徐教发〔2015〕6号	关于下达2015年徐州市高中阶段教育招生计划的通知
71	徐教备〔2015〕5号	关于进一步做好冬季中小学生配餐工作的通知
72	徐教备〔2015〕6号	关于公布全市实验教学系列活动评选结果的通知
73	徐教监〔2015〕1号	关于加强寒假春节期间作风建设监督执纪问责的通知
74	徐教监〔2015〕4号	关于印发《2015年全市教育系统纪检监察工作要点》的通知
75	徐教监〔2015〕5号	关于开展“中小学廉政文化征文活动”的通知
76	徐教助〔2015〕1号	关于开展励志成长成才优秀学生典型评选活动的通知
77	徐教助〔2015〕4号	关于做好2015年生源地信用助学贷款预申请工作的通知
78	徐教助〔2015〕6号	关于公布徐州市励志成长成才优秀学生典型评选结果的通知
79	徐教助〔2015〕7号	关于切实做好2015年秋季学期家庭经济困难学生入学资助工作的通知
80	徐教助〔2015〕8号	关于开展“感恩资助伴我成长”主题征文活动的通知
81	徐教师〔2015〕5号	关于做好2015年省示范性县级教师发展中心评估申报工作的通知
82	徐教师〔2015〕9号	关于授予“生物圈工作室”等46个工作室为“徐州市中小学名师工作室”的批复
83	徐教师〔2015〕10号	徐州市中小学名师工作室建设与管理办法
84	徐教师〔2015〕12号	关于开展2015年徐州市“师德先进个人”、“十佳师德模范”和“师德建设先进集体”评选活动的通知
85	徐教师〔2015〕19号	关于严禁严查严防中秋国庆节期间教师违规收受学生及家长礼品礼金、有偿家教等行为的通知
86	徐教师〔2015〕21号	关于开展2015-2016年度新教师培训工作的通知
87	徐教师〔2015〕24号	关于命名徐州市第九批名校长、名教师和第十一批青年名教师、学科带头人、青年优秀骨干教师等的决定

序号	文件编号	标题
88	徐教法〔2015〕4号	关于做好2015年全市教育现代化建设监测工作的通知
89	徐教法〔2015〕6号	关于表彰第五批徐州市依法治校示范校的通知
90	徐教法〔2015〕20号	关于组建徐州市普法讲师团、聘任法治副校长和法治辅导员的通知
91	徐教法〔2015〕21号	关于开展“法治启航——未成长人保护村小行”活动的通知
92	徐教法〔2015〕22号	关于做好2016年全市教育现代化建设监测工作的通知
93	徐教宣〔2015〕4号	关于加强教育宣传和信息报送工作的通知
94	徐教职〔2015〕1号	关于表彰2014年全国、全省职业院校技能大赛先进单位的通知
95	徐教职〔2015〕8号	关于表彰2015年职业学校“三创”优秀学生、优秀学生干部和先进班集体的决定
96	徐教职〔2015〕9号	关于开展全市职业学校管理规范工作视导的通知
97	徐教职〔2015〕10号	关于公布2014年徐州市职业学校技能大赛获奖名单和优秀指导教师的通知
98	徐教职〔2015〕18号	关于印发全市职业学校管理规范工作视导结果的通知
99	徐教职〔2015〕25号	关于进一步加强全市中等职业学校学生学籍管理工作的通知
100	徐教职〔2015〕28号	关于公布2015年徐州市职业学校班主任基本功大赛获奖名单的通知
101	徐教职〔2015〕29号	关于公布全市职业学校广播操、军训会操工作视导结果的通知
102	徐教职〔2015〕30号	徐州市教育局关于公布2015年徐州市职业学校技能大赛获奖名单的通知
103	徐职创办〔2015〕1号	关于推荐徐州市中高职院校结对帮扶实施“红心金边”工程的意见
104	徐教机党〔2015〕2号	2015年徐州市教育局机关党建工作意见
105	徐教职称〔2015〕3号	关于2015年徐州市中等职业学校教师专业技术资格评审工作的通知

序号	文件编号	标题
106	徐教职称〔2015〕4号	关于2015年徐州市高等〔职业〕学校教师中级专业技术资格评审工作的通知
107	徐教职称〔2015〕5号	2015年徐州市中小学、幼儿园教师专业技术资格评审工作意见
108	徐教职称〔2015〕16号	关于申报徐州市2016年教师专业技术职务任职资格人员进行教学能力测试的通知
109	徐教职称〔2015〕22号	关于马婧瑜等46位同志具备中小学教师一级专业技术职务任职资格的通知
110	徐教职称〔2015〕23号	关于倪世峰等6位同志具备中等职业学校教师中级专业技术职务任职资格的通知
111	徐教职称〔2015〕24号	关于任冰等27位同志具备高校教师中级专业技术职务任职资格的通知
112	徐教职称〔2015〕25号	关于王坤等4位同志具备高校教师教授、副教授专业技术职务任职资格的通知
113	徐教职称〔2015〕26号	关于吴小小等十三位同志具备高校教师初级专业技术职务任职资格的通知
114	徐教职称〔2015〕27号	关于历锦文等三位同志具备中职校教师初级专业技术职务任职资格的通知
115	徐教职称〔2015〕28号	关于公布李佩瑶等三十七位同志具备中小学二级教师专业技术职务任职资格的通知
116	徐教职称〔2015〕29号	关于郭敏秀等八位同志具备中小学教师一级专业技术资格的通知
117	徐教职称〔2015〕30号	关于邹创等二十二位同志具备高校讲师、助理研究员专业技术资格的通知
118	徐教职称〔2015〕31号	关于梁燕等10位同志具备中职校教师高级讲师专业技术任职资格的通知
119	徐教职称〔2015〕32号	关于李超等54位同志具备中小学、幼儿园教师高级专业技术资格的通知
120	徐教教研〔2015〕3号	关于组建徐州市“学讲研究工作室”的通知
121	徐教教研〔2015〕8号	关于进一步开展中小学生“学讲方式”学习培训工作的通知
122	徐教教研〔2015〕9号	关于参加2014年江苏省基础教育青年教师基本功大赛获奖的表彰决定
123	徐教教研〔2015〕11号	关于新形势下进一步加强教学管理工作的意见

序号	文件编号	标题
124	徐教教研〔2015〕12号	关于持续深入地开展“学讲行动”的通知
125	徐教教研〔2015〕13号	关于开展“走乡村——真教研、真学习”调研观摩活动的通知
126	徐教教研〔2015〕14号	关于评选2014-2015年度“学讲计划”推进工作先进学校、先进个人的通知
127	徐教群组〔2015〕2号	关于印发《市教育局深化“四风”整治巩固活动成果后续工作要点》的通知
129	徐教安全〔2015〕5号	关于开展春季学校开学安全大检查的通知
130	徐教安全〔2015〕9号	关于进一步关爱学生生命安全促进学生健康成长的意见
131	徐教安全〔2015〕18号	关于开通使用“徐州市中小学生安全教育快播平台”的通知
132	徐教安全〔2015〕21号	关于组织开展夏季消防安全宣传教育活动的通知
133	徐教安全〔2015〕22号	关于做好中秋、国庆节期间学校安全工作的通知
134	徐教安全〔2015〕25号	关于印发《教育系统今冬明春火灾防控工作方案》的通知
135	徐教安全〔2015〕27号	关于做好节假日期间学校安全工作的通知
136	徐教职研〔2015〕1号	关于公布2014年全市职业学校“五课”教研工作、“两课”评比活动获奖单位名单的通知
137	徐教职研〔2015〕5号	关于印发《关于进一步推进徐州职业学校课堂教学改革的意见》的通知
138	徐教职研〔2015〕12号	关于公布2015年全市职业学校专业技能课程“两课”评比结果的通知
139	徐教职研〔2015〕13号	关于公布徐州市第九届“职教杯”教育论文评选获奖名单的通知